精原
讀典

汉语言文学原典精读系列

顾问　贾植芳　王运熙　章培恒　裘锡圭

主编　陈思和　汪涌豪

周易精读

王振复／著

复旦大學 出版社

总　序

任何一门学科都有其必须研读的经典,作为该学科全部知识的精华,它凝聚着历代人不间断的持续思考和深入探索。这种思考和探索就其发端而言通常极为艰苦,就其最终的指向而言又经常是极其宏大的,所以能进入到人们的生活,对读过并喜爱它的人们构成一种宝贵的经验;进而它还进入到文化,成为传统的一部分。又由于它所讨论的问题大多关涉天道万物之根本,社会人生的原始,且所用以探讨的方法极富智慧和原创的意味,对人的物我认知与反思觉解有深刻的启示作用和范式意义,所以它又被称为"原典"或"元典"。原者,源也;元者,始也、端也,两者的意思自来相通,故古人以"元犹原也,其义以随天地终始也",又说"故元者为万物之本,而人之元在焉",正道出了经典之构成人全部成熟思考与心智营造的基始特性。

汉语言文学这门学科自然也有自己的经典或原典。由传统的文史之学、词章之学的讲求,到近代以来西学影响下较纯粹严整的学科意识的确立,它一直在权衡和汰洗诸家之说,在书与人与世的激荡互应中寻找自己的知识边界。从来就是这样,对有志于这门学科的研究者来说,这些经过时间筛汰的经典是构成其全部学问的根柢,所谓入门正,立意高,全基于对这种根柢的掌握。就攻读汉语言文学专业的学生而言,虽然没有这样严格的要求,更不宜过分强调以究明一字或穷尽一义为终身的志业,但比较系统地了解这些经典的基本内容,深入研读其中重要的部分,做到目诵意会,心口相应,从而初步掌握本专业的核心知识以为自己精神整合和基础教养的本原,应该说是当然和必需的事情。

再说,汉语言文学学科有其特殊性。它所具有的社会功能许多时候并不是用职业培养一句话就可以概尽的。对大多数从学者而言,它是一种根本性和基础性的人文精神的培养。它以润物无声的方式渗透到人的日常生活,并从人立身行事的根本处体现出自己的价值。受它的滋养,学生日后在各自的领域内各取所需,经营成家,并不一定以汉语言文学的某部分专门知识安身立命,因此,它尤注意远离一切实用主义和技术主义的诱引,并不放弃对知觉对象的本质体认和根源性究问。那么,从哪里可以得到这种本质上的体认,并养成根源性究问的习惯呢?精读原典,细心领会,就是一条切实可行的路径。

然而,受历史条件和社会需求变化的影响,还有陈旧的教学观念的束缚,长期以来,我们只注重史迹的复现、概念的宣教和理论的灌输,一个中文系学生(其他文科专业的学生大抵同此)应该具备怎样的知识结构和基本教养,并未被当作重要的问题认真讨论过。课程设置上因人而来的随意,课程分布上梯次递进的失序,使这一学科科学完整的知识体系和结构位序至今还不能说已经成形,更不要说其自在性和特殊性的缩聚与凸现了。也就是说,它的课程安排在一定程度上是随机的偶合的,因此既不尽合理,带连着学科品性也难称自觉与独立。在这样情况下,要学生由点及面,由浅入深,形成对汉语言文学相关知识的完整认识几无可能。即使有大体上的认知,也终因缺乏作品或文本的支撑而显得肤泛不切,不够深入。

正是鉴于这种情况,三年前,我们开始在中文系本科教学中实施精读经典作品的课程改革。调整和压缩一些传统课程的课时,保证充足的时间,让学生在大学的前两年集中精力攻读一二十种经典原著。具体做法是选择其中重要的有特色的篇目,逐字逐句地细读,并力求见迩知远,举一反三,然后在三四年级,再及相关领域的史的了解和理论的训练。有些比较抽象艰深的知识和课程被作为选修课,甚至放在研究生阶段让学生修习。我们希望由这种"回到读书"的提倡,养成学生基本的专业教养。有感于脱离作品的叙述一直占据讲坛,而事实是,历史线索的了解和抽象义理的铺排都需要有大量的作品阅读做支撑,没有丰富的阅读经验,很难展开深入有效的学习,学生普遍认同了这样的教改,读书的积极性得到了很大的调动,有的就此形成了明确的专业兴趣与方向。在此基础上,我们进而再引导他们"回到感性",在经典阅读中丰富对人类情感与生存智慧的体验与把握,最终"回到理性"、"回到审美",养成清明完密的思辨能力,以及关心人类精神出路和整体命运的宽广心胸,关注一己情趣陶冶和人格修炼的审美眼光,由此事业成功,人生幸福。我们认为这样的教育理念,庶几比较切近"通识教育"和"全人教育"的本义。

现在,我们把集本系老中青三代教师之力编成的原典精读教材,分三辑、每辑十种成系列推出,意在总结过往的教学实践,求得更大更切实的提高。教材围绕汉语言文学专业所涉及的"中国古代文学"、"中国现当代文学"、"文艺学"、"汉语言文字学"、"语言学理论"、"比较文学"和"古典文献学"等七大学科点,选择三十种最具代表性的经典作品做精读,其中既有中国古代重要的文史哲著作,这些著作不仅构成整个中国文学的言说背景,本身就极富文学性,同时也包括国外有关语言学和文学理论方面的经典著作。如此涵括古今,兼纳中外,大概可以使中文学科的专业知识有典范可呈现,有标准可考究。

在具体的体例方面,教材不设题解,以避免预设的前见有可能影响学生自主的理解;也不作注释,不专注于单个字词、典故或本事的说明,而将之留给学生课前的预习。即使必须解释,也注意力避"仅标来历,未识手笔"的贫薄与单窘,而着重隐在意义的发微与衍伸意义的发明。也就是说,但凡知人论世,不只是为了获得经典的原义,还力求与作者"结心"和"对话"。为使这种发微与发明确凿不误,既力避乾嘉学者所反对的"因后世之空言,而疑古人之实事","后人所知,乃反详于古人"的主观空疏,义不取寸步不遗不明分际的单向格义,相反,在从个别处入手的同时,还强调从汇通处识取,注意引入不同文化、不同知识体系的思想观念和解说方法,以求收多边互镜之效。即使像文本批评意义上的"细读"(close reading),也依所精读作品性质的不同而适当地吸取。尤其强调对经典作品当代意义与价值的抉发,从而最大程度地体现阐幽发微,上挂下连,古今贯通,中外兼顾的特色。相信有这种与以往的各类作品选相区隔的文本精读做基础,再进而系统学习文学史、语言学史以及文学、美学理论等课程,能使本专业的学生避免以往空洞浮泛的知识隔膜,从而对理论整合下的历史与实际历史之间的矛盾有一份自己的理解,进而对历史本身有一种"同情之了解",并从内心深处产生浓郁而持久的"温情与敬意"。

如前所说,原典精读教材的编写目的,是为了给汉语言文学专业的学生提供一个基础教养的范本,它们应该是这个专业的学生知识准入的基本条件和底线。但是"应该"与"能够"从来是一对矛盾。如何使教材更准确简切地传达出经典的大旨,如何在教学过程中让学生真正得体新生命,得入新世界,是我们大费踌躇的问题。好在文学的本质永远存在于文学作品的影响过程中,学术的精神也永远存在于学术著作的解读当中。既如此,那么从原典出发,逐一精读,既沉潜往复,复从容含玩,应该不失为一种合理可行的思路。

我们期待基于这种思路的努力能得到丰厚的报偿,也真诚地欢迎任何为完善这一思路提出的建议与批评。

自 序

　　笔者研习《周易》，始于上世纪 80 年代初。完全出于近乎偏执的个人爱好，没有明确的学术目标。岂料三十年余间，种种易著常在案头，易学易理时随吾心。耽玩之余，心存敬畏。读《易》之难，难在须从象数进入。象数与简古卦爻辞之间的文脉联系，繁复而纠缠。且易学史流派纷呈，思之幽深，"易学存疑之多，确为初涉者所一时难以索解"。"便也经年累月，寒来暑往，几乎天天枯坐案前。回想当年情景，大叹今不如昔。"（拙著《大易之美》"作者自序"，北京大学出版社，2006 年）

　　这一本《周易精读》，是在拙著《巫术：周易的文化智慧》（浙江古籍出版社，1990 年）与《周易的美学智慧》（湖南出版社，1991 年）基础上写成的。既然名曰"精读"，就应努力在"精"字上下点工夫，力求解读准确且具新意。比较而言，《周易精读》更做了通行本《周易》逐字、逐句的解释工作。这样做似乎有些"笨"，然而，作为复旦大学中文系"原典精读"课程的教材之一，考虑到学习它的主要是大学本科生，写成这样的"精读"，想来是必要的。

　　在学术理念与治易方法上，本教材坚持笔者一贯的"文化易"立场，即在理解传统象数学的基础上，运用文化人类学关于巫学的理念与方法解易，从中华原始巫文化角度，解读卦爻符号、卦爻辞及其两者的意义联系。长期以来，易学界一直有"《周易》不是卜筮之书"、"卦爻辞不是筮辞"的看法。这一看法，随着"文化易"研究的深入，早已站不住脚。宋祚胤《周易译注与考辨》一书，从"六经皆史"说以为《周易》乃史之记事，斥"易之本诂为卜筮"是"烟雾迷离之说"，称"占筮与《周易》本来无缘"。金景芳《学易四种》吕绍纲序曾经说,"《周易》是讲哲学讲思想的书,卜筮只是它的躯壳"。出版于 2005 年 1 月,由金景芳讲述、吕绍纲整理的《周易讲座》"序"正确地指出,"《周易》是卜筮之书,这一点,无论从《周易》卦辞、爻辞本身来看,从《周礼》、《左传》、《国语》诸书的有关记载来看,或者从《汉书·儒林传》说'及秦禁学,《易》以筮卜之书独不禁'来看,都是铁一般的事实,不能否认"。其结论是,"最初,它(指《周易》)的确是地地道道的卜筮。然而,经过发展以后,由于发生了质变,于是有了哲学的内容","似《周易》又是哲学著作"①。这一见解,笔者以为还可以作些修正。称"《易》本占筮之书",这不成问题;称"似《周易》又是哲学著作",虽为疑似口气,究竟所看重的仅是其"哲学"。固然,哲学在整部通行本《周易》尤其是《易传》的《系辞》等篇中占有重要地位,然而就通行本《周易》的总体人文思想与思维而言,它不是仅仅只有巫学,不是只有哲学,也不是巫学加哲学,而是以原始巫文化为人文、历史根因之属于颇为原古的一大文化集成。拙著《巫术:周易的文化智慧》曾经倡言,"《周易》一书,是中华先秦时代留存下来的一部十分重要的文化学巨著","蕴涵着原始巫学、数学、天文学、符号学、史学、哲学、伦理学与美学等多方面、多层次的文化因素,是一个集中华古代命理、数理、天理、圣理、哲理、心理与文理等于一炉,属于颇为原始意义上的文化集成"②。从通行本《周易》的本经部分看,其卦爻符号系统、卦爻辞,属于原始巫术文化范畴。其六十四卦的卦序排列,显然不是原始巫文化的原古面貌,而大致是春秋、战国时人富于哲学思辨的体现。从上经首乾坤到坎离,从下经首咸恒到既济未济,以及六十四卦序往往出现的两两错卦、综卦或错综卦关系来看,已经具有一定的哲学智慧。从通行本《周易》的《易传》部分看,其富于哲学智慧是毋庸置疑的,这尤其充分体现于《系辞》等篇。这种哲学(往往蕴涵美学因素)具有三大人文、历史素质与内容:其一,用于证明儒家伦理道德之合理性的儒家"实用理性"的哲学,和自然哲学意义的道家哲学;其二,阴阳、化变思想,朴素而辩证,偶有一定的五行思想;其三,道、儒与阴阳化变的哲学思想与思维,都根植于原古巫筮文化的遗存即古筮法之

①　《周易讲座》,金景芳讲述,吕绍纲整理,广西师范大学出版社,2005 年,第 1 页。
②　王振复《巫术:周易的文化智慧》"前言",浙江古籍出版社,1990 年。

中。象、数、占、理(包括哲理),是《周易》本经与《易传》四大彼此联系的人文、历史内容,以象、数、占为主。从《易传》分析,主要包括儒家"实用理性"的哲学、道家自然哲学、阴阳哲学、儒家仁学(伦理学)与古筮法思想。《易传》的哲学、仁学之思,无可逃避地、历史地生成于原始卜筮的巫术文化之中。其中,属于象数学的爻位说尤为丰富且影响深远,且已具有后世发展为图书之学诸如先天、后天八卦方位图的文字记载。从《易传》所阐述的义理看,丰富而深邃,以气、象、数、道、阴阳、时、变、化、位、德、生、性、天、命与圣等为要,它们统归于天学、人学及其天人之学,是由巫学发展而来的人文之学。

可是,通行本《周易》的思想内容,如果仅仅称其为巫学、哲学或是巫学加哲学,是欠妥的。它确实是一个以原始巫筮文化为人文、历史根因、巨大而深邃又繁复的"综合思想库",而以本经部分的"巫筮"为本。其中不乏属于中华智慧的一些"现代性资源",也难免具有迷信、过时却同样值得研究的人文遗存。

基于如上认识,本教材对本经的解读,宗于文化学关于巫学的理念与方法,并非以《易传》解读本经,而是以本经解读《易传》。在卦爻辞与筮符的解读上,尤重象数之学的爻位说等,吸取、运用古哲、时贤的笺注、文字训诂与考古等公认的研究成果,纠正其欠妥之处,补正其可能的疏漏与缺失。本教材撰写时,对易学史上一些有代表性易著,做了一些文字与意义的对勘工作。本教材尤其不赞成以《易传》的哲学思想与道德说对本是巫筮记录与筮例的本经进行牵强的阐述。梁启超《清代学术概论》曾提出"以复古为解放"这一著名的治学命题,称对于"清学"而言,其"第一步,复宋之占,对于王学而得解放。第二步,复汉唐之古,对于程朱而得解放。第三步,复西汉之古,对于许、郑而得解放。第四步,复先秦之古,对于一切传注而得解放"①。此言不谬。就《周易》本经的解读而言,在运用象数学的前提下,努力摆脱《易传》那种浓重的道德说教,以原始巫学的理念与方法解释筮符、卦爻辞及其两者的文脉关系,应是别一意义的关于易学的"以复古为解放"。当然,《周

---

① 梁启超《清代学术概论》,《梁启超论清学史二种》,朱维铮校注,复旦大学出版社,1985年,第6页。

易》本经与《易传》之间的历史、人文联系,同样值得注意。有关这些内容的论述,相信读者可以从本教材见出。

本教材缺失难免,真诚期待学界的批评。

2006 年 2 月

2015 年 12 月修改

目 录

导 言

《周易》的文化意义与价值

中华文化典籍浩如烟海，其数量之巨可称世界之最，它们所具有的文化思想、知识容量与价值意义无与伦比。

其中尤其通行本《周易》一书，作为中华先秦留存至今的一部十分重要的文化巨著，被西人称为"东方神秘主义的代表之作"，在中华文化乃至人类文化史上占有重要地位。在人类的人文科学领域，世界上有三大著作对人类文明的影响尤为深巨，这便是古印度《吠陀》，犹太教、基督教《圣经》与中华《周易》。

德国著名学者卡尔·雅斯贝尔斯曾经指出："以公元前500年为中心——从公元前800年到公元前200年——人类的精神基础同时地或独立地在中国、印度、波斯、巴勒斯坦和希腊开始奠定。而且直到今天人类仍然附着在这种基础上……"①人类这一重要历史时期，被雅斯贝尔斯称为"轴心时代"。"在中国，孔子和老子非常活跃，中国所有的哲学流派，包括墨子、庄子、列子和诸子百家都出现了。和中国一样，印度出现了《奥义书》和佛陀，探究了从怀疑主义、唯物主义到诡辩派、虚无主义的全部范围的哲学可能性。伊朗的琐罗亚斯德传授一种挑战性的观点，认为人世生活就是一场善与恶的斗争。在巴勒斯坦，从以利亚经由以赛亚和耶利米到以赛亚第二，先知们纷纷涌现。希腊贤哲如云，其中有荷马，哲学家巴门尼德、赫拉克利特和柏拉图，许多悲剧作者，以及修昔底德和阿基米德。在这数个世纪内，这些名字所包括的一切，几乎同时在中国、印度和西方这三个互不知晓的地区

---

① [德]卡尔·雅斯贝尔斯《人的历史》，引自《现代西方史学流派文选》，上海人民出版社，1992年，第38页。

发展起来"①。虽然这里关于"中国、印度和西方这三个"地区"发展起来"的论述,显然遗漏了前文所提到的伊朗与巴勒斯坦等,因而逻辑上有不周之处,然而这一关于"轴心时代"的立论,依然大致经得起人类文化与思想史的检验。

在这一伟大的历史时期,思想巨人们几乎不约而同地从历史文化的深处"苏醒",代表各自的民族与时代精神。希腊的苏格拉底与柏拉图,以色列、巴勒斯坦地区的耶稣,印度的乔达摩·悉达多(释迦牟尼),中国的老聃、孔丘,虽其各自展开哲学思想活动的时间有所先后,而共同完成了马克斯·韦伯(Max Weber)所谓的"哲学的突破",实现了每一民族、时代文化的"祛魅"与解放。

> 人类一直靠轴心时代所产生的思考和创造的一切而生存,每一次新的飞跃都回顾这一时期,并被它重新点燃。自那以后,情况就是这样,轴心期潜力的苏醒和对轴心期潜力的回归,或者说复兴,总是提供了精神的动力。②

这种"精神的动力",确实来自一种文化原型。就中华文化而言,它首先保存在一部属于原始巫学范畴的伟大经典即《周易》之中③。

《周易》的思想、知识内容,思维方式与价值理念,典型地体现了中华文化的基本素质、品格与特点,记录了可以由此探寻中华文化之源的历史、人文资料,蕴涵着原始巫学、数学、天文学、文字学、史学、哲学、伦理学、美学与文学艺术等多方面、多层次的文化因素,的确"是一个集中华古代命理、数理、天理、圣理、哲理、心理与文理等于一炉、属于颇为原始意义上的文化集成"④。

《四库全书总目·经部·易类一》说:"易道广大,无所不包。旁及天文、地理、乐律、兵法、韵学、算术,以逮方外之炉火,皆可援《易》以为

---

① 〔德〕卡尔·雅斯贝尔斯《历史的起源与目标》,华夏出版社,1989年,第8页。
② 〔德〕卡尔·雅斯贝尔斯《历史的起源与目标》第14页。
③ 参见王振复《中国美学的文脉历程》,四川人民出版社,2002年,第79—92页。
④ 王振复《巫术:周易的文化智慧》第3页。

说。"这是古人对《周易》夸饰有过，世上绝无哪部书的文化内涵可以囊括、穷尽这个无穷的大千世界，做到"无所不包"。然而，《周易》确是一个关于中华古代文化思想的"综合知识库"与文化智慧的综合体。就其文化思维而言，冯友兰曾据朱熹关于易乃"空的物事"之见，称《周易》是一个"套子"，凡吉凶之事，"都可以套入这个套子"，"《周易》的内容，主要是很多的公式。每一个公式，都表示一个道或几个道，总括《周易》中的公式，就可以完全表示所有的道"①。这说明，《周易》的文化思想容量确实很大，涵蕴很深。

　　然而，本教材并不认为所谓《周易》是"中华文化之源"的流行见解是正确的。《周易》仅是记载了中华文化之源的重要的人文思想与思维资料，体现了中华文化的传统文化根性，是比较能全面体现中华文化之源的一部伟大著作，但其本身并非中华文化之源。否则，《周易》成书以前的千万年中华文化又作何解？又将夏文化、殷文化比如甲骨文化之类置于何地？本教材认为，易学界一般所持《周易》是一部"哲学著作"的传统见解是值得商榷的。《周易》尤其《易传》部分的确具有丰富、深邃的哲学思想，但这不等于可以由此断言它是一部"哲学著作"。《周易》在整体上可以说是一部以"巫"为文化基质的中国式的文化学巨著，并且，指明《周易》文化的思想与思维局限特别是巫筮迷信这一点，是必要的。

《周易》的主要版本

　　现存《周易》的主要版本有三。

一、帛书本

　　1973年底，发掘于湖南长沙马王堆汉墓，全文写于帛书之上，今人称为"帛书《周易》"。内容包括两部分。其一，六十四卦卦符、卦名与卦爻辞等，

① 　冯友兰《易传的哲学思想》，《哲学研究》1960年第7、8期。

与通行本《周易》在体例、文辞上有不同。每卦六爻以一、儿(八)两个"数字"相构,类于楚竹书《周易》的一、八。尚未出现通行本那样的阴、阳爻符号。帛书本六十四卦经部,凡四千九百三十四字,与通行本不同的字约有九百六十个,如"乾"作"键","艮"作"根","谦"作"嗛"等。六十四卦中,有三十五个卦名不同于通行本,如"乾"为"键","咸"为"钦","坤"为"巛"等。六十四卦的排列次序,按八宫相重排列原则。其原则是,作为下卦的八个单卦,按一定次序与同一个上卦构成八个重卦。该八个下卦的排列为:键(乾)、巛(坤)、根(艮)、夺(兑)、习赣(坎)、罗(离)、辰(震)、筭(巽);其上卦排列次序为:键(乾)、根(艮)、习赣(坎)、辰(震)、巛(坤)、夺(兑)、罗(离)、筭(巽)。帛书本六十四卦序,有均衡、齐整的美感,体现了"八卦取象"与阴阳对立和谐的人文理念。从卦符看,比通行本《周易》占老;从六十四卦序分析,是对通行本卦序的整理与改造。其二,《帛书易传》与《帛书易传佚书》。前者即《帛书系辞传》,文辞与通行本《系辞传》有区别,如"象"字在《帛书系辞传》中写作"马";"易有太极"写作"易有大恒"等。缺通行本《系辞传》的某些内容,没有"大衍之数五十,其用四十有九"古筮法的有关记载等。后者包括《二三子问》、《易之义》、《要》、《缪和》与《昭力》等五篇。《二三子问》为孔子对《周易》本经所作的诠解之见。《易之义》从哲学的阴阳、刚柔与动静观论述"易之义"与"天之义"、"地之义"、"人之义"、"万物之义"的关系问题。《要》记述晚年孔子治易的情状及见解。《缪和》是缪和等人向"先生"问易、解易的记述。《昭力》在《缪和》之后,继续大致从道德伦理角度论易。

　　帛书本《周易》的发掘,在易学史上具有重要意义与价值。

二、楚竹书本

　　有关竹简经学者整理,收录于马承源主编《上海博物馆藏战国楚竹书(三)》,由上海古籍出版社出版于2003年。

　　该本并非六十四卦完本,仅为三十四卦(有的卦之内容残损),抄写于五十八枚简上,其中,具有卦符、卦名、卦辞爻辞之完整内容的,仅讼、帀(师)、比、夰(豫)、陵(随)、大壵(大畜)、颐、豚(遯)、敂(姤)、汬(井)十卦。有的卦例,如复卦,仅剩其六五爻辞"□(注:此处仅存半个残字,无法识读)遆,亡悬

(悔)"与"上六：迷"等极少文辞内容，残失严重。这种缺卦现象，文本体例上无规律可寻，估计不是楚竹书《周易》的原始面貌，可能由发掘、盗墓、收藏或损毁等不明原因的散佚所造成。

该本卦符每卦六爻纯以一、八两数相构，其文化原型可能属于殷易系统，与帛书本相类。从"数字卦"之见分析，该本成书年代，可能类于安徽阜阳简本《周易》(残本。该本卦符以一、八两数相构)。

楚竹书《周易》的体例有"经"无"传"，与通行本、帛书本均不同。这种文本现象，可能是尊"经"、贬"传"未将《易传》入葬之故。其抄写与入葬年代，可能在战国末期①。

楚竹书《周易》有"首符"(位置在每卦卦名之下)，"尾符"(位置在每卦第六爻爻辞之末)，一共六种，为该本所独有。这六种符号是，□(红方形)、◧(红方形含黑马鞍形)、◼(红马鞍形含黑方块)、匚(黑马鞍形)、◙(黑马鞍形含红方形)、■(黑方块)，其意义尚难明。

三、通行本

亦称今本。本教材精读对象。此本亦称《易经》，包括《周易》本经与《易经》两部分。本经内容包括六十四卦的六十四个卦符、卦名、六十四条卦辞与三百八十四条爻辞及"乾用九"、"坤用六"两条辞文，分上经、下经，上经三十，下经三十四。在先秦，《周易》本经有上下"两篇"之称。《象辞》云："二篇之策，万有一千五百二十。"在汉代，仍有"篇"这一称名。《汉书·艺文志》："文王……重《易》六爻作上下篇。"南宋朱熹《周易本义》有《上下经卦名次序歌》："乾坤屯蒙需讼师，比小畜兮履泰否。同人大有谦豫随，蛊临观兮噬嗑贲。剥复无妄大畜颐，大过坎离三十备。咸恒遯兮及大壮，晋与明夷家人睽。蹇解损益夬姤萃，升困井革鼎震继。艮渐归妹丰旅巽，兑涣节兮中孚至。小过既济兼未济，是为下经三十四。"

此卦名次序"歌"编出，便于初学者记诵。

《易传》又称《易大传》，亦称"十翼"。包括七种十篇大文，为《象》上下、

---

① 　以上参见王振复《上博馆藏楚竹书〈周易〉初析》，《周易研究》2005 年第 1 期。

《象》大小、《系辞》上下、《文言》、《说卦》、《序卦》与《杂卦》。

《汉书·艺文志》云:"《易经》十二篇,施、孟、梁丘三家",颜师古注:"上下经及十翼,故十二篇。"该"十二篇"之称,指通行本《周易》本经与《易传》的合编。这一合编体例,始于东汉郑玄。但《易传》(十翼)均独立成篇,没有分拆在相应卦爻辞之后,皆安排于"本经"之后。三国魏王弼始将《象》上下、《象》大小相应辞文,分拆且附于本经六十四卦每卦的卦爻辞之后,将《文言》相应辞文附于乾坤两卦卦爻辞之后,《易传》其余篇什即《系辞》上下、《说卦》、《序卦》与《杂卦》仍附于本经之后,这便是沿用至今的通行本(今本)《周易》的体例。

《易传》是中华易学史上关于《周易》本经的第一种易学通论。它主要包括儒家人文(主要是道德伦理)思想、道家的自然哲学、阴阳家的阴阳之思、六十四卦的排列结构、意义与传承于上古的《周易》古筮法。就七种十篇大文而言,《彖》上下六十四条辞文,分别解说六十四个卦名、卦辞的意义。《象》大小即所谓"大象"、"小象",共四百五十条辞文,包括释卦名、卦辞者凡六十四;释爻辞者凡三百八十四;释乾卦"用九"、坤卦"用六"辞文者二。《系辞》上下作为易学概论,更具哲学意义,论及八卦起源、古筮法以及解说爻辞十九条。《文言》凡两部分,是对《周易》首要乾坤两卦的专论。《说卦》一篇,前半部是对《周易》本经的总体诠释,后半部记述八卦即乾坤震巽坎离艮兑所象征的种种事物及意义。《序卦》说明六十四卦的排列次序及其语符意蕴。《杂卦》将六十四卦每一卦的意义特点,以文化意义相反的两卦为一对,以简炼的语辞加以扼要诠解,不依《周易》本经六十四卦序,错杂而谈。

通行本《周易》,自西汉武帝"罢黜百家,独尊儒术"以后,被古文经学称为"六经之首"(或"五经之首")。这"六经"依次为《易经》、《书经》、《诗经》、《礼经》、《乐经》与《春秋经》。其中《乐经》亡佚,后称为"五经"。《周易》居其第一,地位崇高。至唐代,《周礼》、《礼记》、《仪礼》、《公羊传》、《穀梁传》、《左传》与《易》、《书》、《诗》并称为"九经"。唐文宗刻石经,又将《孝经》、《论语》与《尔雅》列入而成"十二经"。直至宋代,再添《孟子》一书,称"十三经"。南宋之后,始行合刻本,明嘉靖、万历年间均有刊行。清代乾隆初年刊行武英殿本。此后清代阮元据宋"十三经"本重刻,是为《十三经注疏》。其间以《易经》为第一,称其为"群经之首"。另,在汉代,《周易》主要文本,除立于学官即由西汉初年田何所授,施、孟、梁丘等使用的"今文经学"本《周易》外,由"古文经学"系统之费直传授,马融、郑玄与荀爽等使用、且流传于民间的"费氏古文本"。通行本《周易》传于此。

中华古人牢固树立"经典"的思想理念,在西汉武帝设立五经博士制度之后。这不等于说在此之前就没有尊经的人文意识传统。《庄子·天运》:"孔子谓老聃曰:'丘治《诗》、《书》、《礼》、《乐》、《易》、《春秋》六经。'"又说:"夫六经,先王之陈迹也。"这可能是"六经"一词最早的出处。《庄子·天运》属于"外篇",学界一般以为庄子后学所撰,成篇可能较晚。这里可能说明,战国后期已有尊"经"的人文思想。

书名"周易"解读

"周易"作为书名,最早见于《左传·庄公二十二年》(公元前672年)所载"周史有以《周易》见陈侯者"等。这足以证明,早在大约两千六七百年前的春秋时代,已有《周易》一书流传于世且用以巫筮。

先来分析《周易》的"周"字是什么意思。

中华易学史上,关于《周易》的"周"主要有如下四种解读。

一、东汉郑玄《易赞》据《周礼·大卜》所谓"大卜""掌三易之法,一曰《连山》,二曰《归藏》,三曰《周易》"之记,称"《连山》者,象山之出云,连连不绝;《归藏》者,万物莫不归藏于其中;《周易》者,言易道周普无所不备"。此乃从哲学意义释"周"。所谓"易道周普无所不备",指"周"乃易理之本,"周"即"圆"。"圆"者,圆满包容,象征无所不备。古人以为方静而圆动,圆象示动,故此《周易》之"周",具有圆满具足、无所不包且兼运行变化的意思。

这种对"周"的解说看似挺有道理,实际有待商榷。中华上古还没有这样成熟的哲学理念。郑玄所言"易道周普无所不备",确与《系辞》称易乃"变动不居,周流六虚"和《韩非子·解老》所说"圣人观其玄虚,用其周行"相一致①,然而,《系辞》与《韩非子》是战国中后期的著作,不能用来为上古易亦具哲学这一点作旁证。其实,这种释"周"为"圆"的思想,是后代《易传》的思想,讲的是哲学,不是原古《周易》文化智慧的本来面貌。

二、唐代孔颖达看出了这一点,故将《周易》的"周",切实地解为"周代"、"周原",所谓《周易》,就是"周代的易"、"周原的易"。孔颖达说:"案《世谱》等群书,神农一曰连山氏,亦曰列山氏;黄帝一曰归藏氏。既连山、归藏并是代号,则《周易》称'周',取岐阳地名。《毛诗》云,'周原朊朊'是也。又文王作'易'之时,正在羑里,周德未兴,犹是殷世也,故题'周'别于殷;以此文王所演,故谓之《周易》。其犹《周书》、《周礼》,题'周'以别余代。"②此说不为无据,《易纬》就有"因代以题周是也"的说法。

显然,"周"之古义并非"易道周普无所不备"。"周原"在今陕西省扶风、岐山县境,是周代、周朝先祖古公亶父自陕西旬邑迁此建邑的发祥之地。因此,释"周"为周代、周原,是妥当的。

三、唐代陆德明《经典释文》云:"周,代名也。周至也,遍也,备也,今书名,义取周普。"这是兼取郑、孔二说,似万无一失,其实可待讨论。陆德明(约550—630)与孔颖达(574—648)为同时代人而陆稍年长于孔。陆德明的这一解读曾受到孔颖达的批评。孔氏云:"先儒又兼取郑说,云既指周代之名,亦是普遍之义,虽欲无所遐弃,亦恐未可尽通。"③

四、《周易》的"周"究竟指什么?邓球柏《周易书名浅说》引东汉许慎《说文解字》"周,密也"语,指出《周礼》所谓"傅人则密",指操作、制器审度周密。审度必循正道,此《周礼》郑注所谓"密,审也,正也"。故后代有"周正"一词。而"正"又通"贞",郝懿行《尔雅》义疏云,"正亦贞也"。《易传》有"贞者,事之干也"之说。李道平《周易集解纂疏》引《诗诂》云,"木旁生者为枝,正出者为干"。故"干"有"正"义。而"贞"又有"干"的意思,因而,"正通"贞"。

"贞"的本义是"卜问",此《说文》所谓"贞,卜问也"。《周易》本经所有诸多"贞"字,均作"卜问"解。贞,甲骨文一作𒀭。而《易传》所谓"元亨利贞"之

①　参见刘大钧《周易概论》,齐鲁书社,1986年,第2页。
②③　孔颖达《周易正义序》。

"贞"与"贞固足以干事"等"贞",具"正"义,是"贞"的引申义。

"贞"本义为"卜问"(占问),引申为"正"。古人几乎每事必卜、必筮。卜、筮乃人生之正道。两者的历史、人文联系密切。

不难理解,书名"周易"之"周",有"密"义,"密"有"正"义,"正"通"贞","贞"的本义为"卜"(或筮),因而,"周易"的"周",是与"卜问"或"筮问"意义相关的一个字,不仅仅指"周代"、"周原"的"周"。其内在关系如次:

周→密→审→正→贞(卜、筮)

《说文》云,"周,密也。从用口"。"用","可施行也,从卜从中"①。"用",甲骨文一作𝌄等,有学者以为,此乃卜字、中字的部分重迭。中,甲骨文写作𝍖②等。这"中",为上古晷景之具的文字表述。"这'中'的中间一竖表示标杆;中间一竖与方框'囗'表示装置,'≋'表示具有方向性的移动的日影。测日影的标杆必须竖得很直,垂直于地面,否则测得的结果就不会准确。标杆垂直于地面说明其方位与形象得'正',测得的结果准确说明得'中'"③。李圃《甲骨文选读·序》将"中"释为上古晷景之器的象形。李玲璞、臧克和、刘志基所合著的《古汉字与中国文化源》一书,则重申了这一见解:"甲骨文中已出现'中'这个字形,写作𝍖,据学者们考定为测天的仪器;既可辨识风向,也可用来观测日影。"④关于"用",徐中舒主编《甲骨文字典》认为,"甲骨文用字从卜从冃,冃为骨版","故以有卜兆之骨版,表施行使用之义"⑤。此"用"之别一说,是否在理,录此以备参考。

笔者以为,按许慎的意思,所谓"从卜从中"之"用",其本义为一巫术活动。在甲骨卜辞中,卜中也称"立中"。如胡厚宣《甲骨六录》双一五:"尢风,易日……丙子其立中,无风,八月。"王襄《簠室殷契徵文》天十:"癸卯卜,争贞:翌……立中,无风。丙子立中,允无风。"

因此,从"周"字"从用口"看,"周易"之"周"应与"卜中"、"立中"(卜问)

①　许慎《说文解字》,中华书局,1963年,第33、70页。
②　郭沫若《殷契粹编》五九六。
③　王振复《巫术:周易的文化智慧》第21页。
④　李玲璞、臧克和、刘志基《古汉字与中国文化源》,贵州人民出版社,1997年,第98页。
⑤　《甲骨文字典》,徐中舒主编,四川辞书出版社,1990年,第354页。

这原古巫术(卜筮)相联系。

《周易》本经乾卦、坤卦有关于"用九"、"用六"两条辞文,这里所谓"用",应与卜筮相关,可证《周易》的文化智慧本于巫。

这一点,学界尚有不同意见。

关于《周易》之"易",亦有多解。

一、许慎《说文解字》云:"易,蜥易,蝘蜓,守宫也。象形。"黄寿祺、张善文《周易译注》说,"其字篆文作'易',正象蜥易之形"[1]。蜥易,即蜥蜴,爬行动物,壁虎之类。又称"变色龙",行踪诡秘,其色多变。据古代传说有一种"变色龙",一日之内变化十二种颜色。秦始皇之时,这种动物被进贡入宫,令其守护宫门,因其变化多端,人不敢擅自入宫。故称"守宫"。这类蜥蜴目中又有所谓"四脚蛇",生存活动于荒野杂草丛中,行迹不易被人发现,似乎变幻莫测。总之,以蜥蜴释易,强调的是易的神秘与变化,即所谓"变易"。

二、《说文》引录"秘书说:'日月为易,象阴阳也'",指"易"乃"阴阳"之变。虞翻《易注》引《周易参同契》云,易"字从日下月",指"易"字从日从月,即上为日,下为月。取《易传》"日往则月来,月往则日来"之义,仍宗"变易"之说。

三、《易纬·乾凿度》卷上云:"孔子曰:易者,易也。变易也,不易也,管三成道德苞籥。"[2]张惠言《易纬略义》引郑注:"管,犹兼也。"按一般理解,此指"易"有所谓"简易"、"变易"、"不易"三义。"简易",事物万变而不离其宗。天下万物,无不构成一多之关系,此"一",即为"简易"。"变易",孔颖达《周易正义序》云:"夫'易'者,变化之总名,改换之殊称。自天地开辟,阴阳运行,寒暑迭来,日月更出,孚萌庶类,亭毒群品,新新不停,生生相续,莫非资变化之力,换代之功。""不易",《易纬·乾凿度》称:"不易者,其位也。天在上,地在下,君南面,臣北面,父坐子伏,此其不易也。"这是以政治道德之"位"的"不易"说"易",且以"天在上,地在下"来加以证明。而假如从哲学角度说"不易",则可理解为"天下万物恒变本身是不变的"。

四、据《四库全书总目》"经部·易类",毛奇龄《仲氏易》三十卷"提要"有

① 黄寿祺、张善文《周易译注》,上海古籍出版社,1989年,第15页。
② 《纬书集成》(上),[日]安居香山编纂、中村璋八辑,河北人民出版社,1994年,第3页。

云："大旨谓易兼五义：一曰变易，一曰交易，是为伏羲之易，犹前人之所知；一曰反易，谓相其顺逆、审其向背而反见之，如屯转为蒙、咸转为恒之类；一曰对易，谓比其阴阳、絜其刚柔而对观之，如'上经'需、讼与'下经'晋、明夷对……一曰移易"，黄寿祺称"谓易兼变易、交易、反易、对易、移易五义，虽未为详备，要不为冥心臆测，用心固亦勤也，然其以变易、交易属之伏羲，以反易、对易、移易属之文王，则未见其必是也"①。其实这里所谓交易、反易、对易与移易云云，都是变易之理的象数方式。

五、黄振华《论日出为易》称，据金祥恒辑《续甲骨文编》第三册第九卷第十三页载，甲骨文有"易"字，写作 ⌒，乃"日出"之象形。"日出"的象征意义为二，一是《系辞传》所谓"乾知大始"，"法象莫大乎天地"，"悬象著明莫大乎日月"。指出"太阳代表阳刚，即象征乾卦，一日之间的现象变化从'日出'开始，故'日出'象征了'乾知太始'的意义"；"在天文现象中最显著代表乾刚之象的莫过于太阳了，故以'日出'来象征'乾知大始'，最恰当不过。二是'日出'表示昼夜变换，昼夜变化也可以说是日月的变换，二者都象征了阴阳变化的意义，故以'日出'来象征阴阳变换"②。此说是否持之有故，可以进一步讨论。

六、甲骨文有"易"字，写作 ③、 ④或 ⑤，象人以双手将液体从一容器倾倒于另一容器。这是最古的"易"字。

后来，这"易"字的书写形式逐渐简化，演变为 ，最后，只剩半个容器的象形，为 ，直至春秋战国的篆文，"易"字定形为 。

这种将液体从一容器倒向另一容器从而改变其形态的实践行为，在今人看来是很好理解的，毫无神秘可言。可在殷及殷之前的先民心目中，对于液体的流动性与可变性，是深感神秘的，由此衍生一种原始巫术理念，以为

①　黄寿祺《周易名义考》，《福建师大学报》1979 年第 2 期。
②　黄振华《论日出为易》，原载《哲学年刊》第 5 辑（即《哲学论文集》第三辑，1968 年 10 月，中国台湾商务印书馆版），收录于黄寿祺、张善文《周易研究论文集》第一辑，北京师范大学出版社，1987 年。
③　罗振玉《殷虚书契前编》六、四二、八。
④　郭沫若主编《甲骨文合集》五四五八。
⑤　郭沫若主编《甲骨文合集》八二五三。

液体的变幻无定,与人的命运休咎有关。

《说文解字》云:"易,蜥易,蝘蜓,守宫也,象形。秘书说:日月为易,象阴阳也。"这是上文已经谈到过的关于"易"的两种见解。《说文》接着又说:"一曰从勿。"这"从勿"之说,历来无人识读,黄寿祺、张善文说:"唯'从勿'之义,则颇难通。"①其实依笔者之愚见,此"从勿"之"勿",实乃半个盛液水容器腹部之象形。而所谓"易"字上部的"日",非日月之"日",确是盛水容器把手的文字变形。

要之,以"周"与"易"相配合的这一书名,不仅指周代、周原之易,而且包含一定的巫意识、巫意绪与巫理念。这种"周易"书名与巫术占筮意义的对应,可能体现了这部文化学著作之人文智慧的深度与魅力。著名易学家尚秉和从《史记·礼书》"能虑勿易",悟"能虑"者勿以"易"为占,认为"简易、不易、变易,皆易之用,非易之本诂,本诂固占卜也"②,可谓的论。

《周易》的作者与成书年代

一、关于通行本《周易》的作者

正如前述,通行本《周易》分经、传两部分,包括上古易、中古易(《周易》本经)与下古易(《易传》)。其作者当然绝非一人。《汉书·艺文志》认为:

> 《易》曰:"宓戏氏仰观象于天,俯观法于地,观鸟兽之文与地之宜,近取诸身,远取诸物,于是始作八卦,以通神明之德,以类万物之情。"至于殷周之际,纣在上位,逆天暴物,文王以诸侯顺命而行道,天人之占可得而效。于是重易六爻,作上下篇。孔子为之《彖》、《象》、《系辞》、《文

---

① 黄寿祺、张善文《周易译注》第 16 页。黄寿祺《周易名义考》说:"夫易字从日下月,以象阴阳,尚有意义,若从日勿,则全不可通,疑日勿之说有谬。"
② 《周易尚氏学·总论》"第一,论周易二字本诂",中华书局,1980 年。

言》、《序卦》之属十篇。故曰:《易》道深矣,人更三圣,世历三古。

在《汉书》看来,整部通行本《周易》,是由"三圣"完成的,宓牺氏即伏羲氏通过仰观俯察始作八卦,为上古易;周文王重卦六十四并系卦爻辞,为中古易;孔子为之作《易传》(十翼),为下古易。

这一论述准确吗? 试作分析。

(一)《周易》本经作者:"伏羲始作八卦"说

《易传·系辞下》云:"古者包牺氏之王天下也,仰则观象于天,俯则观法于地,观鸟兽之文与地之宜,近取诸身,远取诸物,于是始作八卦,以通神明之德,以类万物之情。"以这一论述与《汉书·艺文志》有关论述相对照,后者显然是前者的照搬、因袭之说。

这种"伏羲始作八卦"说,后来被说得非常肯定,甚至被作为信史来加以记载,尤在纬书中增添了许多神秘色彩。《礼纬·含文嘉》说:"伏羲德合上下,天应以鸟兽文章,地应以河图洛书,伏羲则而象之乃作八卦。"这一记载,实是《易传》所谓"河出图,洛出书,圣人则之"的衍生想象。在中华易学史上,著名易学家如孔安国、马融、王肃与姚信等,都坚信"伏羲始作八卦"说。

那么,这一说法有道理么?

伏羲(即包牺氏、宓牺氏)是一位非常了不起的神话传说中的大人物。《汉书·古今人表》曾称其为天下第一"上上圣人"。然而伏羲的仪容长相似乎并不雅观,传说伏羲"人首蛇身",别号"大昊"(即"太昊")。《帝王世纪》有云:"大昊帝包牺氏……继天而生,首德于木,为百王先。帝出于震,未有所因,故位于东方,主春,象日之明,是称大昊。"这里,昊从旦从大,旦即初升之太阳。《说文》云,"大象人形"。故"昊"指与旭日同辉之大人。而"伏"与"包",都是"溥"的同义通假。《说文》云:"溥,大也。"因而,所谓"伏羲"、"包牺氏",其实即为"大羲"。又,"羲"是"曦"的本字,朝曦之谓。所以"伏羲"、"大昊"之命名意义,都与太阳这伟大的意象相联系。旭日升起在东方,"故位于东方"。而"帝出于震"一句,出典在《易传》,指后天八卦方位的震卦位在东方。假如以五方(东南西北中)、五行(金木水火土)与四季(春夏秋冬)相配,那么,便是东配木配春,是震卦之所在的方位,这便是《帝王世纪》所谓

"故位于东方"、"首德于木"与"主春"的意思。而其"继天而生"一句自然是说,天地鸿蒙,数伏羲年岁最大,是人类始祖。

可见所谓伏羲,并非实有其人,它是中华先民出于对《易经》的无限崇拜而虚构出来的一个"创卦者"(伏羲还创造了其他文明,此勿赘)。伏羲的文化原型,可能是远古生活在东方的某一氏族的首领,或是某些氏族首领的一个共名。但伏羲并非为某个或某几个真实地存在过的东方氏族首领本人。我们知道,在黄帝作为中华"人文初祖"于汉代被塑造完成之前,伏羲的人文地位一直较黄帝为崇高。《易传·系辞下》称伏羲"始作八卦",仅称黄帝在"伏羲氏没"、神农氏之后,所谓"黄帝、尧、舜垂衣裳而天下治"。然而黄帝这一"人文初祖"一旦被塑造完成,其地位就代替了伏羲。因而汉代之后,伏羲的名望就远不及黄帝,人们只在谈论"创卦"等问题时才提起他。

因此,所谓伏羲"始作八卦",仅仅蕴涵着一定历史真实因素的神话传说,并非实有其人其事。

所谓传说中的伏羲氏时代,在距今约四五万年的旧石器时代晚期。根据人体人类学,这一时期的中华先祖,由"古人"发展为"新人"[1],进入了母系氏族社会。考古发现于广西柳江的"柳江人"、内蒙的"河套人"与四川的"资阳人"等,大致都属于这一文化发展阶段。他们的智力水平究竟如何,虽然无从考定,但据碳十四测定,比上述"新人"稍晚、约一万八千年前的北京周口店"山顶洞人",从出土器物如骨器、石器与装饰品分析,智力仍不足于支撑其能够创作八卦的水平。"山顶洞人"尚且如此,据说比"山顶洞人"年代更久远得多的伏羲氏,又如何能够"始作八卦"呢?

旧石器晚期属于母系氏族社会,"母系"文化直到距今约七千年至一万年的新石器早期才进入繁荣期,到距今五六千年的仰韶文化中期,才让位于"父系"文化。但伏羲却是一位男性的"王"。既是男性之"王",应属于"父系"文化才对。可见,伏羲并非真正的"继天而生"、"为百王先",他不过是"父系"文化崇拜男性祖先的一个虚构的伟大人物,所谓"始作八卦",看来经不起历史与逻辑的检验。

---

[1]　据考古学、人体人类学研究,中华先祖的发展,经历过"猿人"、"古人"、"新人"与"现代人"四个阶段。

中华易学史上最早怀疑伏羲"始作八卦"说的,是宋人欧阳修,其《易童子问》云:

> 童子曰:"敢问八卦之说,或谓伏牺已授河图,又俯仰于天地,观取于人物,然后画为八卦尔。二说虽异,会其义则一也。然乎?"曰:"不然。此曲学之士牵合傅会以沟通其说而遂其一家之学尔。其失十妄以《系辞》为圣人之言不敢非,故不得不曲为之说也……考今《系辞》,二说离绝,各自为言,义不可通。而曲学之士牵合以通其说而误惑学者,其为患岂小哉?"

这段话大意是说,《系辞传》一说"伏牺(羲)已授河图",即所谓"河出图,洛出书,圣人则之";另一说却说伏羲仰观俯察、近取远取而"始作八卦",这是"二说离绝,各自为言,义不可通"。

欧阳修确是八卦为伏羲氏"始作"说的始疑者。

(二)《周易》本经六十四卦及卦爻辞的作者是谁

此即重卦作者问题。易学史上有王弼"伏羲重卦"、郑玄"神农重卦"、孙盛"夏禹重卦"与司马迁"文王重卦"四说。这里仅分析"文王重卦"说。

《易传》有云:"《易》之兴也,其于中古乎?作《易》者其有忧患乎?"又称:"《易》之兴也,其当殷之末世、周之盛德邪?当文王与纣之事邪?"

这里"忧患"云云,特指周文王被囚羑里(今河南汤阴县北)的苦难。文王被商纣囚在羑里,身心同遭罹难,忧心忡忡而演易(即重卦六十四)。虽然《易传》以疑似的口吻谈论这一重要问题,可易学史上信从"文王重卦"说者代不乏人。

这里有多种可能。

假如《周易》本经六十四卦卦符与卦爻辞同由一人推演且逐卦、逐爻附以辞文的,那么,所谓"文王重卦"说缺乏根据。

因为通观六十四卦爻辞,其中多有周文王之后的史实记载。

明夷卦六五爻辞称"箕子之明夷"。箕子为殷三贤之一,商纣诸父,官太师,他封地在箕(今山西太谷东北)。商纣暴虐,箕子屡谏不听而囚禁箕子,武王灭商后才被释放。这里,夷为毁伤之意,明夷,指箕子被囚佯装疯傻,自毁其明。这一史事,发生在武王灭商的前夕。武王为文王之子。如果《周易》卦爻辞真是文王所作,那么文王怎么可能将自己身后发生的史事(如"箕子之明夷")写进《周易》?

升卦六四爻辞"王用享于岐山"。这是指周文王回归祖地即古公亶父发祥地陕西岐山(即周原)祭祖之事。但只有在周武王克商之后,文王才被追称为"王",商纣时但称"西伯"、"姬昌"。如果《周易》卦爻辞确为文王所作,他怎么可以自称为"王"?

既济卦九五爻辞"东邻杀牛,不如西邻之禴祭"。这是说东方商族杀牛以祭,不如西方周族进行古代"四时祭"中的夏祭。这里所谓"禴",指夏祭。四时祭,正如《诗·小雅》:"春曰祠,夏曰禴,秋曰尝,冬曰烝。"这一爻辞,也证明文王并非《周易》六十四卦及其爻辞的作者。因为文王在世时,商王贵为"天子",文王何以能够自称为与"东邻"(商)平起平坐的"西邻",并且讥评"东邻"的杀牛以祭不如"西邻"的禴祭?

可见,《周易》六十四卦及其爻辞可能并非文王所作。

但是,前引三条爻辞会不会是后人窜入的呢?倘是后人窜入的,则整个六十四卦及其卦爻辞,仍有可能为文王所作。

然而在笔者看来,这种假设似难以成立。

《周易》本为巫术占筮之书,早在殷周之际、春秋之前,中华先民虔诚地迷信卜筮。即使后之秦代"扫六合"、"虎视何雄"的秦始皇,也不敢对《周易》动一个指头,使其得逃秦火。以至于时至西汉初年,正如《汉书·刘歆传》所言,"天下但有易卜,未有它书"。这便是为什么在西汉今、古文经学的文化论争中,双方争论之焦点,并非《周易》本子、内容的真伪,而是《周易》在五经中排列的地位及其文化意义的不同。文化史上有伪《尚书》,却未有伪《周易》。如果说文化史上,人们对《周易》以外的其他经典的虔诚崇拜,始于西汉武帝"罢黜百家,独尊儒术"、设立五经博士制度之后,那么古人对于《周易》的崇拜,倒是早在殷周之际,甚至在此之前就已经开始了。

这似乎决定了《周易》所有爻辞不大可能被窜改。

因此,所谓周文王作爻辞的结论就值得讨论了。

那么,《周易》六十四卦卦辞会是周文王所作吗?

出于与前文所述同样的理由,笔者认为亦多不可能。

姑举一例。

晋卦卦辞云:"晋:康侯用锡马蕃庶,昼日三接。"这里,晋,卦名。康侯,武王之弟,名封,初封于康地,故称康侯或康叔。锡,借为赐,献也。蕃庶,众多的意思。此卦辞大意:周武王弟康侯出征告捷,俘获敌方马匹众多,使武王一日之内多次接到多批战利品。显然,这也是发生在文王之后的史事。倘文王真是六十四卦卦辞的作者,他又怎么可能知道自己身后的事并记载在这里?

那么,《周易》六十四卦卦符是否为文王所推演?

假如从《史记·日者列传》或是《论衡》之类典籍去寻找答案,那答案是肯定的。但是,几乎所有的肯定性答案都是异口同声,这反而令人不安起来,想要追问这答案的最初依据究竟何在。看来,除了前文所引文王因"忧患"而演易这一条,似乎别无其他依据。问题是那段关于文王"重卦"的话,用的是疑问口气。那么这疑问,究竟是未知而设问,还是明知而问呢? 看来这真是一大悬案,否则,《易传》的作者为什么要如此模棱两可地设问呢? 林忠军认为,所谓"文王演易","不是重卦"。其引录唐孔颖达《周易正义》"卷首"有云,"即伏牺已重卦矣"。而作为"重卦"之"数字卦的发现,把重卦推到商周以前"[①]。

可是从另一角度分析,所谓文王重卦且系卦爻辞,又是颇有可能的。

原始巫术尤其如《周易》算卦这样的巫筮,是一门综合的"学问"、一种文化集成,没有广博的知识、相当的社会地位者便难以胜任。创构六十四卦且用以巫筮,这在当时是很高深的一门"技艺",代表了当时相当高的文化思维与人文智慧的水平。而且,只有那些在社会上很有权威的人才更具所谓巫筮的"灵力"。金景芳《学易四种》指出:"巫在社会中占有特殊重要的地位。这时的巫不仅是卜的职业家,而且还担当继承、传播与促进文化的责任。其中有不少具有广博的知识。自今天看来,他们都是宗教家,同时也是哲学家,又是文学艺术家、自然科学家,而且还活跃于政治舞台。实际他们是拥

---

① 林忠军《易学源流与现代阐释》,上海古籍出版社,2012年,第33、34、35页。

有没有分化的全部科学知识。"①这段评价虽然有些过分,比如称"巫"都是什么、什么"家"之类显然不大确切。但是远古的"巫"尤其"大巫",在当时确是文化知识的集成者与政治神权的代表者。从《国语·楚语》所知,远古大巫集"智圣明聪"于一身,并以"祝"、"宗"作副手。据《尚书·君奭》所言巫咸、巫贤可知,商之大巫一定是政治舞台上的"要人"。《史记·天官书》称:"昔之传天数者,高辛之前重黎,于唐虞羲和,有夏昆吾、殷商巫咸,周室史佚、苌弘。"传说大禹是一大巫,此据扬雄《法言·重黎》所谓"巫步多禹"可知。《法言》注:"禹治水土,涉山川,病足而行跛也,而俗巫多效禹步。"《广博物志》卷二十五引《帝王世纪》云:"世传禹病偏枯,步不相过,至今巫称禹步是也。"那么,那些"俗巫"为何"多效禹步"? 只有一个解释,那是因为大禹乃大巫之故。据史载,周公本为大巫。周公乃武王之弟,助武王灭商,武王死,成王年幼,周公于是摄政,引起管叔、蔡叔等不满。周公于是历举汤时有伊尹,太戊时有伊陟,祖乙时有巫贤,武丁时有甘般等等,称这些都是"格于上帝"的巫、祝或卜史,认为这些人都擅巫事,才能在商为相,管理朝政,辅佐商王。而自己所以有资格摄政为王,也因尤擅巫事的缘故。周代实行宗法制,王位、官职包括巫职通常为世袭,从周鼎铭文看,周文王世家多兼巫、祝。所谓"文王遗我大宝龟,绍天明",连周公从事巫筮的本领与特权还是从文王那里继承而来的,证明文王是善筮或善卜的巫。《史记·周本纪》指出:"西伯盖即位五十年。其囚羑里,盖益易之八卦为六十四卦。"此为证。

因此,文王重卦(演易)且系卦爻辞,当有可能。

(三)《易传》的作者是谁

相传《易传》为孔子所撰。《论语》记孔子云:"加我数年,五十以学《易》,可以无大过矣。"又说读《易》而至于"韦编三绝,而为之传"(《汉书·儒林传》)。《史记·孔子世家》有"孔子晚喜《易》"的记载,说这位圣人编写了《易传》中的《彖辞》、《象辞》、《说卦》与《文言》。《纬书·乾凿度》则进一步称孔子"五十究《易》,作十翼明也"。显然,谶纬神学对孔子作了进一步的神化,它将《易传》的全部著作权,都归于孔子。《易纬·乾凿度》称,孔子"五十究易,作十翼"。唐孔颖达《周易正义序》称:"其《彖》、《象》等'十翼'之辞,以为孔子所作,先儒更无

① 金景芳《学易四种》,吉林文史出版社,1987年,第144页。

异论。"这一学术理念，至今仍具影响。金景芳说："据我看，《易传》应属孔子，基本是孔子作的。"①

　　然而有一问题不易解答。孔子自称"信而好古"、"述而不作"，《论语》记孔子之言行而非孔子本人所撰，便是明证。如果《易传》确为孔子所作，岂非与孔子一贯的信条相违背？

　　今人多不以为《易传》为孔子所写。

　　最有力的证据，便是《易传》中常出现"子曰"这一措辞。如"子曰：'《易》，甚至矣乎。'""子曰：'君子居其室。'""子曰：'书不尽言，言不尽意。'"等等，据不完全统计，为三十余见。如果《易传》的作者确是孔子，岂有自称"子曰"的？

　　关于"《易传》作者乃孔子"这一点，易学史上最早提出疑问的是北宋欧阳修。其《易童子问》曰："何谓'子曰'？讲师言也。"哪有孔子自称"师言"的？真是目光锐利。欧阳修认为"十翼"诸篇观点互有牴牾，可证其断非出自一人之手、一时之作。比如关于八卦起源问题，在《易传》中共存四说。其一，"河出图，洛出书，圣人则之"；其二，伏羲"近取诸身，远取诸物，于是始作八卦"；其三，"观变于阴阳而立卦"。其四，"是故易有太极，是生两仪，两仪生四象，四象生八卦"。欧阳先生据此下了结论："谓此三说（引者注：实际是四说）出于一人乎，则殆非人情也。"除了欧阳子，宋人赵汝楳《周易辑闻》、元人王申子《大易辑说》等，皆称除《彖》、《象》外，余非孔氏所撰。清代崔述以及当代学者冯友兰等，均以为《易传》非孔子所作。

　　总之，关于《周易》本经的作者，尚不能有确凿证据断言其究为何人，至多只能"原则"地说，他或他们可能是中华上古具有较高文化素养、社会地位较高的巫，是他或他们发明了阴爻、阳爻，创造了八卦、六十四卦及撰集卦爻辞（巫筮记录），撰编了《周易》本经。而《易传》的作者，据《易传》之基本文化思想与思维大凡属于儒学范畴这一点可知，他们可能是孔门后学。由于《易传》七种十篇大文的文化思想与体例颇不一致，可以肯定其作者断非一人。《易传》的成书，正如《周易》本经那样，也有一个漫长的过程，必然经过多人甚至数代人的构思、采辑、撰写、订正、增删与润色。从《易传》所记孔子言论

---

①　《周易讲座》，金景芳讲述，吕绍纲整理，第22页。

可知,可能是孔门后学对孔子易说的回忆性采录,经过代代相传而辑录于此,也不排除有些是后代儒生的讹传与伪托。但可以肯定的是,孔子对于易学有很不错的修养。《论语·述而》:"子曰:'加我数年、五十以学易,可以无大过矣。'"晚年孔子喜易,"居则在席,行则在橐"。虽认为"后其祝卜,观其德义"①,毕竟是一位熟知易筮的人物。

二、关于通行本《周易》的成书年代

《周易》本经与《易传》的成书年代相距较为遥远。

《周易》本经为筮书,而卜筮在殷、周两代最为繁盛。《礼记·曲礼上》说:"龟为卜,策为筮。""先卜而后筮"是可以肯定的。尽管在周代甲骨之卜并未退出历史、人文舞台,然而中华古代巫术历史的发展,是先为殷代之甲骨占卜、后为周代易筮。易筮是在甲骨占卜文化基础上发展起来的。《左传》有"筮短,龟长,不如从长"之说,说明卜比筮的文化资格更为古老,在一定历史时期更具权威性。《左传·僖公十五年》称"龟,象也;筮,数也"。好像象、数在龟卜、易筮中最早是各自分开的。其实无论殷卜、周筮都具有浓重而须批判的命理思想。龟卜有象亦有数,这"数",首先非指神秘数字而指劫数(命里注定),是象数互渗;易筮有数有象,这"数"首指筮数,这筮数可能源于"数字卦",且体现了"劫数"命理,而象,即爻象、卦象,与龟甲之象相比,是智慧程度更高级的象数互渗。

殷卜、周筮的发展有一个文脉历程。正如前引,《易传》称"《易》之兴也,其当殷之末世、周之盛德邪? 当文王与纣之事邪",这为我们思考、认识《周易》本经成书年代提供了一个思路,即《周易》本经的成书年代可能在殷周之际即从殷卜向周筮转变时期,大约成书于公元前 11 世纪,距今约三千一百年。

关于《易传》的成篇年代,易学界争论颇多,意见分歧。

李镜池《易传探源》持《易传》成篇年代偏于晚近的见解,认为《彖辞》、《象辞》写成了秦汉之际,《系辞》、《文言》成于汉司马迁生年之后,约在汉昭

---

① 帛书本《周易·要》,见廖名春《帛书〈要〉释文》,《帛书〈周易〉论集》,上海古籍出版社,2008 年,第389 页。

帝与汉宣帝之际。而《说卦》、《序卦》与《杂卦》在"昭宣"之后①。

郭沫若《周易之制作年代》说:"我相信《说卦》以下三篇(指《说卦》、《序卦》、《杂卦》),应是秦以前的作品。但是《彖》、《象》、《系辞》、《文言》则不能出于秦前。"理由是后四种"传"思想比较丰富、成熟。郭沫若推定《彖》、《系辞》、《文言》是荀子门徒写于秦代②。

张岱年认为《易传》写定于战国中后期,称李镜池、郭沫若的见解失于"疑古过勇"。其《论〈易大传〉的著作年代与哲学思想》认为,"《易大传》的年代应在老子之后,庄子之前"。这一见解为刘大钧《周易概论》一书所基本接受③。

先秦老子有"道"、"器"关系之论,《帛书老子·德篇》称"道生之,德畜之,物刑之,而器成之",所论未能简明,而《易传·系辞》将其概括为"形而上者谓之道,形而下者谓之器",显然是对老子思想的发挥,可证《系辞》在老子之后。《易传·系辞》有所谓"天尊地卑"之说,而《庄子·天运篇》则称,"夫尊卑先后,天地之行也,故圣人取象也","天尊地卑,神明之位也","夫天地至神而有尊卑先后之序,而况于人道乎"等等说法,又显然受《易传·系辞》之论的影响而无疑。而且"圣人取象也"一句,更能证明庄子读过《周易》且懂得"取象"之理,因此《系辞》当写于庄子之前。《庄子·渔父》"同类相从、同声相应,因天之理也"的思想,明显又是《易传·文言》"同声相应,同气相求"的阐发,可证《文言》写于庄子之前。至于荀子深受《易传》影响并有所发挥更可定论。《荀子·大略》云:"《易》之咸,见夫妇,夫妇之道,不可不正也。君臣父子之本也。咸,感也。"这显然是对《易传·彖辞》所言"咸,感也"的诠解。证明《彖辞》的写成早于荀子。《易传·彖辞》逐条解说六十四卦卦辞,《易传·象辞》除解读六十四卦卦辞外,还解读三百八十四条爻辞,可证《彖辞》成文在前而《象辞》在后。而《易传·象辞》云,"地势坤,君子以厚德载物",《易传·彖辞》则由此发挥出"坤厚载物,德合无疆"的思想,似乎又是《象辞》在前、《彖辞》在后。《易传·说卦》是对八卦的解说,而《易传·系辞》是对《周易》全书包括六十四卦的

① 参见李镜池《易传探源》,原载《史学年报》第二期,收入《古史辨》第三册,1931年11月。
② 参见郭沫若《周易之制作年代》,原载《青铜时代》,文治出版社,1945年。
③ 参见刘大钧《周易概论》第14—24页。刘大钧《易大传著作年代再考》,《东岳论丛》1981年第6期。

理论思想的分析,可证《说卦》在前而《系辞》在后。

拙著《巫术:周易的文化智慧》一书基本采引张岱年、刘大钧的学术之见并有所申说。拙著认为:老子即老聃的生卒年早于孔子,约生于周灵王元年(前571)前后,卒于周敬王四十年(前480)前后;另一说认为老子(实为太史儋①)生于周考王十一年(前430)前后,卒于周显王二十九年(前340)前后,而庄周生于周显王九年(前360)前后,卒于周赧王三十五年(前280)。由于通行本《老子》实由战国中期太史儋在《老子》祖本基础上编纂而成,且历史上实际发生重大影响的正是该通行本,因而《易传》的写作年代,"上限约在公元前430年(周考王十一年),下限约在公元前280年(周赧王三十五年),大致经历了一个半世纪光景"②。当然,《易传》中的个别篇什如《说卦》等,据前文所述,它既然写成于《系辞》之前,"那么,《说卦》的成书当大约可在老子(注:实为太史儋)之前"③,即战国中期之前一些时候。

不过,本教材所持《易传》大致成书于战国中后期之说,其证据与理由可能并非无懈可击,而且由于这一问题本身过于烦难,因此这一看法仅是初步的,仅供参考。

阴爻阳爻的原型

阴爻阳爻,是《周易》象数之学的基本筮符,《周易》八卦与六十四卦系统,都是阴爻阳爻的不同组合。

《易传》云:"爻也者,言乎变者也。""爻也者,效天下之动者也。"

东汉许慎《说文解字》云,"爻者,交也。象易六爻相交也"。

爻是中华先民所创构的特殊人文符号:阴爻为--;阳爻为一。

---

① 太史儋,据考为通行本《老子》的编纂者,时在战国中期。

② 王振复《巫术:周易的文化智慧》第45页。

③ 于振复《巫术:周易的文化智慧》第46页。

阴爻、阳爻的文化原型,易学史上存在诸多解说,这里择要罗列,仅供参阅。

其一,象征天地。先民目睹天混然为一,苍苍茫茫别无二色,因而用一整画表示,称为阳爻;大地分水陆两部分,所以以两断画表示,是谓阴爻。

其二,日月之符。阳爻表示太阳之光,阴爻表示皎月、明星之光。乌恩溥《周易——古代中国的世界图示》第13页认为:"易卦的基本组成成分'一'阳爻和'--'阴爻,也应该是来源于日、月、五星的星象。这就是说,'一'阳爻渊源于日象;'--'阴爻渊源于月象。原始氏族社会的人们,观察到太阳呈圆形,将它画成⊙形,这就是后来演化而成的'日'字。原初氏族社会的人们,还观察到月亮呈 ☽ 形,这就是后来演化而成的'月'字。古代的人们将⊙象的圆圈展平拉直,就构成了'一'阳爻,将 ☽ 象的两划平列连画起来,就构成了'--'阴爻。"

其三,晷景之符。晷景是上古中华先民测日影、风向的一种巫术"技艺",包含着原始天文学的文化因素。先民惊愕于日出、日移、日落,注意到月亮的升起、降落与风的流动等的自然现象,以为神秘,试图去把握它以掌握人的命运休咎,于是便有晷景的发明。上古晷景有两种方式,一是所谓土圭测影。以泥土筑堆进行操作,此《周礼》所谓"以土圭之法,测土深,正日景","土圭以致四时日月"。二、所谓以标杆测影、测风。标杆高八尺,垂直地树立于大地,此即本教材前文所言"立中"之"中"。《周髀算经》说:"周髀长八尺。夏至之日,晷一尺六寸。髀者,股也。正晷者,勾也。"阳光照在标杆上,于地面留下阴影,便是所谓"晷"、"勾"。而髀者为股,阳光照射方向为弦,构成一直角三角形。

晷景测影,先是测日影,又发展为同时测月影,于是日象与月象在《周易》爻符的表达,便是阳爻与阴爻。

其四,占卜之具的象征。先民占卜以泥土烧制两具,同为凹凸两面。占卜时,取两具同掷于地。结果必有两种可能:一是两具的凸面同时向上、向下或凹面同时向上、向下;二是两具中甲凸面向上、乙凹面向上或甲凹面向上乙凸面向上。以爻符表示,则第一种为阳爻一;第二种为阴爻--。

其五,筮竹的象征。筮,从竹从巫。古时占筮所用之策曾为竹。阳爻写为一，象一节之竹；阴爻写为--，象二节之竹。

其六，起于结绳记事。先民以结绳记事。改结绳为书契时，其文化智慧向文字的发明方向迈进。先民以阳爻—代表结绳之一大结；以阴爻--代表结绳之两小结。古时有所谓"八索之占"，索者，绳也。八索后来发展为八卦，即结绳之三大结☰为乾，六小结☷为坤，两大结与两小结有三种情况，此即☴为巽，☲为离，☱为兑；一大结与四小结又有三种，此即☳为震，☵为坎，☶为艮。

其七，男女性器之象征。郭沫若《中国古代社会研究》认为："八卦的根柢（引者注：指阴爻、阳爻）我们很鲜明地可以看出是古代生殖器崇拜的孑遗。画一以象男根，分而为--以象女阴。"孙振声《白话易经》（中国台湾星光出版社本）一书指出，阴阳之爻"这一阴阳思想，当是源自男女不同的性别"。

其八，源于数。张政烺《易辨》[①]一文首先提出。该文总结、分析了历代所发掘的三十二个"数字卦"，认为"数字卦"都是由神秘的数字所构成，为一、二、三、四、五、六、七、八、九，依次写作一、ニ、三、亖、Ⅹ（（⋈））、∧、十、ハ、╱Ⅹ。三十二个"数字卦"的数字所出现的次数，一出现三十六次，六出现六十四次，而二、三、四这三个数从不出现。其原因，由于数字卦直书之故，"写在一起不易分辨是哪几个字，代表哪几个数，所以不能使用，然而这三数并非不存在，而是筮者运用奇偶的观念当机立断，把二、四写为六，三写为一，所以一和六的数量就多起来了"。因此"殷周易卦中一的内函有三，六的内函有二、四，已经带有符号的性质，表明一种抽象的概念，可以看作阴阳爻的萌芽了"。据考古发现，西安西仁村陶拍"数字卦"排列次序，同于通行本《周易》师、比、小畜、履、既济与未济等卦的排序，是为"数字卦"为通行本《周易》卦爻符号之原型的一大佐证。

上述关于阴阳爻之原型的解说，大多属于附会、臆想。而"数字卦"说具有一定的说服力，《周易》本为象数之学，从"数"寻找阴阳爻的原型，符合《左传·僖公十五年》"筮，数也"、《易传·系辞》"极其数，遂定天下之象"与《汉

---

① 以下有关内容，参见张政烺《易辨》，《中国哲学》第十四辑，人民出版社，1988年。

书·律历志》"自伏羲画八卦,由数起"的文化思想,但是在这一问题上,学界还有分歧与争论,应予关注。如"数字卦"的"二、三、四"亦有"使用"的,并非"从不出现",则张政烺关于"把二、四写为六,三为一"的见解可能成疑①。

象数之学

象数是《周易》的根本,易理寓于象数,是关于象数的阐发与提升。学《易》不懂一点象数,便不得其门而入。汉易尤重象数之学。宋易重义理,这不等于说宋人不懂或忽视象数,而是在象数之上建构其义理易学,且宋人中也有专治图书之学的。

象数首先用于占筮。笔者以为原始易学是巫学,具有一个"'阴影'结构",这便是"象数'互渗'"②。

所谓"象数'互渗'",明清之际哲学家王夫之称为"象数相倚":

> 天下无数外之象,无象外之数。既有象,则得一之、二之而数之矣。既有数,则得以奇之、偶之而象之矣。是故象数相倚。象生数,数亦生象。象生数,有象而数以为数;数生象,有数而遂成乎其为象。
>
> 象生数,则即象固可以为数矣;数生象,则反数固可以拟象矣。③

在原始巫文化中,象与数并不是在头脑中抽象地分立的,而是在观念意绪中神秘地纠缠在一起的。用列维-布留尔《原始思维》一书的话来说,叫做象数之"神秘的互渗"。列维-布留尔说:"每当他想到作为数的数时,他就必然把它与那些属于这个数的、而且由于同样神秘的互渗,而正是属于这一个

---

① 参见曹定云《新发现的殷周"易卦"及其意义》,《考古与文物》1994 年第 1 期。
② 参见王振复《周易的美学智慧》第一章"原始易学是巫学",湖南出版社,1991 年。
③ 王夫之《尚书引义》卷四。

数的什么神秘的性质和意义一起来想像。""因此,每个数都有属于它自己的个别的面目、某种神秘的氛围、某种'力场'。"①因此,象数互生,无分先后。《左传》云,"龟,象也;筮,数也。物生而后有象,象而后有滋,滋而后有数。"②这不能证明"象先数后"。正如前述,无论龟卜、易筮都是"象数相倚"的。龟卜之"数",首先指命理、劫数,而易筮,亦是有"象"的,如卦象、爻象。

　　这种"力场",实际就是先民所谓巫筮之"气",一种神秘的"感应力"。

　　恩斯特·卡西尔指出,象数之"数"可以是中华数学之萌芽,"数字卦"可能作为阴阳爻之原型与算卦当然离不开"数",但它绝不是现代数学意义上的"数",亦即并非理性之数,而首先是指"劫数"即所谓命运。"因为在人类文明刚刚开始出现时,数学思想绝不可能以其真正的逻辑形式出现。它仿佛被笼罩在神话思维的气氛之中。一个科学的数学的最初发现不可能挣脱这种帐幔。"③此乃中肯之见。

　　阴阳爻是象数之学的起始。以阴爻、阳爻三叠而构,成八大卦符,即八卦,即《周礼》所言"经卦"。八卦之符号系统为:

　　乾☰　　震☳　　坎☵　　艮☶

　　坤☷　　巽☴　　离☲　　兑☱

　　八卦具有丰富的象征意义,其主要的象征,即乾为天、坤为地、震为雷、巽为风、坎为水、离为火、艮为山、兑为泽。

　　南宋朱熹《周易本义》有"八卦取象歌":"乾三连,坤六断;震仰盂,艮覆碗;离中虚,坎中满;兑上缺,巽下断。"此歌便于对八卦符号的记忆。

　　将八卦两两相重,即为重卦,《周礼》又称"别卦",此即六十四卦,每卦均为六爻。每卦又分下卦、上卦,亦即内卦、外卦。六十四卦共三百八十四爻。在《易传》中,六十四卦每卦各喻一个事理。在通行本中,六十四卦分上经、下经两部分。上经自乾坤到坎离共三十;下经自咸(感)恒到既济未济共三十四。朱熹《周易本义》有"上下经卦名次序歌",本教材前文已经说及,不再重复。通行本《周易》六十四卦的排列,以相邻两卦卦象互为相反或倒置为

---

①　[法]列维-布留尔《原始思维》,商务印书馆,1985 年,第 199 页。

②　《左传·僖公十五年》。

③　[德]恩斯特·卡西尔《人论》,上海译文出版社,1985 年,第 61 页。

特点。相反者,为错卦;倒置者,为综卦。所谓错卦,晋韩康伯《系辞注》指"以异相朋"之对卦,指同一爻位之爻象性质互为相反之两卦,如乾与坤、坎与离。《周易》有错卦共四对。所谓综卦,晋韩康伯指"以同相类"的反卦,指上下颠倒的两卦。三国虞翻称为"反对",如屯与蒙、需与讼等卦。在《周易》六十四卦中,有综卦共二十六对。综卦又称反易、倒象,唐孔颖达称为"复",而有"正综"、"杂综"之别。而所谓错综卦,指两两同时为错、为综之关系的卦,如坎与离;泰与否。《周易》有错综卦两对。

　　八卦与六十四卦系统,象喻巫时。《易传》说"时"义尤多。三国魏王弼《周易略例》云:"夫卦者,时也。爻者,适时之变者也。夫时有泰否,故用有行藏。卦有大小,故辞有险易。一时之制,可反而用也。一时之吉,可反而凶也。"《易传》云:"与时消息"、"与时偕行",都是指巫时意识。《易传》所谓"知几其神",指人知"几"(机)而因"时"之变的道理。从生机到危机、从危机到生机;生机即危机、危机即生机,都是一个"时"问题。因此,掌握"卦时""爻时"之易理,是学易、治易的关键,也是象数之学的根本精神。象数讲吉凶之理,"一时之吉,可反而凶也",吉爻休咎互变,是一个"时"的问题。

　　六十四卦每卦的结构均由六爻所构成,其爻位,自下而上依次称初、二、三、四、五、上,它不是表示空间位置的变化,而是以空间存在的卦爻之符表示卦时、卦气的演化。《易纬·乾凿度》所谓"易气从下生",指"时"之初始。

　　《周易》阳爻称"九",阴爻称"六",其文脉显然与"数字卦"有关系。在"数字卦"中,阳爻的原型为"一"。在帛书《周易》与楚竹书《周易》中,阳爻写为"一·",后来"一"这一奇数为"九"所代替,体现了周人的数的崇拜理念。周人"数以九为纪"。在"数字卦"中,阴爻的原型为"八"。在阜阳残简中为"八"。在帛书《周易》中为"儿"(八),体现了殷人的数的崇拜理念,殷人"数以八为纪"。通行本中的阴爻仍称为"六",这种人文理念,是对阴爻原型之数的回归。

　　大约在殷周之际,阳爻称"九",阴爻称"六"的人文理念才趋固定,此后再无改变。这理念与《周易》古筮法有关。古筮法以自一至十这十数之和进行占筮,其一二三四五为生数,六七八九十为成数。阳爻"九",即生数一、三、五这三奇数之和;阴爻"六"即生数二、四这两个偶数之和。朱熹《易学启蒙》云:"其九者,生数一三五之积也。""其六者,生数二四之积也。"

以九、六与爻位相配,阳爻者,称初九、九二、九三、九四、九五、上九;阴爻者,称初六、六二、六三、六四、六五、上六。比如乾䷀,读为初九、九二、九三、九四、九五、上九;泰䷊,读为初九、九二、九三、六四、六五、上六;未济䷿,读为初六、九二、六三、九四、六五、上九。

从爻位爻性分析,每卦六爻,以初、三、五为阳位;以二、四、上为阴位。如阳爻居阳位,阴爻居阴位,称为"得位",否则便是不"得位"即"失位"。筮遇此爻,以爻性与爻位是否相一致而断吉凶,往往"得位"者为吉,"失位"者为凶。所谓"失位",便是阴爻居于阳位或阳爻居于阴位。

比如噬嗑卦䷔,震下离上,爻序为初九、六二、六三、九四、六五、上九。按照"得位"、"失位"之则,初九、六二是阳爻居阳位、阴爻居阴位,都是"得位"之爻,应主吉祥。查此卦初九、六二爻辞,都写着"无咎"(没有过错)两字,这里用"得位"主吉说可以解释得通。此卦上九是阳爻居阴位、爻辞恰有"凶"字,也与"失位"说相合。但此卦六三、九四、六五三爻全都"失位",查其各别爻辞,却见分别写着"无咎"、"吉"与"无咎",显与"得位"、"失位"说不合。可见"得位"、"失位"说并不完全适用于爻辞"吉"、"凶"的解读。又如《周易》最后一卦未济䷿,六个爻全都"失位",然而九二、九四、六五三条爻辞,却分别称"贞吉"。

古代易学家从《易传》所述且据时代所需,以为每个卦体阴阳爻之间存在多种意义联系。

一谓承。卦体中阴爻居于阳爻之下,阴爻承于阳爻。如晋卦䷢,初六、六二、六三承于九四。

二谓据。卦体中阳爻居于阴爻之上,阳爻据于阴爻。如未济卦䷿,九二据于初六,九四据于六三,上九据于六五。

三谓乘。卦体中阴爻居于阳爻之上,为阴爻乘于阳爻。如既济卦䷾,六二对于初九、六四对于九三、上六对于九五,都是乘的关系。

四谓比。卦体中阴爻、阳爻相邻为比。如比卦䷇,其六四爻辞云:"外比之,贞吉。"这是说,六四爻的爻位处于外卦的下方,六四、九五相比。且此两爻均为"得位"之爻,因而筮(贞)遇六四爻,为"吉"。比有顺比、逆比的分别。

五谓应。爻位之初、四;二、五;三、上,可能构成彼此和谐的阴阳之应。阳爻在上阴爻在下者,为顺应;阳爻在下阴爻在上者,为逆应。如否卦䷋,初六应九四,六二应九五,六三应上九,这是顺应。如泰卦䷊,初九应六四,九二应六五,九三应上六,这是逆应。

六谓中。《周易》六十四卦之每一卦体均由内卦(下卦)与外卦(上卦)所构成。这是前文所说过的。而内卦的中爻与外卦的中爻,处于内、外卦的中位。如前文所言之否卦,六二、九五不仅居于中,而且是"得中"之爻;反之,泰卦九二、六五虽居于中却"失位"而不"得中"。

中还有另一义。即六十四卦之每卦六爻,以初、二爻位象地,三、四爻位象人,五、上爻位象天,其中三、四爻位居中。这种爻位关系说与《周易》巫筮有何必然联系?应当说无。如乾卦六爻纯为阳、坤卦六爻纯为阴,其六爻之间无承、无据、无乘、无比亦无应,仅乾卦九二爻处于下卦之中却不"得中",九五爻处于上卦之中而"得中",坤卦六二爻处于下卦之中且"得中",六五爻处于上卦之中而不"得中",可见对于乾坤两卦而言,"爻位"说基本上不适用。

产生这种矛盾现象的人文根源,是因为古代易学家基本上是以儒家政治伦理眼光去看待每卦六爻之爻位、爻性关系的,他们将阴、阳爻及爻位之关系,看成是对人之男女两性、小人与君子、臣与君等的关系的象征。这自然不甚合于先则。

当然,在"爻位"说中,也能解说一些爻辞意义。

七谓互。即"互体"。六十四卦每卦六爻不仅包含上卦下卦两个八卦,而且居于第二、三、四爻位与第三、四、五爻位上的三个爻,又可分别构成两个新的八卦。如屯卦䷂原由下卦震与上卦坎所构成,为震下坎上之象。它包含坤、艮两个"互体"之卦。屯卦六二爻辞云:"女子贞,不字,十年乃字。"如不用"互体"解说,屯卦仅为震下坎上之象,按《易传》云,

"震为长男","坎为中男",都是"男"而没有任何"女"之象。但以"互体之象"说,出现了一个坤、一个艮。按《易传》"坤为女"、"艮为少男",便有男、女和谐之象。按古代礼俗,女子成年合婚,以簪子插挽发髻可称为"字"。于是这爻辞大意是说,女子贞问(巫筮)的结果,认为当下不宜成婚,须待十年(并非确指)之后再成婚。

再如,豫卦六二爻辞云:"介于石,不终日,贞吉。"豫卦坤下震上☷。如按原坤下震上之象分析,坤、震无"石"象。如按"互体之象"解读,其二、三、四爻位上的三爻构成艮卦,其三、四、五爻又构成坎卦。这里且不说坎卦。所谓艮,《易传》云,"艮为山",山有石,于是六二爻辞的"石"义,有了落实。豫卦六二爻辞称"介于石",一方面是按"互体",故有"石"象;另一方面,此六二是阴爻居阴位,乃"得位"且"得中"之吉爻。六二在豫卦既无"应"、又无"比",好比界石(介通界)竖立于"中",有坚定而无偏的"中正"之象。这就为某个懂得象数"互体"之说的人看中,拿这爻辞"介于石"中的"介石"二字,做了一位众所周知的政治人物的名字,"介石"者,"中正"也。

当然,"爻位"说中的所谓"互体"之说,也并非万无一失,诸多爻辞与卦象的对应关系,并非"互体"处处解释得通,这是必须指明的。

此外,刘大钧《周易概论》说:"凡拟之以物时,初爻之辞皆取象于下。"如乾卦初九称"潜龙勿用",坤卦初六称"履霜,坚冰至",噬嗑卦初九称"屦校灭趾,无咎",贲卦初九称"贲其趾,舍车而徒"等,"皆取象于物之下者"。反之,"凡拟之以物时,上爻之辞皆取象于上"[1]。如乾上九:"亢龙,有悔",比上六:"比之无首,凶",咸上六:"咸其辅、颊、舌"等等,所说都有道理。然而笔者以为,有时也说不通。如需卦上六有"入于穴"之爻辞。这"上爻之辞",按刘大钧所言,不是"皆取象于上"么?这里怎么反说"入于穴"而"取象于下"呢?又如颐初九:"舍尔灵龟,观我朵颐,凶。"这"朵颐",指口腮,不是在人体之上部吗?怎么反在初九爻辞中出现?显然不符"取象于下"的说法。

---

[1]　刘大钧《周易概论》第38、39页。

图书之学

　　图书之学是象数之学的重要构成,鉴于其本身的烦难与重要,为解读方便起见,这里另立一段择要以资说明。

　　图书之学,从其狭义看,是宋代象数易学的总称。宋易重义理之学,而不废图书(象数),这在宋明理学开山北宋周敦颐以及北宋邵雍的易学体系中均有体现。《四库全书总目》卷二《易数钩隐图三卷附遗论九事一卷》"提要"曾称:"汉儒言易多主象数,至宋而象数中复歧出图书一派。"易学界有一说以为,图书之学由汉象数学发展而来,且在发展过程中与东汉之后的道教易学、炼丹之学相契,从东汉魏伯阳《周易参同契》到唐五代易学,于北宋初遂成图书之学,正式肇始于宋初道士陈抟,而盛于北宋,且流渐于南宋及元明清诸代,影响深远。《宋史·朱震传》记南宋初年易学家朱震言图书之学源流云:

　　　　陈抟以《先天图》传种放,放传穆修,穆修传李之才,之才传邵雍。放以《河图》、《洛书》传李溉,溉传许坚,许坚传范谔昌,谔昌传刘牧。穆修以《太极图》传周惇颐,惇颐传程颢、程颐。

　　这就给出了一个图书之学的"传承"谱系,有多少历史真实性可待讨论,所谓"源于陈抟"曾遭质疑。

　　图书之学,始于宋易对《易传·系辞》"河出图,洛出书,圣人则之"一语的推崇与重新解说。

　　由黑白圆点有序地构成的河图、洛书,并非《易传》所说的河图、洛书,其中也不是最早由《尚书·顾命》所记载的河图。《尚书·顾命》记成王驾崩、康王继位时,在继位大典上所陈设的"大宝"之中有河图,其文云:"越玉五重。陈宝、赤刀、大训、弘璧、琬琰在西序;大玉、夷玉、天球、河图在东序。"此仅言河图而不提洛书。《论语·子罕》记孔子言，"凤鸟不至，河不出图，吾已矣夫"，此亦未提到洛书。"洛书"一语，首见于前文所引《易传·系辞》。但在人文理念上，现在我们所见到的由黑白圆点所构成的河图、洛书，与《尚书》《论语》《易传》所言，是具有文脉联系的。

河、洛之图书，被说成是"圣人则之"以始创八卦的原型，始于战国《易传》。在唐孔颖达《周易正义》卷首所述《礼纬·含文嘉》中，又被说成是伏羲创卦，"天应以鸟兽文章，地应以河图、洛书"，河、洛乃为"天启"、"自然"。

南宋朱熹《周易本义》首次将河图、洛书、伏羲八卦方位图、文王八卦方位图等九个图载于卷首，其中河图、洛书，被朱熹称为"天地自然之易"①。这里，"河"，指黄河；"洛"，指洛水。所谓来自天启自然之神秘的智慧与灵感，正是伏羲"始作八卦"的源泉。

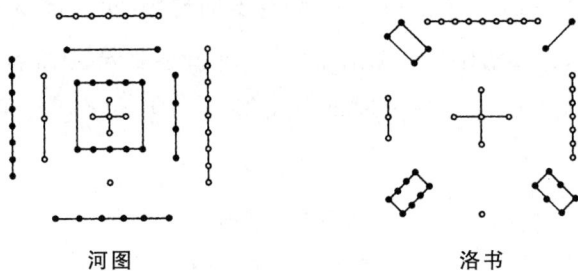

河图　　　　　　　　　　　洛书

河图包含由一至十这十个数。其一、三、五、七、九为奇；二、四、六、八、十为偶。奇数阳性，象征天数，以白圆圈表示；偶数阴性，象征地数，以黑圆点表示。河图十数之和为五十五，其中奇数之和二十五，偶数之和三十。河图由于晚出，与先秦可能存在过的河图原型有别，但其中数之关系与总和，是与《易传》所载古筮法之数，即所谓"天一，地二，天三，地四，天五，地六，天七，地八，天九，地十。天数五，地数五，五位相得而各有合，天数二十有五，地数三十。凡天地之数，五十有五，此所以成变化而行鬼神也"的说法相一致。从河图看，表示天地（奇偶）之数的黑白圆点的有序排列如次：

---

① 朱熹《周易本义·图说》(怡府藏板)，天津古籍出版社，1986 年影印本。

北：天一地六；南：天七地二；东：天三地八；西：天九地四；中：天五地十。

朱熹《易学启蒙》将此总结为："河图之位，一与六共宗而居乎北，二与七为朋而居乎南，三与八同道而居乎东，四与九为友而居乎西，五与十相守而居乎中。"

《易学启蒙》又说："天以一生水，而地以六成之。地以二生火，而天以七成之。天以三生木，而地以八成之。地以四生金，而天以九成之。天以五生土，而地以十成之。"

显然，河图蕴含生数、成数理念且与五方、五行相应。

洛书所运用的数为一至九，同样以白圆圈表示奇数（天数），以黑圆点表示偶数（地数），将象征天道的白圆圈配置于洛书"四正"与中位；将象征地道的黑圆点配置于洛书"四隅"（四维），即北一、东三、中五、西七、南九；西南二、东南四、西北六、东北八。

《易学启蒙》云："洛书之次，其阳数，则首北、次东、次中、次西、次南。其阴数，则首西南、次东南、次西北、次东北也。"

朱熹《周易本义》说："洛书盖取龟象。故其数，戴九履一，左三右七，二四为肩，六八为足。"

清代易学家胡渭《易图明辨》卷二据朱熹所言洛书之筮数，列出图表如次：

巽 四	离 九	坤 二
震 三	中 五	兑 七
艮 八	坎 一	乾 六

考此图表之数字排列，谓之洛书。此洛书之数，在中华古人看来，是十分神秘而神奇的。此即无论从横直、竖直与斜直之方向将三个数相加，三数

之和均为十五：

$$4+9+2＝3+5+7＝8+1+6＝4+3+8＝9+5+1＝2+7+6$$
$$＝4+5+6＝5+2+8＝15$$

这便是所谓"魔方"，西人称"Magic Square"，或称"场"（气，Field）。

考此图表与有序之数一一对应之卦及其方位，恰与文王（后天）八卦方位图相合，附图如左。

文王八卦方位图

此之谓离南，坎北，震东，兑西，艮东北，巽东南，坤西南，乾西北。这也便是《易传·说卦》所言："帝出乎震（引者注：东），齐乎巽（东南），相见乎离（南），致役乎坤（西南），说言乎兑（西），战乎乾（西北），劳乎坎（北），成言乎艮（东北）。"《易传·说卦》接着又说："万物出乎震，震东方也。齐乎巽，巽东南也。""离也者，明也，万物皆相见，南方之卦也。""坤也者，地也，万物皆致养焉，故曰致役乎坤。""兑，正秋也，万物之所说也，故曰说言乎兑。""战乎乾，乾西北之卦也。""坎者，水也，正北方之卦也。""艮东北之卦也。"这里，虽未明言坤卦居于西南，而其下一卦兑为"正秋"之卦，按在五方、四时的相对应结构中，其西恰对应于秋，故兑所居方位必为西。既然如此，处于离南、兑西之际者，又必为坤居西南。

可见，洛书不仅与文王八卦方位相应，而且文王八卦方位的理念，在《易传·说卦》中早已存在。

在朱熹《周易本义》卷首，又载一伏羲八卦方位图，附图如次：

伏羲八卦方位图

古人以为此乃"先天"图，其资格自然较文王八卦方位图更为古老。实际此图可能是宋人受启于《易传·说卦》所谓"天地定位，山泽通气，雷风相薄，水火不相射，八卦相错，数往者顺，知来者逆"之论而绘制。此图方位，按《周易本义》卷首所云，为"乾南，坤北，离东，坎西，震东北，兑东南，巽西南，艮西北。自震至乾为顺，自巽至坤为逆"。尚秉和《周易尚氏学》认为，"文王(后天)八卦方位"是由"伏羲(先天)八卦方位"演化而来，他说："坤南交乾，则南方成离；乾北交坤，则北方成坎，先天方位，遂变为后天。"[①]这一见解值得关注与讨论。笔者以为，伏羲八卦方位在方位理念上，以乾南对坤北，即天对地，父对母；以震东北对巽西南，即雷对风，长男对长女；以离东对坎西，即火对水，中女对中男；以艮西北对兑东南，即山对泽，少男对少女，这是何等对称、均衡！其文化智慧程度显然高于文王八卦方位，而且文王八卦方位直接与洛书的人文理念、结构方式相对应。因此笔者认为，实际上伏羲八卦方位较文王八卦方位为晚出。

《周易》图书之学，是一门烦难的学问。各式易图之多，出人意料。别的暂且不说，仅来知德《周易集注》、高雪君《易经来知德图解》所载太极图各式凡十二幅；仅清代陈梦雷《周易浅述》(四库文渊阁本)卷八附易图凡四十二幅。李申《易图考》说："易图的数量，据有人估计，到明末清初，已经数以千计。"[②]并非虚言。

不过基本的易图，也就是那几种。除了前述河图、洛书、先天、后天八卦

---

①　尚秉和《周易尚氏学》，中华书局，1980年，第9页。

②　李申《易图考》，北京大学出版社，2001年，第6页。

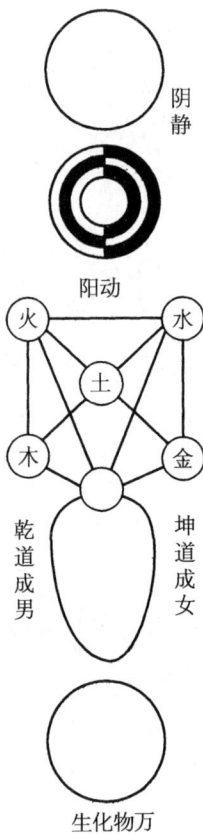

阴静

阳动

火　水
土
木　金

乾道成男　坤道成女

生化物万

周氏太极图

方位图等,还有太极图。

考太极图之源流,似以周氏太极图为最早,附图如左。

周氏即北宋初年周敦颐(1017—1073),宋明理学之开山。周敦颐《太极图说》不足三百字,对太极图作出简洁、深致的解说。其文有云:"无极而太极。太极动而生阳;动极而静,静而生阴;静极复动。一动一静,互为其根。分阴分阳,两仪立焉。阳变阴合,而生水火木金土;五气顺布,四时行焉。五行,一阴阳也。阴阳,一太极也。太极本无极也。……"然而该图是否为周氏所自创,易学界一直有争论。朱震(1072—1138)《汉上易传》认为,太极图传自陈抟,称"濮上陈抟以先天图传种放,放传穆修","修以太极图传周敦颐"。北宋初年儒者胡宏也赞同"太极图传自陈抟"说。南宋朱熹据潘兴嗣《濂溪先生墓志铭》所言"(周氏)尤善谈名理,深于易学,作《太极图》、《易说》、《易通》数十篇,诗十卷,今藏于家",称"及得志文考之,然后知其果先生之所自作"①。此所谓"自作",究竟是周子"自作"《太极图说》还是太极图?这是问题的关键。按周子生前文友潘兴嗣《濂溪先生墓志铭》有"作《太极图》、《易说》、《易通》数十篇"之语,所谓周子"作太极图",实际是"作《太极图说》",指"文"而非指"图"。可是在朱熹撰写《周子太极通书后序》(宋乾道五年,公元 1169 年)之后十年,即宋淳熙六年(公元 1179 年)所撰《再定太极通书后序》中,称周敦颐"于是始为此图,以发其秘尔"。这样,作"文"一变而为作"图"。这一"作""图"说当时受到二陆(陆九韶、陆九渊)兄弟及后代学人如全祖望的质疑与批评。但长期以来,朱子之学,号称显学,故所谓周子"自作"太极图的见解为易学界、理学家所普遍接受。直到清初,毛奇龄《太极图说遗议》认为,"周氏太极图"源自《周易参同契》(属道教著作)中水火匡廓图与三五至精图的合一,称"抟若授图,窃自伯阳"。黄宗炎《太极图说辨》称"周氏太极图"原为"无极图",周子

---

① 《朱文公文集》卷七十五《周子太极通书后序》。

仅将陈抟(图南)的"无极图"所谓"逆则成丹"改作"顺则生人"而已。

　　20 世纪以来,诸多学者如胡适、冯友兰、钱穆、邓广铭以及束景南、李申、张其成等,都对此进行了考辨①,可供参考。

　　拙著《周易的美学智慧》一书指出,北宋周敦颐《太极图说》所谓"无极而太极"这一论述,"显然受到了源自老子的道教思想的影响。道教有揭示顺行造化之则的太极图与揭示逆则成丹之则的无极图两种图式(附图见前)"。"一取顺势,可从上向下看,该图最上一圆表示道家与道教心目中的太极"。"'道'尚阴守静、尚虚守雌,故以'阴静'标注。第二圆是一个坎☵、离☲交互相感相生的模式。坎为阳、离为阴,阳性者乾,阴性者坤,故坎离的原型是乾坤。阳者动,阴者静,阳动与阴静的对偶对应而化成金木水火土五行,五行再化生万物,而万物之个别属性又自成一太极,故该图最下一圆又象征万物个别属性层次上的太极"。"二取逆势,可自下而上看。道家与道教以人体与自然宇宙对应同构为'小宇宙'。这'小宇宙'始于'元牝'(玄牝),故该图最下一圆称'元牝之门'。又认为人体'宇宙'有如丹炉,外丹以火炼液,内丹以气炼神,这是收摄万物之气以炼之的人生阶段,进而归于五行,这是道教炼丹成'仙'的一个中介。再进则回归于阴阳,阴阳交会就是'取坎填离'。最后便是无极境界,所谓'炼神还虚,复归无极'也,以最上方之一圆象之"。"这两个图式的基本结构是一致的,可是取势构成顺逆关系。周氏太极图之顺势实际上揭示了自然宇宙意义上的太极化生万物的大历程;无极图之逆势,实际上揭示了万物(人)在社会人生意义上回归于

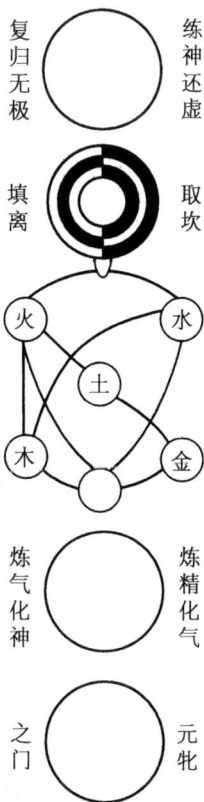

无极图

①　参见束景南《中华太极图与太极文化》;李申《话说太极图》,知识出版社,1992 年;李申《易图考》,北京大学出版社,2001 年;张其成《易图探秘》,中国书店出版社,1999 年。

太极(无极)境界的大历程"①。

　　周氏太极图是十分重要的,而易学史甚至中华文化史上最重要、最具深远影响的,无疑是被称为"天下第一图"的"阴阳鱼"太极图,附图如次:

太极图

　　该图被明初赵㧑谦《六书本义》称为"天地自然之图",而图名为"天地自然河图",意思是此图与河图一样悠邈而古远。《六书本义》说:"天地自然之图,虑戏(引者注:伏羲)时龙马负而出于荥河,八卦所由以画者也。"又说:"此图世传蔡元定得于蜀之隐者,秘而不传,虽朱子亦莫之见。""有太极含阴阳,阴阳含八卦自然之妙,实万世文字之本原,造化之枢纽也。呜呼!神哉。"

　　清胡渭《易图明辨》则对此图进行了颇为详尽的解读:

　　　　其环(引者注:圆)中为太极,两边黑白回互,白为阳,黑为阴。阴盛于北,而阳起而薄之:震东北,白一分,黑二分,是为一奇二偶;兑东南,白二分,黑一分,是为二奇一偶;乾正南全白,是为三奇纯阳;离正东,取西之白中黑点,为二奇含一偶,故云对过阴在中也。阳盛于南,而阴来迎之;巽西南,黑一分,白二分,是为一偶二奇;艮西北,黑二分,白一分,是为二偶一奇;坤正北全黑,是为三偶纯阴;坎正西,取东之黑中白点,为二偶含一奇,故云对过阳在中也。坎离为日月,升降于乾坤之间,而无定位,故东南交易,与六卦异也。

　　细细阅读品味,虽难说"神哉",却自深具人文意蕴。

---

①　王振复《周易的美学智慧》第485、486页。

易　学　史　略

其一，大致在战国《易传》成篇之前，中华易学史基本处于"巫"的发展阶段。正如本教材前述，《周易》爻符似起于"数字卦"。相传在《周易》之前，有连山易，归藏易。"太卜掌三易之法：一曰连山，二曰归藏，三曰《周易》。"①自1993 年湖北江陵荆州王家台十五号秦墓竹简出土，有学者考定《归藏》并非伪书且早于《周易》②。尔后文王演易。在西周前、中期，《周易》专用以占筮，由卜筮之官掌管。

《左传》《国语》关于占筮的记载凡二十二条，属于古代"预测"之学，占验吉凶祸福，其中多有迷信成分。然这些筮例，大致体现出一些共同遵循的占筮之则与价值判断。当时占筮，往往直接分析卦象以作判断，少涉卦爻之辞。如《左传·昭公元年》(公元前 542 年)："晋侯求医于秦。秦伯使医和视之，曰：'疾不可为也，是谓近女室，疾如蛊'……赵孟曰：'何谓蛊？'对曰：'淫溺惑乱之所生也。于文皿虫为蛊。谷之飞亦为蛊。在《周易》女惑男、风落山谓之蛊，皆同物也。'"

这是说，晋侯病笃，是谓蛊疾，不仅"蛊"字"皿虫为蛊"、食物生"虫"为"蛊"，而且根本上，蛊卦卦象(䷑)巽下艮上，"巽为风"，为长女；"艮为山"，为少男，蛊卦是风吹落山、长女迷惑少男之象，故凶。

然而有的筮例记载，从卦象占验却破除"命理"而不信占验结果，说明当时原始人文理性已逐渐生起。《左传·襄公二十五年》云："棠公死，偃御武子以吊焉，见棠姜而美之"，"武子筮之，遇困之大过"。卜筮之官陈文子劝偃御武子："夫从风，风陨妻，不可娶也！且其爻曰：'困于石，据于蒺藜，入于其宫，不见其妻，凶。'"偃御武子不听，说："嫠也何害！先夫当之矣。遂取(娶)之。"这是说，筮遇困卦六三爻变而为大过卦象，原困卦下卦坎为中男，变为巽，巽为长女，巽为

---

① 《周礼·春官·太卜》。

② 林忠军《王家台秦简〈归藏〉出土的易学价值》，《周易研究》2001 年第 2 期。

风,这是"夫(中男)从风(长女)","风陨妻",凶险之象。且困六三爻辞云:"困于石,据于蒺藜,入于其宫,不见其妻,凶。"但偃御武子却说:"一个寡妇能有何害?这种凶险,她死去的丈夫(齐棠公)都一个人承当了。于是,就娶棠姜为妻。"

其二,大致战国中后期,正是《易传》陆续成篇之时,随着中华文化主要由"巫"向"史"的时代转换,在这中华"轴心时代",完成了历史、人文的"祛魅"过程。以儒学、墨学、道学与阴阳学为代表的子学的发展,迎来了易学与哲学、伦理学等的"黎明"。这一时代,易学的传播逐渐扩大,流入民间是其特色之一。易不再是纯粹的"巫",而是一个专门的学术领域且多施用于政事、教化。《庄子·天下篇》称"易以道阴阳",《易传》云,"一阴一阳之谓道","天地之大德曰生","生生之谓易"等等,都是关于易学的人类学、哲学品格与意义的发明。此时《易》的地位,依然有如《诗》、《书》、《礼》、《乐》与《春秋》。始皇焚书,所谓"圣贤之书"均付之一炬,"而易为筮卜之事,传者不绝"[①]。《朱子语类》卷六十六有云:"《易》本为卜筮而作。"尽管在《易传》中,已是体现了"天行健,君子以自强不息"的人文思想,有如孔子所云"不占而已矣"[②],荀子所言"善为易者不占"[③]。《易》在先秦儒家那里,成为道德教训的渊薮,《礼记·经解》称:"洁静精微,易教也。"可是在《易传》中,依然保留了古筮法的内容与诸多"命理"之见,证明战国与子学相伴的易学,仍不是那么"洁静"的。而且,独以其卜筮神秘而尤得社会之敬畏,为其此后成为"五经之首"准备了条件。比如《易传·系辞》有言:"是故易有太极,是生两仪,两仪生四象,四象生八卦,八卦定吉凶,吉凶生大业。"这一论述,易学界一般都将这里的"太极"作本原、本体意义上的哲学解读,但此所言"太极",并不是纯粹的哲学范畴,其实,它同时也是巫学范畴,它的意义,处于巫学与哲学之际,是从原始巫学向战国哲学的转变,这种关于"太极"的哲学,显然拖着浓重而长长的"巫"的历史、人文阴影。

其三,易学发展到汉代,进入了所谓"汉易"时代。其特点:一是自西汉武帝建元五年立五经博士制度,在儒学经学化继经学谶纬化的历史、人文

---

① 《汉书·艺文志》。

② 《论语·子路》。

③ 《荀子·大略》。

条件下,独尊儒术,蔚为大观。而在儒术之独尊中,尤重易学。汉代有古文经学、今文经学之分。在尊经的共同主题下,特别树立与维护《易》的崇高地位,称《易》为"五经之首"。二、两汉是中华易学史"象数之学"创立与最为繁荣的时代。清末杭辛斋云,"汉学重名物,重训诂,一字一义,辨析异同,不惮参伍考订,以求其本之所自,意之所当"①。汉易重象数,是对先秦象数文化的继承与发展。《左传·僖公十五年》云:"龟,象也;筮,数也。物生而后有象,象而后有滋,滋而后有数。"在巫文化中,象数是"互渗"的。《易传·系辞上》说:"参伍以变,错综其数,通其变遂成天下之文,极其数,遂定天下之象。"正如本教材前述,象数之"数",当然指与象"互渗"的筮数,而更重要的,指与象、筮数相关、相契的"劫数"即命理。在西汉,孟喜的"四正卦"说、"爵位"说,焦延寿的六十四卦"旁通"、"反对之象"等说,京房的"纳甲"、"纳支"说、"八宫"、"飞伏"、"卦变"、"爻变"与"爻位"说,此三家之易有先后传承关系,属今文经学系统,是当时的"官方易"。其孟氏易本于汉初田何。另一支为"古文易"系统,以费直为代表,所谓"民间易"。《汉书·儒林传》称费氏"长于卦筮",治易亦取象数。费氏易在西汉当时因未立于学官而影响不大,但严重地影响东汉的马融、郑玄与荀爽等人的易学(东汉虞翻易学本于西汉孟氏易)。《后汉书·儒林传》曰:"陈元、郑众皆传费氏易。其后,马融亦为其传。融授郑玄,玄作《易》注,荀爽又作《易传》,自是费氏兴而京氏遂衰。"陈元为东汉建武年间博士,郑众即郑司农,郑兴之子,易学史上,郑兴、郑众为"先郑",郑玄为"后郑"。马融、郑玄以及后代王肃等均为易学大家,于是费氏易源远流长。总之,西汉象数易学注重对《周易》占筮及阴阳灾异的解说,其卦气说等具有浓重的命理思想。这一点在起于西汉末年、盛于东汉的"易纬"中体现得很鲜明。三则两汉象数易学不仅本于象数,而且象数之学向前推进,由"天人合一"、"天人感应"而建构汉代的哲学宇宙论。中华天人合一、天人感应之说,可以看做一种哲学人类学思想,因为它源于、通于原古巫文化,又必发展为哲学宇宙论。西汉象数之学注重阴阳灾异与命理,无论孟喜、焦延寿或京房之治易,皆以《周易》卦爻象数与天文、历法、阴阳、五行等相结合,易学家关注的焦点,企图将人之命运、

---

① 杭辛斋《学易笔记》卷一。

休咎、吉凶拿到"天"上来加以证明，导致汉人从先秦"专注于社会(儒)与人心向往自然(道)，发展到抬头仰望苍穹与星空"①，从先秦的"天命"思想中摆脱出来，开始追问天人关系(天人合一，天人感应之类)中的"天"究竟具有什么哲学人类学意义。西汉费氏易"以传解经"，《汉书·儒林传》称其"亡章句，徒以象、彖、系辞十篇文言解说上下经"。东汉马融"以传附经"②、"以传治经"的治易路子，由传承费氏易而来，正可摆脱西汉孟、焦、京象数易学大讲阴阳灾异的传统，促成易学理性思潮的兴起，从而有可能叩问"天"是什么的问题。东汉郑玄博览群籍，兼治古今文经，集文字、训诂、考据于一身，所谓"括囊大典，网罗众家，删裁繁芜，刊改漏失"③。而其学主旨，仍不离象数之"互体"、"爻体"、"爻辰"与"五行"等说而兼释《易》之义理，循"十翼"之思路而开哲学等天地。如解《易》之"一名三义"，称易者，变易(交换、改变、变化)、简易(容易、平易、简一)与不易(不变)。郑玄注《易纬》，以"气哲学"思想解说"太极"，吸收马融注《易》如"借龙以喻天之阳气也"的思想，称"极(太极)中之道，淳和未分之气也"④。

其四，在晋唐时期，易学作为重要的人文、学术思潮，参与魏晋玄学的建构，并在与隋唐佛学、道教对话的文脉之中，发挥重大作用。在以"玄"为文化基质、以"佛"为人文灵枢、以"儒"为历史潜因的魏晋南北朝文化史中，王弼"尽扫象数"，主取义(意)之说，此之谓"得意在忘象，得象在忘言"⑤，凸显其本体论哲学之思。王弼懂象数之学，而解《易》排拒传统"取象"、"互体"、"卦变"与"纳甲"诸说，挥斥汉易之烦琐的象数(当然，《周易注》对传统"爻位"说尚有保留)，总体上体现了时代易学的新精神，即以现实人事为关注对象。此即唐李鼎祚《周易集解序》所谓"郑(玄)多参天象，王(弼)乃全释人事"。虽然王弼并非"全释人事"，王氏易学也有释"天"之论，但其偏重"人事"却是可以肯定的。王弼玄学为玄学"贵无"一支(另一支为裴頠"崇有"之

---

① 王振复《中国美学的文脉历程》第 281 页。

② 参见刘玉建《两汉象数易学研究》上册，广西教育出版社，1996 年，第 353—356 页。该书关于费直、马融、郑玄、王弼的"以传附经"问题，有较清晰的考辨。

③ 《后汉书·郑玄传》。

④ 郑玄《文选注》。

⑤ 《周易略例·明象》，《王弼集校释》下册，中华书局，1980 年，第 609 页。

说），主倡"天地万物，皆以无为本"①。其《老子指略》称"无"乃"万物之宗也"。而王弼解《易》，往往以"无"（自然）说卦德、爻德，或以卦爻之德说"无"，使道、易互为参照。如王弼称《周易》坤卦六二"直方大，不习，无不利"，因爻居坤卦下卦之中，为"得中"之吉爻，故王弼说其"居中得正，极于地质，任其自然而物自生，不假修营而功自成，故不习焉而无不利"。这是以道、易相对应、以"无"而说"中"（正）。又如汉易释复卦，《京氏易传》称复乃"坤上震下，动而顺，是阳来荡阴，阴柔反去，刚阳复位"。王弼则作如此解读："冬至阴之复也，夏至阳之复也。故为复至于寂然大静"，"动复则静，行复则止，事复则无事也"。此"寂然大静"、"无事"，指《易传》所言"七日来复"②之一循环即坤尔，显然是以"无"说坤之"静"。王弼玄学，蕴涵新的时代易学精神。

魏晋"义理易"是宋明"义理易"的前奏。到了唐代，孔颖达尊太宗之命修《五经正义》，其中《周易正义》用魏王弼、晋韩康伯注。《周易正义》卷首逐一论说"易之三名"、"重卦之人"、"三代易名"、"卦爻辞谁作"、"上下二篇"、"夫子十翼"、"传易之人"与"谁加之经"等八个问题。其思路与答案基本上一循其旧。唯称"易理备包有无"，所谓《易传》"形而上者谓之道"，"道即无也"；"形而下者谓之器"，"器即有也"，"故以无言之，存乎道体。以有言之，存乎器用"。这一易说，显然吸取了王弼"贵无"玄学的本体论之见。《正义》也有不足之处，如它虽能兼取前人之说，但又囿于'疏不破注'，时时以王弼之卫道士的面貌出现，似乎非王弼之说不能立。"③此言甚是。

唐代另一重要易著，是李鼎祚的《周易集解》。该书收录唐之前尤其两汉《易》注尤为详尽，成为后代研究唐之前易学的重要资料来源。在该书《自序》中，李氏称"集虞翻、荀爽三十余家"。南宋陈振孙《直斋书录解题》则称该书收录自"子夏《易传》"到"孔颖达等诸家"凡三十二家。今人刘玉建对《周易集解》作出较为全面的考证，考定三十二家之外，尚有焦延寿、姚规、伏

---

① 《晋书·王衍传》。
② 按："七日来复"之"日"，笔者疑系"曰"字之误。
③ 刘大钧《周易概论》第181—182页。

曼容、朱仲之、蔡景君、孔安国，连同《九家易》、《乾凿度》与《易轨》，"合称为四十家"①。《周易集解》保存了丰富的易学珍贵史料，如"子夏《易传》"为"古易正宗"，作为孔子门徒子夏的易说，虽仅录五条，且"子夏《易传》"未载于《汉志》，引起关于"子夏《易传》"真伪的辩难，但此易说确是自孔子易说到战国《易传》(十翼)的中介，值得关注。《四库全书总目·经部·易类一》云："盖王学既盛，汉易遂亡，千百年后学者得考见画卦之本旨者，惟赖此书之存耳，是真可宝之古笈也。"虽然如此，李氏却并未在该书中提供属于其个人的值得重视的易学见解。

其五，宋人治易，多主义理。宋易虽有"图书"之学的发明，要在溯易理之本原，而非"图"、"书"本身。宋易对待前贤之易说，多了一份"审问"之心，并不胶柱于《易经》文辞、训释。《二程全书·粹言一》记程颐有云，比方"读《论语》而不知'道'，所言虽多，奚为也？""道"以及对"道"的发明，在宋儒心目中具有崇高地位。程颐并且说："思索经义不能于简策之外，脱然有独见，资之何由深，居之何由安？非特误己，亦且误人也。"宋"义理易"与汉"象数易"之不同，尚"无一字无精义"之则，而汉"象数易"的特点，在于"无一字无来历"。

宋易是一门独立而精深的学问，是一种一般地具有"问题意识"的易学，如欧阳修《易童子问》。就其学术、思维与人文素质、品格而言，形成于北宋而影响下及于清初，其治学之特点，是专以"义理"问学。

就整个"宋代之易学"而言，包括义理、图书与占筮三派。义理派又包括北宋张载"气即理"说、北宋邵雍"数即理"说、北宋二程与南宋朱子"性即理"说、南宋陆九渊等"心即理"(后发展到明代阳明心学)说与南宋薛季宣、叶适等"实用即理"说。此"义理"派五说，与宋代理学的五大流派大致重合，说明作为独立之学问的易学，同时也是宋代理学的重要构成。在宋代，几乎没有一个理学家不研治、不懂得《周易》者。李觏有《易论》，自称"觏尝著《易论》十三篇，援辅嗣之注以解《易》"②。周敦颐撰《太极图说》，将道家、道教的"无极"理念引入儒家解《易》之中。其另一专著《通书》即《易通》，内容主要是对《易

---

① 刘玉建《两汉象数易学研究》上册"前言"。
② 李觏《删定刘牧易图书序论》。

传》(十翼)的解读。张载著《横渠易说》,体现其"气即理"的气一元论易学思想,其《正蒙》作为理学著作,其中如《太和》、《参两》、《神化》、《大易》与《乾称》,都是直接解说易理的。不用说,北宋二程是义理派易学的代表人物与倡导者,曾痛斥当时流行的象数之学,称"图书"之说"未必得其理"①。其中程颐《易传》,解《易》之"时"义,倡"随时变易以从道"、"有理而后有象"(改造传统易说"有数而后有象"而得)以及"体用一源,显微无间"等著名而重要的易学、理学命题。北宋邵雍《皇极经世》,专从筮符、图式解《易》(称先天学),很少从其卦爻辞进而解读易理,这是因为他认为此乃"后天学"之故。虽然邵雍易学可属"象数",而仍从"象数"析义理。邵子易学因其为"数学",烦难是其特点之一。《宋元学案·百源学案》记程颢之言云:"尧夫欲传数学于其兄弟,某兄弟那得功夫,要学须是二十年工夫。"至于南宋朱熹的易著,更见丰繁。最著名的,是《周易本义》(《年谱》称其成书于宋淳熙四年,公元1177年)与《易学启蒙》(成书于淳熙十三年,公元1186年),其余如宋黎靖德编《朱子语类》一书,诸多篇章、言辞,都与易学有关。虽不能将朱子理学等同于朱子易学,但后者确是前者学识与学问之基础无疑。朱熹理学的基本主题,是"性即理"兼"气即理",其易学属于宋易义理一派,然而在其《本义》与《启蒙》中,亦肯定河洛之学、象数之学。朱熹称北宋《程氏易传》"言理甚备,象数却欠在"②。对程颐的易说颇有微词,以为离"象数"而失《易》之本旨。但是又称汉易那样的"互体"、"飞伏"、"纳甲"、"五行"之类,"未及致思"。朱子易学从义理角度,对历代易学尤其北宋以降易学作了总结,并吸取"象数之学"的合理成分。他对于易文化思维的研究,作出了重要贡献。程颐曾说:"不要拘一,若执一事,则三百八十四爻,只作得三百八十四件事,便休也。"③这种解易不拘泥干"事"的言述,确为高明之论。朱熹则进一步提出,"其它经,先囚其事,方有其义"。"若《易》只则是个空底物事。未有是事,预先说是理,故包括尽许多道理。看人做甚事,皆撞着他。"④此"易"乃"空底物事"之论,可谓深悟易理矣,它对《易》的解读,达致"易思维"深处,可谓精微。然而这所谓"空",已是沾溉佛学空观的思想因子

---

① 《二程遗书》卷十五。
② 《朱子语类》卷六十七。
③ 《二程遗书》卷十九。
④ 《朱子语类》卷六十六。

而无疑。

无疑,宋代易学,几乎可以说是宋代理学的立说之基。

其六,元明是宋易的发扬与终结期。元时程朱理学尤盛,成为科考之主题、官方之经学。"至于有元,许衡、赵复以朱氏学倡于北方,故士人但知有朱氏耳。"[①]明成祖朱棣命胡广等辈编《性理大全》,继续大倡程朱性理之学。此时朱子《周易本义》独张其军,严重影响后代诸家易说。张溥《易经注疏大全合纂·五赞》称"朱夫子有功于易",功在"探前圣之精微,破俗学之谬妄"。元代诸多易说,几没于朱子易学的时代"阴影"之中。元明"图书"之学在"元易"中较为活跃,有时落入"图书"旧说之窠臼,但也不乏新见。如钱义方《周易图说》称宋人是因《易》而造图,而非因"图"而有《易》,斥破"图书"乃易之本原之见。元代有雷思齐《易图通变》、俞琰《易外别传》与张理《易象图说》等比较重要,可资参考,但总体上其易学之成就不高。

在明代,宋易有深入发展之趋势,自明初便在理学家薛瑄、曹端与胡居仁等易说中体现出来。如曹端解易采周子《太极图说》之论兼用朱子之义。《明史·儒林传》称"瑄学一本程朱"。然而到明中叶,理学派与气学派论辩渐起而成高潮,且气学派渐居上风。薛瑄之后,明理学家、易学家重新审视朱熹《本义》之价值意义,重新解读《易传》(十翼)。蔡清、罗钦顺、崔铣与黄佐诸家批评朱子易学,斥朱子"理先气后"之说而倡"理气"无先后、气为世界本体之见,这是回到了宋初张横渠那里,为明末清初王夫之气一元哲学之历史、人文前导。明中叶王廷相著《慎言》、《雅述》,糅以易学之见以推气一元之哲学,并竭力排拒象数之论,主"太极元气"说。明代又是心学流行的时代,从南宋陆九渊、杨简的心学到明王阳明的心学,其文脉历程是很清晰的。王守仁并非易学家,关于《易》的言述很少,然而其"良知即易"之说,是心学派易学典型而重要的命题之一。王门后学如季本《易学四问》等发挥阳明"良知即易"说,王畿、罗洪先、刘邦采与万廷言等辈,在以"心"释"易"方面,颇有所得,如以"乾元"为"良知",借"大象"说"心"义,证"良和"为宇宙之本体等,凿通"心"、"易"之障蔽,有儒(易)、道、释三学趋同之理趣。此《明儒学案·浙中学案》所谓"一念微明"者,"良心"也,此"吾儒谓之燕息,佛氏谓之反思,老氏谓之踵息","范三教之宗

---

①　黄宗羲《宋元学案·静明宝峰学案》。

旨","造化阖辟之元机也"。

明代易学之重要代表人物之一是来知德。据史料,来氏毕二十九年心血,撰成《周易集注》,独创"错卦"、"综卦"之说(见前)以及制成来氏太极图等,是明代易学之突出的收获,值得注意。

其七,清代易学走在回归于汉学的道路上。清人痛斥明代心学狂放而蹈虚过甚,遂走上了一条崇"实"之路。皮锡瑞指出,清初"一时才俊之士,痛矫时文之陋,薄今爱古,弃虚崇实,挽回风气,幡然一变"[①]。这用梁启超的话来说,称之为"以复古为解放"[②],且以"折中"的文化态度来"复"易说之"古"。如康熙命李光地撰《周易折中》,该书"冠以'图'说,殿以《启蒙》,未尝不用'数',而不以盛谈河、洛,致晦玩占、观象之原。冠以《程传》,次以《本义》,未尝不主'理',而不以屏(摒)斥谶纬,并废'互体'变爻之用"。称"其诸家训解","皆兼收并采,不病异同","盖数百年分朋立异之见,至是而尽融"[③]。一改过去唐太宗命孔颖达修《五经正义》时,《周易正义》仅用王弼、韩康伯注以及明成祖修《性理大全》仅用程、朱本的偏陋局面。

清代是易学繁盛综合的时代,著述之丰、学人之众,甚于前代。仅据《清史稿·艺文志》所载,清儒治易者凡一百五十余家,著作共一千七百余卷。又,《四库》著录凡四十六部,存目者一百四十余,在辑录、校勘、训释、考据等诸多方面,皆取得了彪炳史册的易学成果。

先是明清之际,方以智作为著名的自然科学家、文字音韵学家与易学家,不仅著《物理小识》、《通雅》以张其自然科学与文字音韵之卓越识见和学问,而且为其父方孔炤《周易时论》这一桐城方氏易学思想的代表性著作,作跋与按语,给予新的解说,并编有"图象几表"八卷,附于该书前,以新的解读,编撰《周易时论合编》。朱伯崑云:"此书的内容,表面上看,是先录各家解《易》的文字,所谓'合编前哲之言',实际上是通过对各家的引述,阐发方氏父子的象数之学,所以此书又被称为'万派朝宗'。"[④]此言甚为中肯。《合

---

① 皮锡瑞《经学历史·经学复盛时代》。
② 梁启超《清代学术概论》,《梁启超论清学史二种》,朱维铮校注,复旦大学出版社,1985 年,第 6 页。
③ 《四库全书总目·经部·易类六》。
④ 朱伯崑《易学哲学史》第三卷,华夏出版社,1995 年,第 339 页。

编》不仅是对桐城方氏象数之学的总结，而且通过象数易学讨论哲学问题，如关于"太极在有极中"、"一在二中"之说，丰富了历来关于《周易》太极的思想。方氏除运用如微显、露隐、体用与寂历等范畴来阐明太极、无极、有极（仪象）之关系外，还辩证地提出绝待与对待这一对偶性范畴，称"绝待即在对待中"、"从对待而显其绝待"，"天地末分之无，即在天地已分之有中，阴阳相转，实不可离，即二是一者也"①。

明清之际提倡"实学"，以考据为主业。顾炎武《日知录》卷七有云，"孰知今日之清谈有甚于前代者。昔之清谈谈老庄，今之清谈谈孔孟"，此乃"未究其本而辞其末"。"实学"反对空谈"性理"与"良知"，抨评传统图书之学。如黄宗羲《易学数论》、毛奇龄《仲氏易》、李士恭《周易传注》与胡渭《易图明辨》等，均对汉易的"取象"说或宋易、图书之学进行总结与攻抨，其所运用的学问"武器"，便是文献学、考据学。

至于王夫之易学，以其著《周易内传》、《周易外传》为代表。其余如《周易考异》、《周易稗疏》、《周易大象解》以及《张子正蒙注》、《思问录》、《尚书引义》诸书，都体现了这位明清之际重要哲学、易学大家之精到的易学见解。王夫之治学，有"六经责我开生面，七尺从天乞活埋"（《姜斋公行述》）的胸襟抱负。王氏易学，以气学、象学为哲学之基，批评程朱义理之学、邵雍数学与陆王心学，对宋明以来的易学进行了"清算"，建构其个人的哲学（易学）体系。所谓"易之全体在象明矣"②、"以乾坤并建为宗，错综合一为象"③为其易学宗旨。其《张子正蒙注》"道器合一"说，以"凡器皆虚"、"凡道皆实"为出发点加以辩证阐述，其"盈天地之间皆器矣"、"天下惟器而已矣"的思想，发展了《易传》关于"形而上者谓之道，形而下者谓之器"的思想，突出其"实学"的哲思本色。王夫之说："太虚，一，实者也。"④太虚者，气；气即"一"，"一"即"实"，王夫之的易学，是崇"实"的易学。

清代易学盛于乾隆、嘉庆年间，作为汉学之有机构成，处于乾嘉学派治经的中心地位。此时倡言汉学者，有惠栋的吴派与戴震的皖派。前者偏于尊汉易古

---

① 方以智《周易时论合编·图象几表·大衍著原》。
② 王夫之《周易内传·系辞下》。
③ 王夫之《周易内传·发例》。
④ 王夫之《思问录·内篇》。

训,有"我注六经"之趋势;后者偏于依汉易而立说,具"六经注我"之特点。前者著《周易述》、《易汉学》、《周易古义》等。张惠言《周易虞氏学》与《周易虞氏消息》等著作,颇受惠栋易学影响,同时也企图补惠栋易学之欠失。后者虽无治易之大部著作,但也有如《法象论》、《读易系辞论性》与《易经考》等这样的论文,其代表性专著《孟子字义疏证》对儒学范畴(字)的诠解,渗透着对易学、易理的理解与同情。同时,皖派易学中还值得一提的,是戴东原之师江永的《河洛精蕴》与焦循的《易章句》、《易通释》与《易图略》等。

总之,清代易学,是中华古代易学的总结与终结,尔后便是约为 20 世纪新时代在与西学冲突、调和中的新易学,在此不赘。

《周易》的国际影响

学界一般认为,《周易》及其思想产生国际影响,始于 17 世纪法国传教士白晋(J. Bouvet, 1656—1730)与莱布尼茨(G. W. Leibniz, 1646—1716)的通信,白晋向莱氏寄去《周易》伏羲六十四卦次序图、伏羲六十四卦方位图。正因于此,以致有的学人断言,易图"使莱氏发现了《周易》的二进制原理"[①],甚至还认为,易图的"二进制原理"影响了莱布尼茨发明二进制算术。比利时国际理学研究所胡阳在《莱布尼茨二进制与伏羲八卦图考》指出,据艾顿(E. J. Aiton)编著《莱布尼茨传记》(*Leibniz A Biography*),白晋于 1698 年 2 月 28 日对莱氏的复函,称"中国古老哲学体现在易图之中"。"莱布尼茨的有关二进制算术体系,大约在 1701 年以前已形成",而直到"1703 年 4 月 1 日",莱氏才见到白晋所寄"伏羲六十四卦次序图和伏羲六十四卦方位图",从而证明莱氏的二进制算术的发明,与该易图无关。李约瑟(J. Needham)《中国科学技术史》第二卷"关于《易经》与莱布尼茨的二进制算术补记"则认为,早在 1679 年,莱氏已写出《二的级数》("De Progressione Dyadica")一文,1703 年于法国《皇家科学院院刊》发表题为"二进制算术的阐述——关于只

---

① 《周易》(*Book of Changes*),[英]理雅各英译,秦颖等校注,今译前言,湖南出版社,1993 年。

用 0 与 1 兼论其用处及伏羲所用数字的意义"一文。艾田浦（Rene Etiemble）《中国之欧洲》一书第二十八章也认为，莱氏"发明二进制在认识白晋和太极八卦图之前"。

胡阳着重指出，"据一些公开的历史文献记载，莱布尼茨在白晋所寄伏羲八卦图的十六年前，早已熟知伏羲八卦图"。

据沈延发《周易——国外研究者点滴信息介绍》[①]，利玛窦（Matteo Ricci，1552—1610）明末来华传教，曾著《八卦与九宫之变化》，柏应理（Philippe Couplet，1623—1693）作为比利时传教士，曾在华传教二十五年，译著《周易六十四卦和六十四卦意义》，莱布尼茨发明二进制，曾提到柏应理著作，胡阳于1994 年在比利时鲁汶耶稣会图书馆阅柏应理《中国之哲人孔子》（1687 年版），见到该书从第 38 页到 50 页关于伏羲八卦与六十四卦图的介绍，还有文王六十四卦图。柏应理以传教士身份，于 1659 年来华，著述甚多。据考证，莱布尼茨于1687 年致冯·黑森-莱因费尔信中提到"Fohi"（伏羲），可证"莱布尼茨于 1687 年12 月之前就已熟知'Fohi'，不言而喻，莱布尼茨见过柏应理书中的'三张易图'"。

而据安德烈·弥勒（1630—1694）《阿布杜拉·白达瓦鲁斯中国史》一书的介绍，最早将《易经》传入欧洲者，为阿拉伯著名史学家、古兰经学者、逻辑学家阿布杜拉·白达瓦鲁斯（Abdalla Beidavaeus，公元 1286 年去世）。据有关资料，西方学者译介《周易》者，当首推"法国传教士金尼阁（1577—1628），他于明万历三十八年（1610 年）来中国传教，将《周易》译成拉丁文，1626 年在杭州刊印，可惜译本佚失"[②]。关于 1687 年柏应理《中国之哲人孔子》的译介与出版，已见前述，此勿赘。与白晋同时来华的传教士马若瑟（1666—1736）撰《易经入门注释》，曾向西方译介《周易》一书。向西方译介的第一部完整的《周易》，是法国传教士雷孝思（1663—1738）的拉丁文本，该书直到一百年后由莫耳两度出版于斯图加特与图平根。第一个英译本《周易》在伦敦出版于 1876 年，译者为英传教士麦格基（1813—1885），因译文欠佳，为伦敦大学教授拉古贝里（1845—1894）所重译，1893 年出版。理雅各（1815—1897）的《周易》英译本，由中国学者王韬助译，作为其《中国经典》第二册，于

---

① 载《周易研究》1992 年第 4 期。

② 《周易》（*Book of Changes*），今译前言。

1882 年出版于牛津,其译依据宋代易注,因译笔较准确而成为西方权威性英译本。另有法国霍道生、比利时鲁汶大学教授德·阿尔莱等人的译本,前者出版于 1885 年,后者出版于 1889 年。20 世纪以来,德国卫礼贤(1873—1930)、卫德明(1906—?)父子的德译本较为准确无误,在西方影响尤大。其他如马里奥·舒伯特、比尔·贝姆等译介、改编本,亦有一定影响①。

此外,《周易》在亚洲的日本、韩国、印尼、新加坡、马来西亚以及越南等国,在俄国与东欧诸国的影响也较大。其译本,主要有日本高田真治的《易经》,由东京岩波书店 1959 年出版。易学专著,以日本铃木由次郎《汉易研究》(东京明德社,1963 年)、户田丰三朗《易经注释史纲》(东京风间书房,1968 年)与俄国舒茨基《周易研究》等较为有名。

在活跃于西方、东方的当代新儒学、汉学、中国学学术阵营中,《周易》各种译本的流行及易学的广泛流播,成为跨文化研究尤其是中西文化研究重要的思想主题,凡此,都是治易者所应该加以注意的。

---

① 《周易》(*Book of Changes*),今译前言。

上经三十精读

卦一　乾卦䷀(乾下乾上)："天行健,君子以自强不息"

乾:元亨,利贞。

[讲解]　这是《周易》六十四卦第一卦乾卦卦辞。六十四卦卦辞以及爻辞,大凡都是占筮记录。这一卦辞大意是说:筮遇乾卦,可以进行祖神祭祀,这是吉利的占问。这里,元,原始,指祖神。"亨即享字,祭也。"①利,有利,吉利。贞,贞问,占问。《易传》也有"元亨利贞"一语,引自本经,但句读与意义与此不同,值得注意。

《彖》曰:大哉乾元,万物资始,乃统天。云行雨施,品物流形。大明终始,六位时成,时乘六龙以御天。乾道变化,各正性命。保合大和,乃利贞。首出庶物,万国咸宁。

[讲解]　《彖》为《易传》之一篇。《易传·系辞》说:"彖者,材也。"材,通裁。彖有断定、裁决的意思。大,太的本字,引申为伟大的意思。国,甲骨文写作𢆷或𢆷,原指持戈守卫的一个区域,指由古代井田孕育而成的都邑。《周礼·考工记》所言"匠人营国"的"国"与成语"水乡泽国"的"国",指都邑、城市。《周礼·匠人》"九分其国"的"国",也是这个意思。

《彖辞》说:多么伟大的乾阳元气,它是一切事物依赖它而发生的本根,它统制神性之天、义理之天与自然之天。有了这乾阳之气,才得与坤阴结合,使云气流行、雨泽施播于大地,从而各种生命物类在大地上蓬勃生长而成形体。灿烂、辉煌的太阳(大明)②永恒地东升西落,按时运行。这乾卦六个爻位所体现的,是时序的变化。这时序,即乾卦六爻自初、二、三、四、五到上,好比六条巨龙,统制着不断变化的天。天道(乾道)③的运行、变化,各自

---

① 高亨《周易大传今注》,齐鲁书社,1979 年,第 53 页。
② 《礼记·礼器》云:"大明生于东,月生于西。"大明,指太阳。
③ 《易传》云:"乾为天。"因而,这里"乾道"即"天道"。

决定与规范人的天性、命运①。乾坤即天地阳刚、阴柔之气的结合,是原始、根本的和谐,这是万物生命各具冲和元气,春华秋实、利和②而无有偏枯,生气正固。乾阳之气作为生命之气,是万物发生的根元,好比人类社会的都邑之君王居于百姓之首,天下太平。

《象》曰:天行健,君子以自强不息。

[讲解] 《象辞》为《易传》之一种,分大象、小象。《易传》云:"象也者,像此者也。"《象辞》所阐述的,是卦、爻之象的象征意义。唐孔颖达《周易正义》:"行者,运动之称。健者,强壮之名。"清陈梦雷《周易浅述》卷一:"行健者,在天之乾;不息者,在我之乾。"

《象辞》说,天道运行,乾阳之气刚健充沛,君子以天道为榜样,砥砺自强,奋斗不息。

乾卦卦辞原意指祖宗祭祀之事。《彖辞》、《象辞》从气及龙象角度,歌颂、肯定乾阳之气,以此象征伟大的君子人格,且渗融以人文时间意识。《易传》说:"乾坤其易之蕴邪"、"乾坤其易之门邪",乾卦卦辞及《易传》关于乾卦卦辞的阐发,尤为重要。

初九:潜龙,勿用。

《象》曰:"潜龙,勿用",阳在下也。

[讲解] 筮遇初九,兆象是潜隐的龙,不宜妄动。《周易》六十四卦之每一卦六爻,自下而上。最下面的第一爻,称为初爻。由于乾卦初爻为阳爻,因此称为初九。筮遇乾卦初九,阳爻居阳位,好比此时巨龙潜困于水,所以这是不太吉利的占筮。《象辞》说:君子好比"潜龙",时机未到,隐居不出,不可妄动,是因为犹如初阳在下、处境不利的缘故。

九二:见龙在田,利见大人。

《象》曰:"见龙在田",德施普也。

[讲解] 乾九二爻辞是说,筮遇此爻,得到龙在田野的好兆头,是天下出现大贤大德之人的吉利的征兆。《象辞》说:此时君子好比龙出潜离隐③,

---

① 《程氏易传》:"天所赋为命,物所受为性。"《周易正义》:"性者,天生之质","命者人所禀受"。
② 陈梦雷《周易浅述》:"万物华者向实,生理各足无偏,此利也。"
③ 王弼《周易注》:"出潜离隐,故曰见龙;处于地上,故曰在田。"

现于田野,美德初见而泽被天下。

这一爻辞的"见",读 xiàn(现)。乾九二为阳爻居于阴位,不得位,但是处在乾卦下卦的中位,按象数学,以为比较吉利,所以《象辞》如此发挥爻义。

九三:君子终日乾乾,夕惕若厉,无咎。

《象》曰:"终日乾乾",反复道也。

[讲解]　乾九三爻辞说,君子筮遇此爻,必须一天到晚、每时每刻小心谨慎、勤勉警惕,即使处境危殆,也可保没有错失。《象辞》说,君子昼夜警励不惰,三省吾身,人的行为即往来、进退、动止与反复,必合乎天则。

这里,乾乾,蔡渊《周易经传训解》说:"行事不息也。下乾终而上乾继之,故曰'乾乾'。"下乾指乾下卦,九三是乾下卦之终;上乾指乾上卦。高亨《周易大传今注》称,"乾乾,勤勉努力"[①]。欠妥。若,助词。厉:危殆。

九四:或跃在渊,无咎。

《象》曰:"或跃在渊",进无咎也。

[讲解]　筮遇九四,龙象有时腾跃、有时在渊水之中,吉利而无错失。《象辞》说,君子人生好比龙象或跃起或潜于渊水,进退自如,审时度势,没有错害。

九五:飞龙在天,利见大人。

《象》曰:"飞龙在天",大人造也。

[讲解]　筮遇九五,龙象腾飞在苍穹,这是天下出现明君的征兆,大吉大利。《象辞》说,"飞龙在天"这吉利之象,象征"大人"大有可为。

《周易正义》:"造,为也。"朱熹《周易本义》:"造,犹作也。"

阳爻居阳位,得位之爻,又处在乾上卦中位,得中之爻,大吉大利。中国古代称帝王为"九五之尊",典出于此。

上九:亢龙,有悔。

《象》曰:"亢龙,有悔",盈不可久也。

[讲解]　筮遇上九,兆象为飞到极高处的龙,占筮结果必为错悔。《象辞》说:"亢龙,有悔"这一爻象与占筮结果,象征帝王、君子、贤人的行为与一

---

① 高亨《周易大传今注》第57页。

切事物达到极端、极点之时,必然不会持久,因穷极而走向反面。这里所谓
"亢",是极高与过甚、极度的意思。盈,姚配中《周易姚氏学》称,"满也"。
久,"长也"。"阳极而生阴,故'盈不可久'。"乾上九龙象已居穷极之地,无可
再"高",必自高位而跌落。此爻说明"满招损"的道理。高亨说:"亢读为沆,
池也。沆龙,池中之龙。悔,较小之不幸。池中之龙实处困境,比喻人处困
境,乃较小之不幸,故筮遇此爻有悔。"①此释"亢"为"沆"且引申为"池",
未妥。

用九:见群龙无首,吉。

《象》曰:用九,天德,不可为首也。

[讲解]　"用九"之"用",从中从卜,写作**甲**,"卜中"即卜辞所谓"立中",
测景、测风之谓。又,用从卜从**凵**,**凵**为骨版之象形,显然关乎占卜之义②。
高亨据帛书《周易》"用九"作"迵九",认为"按用当读为迵。迵,通也"③。可
备一说。这一条辞文很特别,惟乾与坤两卦有"用九"、"用六"之说,值得注
意。据《周易》古筮法,所谓"大衍之数五十,其用四十有九",历三变而定一
爻,而后得七八九六,其中"六九"变,"七八"不变。九为老阳、六为老阴;七
为少阳,八为少阴。乾卦六爻皆九、坤卦六爻皆六,各为纯阳、纯阴之卦。因
而乾卦六爻爻辞之后有"用九"(正如坤卦六爻爻辞之后有"用六")④。而六
九可以互变。乾卦发展到上九之爻,阳刚之气已达穷极之时,以"用九"表示
数九有待于变而为数六,即乾卦变为坤卦(坤卦变乾卦,坤"用六",详后)。
此辞文大意是说,乾上九之后,显现出乾阳六爻皆变之象,乾阳变而为坤阴,
吉利。《周易尚氏学》说:"'见群龙无首,吉'者,申遇'九'则变之义也。九何
以必变? 阳之数九为极多,故曰'群';阳极反阴,乃天地自然之理。乾为首,
以阳刚居物首,易招物忌;变坤则无首,无首则能以柔济刚,故吉。"此说可
参。而这里所谓"群龙",即乾卦六爻自初至上为潜、见、惕、跃、飞、亢时的六
种龙象,因发展到"亢龙"之时而必变为坤阴。项安世《周易玩辞》说:"凡卦,

①　高亨《周易大传今注》第 59 页。
②　参见本教材"导言"有关内容。
③　高亨《周易大传今注》第 59 页。
④　关于古筮法及"六九变"、"七八不变",请参见本教材后文有关内容。

以初为趾、为尾,终爻为首。形至首而终,故《易》中首字皆训终。"可备一说。"见群龙无首",就是说乾卦老阳之变无有终了,变是必然的、绝对的。《象辞》所谓"天德",即乾德,"天德"就是"天道"。天道的变化没有终止之时。

《文言》曰:元者,善之长也。亨者,嘉之会也。利者,义之和也。贞者,事之干也。君子体仁足以长人,嘉会足以合礼,利物足以和义,贞固足以干事。君子行此四德者,故曰:"乾:元,亨,利,贞。"

[讲解]　这是《易传·文言》关于"乾"之"四德"即"元、亨、利、贞"意义的解读与发挥。《文言》是《易传》中专门解说乾、坤两卦的文辞[①]。《文言》说,乾阳作为事物发生的元始,是一切善美之首。亨通,是乾阳、坤阴两"美"的会通。利和,阴阳对立而调和、彼此适宜。正固,是道德人格的根本。君子人格以"仁"为道德本体,足以使崇高人格提升。阴阳交通足可以合乎礼。以利他、利物之心与他人、他物相和相宜,足可以合乎义。体现乾阳正固,足可以堂堂正正地做事为人。君子践行这四种美德,因此说,"乾卦象征天德,象征君子人格的元美、亨通、和谐与坚贞"。这里,所谓"善之长",先秦善、美互训;长训为首。《周易本义》云:"元者,生物之始,天地之德莫先于此。"所谓"嘉之会",《说文》:"嘉,美也。会,合也。"连斗山《周易辨画》:"两美相合为嘉,众物相聚为会。""两美",专指乾阳、坤阴。所谓"义之和",义,通宜。荀爽《易》注:"阴阳相和各得其宜,然后利矣。"所谓"事之干",李道平《周易集解纂疏》:"《诗诂》云:'木旁生者为枝,正出者为干。'是干有正义。"所谓"体仁"之"体",以"仁"为"体"的意思。李道平《周易集解纂疏》引《礼记·礼运》,称"仁者,义之本也,顺之体也,得之者尊"。

唐李鼎祚《周易集解》说:"元为善长,故能体仁,仁主春生,东方木也。亨为嘉会,足以合德,礼主夏养,南方火也。利为物宜,足以和义,义主秋成,西方金也。贞为事干,以配于智,智主冬藏,北方水也。"这是以仁义礼智配春夏秋冬、东南西北、木火金水、生养成藏来解说元亨利贞,可备一说。《周易尚氏学》说:"李氏此诂,最为透彻。与《太玄·罔直》'蒙奠冥理'合,识《周易》真谛。盖此八句,为最古之易说。"[②]黄寿祺、张善文《周易译注》采用此说

---

① 　《周易正义》:"以乾、坤德大,故特文饰以为《文言》。"
② 　尚秉和《周易尚氏学》,中华书局,1980年,第22页。

解《易》,可资参阅。

初九曰,"潜龙,勿用",何谓也?子曰:"龙德而隐者也,不易乎世,不成乎名;遁世无闷,不见是而无闷。乐则行之,忧则违之,确乎其不可拔,潜龙也。"

[讲解] 这是《文言》对乾卦初九爻辞的解读。初九爻辞说,"龙潜在水中,不宜有所作为",是什么意思呢?孔子说:"龙的德性是因时而隐伏,好比君子,不因浊世而改变操行,不在于成就名利。他从浊世隐遁,不感到孤独、苦恼。不被世俗所肯定,也不苦恼、烦闷。感到快乐,就去践行;遇到忧患,就去回避它。君子心志专一,坚定不移,这便是像'潜藏的龙'一样的道德操守。"

这一段比较易懂。"不见是而无闷"的"是"应当注意。是,一般为判断词。这里可转义为"肯定"(或"否定"),有是非之"是"的意思。李鼎祚《周易集解》引崔憬云:"世人虽不己是,而己知不违道,故无闷。"这里所说的"己是",以"己"为"是"的意思,"是"有"肯定"义。李鼎祚以契"道"说"无闷"。清易学家陈梦雷对此作了发挥:"而道足以自乐,故无闷。己悄求名,不见'是'于人矣。而心自信,故无闷。时当可乐,则不私其有,以同乎人。时当可忧,则不失吾己,违而去之。忧与闷不同。为一身起见,为闷;为天下起见,为忧。此六句,皆言龙德确乎其不可拔,隐也。"[1]此言相当精彩。

九二曰,"见龙在田,利见大人",何谓也?子曰:"龙德而正中者也。庸言之信,庸行之谨。闲邪存其诚,善世而不伐,德博而化。《易》曰:'见龙在田,利见大人',君德也。"

[讲解] 这是对乾卦九二爻辞的阐述。九二爻辞说:"巨龙出现在田野,是贤德之人降世的好兆头",这是什么意思呢?孔子说:"有贤德的人,具有龙一样的品德,人格中正而不偏。平常说话的诚信,平时行为的谨慎,都是人格中正的缘故。杜绝邪恶而内心诚实,为天下做善事而不自夸,使中正之德泽被于世,世人因此感化。"《周易》说:"巨龙出现在田野,是贤德者降世的吉兆"。指"大贤大德之人虽尚未处在君位,却已具备君主人格"。这里值

---

① 陈梦雷《周易浅述》卷一,上海古籍出版社,1983年。

得注意的，一是"正中"一词，指九二爻处在乾卦下卦的中位。二是"庸"的意思，这里指"常"。《九家易》说："庸，常也。"三是"正中"与"庸言"、"庸行"的关系，因为"龙德"得"正中"之道，所以持"正中"之道的圣贤，平常的言行就能够做到讲求诚信而谨慎。四是"君德"所指，乾九二居在下卦之中，不得位而居中，不同于乾九五为"得中"、"得正"之爻，所以，所谓"君德"非实指，而是指具有君主一样的贤德。

九三曰，"君子终日乾乾，夕惕若厉，无咎"，何谓也？子曰："君子进德修业，忠信所以进德也。修辞立其诚，所以居业也。知至至之，可与言几也。知终终之，可与存义也。是故居上位而不骄，在下位而不忧。故乾乾因其时而惕，虽危无咎矣。"

[讲解] 乾九三爻辞关于"君子一天到晚小心谨慎、每日三省吾身，警惕危殆的降临以保没有错失"的话，是什么意思？孔子说："君子使道德水平提升，修治事业，因为忠挚诚信，所以才能增进美德。说话、撰文只有内心诚实，才能使事业立于不败之地。知道要到那里，就努力去到那里。这样的智慧与境界，就可以和他讨论关于'几'即事物变化细微征兆的道理。懂得事物变化已到极限，则穷极危殆就及时调整自己的行为，不要妄动，就可以使人与世界保持适宜、和谐的关系。因此，居在高位而不骄傲、骄横，居在低位而不忧愁、忧厉。所以，时刻慎思谨行，健强不息，虽处境危险，也不会有什么错失的。"

这一段解读，有几个关键处需注意。一是"居业"的"居"，吴澄《易纂言》称"犹居货之居，藏积于此也"。《周易尚氏学》："居者，蓄也，积也。"二是关于"知至至之"、"知终终之"的说法，均由乾九三处于乾下卦之"终"而起，可知"孔子"这里的义理发挥，不离象数。三是关于"几"，《易传》有"知几其神"、"几者，动之微，吉凶之先见者也"的说法（详后），"几"，征兆，事物变化的先兆。

九四曰，"或跃在渊，无咎"，何谓也？子曰："上下无常，非为邪也。进退无恒，非离群也。君子进德修业，欲及时也，故'无咎'。"

[讲解] 乾九四爻辞称"筮遇龙有时飞腾、有时在渊水之中这一兆象，可保平安吉利而没有错失"，这是什么意思？孔子说："君子上下、进退并不

是刻板、固定的,一切按时机、时势而定,不是不正当的。能进则进,须退则退,不是脱离公理而陷入孤立的行为。君子提升道德人格的水准,成就他自己的事业,在于抓住时机、机会,所以'没有错失'。"

这里,关于"非为邪也"的"邪",有的学人释为"邪恶",似欠妥。邪,这里的意思是"不正当"。《尚书·大禹谟》所谓"任贤勿贰,去邪勿疑"之"邪",与此同义。关于"上下无常"、"进退无恒",有的学人以为由乾九四爻发挥而来,九四上可及九五,下可应初九之类。所以"孔子"的解说不是没有任何象数根据的。但是据笔者看来,乾卦六爻纯阳,六爻之间没有任何的"承"、"应"、亲"比"关系。所以"孔子"的这一解说,实际是有些勉强的。清人张惠言《周易虞氏义》引述虞翻云,"上谓承五,下谓应初",称九四上承九五、下应初九,似有误。

九五曰,"飞龙在天,利见大人",何谓也? 子曰:"同声相应,同气相求。水流湿,火就燥;云从龙,风从虎。圣人作而万物覩。本乎天者亲上,本乎地者亲下,则各从其类也。"

[讲解]　乾九五爻辞所谓"巨龙高飞在苍穹,是天下出现明君的吉利征兆",这是什么意思呢?孔子说:"同类的声音,互相应和;同类的生命之气,彼此相求。水流向湿地,是湿上加湿;火烧向干柴,火势更旺。有腾龙的地方,必是云水;有虎啸处必生风。圣人治世,大有作为,而万物生辉。那些原自阳刚之气的,因天性而亲应在上;那些原自阴柔之气的,因地德而亲应于下,那么,这是各自同类相互感应的缘故。"

这里所谓"同声"、"同气",渗融着阴阳观念,并非指绝对相同的"声"、"气"。徐志锐举例说,"如'鸣鹤在阴,其子和之'"、"如'山泽通气'"[1]。清人陈梦雷云:"鹤鸣子和,雄鸣雌应,同声相应也。取火于日,取水于月,同气相求也。"陈氏又说:"下湿易润,水先趋之。干燥易焚,火先燃之。龙,阳物,薰蒸之气为云。虎,阴物,肃杀之气为风。凡此皆以类相感者也。"[2]此说可参。《文言》说解此爻,在于阐发"感"的人文理念与易理。《周易》有咸卦,集中体现了"感"的思想(详后),可以注意一下。

---

① 　徐志锐《周易大传新注》,齐鲁书社,1986 年,第 13 页。
② 　陈梦雷《周易浅述》卷一。

上九曰，"亢龙，有悔"，何谓也？子曰："贵而无位，高而无民，贤人在下位而无辅，是以动而'有悔'也。"

［讲解］　乾上九爻辞关于"飞到极高处的龙，是大凶之兆，占筮结果必有错悔"的说法，是什么意思呢？孔子说："君王好比上九之乾阳，极端显贵而必走向反面，地位不稳。他高高在上，脱离民众，手下虽有贤德之人，但不予辅佐。因此，如果肆意妄为，必然遭来灾祸。"

这里，关于"贵而无位"，李鼎祚《周易集解》引述荀爽之言，有贴切的解读："在上故贵，失正故无位。"这是以爻位说解易。上九为六爻之最上，位在乾卦上卦的第三爻位，爻位不正，故称"无位"。"有悔"的"悔"，易学界有学者释为"悔恨"，欠妥。此"悔"，当为"灾祸"之意，古籍有"灾悔"、"罪悔"之说。《公羊传·襄公二十九年》"尚速有悔予身"的"悔"，就是这个意思。《文言》"亢龙，有悔，穷之灾也"的"灾"，与"悔"对应，可证。

"潜龙，勿用"，下也。"见龙在田"，时舍也。"终日乾乾"，行事也。"或跃在渊"，自试也。"飞龙在天"，上治也。"亢龙，有悔"，穷之灾也。乾元"用九"，天下治也。

［讲解］　"兆象是潜藏的巨龙，筮得此爻不宜有所作为"，喻示人地位低下微贱之时，不要妄动的意思。"巨龙出现在田野"，象喻人所处的环境、时机开始好转、通达。所谓"一天到晚谨思慎行"，说明做事稳妥、健强。"巨龙有时跃起有时在渊水之中"，这是人检验自己的行为，知道有退有进、进退自如的道理。"巨龙高飞在云天"这一兆象，说明在"中正"之位，出现了最佳的政治、道德局面。"兆象是飞到极高处的巨龙，筮得的结果必为错悔"，象征人处在穷极之时有灾有难。乾"用九"辞文，象征乾德是元始之德，因"九"为老阳又处在乾上六之后，因此必然导致从乾阳向坤阴的转化。这象征天下大治久安。

这一段是《文言》将乾卦六爻与"用九"的辞文放在一起的解读，以发明整体"以人事明之"（王弼《周易注》）的道理。这里，"时舍"的"舍"，项安世《周易玩辞》云："古语舍训为置。尚置于此则舍于此，言时适在此，非其常也。""时舍"的意思，是因"时"而"舍"，作"时"而"舍"。可备一说。"舍"又可释为"通"。《周易正义》采王弼《周易注》"见而在田，必以时之通，舍也"的见解,认为王注"以通解舍,舍是通义",本教材这里采王弼注。"时舍"者,时通也,因时依时而"通"。

"潜龙,勿用",阳气潜藏。"见龙在田",天下文明。"终日乾乾",与时偕行。"或跃在渊",乾道乃革。"飞龙在天",乃位乎天德。"亢龙有悔",与时偕极。乾元"用九",乃见天则。

[讲解] 《文言》的这一段辞文,以"气"论、"时"论释文义,尤具哲学意味。其大意,"潜藏于水中的龙,时机未到,不要轻举妄动",这是阳刚之气潜藏未见的时候。"龙出现在田野",整个世界(指自然界与人类社会)从自然到人文辉煌灿烂。"君子一天到晚谨思慎行、健强不息",这是与时间同时运化、伴随着时的运行。"龙有时跃起有时没在渊水之中",象征阳气、天道发生转化,人事变革。"腾飞的龙高在云天",处于"得正"、"得中"的"中正"之位,就是正当天"德"、阳刚之气盛大、健强的"君"位。"飞到极高处的龙象,象征有灾祸降临。"这是与时间运化、时机处在穷极之时相关的。乾阳之气,元始之气,发展到极点,便必然向相反方向转化。所谓"用九",就是老阳转化为老阴,这是"天"的法则的必然呈现。

这里最难解的,是"乾元'用九',乃见天则"一句。古人以为,所谓"阳气",专指四季"天气"而言,尤指春气。王弼《周易注》说:"此一章全说'天气'以明之。"对"阳气"的解读,比较坐实。如果以"天气"说解"用九",可以认为乾九之中有坤六因素潜在,因而乾至上九,无可再进,便必转而为坤阴(反之亦然,后详)。这可备一说。古人解易,总是常有历法的理念在。然而这样一来,所谓"乾元'用九',乃见天则",大致指从冬到春的阴、阳转递,呈现为天气运行法则的意思。但以乾上九仅象"冬",似乎说不过去。而且,这里有"天下文明"一句,"文明"一词,显然不是指自然宇宙,而是指社会人生。因此王弼说"此一章全说'天气'",可待推敲。

乾元者,始而亨者也。利贞者,性情也。乾始能以美利利天下,不言所利,大矣哉! 大哉,乾乎! 刚健中正,纯粹精也。六爻发挥,旁通情也。时乘六龙,以御天也。云行雨施,天下平也。

[讲解] 解读这一段时,首先应明了,这里是再释乾卦卦辞即"乾:元亨,利贞"四德。所谓"乾元者",当读为"乾,元者。"黄寿祺、张善文引王念孙

《读书杂志》，"以为'元'下脱一'亨'字，原本当作'乾，元，亨者'，才与下文'利，贞'相应"①。此说可从。陈梦雷称，此"又申《彖传》之意。承上言'乾元用九'。又叹乾元之妙。前以元，亨，利，贞，析为四德。至此又若以元亨与利贞分言之，而统归于一元"②。这里值得注意的，是一个"若"字，为疑似口吻，显然注意到这里缺一"亨"字。但陈氏最终还是认为这一段是"乾元"之论，因而有"统归于一元"之说。笔者以为，既然这是释读乾卦卦辞，认为这里缺一"亨"字，还是妥当的。问题是，如果补一"亨"字，该段第一句为，"乾，元、亨者，始而亨者也"，两个"亨"前后重复，不是古人行文习惯。因此，笔者暂且以现存文本来解说。

这大意是说，乾元，产生万物的本原，元始而亨通。利和、正固，是社会人生、道德人格的品格与素质。乾元，自一开始就能以利他的美好本性与素质，普施利益于天下。乾元是一种沉默无言的存在，它不说天下因它而受惠，伟大啊！原始而伟大的，是乾元啊！阳刚之气充沛，动健正固，是纯粹的乾阳精华。乾卦六爻，纯阳之气，是万物发动的根因，成就万物的情情实实。以乾六爻象征潜、见、惕、跃、飞与亢的巨龙六种情状，是因时、依时而变的。时间的发展、运行，依龙的六种情状与时机来统领天的发展规律。乾阳率领坤阴，阴阳调和，好比云气生而雨水下，风调雨顺，天下也就太平了。

这里，"性情"、"旁通情"的"情"，作"事情"、"情况"解。李鼎祚《周易集解》以"以纯一正万物之情"释"性情"的"情"，可参。"不言所制，大矣哉"，《论语》说："天何言哉，四时行焉，百物生焉。"天沉默无言，却运化于时间，使万事万物发生，本始而伟大。"旁通"，《周易本义》说，"旁通犹言曲尽"，引申为成就，包罗万象。

君子以成德为行，日可见之行也。"潜"之为言也，隐而未见，行而未成，是以君子弗用也。

[**讲解**]　上一段说解乾卦卦辞，从这里以下共六段再申说乾卦六条爻辞的意义。这里大意是说，君子以成就美德为他践行的要旨。王申子《大易辑说》指出，"蕴于身为德，见于事为行"。德、行一在"蕴"，一在

---

① 黄寿祺、张善文《周易译注》，上海古籍出版社，1989年，第19页。
② 陈梦雷《周易浅述》卷一。

"见"。所以说,"可见"(现)的,是行。这里的"日",疑为"曰"之讹。作为乾初九爻的"潜",比喻君子本具才德,然而隐隐然未曾呈现;他的伟大践行,好比时位未能成其所行,所以,君子知其时位之未可即时机未到,君子就不宜妄为。

君子学以聚之,问以辩之,宽以居之,仁以行之。《易》曰:"见龙在田,利见大人",君德也。

[讲解]   君子好学,用以积聚知识;做学问须争辩、追问;胸怀宽仁,以仁心守持,让仁爱之心贯彻在行为之中。这便是《周易》所说的"龙出现在田野的景象,是天下出现贤德之人的吉兆",这便造就了君子的美德。

九三重刚而不中,上不在天,下不在田,故"乾乾"因其时而"惕",虽危无咎矣。

[讲解]   这是以爻位说解易。乾九三以阳爻居阳位,阳为刚,因而称"重刚"。九三爻不居在中位,故称"不中"。乾九五有"飞龙在天"之说,九三爻还没有达到九五的"天"位。乾九二有"见龙在田"之说,九三爻又不在"田"的爻位。所以,要不断地谨思慎行,每日三省,顽健而振奋,虽然处境危殆,也不会招致错失。

九四重刚而不中,上不在天,下不在田,中不在人,故"或"之。"或"之者,疑之也,故无咎。

[讲解]   九四,爻位属阴却居一阳爻,为九三、九五所包围,故曰"重刚"。还不到九五"天"的位置,离开了九二"田"的位置,又不在九三"人"的位置,所以强调"或者",说明它时运变化多端。掌握了这一点即能自觉地审时度势,步步为"慎",可保没有错失。《易传·系辞下》有"易有天道、有地道、有人道,兼三才而两之"之说(详后),"三才"就是"三材"。古人解易,以初、二为地;三、四为人;五、上为天,一卦六爻,是一个天(地)人合一的思维结构,其理念源于此。九三、九四居在"人"位,九三近于"地",九四近于"天"。《文言》以为,九四在"人"位却是非正"人"之位。《周易尚氏学》说,"三兼四,人也。""四是兼才,非正"。所以说,在天人合一结构中,九四虽处在中位,却不是正"中"而是兼"中"的"人"位。这里所谓"或",《东坡易传》

说,"未必然之辞也"。所谓"疑","慎"的意思。尚秉和说:"疑则慎,慎故无咎。"①

夫大人者,与天地合其德,与日月合其明,与四时合其序,与鬼神合其吉凶。先天而天弗违,后天而奉天时。天且弗违,而况于人乎? 况于鬼神乎?

[讲解]　乾九五爻辞所谓"大人"(大贤大德之人),与天地同一德性;与日月同一光明;与春夏秋冬四时运行一样具有时序;与鬼神一般知晓吉凶休咎、神妙难言。"大人"先于天的启告而有所作为却不违背天则;后于天的启发为人做事又遵循天的时序与机运。就连天则都不去违背,更谈不上违背人的意志与违背鬼神的旨意了。

在《文言》中,这是一段尤为重要而著名的话。是说"大人"人格,是天人合一的楷模。《程氏易传》曾说:"天人本无二,不必言合。""大人"有四"合",与"天地"、"日月"、"四时"、"鬼神"均"合"。正如《周易正义》所言:"此论大人之德无所不合,广言所合之事。"但关于"先天而天弗违"、"天且弗违"的解说,有学者解读为"他先于天象而行动,天不违背他"、"天尚且不违背他",似可商榷。天没有主体意识,谈不上违背人。

"亢"之为言也,知进而不知退,知存而不知亡,知得而不知丧,其唯圣人乎? 知进退存亡,而不失其正者,其唯圣人乎?

[讲解]　乾上九爻辞所谓"亢",在于阐述人生进退存亡的道理。只知进取而不懂退却,只知生发却不懂危亡,只知获得又不懂丧失,这便是"亢龙,有悔"这一爻辞所体现的意思。这难道是圣人的美德吗? 知晓进退存亡的大道理,才能不丧失圣人的正大人格。在这一点上,只有圣人才能身体力行。

卦二　坤卦☷☷(坤下坤上):"地势坤,君子以厚德载物"

坤:元亨,利牝马之贞。君子有攸往,先迷后得主,利。西南得朋,东北丧朋。安贞吉。

[讲解]　这是坤卦卦辞。这里,元,元始,转义可释为祖神。亨,享祭的

①　尚秉和《周易尚氏学》第29页。

意思。解读此卦辞,最难解处在"西南得朋,东北丧朋"一句。《周易尚氏学》采"十二消息卦"说解读,可从。

十二消息卦又称十二辟卦,十二月卦,以六十四卦中的十二辟卦代表一年四季十二月,其顺序表示阴阳二气、一年四季的消长过程。象征二十四节气、七十二候的时序变化。

复卦	䷗	十一月中	老阴	冬	息卦	北	子
临卦	䷒	十二月中		冬	息卦		丑
泰卦	䷊	正月中		春	息卦		寅
大壮卦	䷡	二月中	少阳	春	息卦	东	卯
夬卦	䷪	三月中		春	息卦		辰
乾卦	䷀	四月中		夏	息卦		巳
姤卦	䷫	五月中	老阳	夏	消卦	南	午
遯卦	䷠	六月中		夏	消卦		未
否卦	䷋	七月中		秋	消卦		申
观卦	䷓	八月中	少阴	秋	消卦	西	酉
剥卦	䷖	九月中		秋	消卦		戌
坤卦	䷁	十月中		冬	消卦		亥

十二消息卦,从复一阳生、临二阳生、泰三阳生、大壮四阳生、夬五阳生到乾六阳生为息卦;从姤卦一阴消、遯二阴消、否三阴消、观四阴消、剥五阴消到坤六阴消,为消卦。其中,以乾、坤两卦为消、息之主。

尚秉和称,消息卦"乃自西而南,自东而北而逆行也"。此因运行方向之顺行者,应为自北而东、自南而西之故。以阴阳之气的运化分析,则为自老阴到少阳;自老阳到少阴。从老阴到少阳,气性已变(阴变阳);自少阳到老阳,气性未变仅气性的程度变;自老阳到少阴,气性已变(阳变阴);自少阴到老阴,气性未变仅气性的程度变。因此,《周易尚氏学》说:"消息卦自西而南阳日增(引者注:西为少阴,南为老阳,故"阳日增"),故曰'西南得朋'(引者注:阴遇阳为朋)。""消息卦自东而北阳递灭(引者注:东为少阳,北为老阴,故"阳递灭"),故曰'东北丧朋'(引者注:"阳递灭",故"丧")。"[1]

----

① 尚秉和《周易尚氏学》第32页。

坤卦卦辞大意:筮遇坤卦,可以进行祖神祭祀。得雌马之象的占问,是吉利的,君子可以有所作为。坤象、雌马之象,都是柔顺、居后之象,顺从于乾阳之象,因而,如果居"先"而不安于"坤",那么便是迷失方向。如果跟随在"乾"之后,可得"乾"主之利,这是吉利的。往西南方,可以得到朋友的帮助;向东北方,将失去朋友的帮助。安分守己,这是吉利的占问。

《彖》曰:至哉坤元,万物资生,乃顺承天。坤厚载物,德合无疆。含弘光大,品物咸亨。牝马地类,行地无疆,柔顺利贞。君子攸行,先迷失道,后顺得常。"西南得朋",乃与类行;"东北丧朋",乃终有庆。安贞之吉,应地无疆。

[讲解]《彖辞》说,至极无比的坤元之气,是天地万物得以资生的本原,顺从、禀承乾天阳刚之气。坤象征大地。大地广博深厚,普载万物。它的德性,就是与乾阳结合。它的功能、作用与意义,无边无际。它含育万类,光辉灿烂,各种事物都亨通、发达。母马的德性与大地同类。母马在大地奔驰,没有局限。它品格柔顺而温和,有利于守持正固。君子有所作为,但此时不要争先,争先会迷失正确的道路与方向。随从在后,是人生正途。向西南方向,可得友朋,可以和同道好友,一同前行;向东北方向,失去友朋。虽然逆行到东北方丧失了阳气,但是按照阴阳消息的道理,只要含弘坤德,坚持正道,便阴阳互转,"丧"尽"得"来,必然有"得朋"的时候,因此仍然有福庆之时。安于坤道、正路,可获正固吉祥,这是顺应了大地坤阴宽广无比的品格。

《象》曰:地势坤,君子以厚德载物。

[讲解]《象辞》说,大地的形势宽厚顺从,君子以大地为榜样,其品德好比大地一般承载一切,深厚而顺随,胸怀宽广。

这里,"势"可释为"形势"。如释为"气势",亦可。李鼎祚《周易集解》说:"地有上下九等之差,故以'形势'言其性也。"《易传》有"坤,顺也"的解说,因而这里"地势坤"的"坤",实指地之性,主要是"顺从"乾阳的意思。《释名·释地》云:"坤,顺也,上顺乾也。"可从。

初六:履霜,坚冰至。

《象》曰:"履霜,坚冰",阴始凝也。驯致其道,至"坚冰"也。

[讲解] 坤初六爻辞：筮遇此爻，筮得脚踩霜地的兆象，就知道将有寒冬来临，坚冰出现。

《象辞》说，"脚踩霜地，坚冰出现"，这是说明阴气遇阳而阴气未盛，是阴气与阳气开始凝积之时。顺着这一时令的发展，一定会有寒冰出现的日子。

这里，所谓"阴始凝"，陈梦雷《周易浅述》卷一云，"当其履霜，不过阴之始凝耳"。阴气自己不能"始凝"，必有阳气与其结合，才能有所"凝"。驯，《周易集解》引述《九家易》云："驯，犹顺也。"

六二：直方大，不习，无不利。

《象》曰：六二之动，直以方也；"不习，无不利"，地道光也。

[讲解]   坤六二爻辞：筮遇此爻，得平直、方正、广大的大地之象，人不待修习，无不吉利。

《象辞》说：坤卦六二爻因与乾阳交合而动，便象喻大地平直、方正与广大的属性与品格。所谓"不待修习，无不吉利"，这是坤阴随顺乾阳而动，那么就广生万物，大地阴柔之美德，光辉灿烂。

坤六二爻，阴爻居于阴位，又处坤卦下卦中位，得正、得中。《朱子语类》指出，"坤卦中惟这一爻最纯粹"。因为"盖五虽尊位，却是阳爻，破了体了。四重阴而不中。三又不正，惟此爻得中正，所以就这说个'直方大'"。朱熹《周易本义》说："柔顺正因，坤之直也。赋形有定，坤之方也。德合无疆，坤之大也。六二柔顺而中正，又得坤道之纯者，故其德内直外方，而又盛大。"陈梦雷《周易浅述》卷一说："正则无私曲而内直，中则无偏党而外方。内直外方，其德自然盛大。不假修习，而自无不利也。不操而直，不矩而方，不廓而大，故曰'不习'。"这些古人的解读，都很精彩。高亨《周易大传今注》将"六二：直方大，不习，无不利"句读为："直方，大不习，无不利"，有误。并解为："大字疑是衍文。直，读为《诗·宛丘》'值其鹭羽'之值，持也。方，并船也。习，熟练也。爻辞言：'人操方舟渡河，因方舟不易倾覆，虽不熟练于操舟之术，亦无不利。'"①此说欠妥。又，所谓"六二之动"，坤本柔静，何以称"动"？ 这可以用《文言》的说法来解答："坤至柔而动也刚，至静而德方。"

---

① 　高亨《周易大传今注》第79页。

六三：含章，可贞。或从王事，无成有终。

《象》曰："含章，可贞"，以时发也。"或从王事"，知光大也。

[讲解]　坤六三爻辞：筮遇此爻，得大地内含章美之兆，这是结果不算差的占问。有人辅佐帝王事业，没有大的成就但终有所成。

高亨释"含章"为"克商"之意，录此以备参阅①。

《象辞》说："大地内含章美，可以守持正固"，这是因时机而发生的意义。"有人辅佐帝王事业"，这是懂得"含弘光大"的道理。

《周易正义》："六三处下卦之极而能不被凝于阳，章美也。既居阴极能自降退不为事始，唯内含章美之道待命乃行可以得正。"徐志锐说："六三处下体之终，终则有变，但又临上体之始，并非六爻之终极，这又不当变。"②因此，坤六三的象征意义是内有章美之德，却是所处的时机并不十分的好，辅佐"王事"，知道不一定有大成功但恪尽职守，懂得"含弘光大"的道理。"无成"，释为"不以成功自居"，可。

六四：括囊，无咎，无誉。

《象》曰："括囊，无咎"，慎不害也。

[讲解]　坤六四爻辞：筮遇此爻，出现口袋扎紧这一兆象，筮得的结果是，没有错害，没有什么可以夸耀的。

《象辞》说，"扎紧口袋，没有错失这一兆象与占筮结果"的意义，说明人应谨慎从事才能不受伤害。

坤六四指阴虚能够受物，所以坤有"囊"象。但六四无应无比，其位并不理想，所以有"扎紧口袋"以自守自"慎"的意义。

六五：黄裳，元吉。

《象》曰："黄裳，元吉"，文在中也。

[讲解]　坤六五爻辞：筮遇此爻，出现黄色裳服这一兆象，大吉大利。

《象辞》说，"黄色裳服，大吉大利"，这是象征人格美德在于内心，是秀内而惠中。

这里，黄为五色之"中"，可象征中和之道。坤六五是阴爻居阳位，居于

---

①　高亨《周易大传今注》第 80 页。
②　徐志锐《周易大传新注》第 26 页。

上卦的中位,故不"得中",这是与乾九五不同的地方。但作为臣道的坤六五,毕竟处在尊位,所以《周易正义》说,"臣之极贵者,能以中和通于物理",已是大吉大利。又,《广雅·释诂》:"文,饰也。"古时有上衣下裳之别,皆为身之服饰。上衣深长,掩遮下裳。下裳在内,因此称"中"。此爻取裳为兆象,以契"文"在"中"之易理。

上六:龙战于野,其血玄黄。

《象》曰:"龙战于野",其道穷也。

[讲解]　坤上六爻辞:筮遇此爻,筮得的兆象是:龙在野处交合,流出的血青黄混杂。

《象辞》说,"龙在野处交合",象喻,穷极之时。

解读这一爻辞,应该注意以下几点。

其一,该爻辞仅记录占筮所得的"兆"而无判词如"吉"、"凶"、"利"、"咎"以及"有攸往"(指示人的行为之词)等占筮结果的记录。这样的文本现象,在《周易》六十四卦卦爻辞中颇为多见。

其二,坤六爻纯为阴爻,发展到坤上六,已处穷极之时,再向前发展必走向反面,具备从坤阴向乾阳转化的条件。虽然这一爻辞未记录占筮结果,依这一兆象判定,结果为"凶"是可以肯定的。

其三,因为是上六爻,已处穷极之时,所以这里所谓"野",以不释为"田野"、"原野"为妥。蔡渊《周易经传训解》说:"野者,极外之地。上居极外,故称野也。"可从。

其四,坤以马象,其卦辞有"牝马"之象,何以这里称"龙"? 龙象为乾阳之象。坤虽为马象,但发展到上六,已在向乾阳转化之中,因而此爻以"龙"象为言。《周易浅述》卷一云:"阴宜从阳者也。纯阴在上,盛于阳矣,故与阳皆有龙象。"此言甚是。

其五,这里所言"战",《说文》云:"战者,接也。"《荀子》说:"阴阳接而变化起。"《周易尚氏学》称:"合气即接。"因此,"战"指阴阳、牝牡交合,指坤阴、乾阳即马、龙之象的"交合"。与此相关的,是一"血"字。《周易浅述》卷一说:"气阳血阴,阳衰于阴(引者注:指坤上六阴盛而阳衰),故与阴皆有血象。象如此,不言凶而凶可知矣。"此说是。

用六,利永贞。

《象》曰:用六"永贞",以大终也。

[讲解] "用六"这一辞文,正如前述"用九"一样,出现在坤上六之后,其巫学理念,体现了《周易》占筮"六九变,七八不变"的筮法。即筮遇老阴(六)、老阳(九)为变爻,筮遇少阴(八)、少阳(七)为不变爻。因而"用六"的意思,阴极而必变阳;"利永贞"的意思,是说阴柔不能固守,而阴而变阳,便是永远灵验的占问。

《象辞》说:从阴极而必变阳、即老阴而必变阳、即永远灵验的占问引申,"用六"所说的"永久守持正固",是指坤卦上六这极阴穷时之变,必以变为乾阳(大)为必然。

项安世《周易玩辞》说:"乾为大,坤为小。坤之终见(现)乾而不见坤,故曰'以大终也'。"笔者以为,既然"坤之终见乾而不见坤",那么同样,乾之终见坤而不见乾。坤、乾互转、互见,实乃无有所"终"。这便是所谓"不易"的意思,即"变"是"不变"的,变是永恒的,就是这里所言"永贞"的意思。易理的根本,是"变",变使易"守持正固",这也便与易的根本命题"生生之谓易"相契。易因永恒之变而见"生生"之理。因此,这里的"终",不能解为"终点"、"归宿"。而"以大终也"的"大",太之本字,有原始、本原的意义,这里指乾阳。

《文言》曰:坤至柔而动也刚,至静而德方,后得主而有常,含万物而化光,坤道其顺乎! 承天而时行。

[讲解] 从这里开始,是《文言》对坤卦的解说与发挥。《文言》说:大地(坤阴)极为柔顺之时、因动变而为阳刚。极为沉静之时,它的德性泽被四方。顺从于乾阳、让刚健者作主,这是坤阴应当固守的常道。坤阴含养万物,大地一片光辉灿烂,这是与乾阳之气化生的结果。坤阴的品性,在于它对乾阳的顺随。坤阴之气与乾阳所成就的大地,它是承奉天时即四时而运行的。

"坤至柔而动也刚",坤性本静,而蕴含动的因素。坤自初六至上六的发展,使坤的静德达到"至柔",此时本蕴的动的因素因不断积聚、化生而实现为"动"、"刚",这是动、静与柔、刚的转递。"至静而德方"的"方",与坤六二爻辞"直方大"的"方"义相通,以释为"四方"为宜。吴澄《易纂言》:坤体"至静。然其生物之德,普遍四周,无处欠缺,故曰'方'"。

积善之家,必有余庆;积不善之家,必有余殃。臣弑其君,子弑其父,非一朝一夕之故,其所由来者渐矣,由辩之不早辩也。《易》曰:"履霜,坚冰至",盖言顺也。

[讲解]　这是对坤初六爻辞的发挥。善行、善德逐渐积累,其家族必然有福庆;恶行、恶德不断积聚,其家族一定遭祸殃。臣下杀了皇上,儿子杀了父亲,不是一朝一夕的缘故(冰冻三尺,非一日之寒)。这种恶果的由来,有一个渐变的过程。这是早就应该辨别清楚以便防微杜渐、却不是早点辨别清楚的结果。《周易》说,"脚踩霜地,便知道天寒地冻的日子就要到了",这说的是"顺"即由渐变到质变的道理。"盖言顺也"的"顺",是领会这一段意思的关键。正如前述,《易传》说:"坤,顺也。"是坤阴顺从乾阳的意思,一般从伦理角度理解,如臣顺君、子顺父、坤顺乾等。但是这里所谓"顺",不仅具有伦理学意义,而且有哲学意义。顺,可训为驯,"驯致其道,言因循以致之也。"①顺,因循。此《释名·释言语》所谓"循也,循其理也"的意思。《周易正义》训"顺"为"慎",似勿取。因为这是主从哲理的解读。顺者,循也,是说事物从量变到质变、从渐变到突变是必然的。又,辩,通辨,有别义。"余庆"、"余殃"两句,在"积善"与"余庆"、"积不善"与"余殃"之间建构一个必然性判断,这是原始巫术"因果律"的体现。其实,"积善"未必有"余庆";"积不善"未必有"余殃"。

"直"其正也,"方"其义也。君子敬以直内,义以方外。敬义立而德不孤。"直方大,不习,无不利",其不疑其所行也。

[讲解]　这是释坤六二爻辞意义。所谓"直",指心术端正,本心无邪;所谓"方",指内心妙契而合乎规矩。君子庄敬自持,他的内心一定正直无偏,他与人生、环境的关系,一定合宜而不失于和谐,所谓内直外方,人格磊落而光明。君子内心诚敬、外行和宜,他的德性不会孤寡。"大地平直、方正、广大,人不待修习,没有不吉利"的意思,可以引申为,君子人格像大地一样坦荡无私、坚定不移,公正无偏。

---

① 　陈梦雷《周易浅述》卷一。

《周易正义》说：“直则不邪，正则谦恭；义则与物无竞，方则凝重不躁。既‘不习，无不利’，故所行不须疑虑。”《程氏易传》说：“直言其正也，方言其义也。君子主敬以直其内，守义以方其外，敬立而内直，义形而外方。义形于外，非在外也。敬义既立，其德盛矣。不期大而大矣。德不孤也。无所用而不周，无所施而不利，孰为疑乎？”此二说可细细体味。

　　阴虽有美，“含”之以从“王事”，弗敢成也。地道也，妻道也，臣道也。地道“无成”而代“有终”也。

　　[讲解]　这一段解读坤六三爻辞。坤阴虽然谦顺具有美德，却含弘不显，以随从、辅佐乾阳的功德、事业，不敢以“王事”的成功占为己有。大地的德性，是顺从天时而运行；妻子的所谓“妇道”，是从一而终；臣子则忠诚于君主。大地的常道，是不自居于成物之功，实际上大地生养万物、成就万物，是代替“乾天的未终而有终”①。乾天者，大生；坤地者，广生。大生者，始生；广生者，成就万物。所以说乾天“未终”而坤地“有终”。但坤地谦下，不敢专以成功自居，因此称“代有终”。代，代替之义。

　　天地变化，草木蕃。天地闭，贤人隐。《易》曰，“括囊，无咎，无誉”，盖言谨也。

　　[讲解]　这一段解读坤六四爻辞，专说一个“谨”字。《说文》：“蕃，茂也。”又通藩，屏障，藩篱之义，《诗·大雅·崧高》云：“四国于蕃。”这里取“藩”义。尚秉和《周易尚氏学》说：“蕃与藩通，《诗·大雅》‘四国于蕃’是也。又《周礼·地官·大司徒》：‘九曰蕃乐’。注：杜子春读‘蕃乐’为‘藩乐’，谓‘闭藏乐器而不作’。贾疏：‘藩谓藩闭’。”蕃，一般作茂盛之解，自汉之后，几乎“无不以蕃息为解”。然而尚秉和说，“若作蕃息，与‘括囊’何涉乎？”问得好。因此，“变化之征，在物则草木黄落，在天则阳气闭藏，在人则贤哲隐道，谨慎也，释‘括囊’之故也”②。这是中肯的见解。

　　乾天、坤地运行变化，也有草木零落的时候。天闭地塞，是社会昏暗的凶兆，故贤人隐退。《周易》说，“扎紧口袋，没有错失，也不求夸耀”，这说的都是“谨慎”的道理。

---

① 参见徐志锐《周易大传新注》第31页。
② 尚秉和《周易尚氏学》第40、41页。

君子黄中通理,正位居体,美在其中,而畅于四支,发于事业,美之至也。

[讲解]　坤卦六五,虽阴爻居于阳位之上,但处在坤卦上卦的中位,还是吉利的。黄色,是大地、五色的正色。因此称为"黄中"。理,本义为"治玉",《韩非子·和氏》云,"王乃使玉人理其璞",引申为"玉石之纹理"。《玉篇》:"理,文也。""美在其中"的"中",即"黄中"之"中",不能释为"心中"的意思。支,通肢。

坤卦六五象征君子人格。君子具有黄色一般的正色,中直的品德,玉一样的素质,做事为人坐得正,立得直。君子的美德,在于中和立场,贯彻在他的实践行为中,他的事业辉煌灿烂,这是美到极点了。

阴疑于阳必战。为其嫌于无阳也,故称"龙"焉。犹未离其类也,故称"血"焉。夫玄黄者,天地之杂也,天玄而地黄。

[讲解]　坤卦上六阴气极盛,极盛而必转向反面,阴极返阳,是坤阴与乾阳交合的结果。坤卦六爻皆阴,但并非无阳的因素。这一爻所以以"龙战"为象,为的是不要让人怀疑坤卦纯阴而无阳(纯阴不等于无阳)。但是,不能离开坤阴的本性来理解坤的易理,所以这里称"血"不称"气"。至于"其血玄黄"的意思,是说"龙战"使血成青黄相杂之色,天为青色而地为黄色。

朱熹《周易本义》:"疑,谓钧(均)敌而无小大之差也。"王引之《经传释词》:"疑之言拟也。"高亨《周易大传今注》:"疑当读为拟,拟犹比也。"并由此发挥说:坤"上六居一卦之上位,乃象阴达于极盛之地位,与阳势均力敌,即阴拟于阳矣"。高亨此解,建立在将"龙战"的"战"解为"斗争"的前提下,但这里所谓"战",为"接",阴阳"交合"的意思(见前)。因此高亨此解,似欠妥。唐陆德明《经典释文》以"疑"为"凝",汉易如荀爽《易》注、虞翻《易》注等,都以"疑"为"凝"。《周易正义》:"阴疑阳,即阴牝阳",此"疑"为"凝"之本字。

[小结]　此解读乾、坤两卦。《易传》云,"乾坤,易之门邪"。乾坤是天地卦、父母卦,是理解、领会易理的门径。两者互为错卦。乾为六十四卦之首,以"龙"为象,称"龙卦",但并非胶柱于"龙",而是以"龙"为喻,申说阳气"资始"宇宙万物的道理。《易传》又将卦辞"元亨,利贞"改造、发挥为乾天

"元(原始)、亨(亨通)、利(利和)、贞(正固)"四德,肯定"天行健,君子以自强不息"的阳刚、进取精神。坤紧随于乾之后。坤卦阴柔,与乾一样,其重要性不言而喻。但坤以"牝马"为象,有"守雌"之义。《易传》对坤卦爻辞的改造、发挥,集中在两点,一是申说大地的宽广、深厚、坦荡与磅礴,所谓"地势坤,君子以厚物载物"的伟大精神;二是强调坤阴、大地"乃顺承天"的品格,而又体现坤乾、阴阳互对、互应、互转的辩证思想。从对乾坤两卦的解读中,读者可以见出,本教材是将本经与《易传》分开解读的,先区别对待,尔后揭二者的历史、人文联系。本经卦爻辞大抵是巫筮记录,因而对此的解读,运用文化人类学关于巫学的理念与方法(后同),尽力发现其文化学意义;关于《易传》的解读,重点在申说《周易》哲学、伦理学的思想精神。象数与义理是《周易》的重要两翼,从巫筮、象数说到义理,是解易正途。易的根本,是象、数、占、理;理的根本,在气、生、时、化。

卦三　屯卦䷂(震下坎上):"天造草昧",屯难之时

屯:元亨,利贞。勿用有攸往,利建侯。

[讲解]　屯,甲骨文𡳐(胡厚宣《战后京津新获甲骨集》二四九八)、𡳐(董作宾《小屯·殷虚文字甲编》四七六)等,金文𡳐(克钟)等。许慎《说文》:"屯,难也,象草木之初生,屯然而难。"屯为象形字,"象草木初生",初生者,必有艰难,引申为"难"之义。《序卦》:"屯,物之始生也。"《彖辞》:"刚柔始交,而难生。"就是这个意思。

屯卦卦辞:筮遇此卦,可举行祖神祭祀,是吉利的占问。不需立"中"以占,可以有所作为,有利于建立诸侯。

这里,卦辞以"屯,物之始生也"为主题,正好与"祖神"对应。祖宗是人之"始生",因而出现祭祀祖神之象,是不奇怪的。但卦辞意义与"屯""难"无关。"难"是引申之义,是后起的理念。这里的关键字,是"用"。其义,笔者在解说乾"用九"、坤"用六"时已详为分析,这里从略。"勿用有攸往"之"用",学界有训为"宜"的,可备一说。但这里如作此解,则"勿用有攸往"的意思,是"不宜有所作为",既与前文"元亨,利贞",又与后文"利建侯"相矛盾。因此,笔者以为可将"勿用"释为"不需立'中'以占",较妥。

《彖》曰:屯,刚柔始交而难生。动乎险中,大亨贞。雷雨之动满盈,天造草昧,宜建侯而不宁。

《象》曰:云雷,屯。君子以经纶。

[讲解]　这是《易传》的《彖辞》、《象辞》二篇对屯卦卦辞的解释与发挥。《彖辞》说:屯的意思,好比刚爻、柔爻开始交合、草木始生而艰难。从屯卦卦象看,它的下卦是震卦,震为雷,震为动;它的上卦是坎卦,坎为水、坎为陷(险),整个卦象象征雷在水下发动,因雷动而陷险。但对祖神的祭祀,可使命运、处境与道德从根本上得以亨通与正固。屯卦象征自然宇宙、社会人生充满了震雷及其骤雨般的初始发动,好比"天"创造万物、鸿蒙开辟之时的艰险,适宜立邦兴国但不会平安无事。

这里,屯卦下卦震☳,是乾卦一阳爻来交于坤卦而成震,意味着乾坤、天地交合,因而称为"刚柔始交";屯卦上卦坎☵,是乾卦一阳爻来交于坤卦而成,但一阳陷于二阴之中,"象征天地交合之后于坤体之内有了怀育,有怀育而后必有产难之事,故言'难生'"[1]。

《象辞》说,屯卦上坎下震,坎为水,水气上升而为云,是水有云象,云水之谓也。震为雷,所以云雷之象,为屯。君子观屯之象,知治理天下好比治乱丝而解其纷结,理出头绪。朱熹《周易本义》:"经纶,治丝之事。经,引之;纶,理之也。"

初九:磐桓,利居贞,利建侯。

《象》曰:虽"磐桓",志行正也。以贵下贱,大得民也。

[讲解]　筮遇初九,有徘徊、回旋难进之兆象。这是有利于居住、有利于建立诸侯国的占问。屯卦初九爻象,虽得位而六二反据在上;虽与六四构成应的关系,却是逆应。初九处于险陷之时,故有徘徊、彷徨之象。然而初九毕竟阳爻居于阳位,是得位之爻,因而筮遇此爻,得徘徊于居地之象,是吉利的占问,有利于建邦立国以治理天下。

《象辞》说,虽然人当徘徊之时,回旋不进,然而人的志向、行为,正如初九为阳爻居阳位而得位,这是正道。人好比阳爻而本尊,但居在初位上,是

---

[1]　徐志锐《周易大传新注》第34页。

以贵体而居屈于贱位,却是最得民心的。

磐桓,《经典释文》:"磐,本亦作盘,又作槃。""槃桓,旋也。"徘徊不进的样子。

六二:屯如,邅如。乘马班如,匪寇婚媾。女子贞,不字,十年乃字。

《象》曰:六二之难,乘刚也。"十年乃字",反常也。

[讲解]　筮遇六二,出现马队徘徊不前、艰难行进,不是强盗而是婚亲队伍这一兆象。女子占问的结果,不宜于出嫁,要等许多年后才能婚配。

《象辞》说:屯卦六二爻所象征的,所以是险难,是因为六二乘初九,阴柔凌阳刚的缘故。这女子所以必须等待许多年后才能婚配,是因为违反了男健女顺的常道。

这里,邅如,难行、回旋不进的样子。《离骚》有"邅吾道夫昆仑兮"之句,即此意。班如,遍及的样子。此班,可引申为众多,《国语·晋语四》有"车班外内"之句。韦昭注:"班,遍也。"又,班如,回旋不前的样子,班通般,盘旋之义。《周易正义》引马融云:"班,班旋不进也。"这关于"班如"之"班"的两种意义,在六二爻辞中是兼具的。字,《礼记·典礼上》:"女子许嫁笄而字。"笄,音 jī,簪子,古时用以插挽头发或弁冕。《仪礼·士昏礼》:"女子许嫁,笄而醴之,称字。"插笄,表示女子成年。与此义相关,字又有怀孕义。虞翻注"女子贞不字,十年乃字"云:"字,妊娠也。"

六三:即鹿无虞,惟入于林中。君子几不如舍,往吝。

《象》曰:"即鹿无虞",以从禽也。君子舍之,"往吝",穷也。

[讲解]　屯卦六三爻辞:筮遇此爻,从逐鹿没有虞人引路、只在莽原林野迷路的兆象,就知道君子应该见机行事,此时不如放弃这次田猎活动。如果继续田猎,必令人遗憾、惋惜。

《象辞》说,"追逐野鹿却没有虞人带路",说明做事好比跟在飞禽、走兽后面瞎跑,没有目标与成效。君子应该放弃那些暂时做不到的事。如果蛮干,那一定是遗憾而令人惋惜的,说明时机穷尽,没有办法。

这里,即鹿,蔡渊《周易经传训解》:"即鹿,逐鹿也"。"即鹿"的"即",释"就"。虞,助猎之人,在田猎者行猎时,为其引路、驱出鸟兽。几,机。舍,捨。吝,《说文》:"恨惜也。""从禽"的"禽",《说文》:"走兽总名"。《白虎通》:

"禽者何？鸟兽之总名。"以取后者释义为宜。

　　屯六三以阴爻居阳位而不中，无应无比，为无虞之象，妄行而必穷。

　　六四：乘马班如，求婚媾。往吉，无不利。

　　《象》曰：求而往，明也。

　　[讲解]　筮遇六四，兆为婆亲的大批马队，筮得的结果是，只要去干，就吉祥，没有不吉利的。

　　《象辞》说，有追求，有行动，是明智之举。

　　此爻以柔得位，承于九五，且与初九相应，正合于时宜。

　　九五：屯其膏。小，贞吉；大，贞凶。

　　《象》曰："屯其膏"，施未光也。

　　[讲解]　筮遇九五，屯难在坎水，陷在险境，筮得的结果是，做小事，可获吉祥；做大事，凶险。

　　《象辞》说："屯难在坎水，陷在险境"，这说明，屯九五爻虽有膏润之义但难于施行。

　　九五以阳刚中正而居尊位，但上卦为坎，九五陷于二阴。尚秉和说："坎水故曰膏，坎陷故'屯其膏'。盖五虽下履重阴，然坤民(引者注：指互体六二、六三、六四三爻成坤卦)三分之二(引者注：指该互体坤的两个阴爻，是原下卦震的六二、六三)，为初所有。四又应初。五虽君位，实无一民。故膏泽无所施也。小谓二，五应二，阴得阳应故吉。大谓五，五虚拥尊位，威柄下移，孤露无辅，故大，贞凶。震为威，坤为柄也。贞，卜问也。诸家强以贞正说之，夫正而有大小，已不词矣。大正而凶，益悖理矣。"[1]这一段论述，虽杂以政治说教，所谓"君"、"民"之言，然而以象数之学解读，且与《象辞》意义相合，颇能服人。黄寿祺、张善文以为九五爻辞为"克服初创艰难，即将广施膏泽。柔小者，守持正固可获吉祥；刚大者，守持正固以防凶险"[2]之义，可供商榷。

　　上六：乘马班如，泣血涟如。

　　《象》曰："泣血涟如"，何可长也。

　　[讲解]　筮遇上六，大批马队浩浩荡荡，极度伤心眼泪汪汪。

---

① 尚秉和《周易尚氏学》第45页。
② 黄寿祺、张善文《周易译注》第46页。

《象辞》说："大批马队浩浩荡荡,极度伤心眼泪汪汪"这一兆象,说明屯难穷极之时,怎么可能长久的道理。上六据于九五,与六三不应,且为屯卦之极,但上六是柔在阴位,穷极必变。《礼记·檀弓上》有"泣血三年"之说,郑玄注:"言泣无声,如血出。"《周易浅述》卷一:"坎为血卦,又为水,有泣血涟如之象。阴柔无应,处屯之终,进无所之,唯有忧惧,遂至于泣血涟如也。"《周易正义》:"屯之极,乃亨之时也。而上六处屯极,则阴柔无应,不离于险,是安有亨之时哉?"可参。

卦四　蒙卦☶(坎下艮上):"蒙以养正","以亨行时中"

蒙:亨。匪我求童蒙,童蒙求我。初筮告,再三渎,渎则不告。利贞。

[讲解]　蒙卦卦辞:为祭祀而占问。占筮的目的,不是我(占筮者)去求问幼稚蒙昧的人,而是幼稚蒙昧的人来求问于我。虔诚地占筮一次,与神灵有感应,就会告诉你结果(吉或凶)。如果不相信第一次占筮结果,多次重复地为一件事进行占筮,这是对神灵的亵渎。亵渎神灵,神灵就不告诉你。这样的占筮理念,是有利的占问。

蒙,《序卦》:"蒙者,蒙也,物之稚也。"《释名·释天》:"蒙,日光不明,蒙蒙然也。"蒙暗之义。高亨说:"'初筮告,再三渎,渎则不告',亦筮人之辞,言童蒙以某事初来筮,则为之筮而告以吉凶;若不相信,以此事再三来筮,是轻侮筮人,则不为之筮。"[①]此说可参。但笔者认为,这里"轻侮"的,是神灵而不是"筮人"。

《彖》曰:蒙。山下有险,险而止,蒙。"蒙,亨",以亨行时中也。"匪我求童蒙,童蒙求我",志应也。"初筮告",以刚中也。"再三渎,渎则不告",渎蒙也,蒙以养正,圣功也。

《象》曰:山下出泉,蒙。君子以果行育德。

[讲解]　《彖辞》说:蒙卦说的是关于事物初生、人类蒙稚的道理。蒙卦卦象下卦为坎,坎为陷,上卦为艮,艮为山,构成山下有陷即"山下有险"的兆象。艮又为止,所以不仅险陷,而且遇险而举步维艰。这是象征蒙稚、蒙暗的道理。"蒙稚,亨通",是因为正合时宜,所以亨通。"不是我向童稚、蒙昧请教,而是童稚、蒙昧请教我",这是蒙师、学生志趣相投。"好比占筮,第一

---

① 　高亨《周易大传今注》第99页。

次占问,就指示吉还是凶一样,学生第一次向导师求问,导师就指导他",这是导师健强不息,思、行合宜于时机。"导师反复多次讲同一个问题,而学生没有听进去,这是对师教的亵渎。亵渎导师,这施教就难以为继",这是亵渎教职。施以启蒙教育,为的是涵养中正人格,这是成就圣人的践行工夫。

《象辞》说:蒙卦上卦为艮,艮为山,下卦为坎,坎为水,山下流出泉水,象征启蒙教育渐渐开始。于是君子果断践行,以此为榜样来蒙养美德。

李鼎祚《周易集解》:"艮为山,坎为险,是'山下有险'。险被山止,止则未通,蒙昧之象也。"王弼《周易注》释"时中"义,称"时之所愿,惟愿亨也。以亨行之,得时中也"。但从蒙卦卦象分析,九二、六五处于中位,却是九二阳爻居阴、六五阴爻居阳,均非"得中"之爻。不"得中"者,说明此"时机"未宜。但《象辞》却说"亨行时中",可见"爻位"说并不能解说一切卦爻辞。"志应",指此卦九二应六五。"渎蒙",不是亵渎蒙养,而是亵渎启蒙、发蒙过程。

初六:发蒙,利用刑人,用说桎梏。以往吝。

《象》曰:"利用刑人",以正法也。

[讲解]   筮遇初六,摆脱幼稚蒙昧,好比囚徒挣脱刑具束缚,而急于求成,必有遗憾、恨惜。

《象辞》说,所谓囚徒挣脱桎梏,这有利于从反面教育、启发人,拿这种典型,来说明养正的法则。初六以阴爻居下位,蒙稚、蒙暗好比囚徒戴上枷锁。发蒙好比囚徒脱枷锁而获解放。发,犹言去除。说,读为脱。桎,在足为桎;梏,在手为梏。

九二:包蒙,吉。纳妇,吉。子克家。

《象》曰:"子克家",刚柔接也。

[讲解]   筮遇九二,九二阳爻被初六、六三、六四、六五这四个阴爻所包围,所以有"包蒙"之象。筮得此爻,吉利。九二应六五,其中六三、六四、六五为互体坤,坤为妇,所以有"纳妇"之象,筮得此爻,吉。五位尊,有君、父之象;二位卑,有臣、子之象,此九二位卑、属子而性刚,因而有儿子治家之象。

《象辞》说:九二象征儿子治家,这是说明九二应六五、刚爻与柔爻交合的道理。

这一爻具三象。所谓"包蒙"是九二对上下四阴来说的;所谓"纳妇",

"子克家",都是九二对六五来说的。《程氏易传》:"以家言之,五,父也;二,子也。二能主蒙之功,乃人子克治其家也。"可供参考。当然,这里九二与六五之应,仅逆应而已,故虽吉而未为大吉也。

六三:勿用取女,见金夫,不有躬,无攸利。

《象》曰:"勿用取女",行不顺也。

[讲解]　筮遇六三,不宜迎娶此女为妻。此女眼中只有刚夫美男,不顾自身身份而亲自去追求。所以娶她无吉利可言。

《象辞》说,"勿娶此女为妻",说明此女行为不端正,不合于礼。

取,娶。躬,身体,引申为自身、亲自。金夫,《周易尚氏学》引《诗》云:"有匪君子,如金如锡,如圭如璧。"金,铜,非指黄金。殷、周之际,铜为珍奇、珍贵之物。九二阳刚,以九二喻金夫,因而又称"刚夫"。不有躬,王弼《周易注》:"女之为体,正行以待命者也。见刚夫而求之,故曰'不有躬也。'"为什么说女"见刚夫而求之"? 因为六三(象女)乘凌九二(象夫)的缘故,也便是所谓女"行不顺"。"行不顺"的意思,指行为不合礼则。

六四:困蒙,吝。

《象》曰:"困蒙"之"吝",独远实也。

[讲解]　筮遇六四,兆象是人为蒙昧所困,这种蒙稚被困之象,遗憾而令人惋惜。

《象辞》说:"被围困的六四爻象"的意义,在于童蒙学子此时孤独地远离笃实、刚健之蒙师,是令人可憾的。

六四无应而承、乘皆失当,困在六三、六五两阴之间。阳实而阴虚,只有阳刚具实德而能发蒙,但六四阴虚,欲从九二却隔六三,欲从上九又隔六五,所以未离困时之境。

六五:童蒙,吉。

《象》曰:"童蒙"之"吉",顺以巽也。

[讲解]　筮遇六五,童稚智慧正逢启蒙之时,吉利。

《象辞》说:所谓"童稚智慧正逢启蒙之时"而"吉利"的缘故,是因为童稚学子在蒙师面前顺从而谦逊。

九二上应于六五。六五,虽品质柔弱但居于尊位,有阳进求明之趋势。

项安世《周易玩辞》说:"凡自下而上为顺,自上而下为巽。"六五被应于九二,是"顺"。《说卦》:"巽,入也"此说可从。而巽,音 xùn,犹言谦逊。

上九:击蒙。不利为寇,利御寇。

《象》曰:利用御寇,上下顺也。

[讲解] 筮遇上九,以猛烈的方式治理蒙昧愚暗。筮得的结果,好比落草为寇,不吉利;防御贼寇,吉利。

《象辞》说:以防御贼寇的方法治理蒙暗,是有利的。这说的是上下应和、顺遂的道理。

该卦上卦为艮,艮为手,有击之象。上九阳刚,治蒙过甚,有"击蒙"之象。击,攻击的意思,这里引申为猛烈的治蒙方式。该爻的喻义,在于暗示蒙师教诲学子上下应和,循循善诱,不宜过猛。《周易浅述》卷一:"治蒙过刚,有击蒙之象。艮止于上,不利为寇之象。应爻坎为盗贼,利御寇之象。"朱熹《周易本义》云:"以刚居上,治蒙过刚,故为击蒙之象。然取必太过,攻治太深,则必反为之害。唯捍其外诱,以全其真纯,则虽过于严密,乃为得宜,故戒占者如此。凡事皆然,不止为诲人也。"此说可从。

卦五 需卦☵(乾下坎上):"险在前也",因知险而"须待"

需:有孚光亨,贞吉。利涉大川。

[讲解] 需卦卦辞:有所俘获,光照门楣,以此为祭。筮得此卦,吉利。利于渡涉大河巨川。

这里,需,甲骨文作 ⼤ (郭沫若等《甲骨文合集》九九三五)或 ⼤ (郭沫若等《甲骨文合集》五七五八)。⼤,大,《说文》:"大,象人形。"需是濡的本字,其本义为濡湿。马叙伦《说文解字六书疏证》称需"是濡之初文"。徐中舒说,需是"儒之初文"[1]。何金松说:"儒字从需是取由本义'沾湿'而引申出来的'柔软'义,故需字不是'儒之初义'。"[2]其实,既然需的本义是"沾湿",那么,需便既是"濡"、也是"儒"的初文。上古祭祀祖神、山川之前,行礼者先浴身

---

① 徐中舒《怎样研究中国古文字》,《古文字研究》第十一辑。
② 何金松《汉字形义考源》,武汉出版社,1996年,第367页。

净体,以示虔敬,这是原古之"巫"的行为,巫是儒的前身。《礼记·儒行》说:"儒有澡身而浴德"。儒与濡之义相通,其本字为需①。孚,这里为俘之本字。

从卦象看,需卦为天水之象(乾为天,坎为水)。李道平《释诂》:"须,待也。需之为言待也。"这是释《彖辞》"需,须也"的解读。需有"等待"的意思,当是后人的引申,非需之本义。《左传·哀公十四年》有"需,事之贼也"、《哀公六年》有"需,事之下也"的记载,金景芳说:"这个需字,是等待的意思。《左传》这两句话的意思是说做事等待、犹豫不好。"又说:"但是《易经》需卦的用意与此相反。《易经》需卦要求人们要善于等待。"②

需卦乾下坎上,水在天上,必待阴阳之交、熏蒸而后为雨,乃需之象也;以卦德而言,乾健而坎险,以刚阳遇险陷而不应遽进,这是历代易学家据《易传》"需,须也"之义而作出的一致发挥。然而笔者以为,在殷周之际,需还未有"须待"这一引申义。需实际是巫以及巫的行为。巫行占卜、占筮之前,因对神灵的恭敬而自沐浴净身,这便是需的本义。而在战国时期,需已具"须待"即等待时机的引申之义。

《彖》曰:需,须也。险在前也,刚健而不陷,其义不困穷矣。需,"有孚光亨,贞吉"。位乎天位,以正中也。"利涉大川",往有功也。

《象》曰:云上于天,需。君子以饮食宴乐。

[讲解]《彖辞》说,需是等待的意思。危险在前,刚健精进而不陷于危机之时,人就不会被困在穷极无助的境地。需卦的意义,所谓"有所俘获,光照门楣,以此为祭,吉利",象喻诚信、光明、亨通。需卦的主爻是九五,正居于天位之上("爻位"说:初、二地位;三、四人位;五、上天位)。九五以阳爻处在上卦的中位,是以阳居阳,正中之位。所谓"有利于渡涉大河巨川",说明人有所作为,一定能涉险而成功。

《象辞》说:云气在天上,这是需卦卦象的象喻。好比阴云密布、乱云飞渡、期盼上天下雨一样,君子期待宴饮、满足口欲之乐以实现人生理想。

所谓"险在前也,刚健而不陷,其义不困穷矣",《周易集解》认为"此明得名由于坎也,坎为险也。有险在前,不可妄涉,故须待时然后动也"。"乾体

---

① 参见王振复《中国美学的文脉历程》第 174 页。

② 《周易讲座》,金景芳讲述,吕绍纲整理,广西师范大学出版社,2005 年,第 126 页。

刚健,遇险能通,险不能险,义不穷也"。《周易浅述》卷一说:"刚健者,多以轻躁而陷于险。刚健而能不陷,故善其不至困穷也。"

初九:需于郊,利用恒,无咎。

《象》曰:"需于郊",不犯难行也。"利用恒,无咎",未失常也。

[讲解]　筮遇初九,巫等待在郊野。有耐心、有恒心的立"中",是吉利的。筮遇此爻,没有错失。

《象辞》说,"巫等待在郊野",象征人在陷难之时不轻易犯进。"有耐心、恒心的立'中',吉利而没有错失"的意思,是做事不失正道、常理。

初九阳爻居阳位,得位;与六四有应,所以"利用恒"。所谓"未失常",常为常道。《程氏易传》:"君子之需时也,安静自守",这是指内心宁和而静待时机的到来。

九二:需于沙,小有言,终吉。

《象》曰:"需于沙",衍在中也。虽"小有言",以吉终也。

[讲解]　筮遇九二,巫等待在沙地,让人小有微辞,筮得此爻,终于是吉利的。

《象辞》说:"巫等待在沙地"的喻义,说明做事为人能守中宽和,虽然略受非议,总以吉祥告终。

需卦上卦为坎,坎为水,九二比初九更近于坎水,九二以"水近"而为"沙",而更近于坎险,因而有等待沙地之象。九二、九三、六四互体为兑卦,兑为口舌,因而九二有"口舌"即"言"象。九二刚中,虽未正(因为是阳爻居阴位),而"终吉"。遭非议,为言语之伤,毕竟事"小"。九二以刚居柔,守中而宽和。"衍"字,《周易正义》释为"宽衍",以戒躁急,可从。"虽小有言,以吉终也"一句,黄寿祺、张善文《周易译注》误为"虽有小言,以终吉也"。今正之。

九三:需于泥,致寇至。

《象》曰:"需于泥",灾在外也。自我"致寇",敬慎不败也。

[讲解]　筮遇九三,巫等待在泥泞之中,结果导致盗贼到来。

《象辞》说:"巫等待在泥泞之中",遭受灾变,是因为时机不利,处境不佳。这是由于自我即本身的原因招致贼寇的到来,而只有敬畏于时机、慎独于处境,才能立于不败。

九三为下卦之终,过于刚强而不中,可谓"致寇"之象。水涯有泥泞,又近于坎险,是"自我致寇"之象。然而即使泥泞之地,只要谨言慎行,仍可立于不败。"灾在外也",指坎险在"外","外"指坎为外卦。因而,如果释为"九三灾祸尚在身外",似可商榷。

六四:需于血,出自穴。

《象》曰:"需于血",顺以听也。

[讲解] 筮遇六四,巫等待在沟洫之中,盼望从沟洫的坎陷中脱险。

《象辞》说,"巫等待在沟洫之中",顺应时机的到来,听从命运的安排。

解读这一爻辞及有关象辞,关键是对"血"字的理解。历代易学家解"血"为"血液"之义。《周易正义》:"血者,杀伤之地。"源自《说卦》所言"坎为血卦"之说。李鼎祚、杨万里、朱熹、朱骏声、陈梦雷与高亨、黄寿祺、金景芳等,都作如是说。然而笔者以为,这里"血"为"洫"的省字,释为"沟洫"比较妥帖。理由有三。其一,从六四爻辞看,"需于血,出自穴",洫与穴相应;其二,从初九"需于郊"、九二"需于沙"、九三"需于泥"到"需于血(洫)",其取象统一;其三,上六有"入于穴"之说(详后),又与"洫"象相应。《说卦》称"坎为血卦",实际是"坎为洫卦"。坎陷与沟洫相应。读易者不解"血"乃"洫"的省字,故误。尚秉和说:"血,洫之省字,古文如此者,不可胜数。且沟洫亦坎象也。"①此言中肯。

九五:需于酒食,贞吉。

《象》曰:"酒食"、"贞吉",以中正也。

[讲解] 筮遇九五,巫等待在酒食前面,吉利。

《象辞》说,所谓"酒食"、"占问吉利"云云,是象征"中正"之道的意思。

需卦上卦为坎,此坎卦中爻即需卦九五,以阳爻、阳位为实,"食,实也",比如颐卦"自求口实"(详后)的"实",郑玄解为"食",是"食、实可通用","坎中实,故坎为食"②。此说是。九五为本卦主爻,以阳爻居阳位为中正而阳刚,处君位即中正之天位,有健强不息精进之象,而又未可宴酣无度,因而"需于酒食"。

---

① 尚秉和《周易尚氏学》第 52 页。
② 尚秉和《周易尚氏学》第 53 页。

上六:入于穴。有不速之客三人来,敬之,终吉。

《象》曰:"不速之客"来,"敬之,终吉"。虽不当位,未大失也。

[讲解]　筮遇上六,陷入沟洫、洞穴。不受欢迎的三位客人来了,而相敬如宾,终获吉祥。

《象辞》说:"不受欢迎的客人来了,恭敬款待,终获吉祥"的缘故,是因为上六虽然不在中正之位,但没有重大的错失。因为,上六毕竟是得位之爻。

《周易本义》说,此爻"阴居险极,无复有需,有陷而入穴之象。上卦坎象第三爻爻变为巽,巽为入,因而有'入于穴'之'入'象。居阴而得位,以待阳刚,变巽又具顺义,因而有'敬'之象。然而上六阴动于上,与九三为应,因而阴阳共济,'未大失也'"。是。

卦六　讼卦☲(坎下乾上):"刚险相接",宁讼、息争

讼:有孚,窒惕。中吉,终凶。利见大人,不利涉大川。

[讲解]　讼卦坎下乾上,"以二象言之,天阳上行,水性就下,其行相违。以二体言之,上刚陵下,下险伺上,刚险相接。又以一人言,内险而外健。以二人言,此险而彼健。所以讼也"①。《序卦》云:"饮食必有讼,故受之以讼。"凡此,皆在解读讼卦卦义何以为讼。

讼,从言从公,陆德明《经典释文》:"争也,言之于公也。"而争讼的起因,在于公正、诚信的被欺。孚:俘。窒:"塞止也,有忍意。"②惕:惧也。中吉:讼九五得中,故吉。终凶:讼上九阳爻居于阴位,失位,又处一卦之终,故云"终凶"。

讼卦卦辞:筮遇此卦,兆象是有所俘获,而内存警惧,公正不偏,吉利。无理而争讼不断,持偏而失和,终获凶险之灾。讼九五爻作为一卦主爻,是贤德之人出现于天下的吉利之兆。临涉大江大河去冒险行事,是不吉利的。

《象》曰:讼,上刚下险,险而健,讼。"讼:有孚窒惕,中吉",刚来而得中也。"终凶",讼不可成也。"利见大人",尚中正也。"不利涉大川",入于渊也。

---

① 陈梦雷《周易浅述》卷一。
② 朱骏声《六十四卦经解》,中华书局,1958年,第31页。

　　〔讲解〕《彖辞》说，讼卦坎下乾上。乾卦阳刚，坎卦陷险。讼卦象征乾刚临涉坎险、两相争斗而成讼的意义。所谓"有所俘获，而内存警惧，公正不偏，吉利"，指讼卦九五之阳刚得中的意思。所谓"终获凶险之灾"，指上九正在穷极之时，过于偏极，反而争讼难成，最后凶不可免。所谓"有利于天下出现贤德之人"，指九五崇尚中正、公平。所谓"大人临涉大江大河去冒险行事，是不吉利的"，指讼卦全卦的象征意义，以乾阳乘坎险，必入于深渊般的险境。

　　解读这一彖辞，李光地《周易折中》所言可供参阅。其文云："彖，言乎其才也。'讼，有孚，窒惕，中吉'，此言九二之才也。'终凶'，此言上九之才也。'利见大人'，言九五之才也。'不利涉大川'，言一卦之才也。"这里，才，材，材质、本质的意思。然而，笔者以为李光地以"九二"喻"有孚，窒惕，中吉"之见，可待讨论。其理由是，九二非主爻，亦非得中之爻，何言"中吉"？

　　《象》曰：天与水违行，讼。君子以作事谋始。

　　〔讲解〕《象辞》说：讼卦卦象乾上为天，坎下为水。天上水下，相背而行，所以致讼。君子想宁息争讼的话，必先明了争讼的起因以判断孰是孰非。

　　初六：不永所事。小有言，终吉。

　　《象》曰："不永所事"，讼不可长也。虽"小有言"，其辩明也。

　　〔讲解〕　筮遇初六，不老是纠缠于所争讼的事端，稍微争论几句就可以了。结果终于是吉利的。

　　《象辞》说："不老是纠缠于所争讼的事端"，说明这场诉讼是长久不了的。虽然"稍微争论几句"，谁是谁非已经辩论清楚。

　　初六以阴柔居刚阳之位，与九四相应。相应象示争起，但初六质柔，有无力与人争讼之象，因此"不永所事"。下卦坎初爻变而为兑卦，《易传》说，"兑为口"，故有"小有言"之象。永，深长、永远。《诗·卫风·木瓜》："匪报也，永以为好也。"《象辞》"辩明"，《周易浅述》作"辨明"，今改正。

　　九二：不克讼，归而逋，其邑人三百户，无眚。

　　《象》曰："不克讼"，归逋窜也。自下讼上，患至掇也。

　　〔讲解〕　筮遇九二，争讼不能胜于对方，迅速离开现场归来。居住在三百户人家的小城，没有灾祸。

《象辞》说："争讼不能胜于对方"，像逃窜一样迅速离开而归来。处境不利、力量较弱者与处境有利的强者争讼，便灾祸降临。故应及时躲避、中止。

九二、九五两刚无应而争讼。九二居中但不得位，力不及九五，九五阳刚居尊而得中，势不可敌。因此有"不克讼"之象。下卦坎，象征隐伏，有逋逃之象。九二爻变，下卦变坤，坤为地，引申为城邑地盘，因而有"邑"之象。克，胜。"不克讼"，即"不胜诉"。逋，音 bū，逃。三百户，郑玄《礼记》注："小国之下大夫，采地方一，成其定税三百家，故三百户也。"眚，音 shěng，《经典释文》："灾也"。其本义为目睛生翳。掇，此处借为"辍"，中止。

六三：食旧德，贞，厉终吉。或从王事，无成。

《象》曰："食旧德"，从上吉也。

[讲解]　筮遇六三，安享祖上传下来的"食邑"之"德"即俸禄，虽有危厉而终于吉祥。有人随从，辅佐帝王事业，不敢居其成功。

《象辞》说："安享祖上俸禄"，不与人争，随从祖业，可获吉祥。

俞琰《俞氏易辑说》："食，犹食邑之食，言所享也。"蔡渊《周易经传训解》："旧，犹素也。"陈梦雷《周易浅述》卷一："食旧德，如祖宗有世德，子孙得食其报之类。"金景芳说："食旧德，就是食旧禄。食旧禄，是说六三应安分自守。厉终吉，是说六三虽居危地，但能自知危惧，则终必吉。'或从王事'，六三自己无能力争讼，一切服从上九。'无成'，成事不在自己，而在上九。"[①]无成，李光地《周易折中》说，"不敢居其成"。从上，"承乾"的意思。上指上卦乾。《周易尚氏学》："指六三以阴柔上承阳刚"。从上，即"从王事"。

九四：不克讼。复即命，渝安，贞吉。

《象》曰："复即命，渝安，贞"，不失也。

[讲解]　筮遇九四，争讼不能胜于对方，回过头来服从命运的安排，就变得平安无事。吉利。

《象辞》说："筮遇此爻，回过头来服从命运的安排，平安无事"，就不会有错失。王申子《大易缉说》："复，反也。即，就也。命，正理也。渝，变也。"此

---

① 《周易讲座》，金景芳讲述，吕绍纲整理，第132页。

说甚是。而所言"命",不必释为"正理",命即命运之谓。九四阳刚而不中,四、初为正应,有争讼,但正如杨简《杨氏易传》所言,"九刚四柔,有始讼终退之象。人性不安于命,故欲以人力争讼。今不讼而即于命。变而安于贞,吉之道也"。此言是。笔者认为,解说该爻辞及其象辞,如何释"命"字之义是关键,历史上诸多易说,在这一点上,大多释"命"为"正理",陈陈相因。宋杨简此说可资参考。

九五:讼,元吉。

《象》曰:"讼,元吉",以中正也。

[讲解] 筮遇九五,争讼之事,大吉大利。

《象辞》说:"争讼之事,大吉大利",是因为九五爻象征立场中正的缘故。九五以阳爻居于阳位,而且为上卦中位,至尊而不偏,所以"元吉"。黄寿祺、张善文说,此"讼,犹言'决讼'。此谓九五阳刚中正,为'君子'听讼,明断曲直之象。故称'元吉'"①。陈梦雷《周易浅述》卷一说:"阳刚中正以居尊位,听讼而得其平者也。占者遇之孚,窒者可伸矣,故为大善之吉也。"此是。

上九:或锡之鞶带,终朝三褫之。

《象》曰:以讼受服,亦不足敬也。

[讲解] 筮遇上九,有人赐他一条大腰带,结果一天之内多次被夺走。《象辞》说:因为胜诉而接受尊显冠服的赏赐,也是不值得尊敬的。

或,有的。锡,赐。鞶带,命服之饰。《经典释文》:"鞶,马(融)云:'大也'。"《说文》:"鞶,大带也。"又,"褫,夺衣也。"朱熹《周易本义》云:"以刚居讼极,终讼而能胜之,故有'锡'命受'服'之象。"然以讼得之,岂能安久?故又有"'终朝三褫'之象。其占为终讼无埋,而或取胜,然其所得,终必失之"。

卦七　师卦䷆(坎下坤上):军旅之喻,用兵之道

师:贞,丈人吉,无咎。

[讲解] 师卦卦辞:筮遇此卦,为大人之象,吉利,没有错失。师,《周易

---

① 　黄寿祺、张善文《周易译注》第70页。

集解》引何晏云,"军旅之名"。《周易本义》:"师,兵众也。"凡此,都尊《彖辞》"师,众也"之说。丈人,《子夏传》作"大人",崔憬、李鼎祚从之。陆绩、郑玄、王弼等均作"丈人",孔颖达从之。陆绩以为"丈人"者,圣人;王弼以为"丈人"为形貌庄肃之人。

《彖》曰:师,众也。贞,正也。能以众正,可以王矣。刚中而应,行险而顺,以此毒天下,而民从之,吉,又"何咎"矣。

《象》曰:地中有水,师。君子以容民畜众。

[讲解]　《彖辞》说:军队,人数众多。贞,这里是正固的意思(本义为占问)。能够使众多的人坚守、践行正确的道理与道路,可以治理天下。师卦九二性阳刚、居下卦之中而上应于六五,下卦坎为陷险,上卦坤为顺从,依靠这个就可以攻伐天下,百姓随顺,这是好事,又怎么会有错失呢?

《象辞》说,师卦坎下坤上,坤为地,坎为水,全卦象征地下蓄聚水源,象征兵众储蓄巨大力量,君子胸中装着天下百姓民众。

师卦九二为该卦主爻。九二以一阳而统上下五阴,象征正道,则顺天应人而可以为王者之师。以卦德而言,坎险、坤顺,虽行危险而顺乎民心,兴师动众去打仗虽劳民伤财,不无"毒"于天下,但依然吉善无错失。兵、民之关系,好比水、地之关系,地中有水,好比兵容畜于民;以地养水,好比以百姓蓄养军旅。这里,毒,作动词。《周易集解》引干宝云,"荼苦也"。俞樾《群经平议》:"毒,读为督,治也。"这是对《说文》"毒,治也"的发挥。《周易集解》与《群经平议》释"毒"义,有别。

初六:师出以律,否臧,凶。

《象》曰:"师出以律",失律,凶也。

[讲解]　初六爻辞:领兵出征要遵从规矩,军纪严明。违反军纪,必遭凶险。

《象辞》说:"领兵出征要遵从规矩",违反它,一定凶险。

朱熹《周易本义》:"律,法也。否臧,谓不善也。"陈梦雷《周易浅述》卷一引朱熹云:"出师之道,当谨于始。以律则吉,不善则凶。"

九二:在师,中吉,无咎。王三锡命。

《象》曰:"在师,中吉",承天宠也。"王三锡命",怀万邦也。

　　[讲解]　九二爻辞:领兵打仗,立"中"而占,吉祥,没有错失。君王多次下令嘉奖。

　　《象辞》说:"领兵打仗,立"中"而占,吉祥",因为九二上应六五,这是顺应了天命的恩惠。"君王多次下令嘉奖",可见胸怀天下。九二以刚居阴,在下卦中位,有"在师,中"之象。天宠,九二应六五,犹承受六五之恩惠。项安世《周易玩辞》,二"以五相应,得君宠也"。此"天",释为"天命"为宜,二何以得"君宠",天命使然。

　　六三:师或舆尸,凶。

　　《象》曰:"师或舆尸",大无功也。

　　[讲解]　六三爻辞:领兵出征有时用车子装载尸体而回,筮遇此爻,凶险。

　　《象辞》说:"领兵出征有时用车子装载尸体而回",毫无战功可言。

　　舆,车。陈梦雷《周易浅述》卷一:"六三众阴在上,有积尸之象。坤为舆,坎为轮,有'舆尸'象。六三以阴居阳,不中不正,才弱志刚,轻躁以进,师徒复败,舆尸以归也。"

　　六四:师左次,无咎。

　　《象》曰:"左次,无咎",未失常也。

　　[讲解]　六四爻辞:兆象是非主力的偏师部队。筮遇此爻,没有错失。

　　《象辞》说:"兆象是非主力的偏师部队,筮得此爻没有错失",这指用兵没有违背常理、常法。《春秋传》云:"师一宿为舍,再宿为信,过信为次。"左次,《兵法》云:"上将军居右,偏将军居左。则右为重,左,不用之地也。"因而朱熹《周易本义》云:"左次,谓退舍也。"阴柔不中,而居阴得正,故其象如此。

　　六五:田有禽,利执言,无咎。长子帅师,弟子舆尸,贞凶。

　　《象》曰:"长子帅师",以中行也。"弟子舆尸",使不当也。

　　[讲解]　六五爻辞:田野里有飞禽走兽,捕猎它们,是吉利的,没有错失。长子统帅军队,大胜而返;"弟子"统帅军队,车载尸体大败而归。筮遇此爻,凶险。

　　《象辞》说:"长子统帅军队"之所以得胜而归,是因为他的思想、行为居中而无偏的缘故。"'弟子'载尸而返",是因为不堪重用的缘故。

　　这里,"利执言"的"言",历代易学家多释为"言说"之义。虞翻《易》注称"震为言,艮为执,故'利执言'"。李鼎祚《周易集解》称"假言"。朱熹《周易本义》:"言,语辞也。"朱骏声《六十四卦经解》解"执言"为"执行其言"。陈梦雷《周易浅述》卷一说:"言,语辞。利于抟执之。"但王引之《经传释词》以"言"作虚词。可从。《诗·周南·葛覃》有"言告师氏,言告言归"之记,《左传·僖公九年》的"既盟之后,言归于好",此"言归"之"言",语气助词。长子,九二所象征,即前言"丈人"(大人)。二、三、四互体为震,震为长子。六五应九二,因而有使长子帅师之象。长子之所以"帅师",以刚中之德行也。弟子,指六三、六四。六三以柔居阳,处下卦之极;象征志大而才疏;六四以柔居阴,得位未中,象征过于柔弱,都不堪"帅"用。此《周易本义》所谓"弟子,三、四也"的意思。"不当"之谓,指六五阴爻处于阳位,虽居中而未得正。

　　上六:大君有命,开国承家,小人勿用。

　　《象》曰:"大君有命",以正功也。"小人勿用",必乱邦也。

　　[讲解]　上六爻辞:天子在班师之时下令论功行赏,封为开国诸侯,或是卿、大夫。小人不会被重用。

　　《象辞》说:"天子下令封赏",为的是评判真正应该论功行赏的人。"小人不会被重用"。重用小人,一定会使天下大乱。

　　上六,师卦终,喻班师之时。上卦为坤,坤为地(土),有开疆拓土、"开国承家"之象。正,公正地判定。《周易正义》:"上六处师之极,是师之终竟也。大君,谓天子也,言天子爵命此上六。若其功大,使之开国为诸侯;若其功小,使之承家为卿、大夫。小人勿用者,言开国承家须用君子,勿用小人也。"

　　卦八　比卦☵(坤下坎上):"比,吉也",亲比之旨

　　比:吉。原筮。元永贞,无咎。不宁方来,后夫凶。

　　[讲解]　比卦卦辞:筮遇此卦得吉。寻根问底的占问,祖神永保吉祥的占问,没有错失。得不到安宁的,多方前来,行动迟疑不决的,凶险。

　　比,亲辅。原筮,探本溯源的占筮。原,探原的意思。元,元始。这里专

指祖神。贞,占问。方,多方的意思。夫,语助词。

关于"原筮",朱熹《周易本义》称"必再筮以自审"的"再筮"。《周易》蒙卦卦辞有"初筮告,再三渎,渎则不告"之说(见前),朱熹释"原筮"为"再筮",不妥。《周易正义》释"原筮"为"原穷其情,筮决其意",可取。如此则"原筮"与"元永贞"相应。探原的占筮,就是向祖神占问。

《彖》曰:比,吉也。比,辅也,下顺从也。"原筮,元永贞,无咎",以刚中也。"不宁方来",上下应也。"后夫凶",其道穷也。

《象》曰:地上有水,比。先王以建万国,亲诸侯。

[讲解] 《彖辞》说,亲比,是吉利的。亲比,亲辅。这说的是在下者随顺、服从于上者的道理。所谓"寻根问底的占问,祖神永保吉祥的占问,没有错失",引申指比卦九五以阳爻(刚爻)居于上卦中位的意思。"不得安宁者,多方前来",这是指九五(居上卦之中位)下亲于初、二、三、四。"行动迟疑不决的,凶险",指上六处于卦终,无应,所以象征已到途穷之时。

《象辞》说,比卦坤下坎上,坤为地,坎为水,卦象象征地上有水,这是亲比无间的意思。祖宗君王所以在天下建造许多都邑,以分封、亲辅各路诸侯。

比卦以九五为主爻,象征亲比。以上、下卦二体言之,水在地上,亲密无间,有"比"之象。九五一阳为上,为初、二、三、四所亲附,一般亦具"比"之象。卦以九五为君、祖之象,阳刚中正,众望所归,相亲相辅。"六爻以五为比之主,五阴皆求比之。初以先而吉。上以后而凶。二以应五为自内。四以承五为外比,故皆吉。唯三失其所比,离五既远,而应于无位之上,所以伤也"[1]。

初六:有孚。比之,无咎。有孚,盈缶。终来。有它,吉。

《象》曰:比之初六,"有它,吉"也。

[讲解] 初六爻辞:出征有俘获。有臣僚辅佐,没有咎害。有俘获,瓦罐中装满庆功酒。好运终于来了。有意外之事,依然吉利。

《象辞》说,比卦初六爻的象征意义是,因为有了九五主爻的亲应,所以

---

[1] 陈梦雷《周易浅述》卷二。

吉祥。

　　这里，孚，俘，俘获。比，亲比，转义为辅佐。缶，音fǒu，《说文解字》："瓦器，所以盛酒浆。"又为古时乐器，《史记·廉颇蔺相如列传》有"击缶"之记。盈缶，比喻九五(象征君王、祖宗)贤德、诚信泽被天下。来，即前述卦辞"不宁方来"的"来"，指初六远离九五，而来亲辅之。尚秉和《周易尚氏学》指出："五为卦主，故亦孚于初而比之。初失位，本有咎，比五，故无咎。"此说可从。"有它"，《周易本义》《周易浅述》等作"有他"。

　　六二：比之自内，贞吉。

　　《象》曰："比之自内"，不自失也。

　　[讲解]　六二爻辞：亲比、辅佐来自内部，筮遇此爻，吉利。

　　《象辞》说，"亲比、辅佐来自内部"的意思，是不失去自我与正确的道路。

　　这里，内，指下卦(内卦)，以阴柔居阴位，得位，得中，象征柔顺而中正，且与九五相应，吉利。

　　六三：比之匪人。

　　《象》曰："比之匪人"，不亦伤乎？

　　[讲解]　六三爻辞：亲比、辅佐的，不是好人。

　　《象辞》说，"亲比、辅佐的，不是好人"，难道不是令人伤心的事吗？

　　朱熹《周易本义》：六三"阴柔不中正，承、乘、应皆阴。所比皆非其人之象，其占大凶，不言可知"。来知德《周易集注》："伤，哀伤也。即孟子'哀哉'之意。不言其凶，而曰'伤乎'者，盖恻然而痛惜也。"因而，这里的"伤"，不宜释为"可悲"。

　　六四：外比之，贞吉。

　　《象》曰：外比于贤，以从上也。

　　[讲解]　六四爻辞：从外部亲比、辅佐他，筮遇此爻，吉利。

　　《象辞》说，居于外卦的六四，亲比于象征大贤德性的九五，这是六四顺应、服从于九五尊显的意思。

　　九五：显比。王用三驱，失前禽，邑人不诫，吉。

　　《象》曰："显比"之吉，位正中也。舍逆取顺，"失前禽"也。"邑人不诫"，上使中也。

[讲解]　九五爻辞：尊显的亲比、辅佐。君王田猎，属下多次驱赶禽兽，网开一面，任凭飞禽走兽从打开的围门逃走，属下邑人也不警戒这一点。筮遇此爻，吉利。

《象辞》说，尊显的亲比、辅佐所以吉祥，是因为九五居于中正之位的缘故。不做违逆的事，一切顺其自然，这就是所谓"失前禽"所象征的道理。所谓"邑人不诫"，这说的是君王使属下执行中道恕道。

这里，显，指九五尊位。王，指君王，以九五象征。王用三驱，陈梦雷《周易浅述》卷二云："宜从旧解。三度逐禽而射之也。""若以'三驱'为三面驱禽，以待射，则非矣。"可从。失前禽，"古田猎之礼，置旃以为门，刈草以为围，猎者三面合围，开其前门。天子自门驱而入，车三发，徒三刺，谓之三驱。禽兽由门而出者皆免。惟在围之中者，杀之。围三面而空其门，所谓天子不合围，开一面之网者，此也。从门出者为前，故曰'失前禽'也。"可见君王田猎，不斩尽杀绝，网开一面，体现仁慈、宽和之德。《周易本义》说："如天子不合围，开一面之网，来者不拒，去者不追，故为'用三驱，失前禽'，而'邑人不诫'之象，盖虽私属亦喻上意，不相敬备以求必得也。"金景芳说："'舍逆取顺，失前禽也'，言来比者随其自愿。'邑人不诫，上使中也'，言九五比人使下，远近如一，不分亲疏。"①可参阅。

上六：比之无首，凶。

《象》曰："比之无首"，无所终也。

[讲解]　上六爻辞：亲比、辅佐王朝，却遭斩首，筮遇此爻，凶险。

《象辞》说，这"亲比而无首之兆象"的意思，是说上六象征无所归宿。

王弼《周易注》说："五君，元首之象。上六居五之后，比之不先，无首之象。"朱熹《周易本义》："阴柔居上，无以比下，凶之道也。故为无首之象。"二说皆可从。

卦九　小畜卦☲(乾下巽上)：蓄止之义，"君子以懿文德"

小畜：亨。密云不雨，自我西郊。

---

① 《周易讲座》，金景芳讲述，吕绍纲整理，第138页。

[讲解]　小畜卦卦辞:筮遇此卦,可举行祭祀活动。兆为阴云密布然而没有下雨,阴云从我所在的地方即西方都邑的郊外升起。

小畜卦六四一阴得位,上下五阳附之,六四为主爻。所以卦象阴小而阳大,这是以小畜大的卦主,所以称"小畜"。全卦六爻,初九正应六四,二近初而以刚居中位,故而"初复自道"。二亦以"牵复"而吉。三近四而非正应,故而称"反目"。四以一阴畜众阳,"忧惧",故"有孚而血去惕出也。五助四以畜乾,四得五为合志,五合志于四,为以邻也。至上则畜极而成"①。此卦下卦为乾,乾为父,有祖之象。亨,享,祭也。因而乾象寓祭祖之义。乾为天,六四为阴,阴在天上,犹云象于天。三、四、五互体为离,坎之反,坎为水,反而"不雨"。二、三、四互体为兑,兑为西方之卦(指文王八卦方位中的兑卦在西),有"西郊"之象。又四既为巽之下,又为兑之上,巽为风,兑为泽(非水),因而阴云虽密布而不能成雨,遇巽风自西而来,有"密云不雨,自我西郊"之象。郊,中华古时筑邑,以君王所居为宫城,宫城向外,依次为皇城、内城、外城、郊、野、僻。朱熹《周易本义》云:"盖密云,阴物。西郊,阴方。我者,文王自我也。文王演易于羑里。视歧周为西方,正小畜之时也。"可从。故"西郊",不能释为"都邑西部的郊外"。

《彖》曰:小畜。柔得位而上下应之,曰小畜。健而巽,刚中而志行,乃亨。"密云不雨",尚往也。"自我西郊",施未行也。

《象》曰:风行天上,小畜。君子以懿文德。

[讲解]　《彖辞》说,此卦象征小有蓄聚与积累。卦体中六四以柔居阴,得位之爻,六四下应初九,上下相应。便是小有蓄聚、积累的意思。此卦下乾上巽,刚健、巽风之象。九二、九五以刚爻居下卦、上卦的中位,其志向在发舒、运行,就是亨通的意思。"阴云密布却不下雨",是阳气上行、阴气蓄阳未足的兆头。"阴云从西方都邑的郊外升起",这说明阴、阳之气虽相互施行,但未臻于和谐,所以未能亨通。

《象辞》说,小畜卦体巽上乾下,巽为风,乾为天,这是风在天上飘行流散,象征"小有蓄聚、积累"与君子人格文明之修养的道理。

---

① 　参见陈梦雷《周易浅述》卷二。

这里，"刚中而志行"，指九二、九五居中且性阳刚。《程氏易传》："二、五居中，刚中也。阳性上进，下复乾体，志在于行也。"尚往，阳气轻扬向上，但阴气蓄阳未足，故而"密云不雨"。"施未行也"，《周易浅述》卷二："施未行，阴也。指六四一阴而言。阴不能固诸阳，未能郁蒸成雨，所施未得行也。"懿，美，美德，张衡《东京赋》有"东京之懿未罄"之记。这里名词动用。

初九：复自道，何其咎，吉。

《象》曰："复自道"，其义吉也。

[讲解]　初九爻辞：兆为从原路返回，如何会有错失？筮遇此爻，吉利。

《象辞》说：所谓"从原路返回"，初九爻象征往复合宜，可获吉祥。往复回归是事物的德性。

复，返，恢复。道，释爻辞时，指道路；释象辞时，为道体，可转义为德性。自，从。初九性阳居小畜之始，与六四为正应，又远于六四之阴，因而能自守、进复自身之道。下乾为刚，性本进取，但是小畜性止，不能进，还复本位，称"复自道"。李光地《周易折中》："处下居初而有刚正之德，上应六四为其所畜，是能顺时义而止，退复自道之象。不唯无咎，而且吉矣。复谓返也。"

九二：牵复，吉。

《象》曰："牵复"，在中，亦不自失也。

[讲解]　九二爻辞：兆为走失的牲口回来了。筮遇此爻，吉利。

牵，可牵着走的牲口。《左传·僖公三十三年》："唯是脯资饩牵竭矣。"杜预注："牵谓牛羊豕。"此为名词。

《象辞》说，九二为初九所牵连，返归自己的阳刚德性，居于中位。九二自守，不失阳刚之德。

朱熹《周易本义》："三阳（引者注：下体乾）志同，而九二渐近于阴，以其刚中，故能与初九牵连而复，亦吉道也。"其实，九二是阳爻居于阴位，居中而未得中，朱子以"刚中"言九二，为勉强欠周之辞。

《象辞》"牵复"的"牵"，为动词。

九三：舆说辐，夫妻反目。

《象》曰：夫妻反目，不能正室也。

[讲解]　九三爻辞：出现车轮直木脱散的凶兆，筮得的结果是夫妻反目

成仇。

这里，舆，车。说，读为"脱"。辐，车辆木轮凑集于中之毂而成辐射状的直木。通行本《老子》有"三十辐，共一毂"之言。

《象辞》说，夫妻之间反目成仇，这是不能规约、正确对待妻室的缘故。

这里，正，作动词用。室，原为宫室、建筑。《诗·小雅·斯干》："筑室百堵，西南其户。"引申为家、为妻。《礼记·曲礼上》："三十曰壮，有室。"郑玄注："有室，有妻也。"

九三阳刚居阳位，得位却在下体之终而不中，且迫近于六四，为四所畜，未能自进。二、三、四互体为兑，《易传》称，兑为毁析，因而有脱辐之凶险。乾为男而震为长男，巽为长女，为夫妻但并不和谐，因而夫妻反目。二、三、四互体为兑，兑为口舌。三、四、五互体为离，离为目。因而有夫妻失和、反目、争吵之象。三刚而不中，四柔却为卦主，所谓夫"不能正室也"。

六四：有孚。血去，惕出。无咎。

《象》曰："有孚"，"惕出"，上合志也。

［讲解］　六四爻辞：有俘获。去除忧恤、出离恐惧。筮遇此爻，无错失。

血，此为恤，忧之义而非洫，以与惕义对应。咎，害。六四以柔居阴。

《象辞》说，所谓"有俘获"、"去除忧恤，出离恐惧"，象喻内心诚信，出离忧恐之心，这是六四上承九五、志同道合的缘故。

尚秉和《周易尚氏学》："四卦主，五阳孚（引者注：此孚具诚信义）之，故曰'有孚'。"陈梦雷《周易浅述》卷二："坎为血（洫），又为加忧，四互三、五为离。离，坎之反，有血（洫）去惕出之象。血（洫）去身可无伤，惕出。心可无忧，得以无咎矣。"此以"血"为"洫"之解。录以备参。

九五：有孚，挛如，富以其邻。

《象》曰："有孚，挛如"，不独富也。

［讲解］　九五爻辞：有俘获，战俘以绳系缚，以掠夺邻国来富国强兵。

《象辞》"有孚"之"孚"，指九五，性阳而实诚，又九五据六四、六四承九五，四、五相比。挛如，牵连的样子。《周易尚氏学》："挛，引也，牵也，言阳皆孚四，有若牵引连接也。"富以其邻，富谓阳实，指九五，邻为六四。李光地《周易折中》云："四与五相近，故曰'邻'。又'邻'即'臣'也。《书》曰'臣哉邻哉'是也。'富'者,积诚之满也。积诚之满,至于能用其邻,则其邻亦以诚应之矣。"可参。

《象辞》说,所谓"有俘获,战俘以绳系缚",九五象征内具实诚、诚信萦怀的样子,这并非独得富厚阳刚之力。

九五阳刚,又非独享阳刚之力,是因为小畜全卦为五阳畜止一阴。而且九五近六四,居中处尊,四阴虚而五阳实,更为四所畜止,因而,九五虽富实而"不独富"。

上九:既雨既处,尚德载。妇贞厉。月几望,君子征,凶。

《象》曰:"既雨既处",德积载也。"君子征,凶",有所疑也。

[讲解]　上九爻辞:兆为天下雨了,雨停了,赶路以车子载运为上。女子筮遇此爻,一定有危险。兆为月亮几乎圆满之时,君子出征,凶险。

此上九爻辞,包含两个筮例。

这里,既,已经。处,止之义,《系辞上》有"或出或处"之语。尚,上。德,得。载,载运。贞,占问。厉,危。几,微,几乎。望,阴历以月圆为望,故阴历十五称"望日"。征,出征。高亨释"月几望"的"几",为"既",说"古人称每月十六日至二十三日为既望",似亦通。然而上九爻辞前述既然已有"既雨既处",为何后面不直接写成"月既望"而要用"几"? 可见此"几",释为"微"更为妥当。

《象辞》说,"已经下雨,已经停止"这一兆象,象征乾阳的德性已处在积载、穷极之时。所谓"君子出征有凶险"的意思,象征上九之阳为阴气所"凝",而出现转机的道理。

上九爻变,变巽为坎,坎为水,有雨象、月象。上九处于小畜之终极,有"既"义与"载"义。上体为巽,巽为长女,故有"妇"象,巽卦阴德,即阴爻为卦体之主。所以上九乾阳,为六四所畜止,反以阴盛抗阳,如月之将望。所以"君子征凶"。"君子"性阳,上九性阳,却为六四所畜止,盖阴疑(凝)于阳而必有凶象。

卦十　履卦☰(兑下乾上):"履虎尾"而"不咥人",谨思慎行之喻

〔履〕:履虎尾,不咥人,亨。

[讲解]　履卦卦辞:兆象是人踩着老虎的尾巴而老虎不咬人,筮遇此卦,命运亨通。

《彖》曰:履,柔履刚也,说而应乎乾,是以"履虎尾,不咥人,亨"。刚中正,履帝位而不疚,光明也。

[讲解]　《彖辞》履卦兑下乾上,六三柔爻在乾卦三刚爻之下,其关系为承,说明六三行于乾刚之后,下兑为说(悦),上乾为刚,是以和悦应答刚健。陈梦雷《周易浅述》卷二云"全象以和柔蹑刚强之后,处危而不见伤",这便是"人踩虎尾,虎不咬人,亨通"的象征意义。九五以阳爻居于阳位,且为上卦之中,为君位,所以说"刚中正"为"帝位"。六三为履卦主爻,以柔履刚,有谨思慎行之义,因此称践履在"帝位"之后而不忧虑,其品行光明磊落。

咥,音dié,咬。疚,久病,《释名》云:"疚,久也,久在体中也。"此言忧虑,因过失而内心忧虑。王弼《周易注》云:"成卦之体,在六三也。"履虎尾者,言其危也,三为履主,以柔履刚,履危者也。《周易正义》:"以刚处中,得其正位,居九五之尊,是刚中正履帝位也,故不有疚病,由德之光明故也。"

《象》曰:上天下泽,履。君子以辩上下,定民志。

[讲解]　《象辞》说:履卦上乾为天,下兑为泽。天在上,泽在下,象征尊卑有序,因而应当慎行,君子懂得履之正理,辨正名位,使老百姓践礼的意志得以整肃。

辩,通辨,《程氏易传》云:"天在上,泽在下,上下之正理也。"《尔雅·释言》:"履,礼也。"履卦的意义在于象征礼治,以谨思慎行为主旨,说明谨思慎行而不见伤害的道理。

初九,素履,往,无咎。

《象》曰:"素履"之往,独行愿也。

[讲解]　筮遇初九,兆为朴实无华的鞋子。筮得的结果:可以有所作为,没有错害。

《象辞》说:所谓朴素的鞋子作为兆象对人之行为指示的意义,在于独得谨思慎行这一意愿。

初九无比无应,所以称独。初九为卦之初起,有素之义,履卦全卦说慎行之正理,整体必具慎独之愿。

九二,履道坦坦,幽人贞吉。

《象》曰:"幽人贞吉",中不自乱也。

[讲解]　筮遇九二,大路平坦。幽独的人可获吉祥。

《象辞》说:幽独者可获吉祥的意思,是说心智澄明,内心无有纷烦扰攘。幽,幽闭,幽独,幽静。九二爻变,下卦为震,震为大途。故有履道坦坦之象。九二处下卦之中位,无应而居中,有幽独之义。九二在下无应,为幽。朱熹《周易本义》云:"刚中在下,无应于上,故为履道平坦,幽独守贞之象。幽人履道而遇其占,则贞而吉矣。"

六三,眇能视,跛能履,履虎尾,咥人,凶。武人为于大君。

《象》曰:"眇能视",不足以有明也。"跛能履",不足以与行也。咥人之凶,位不当也。武人为于大君,志刚也。

[讲解]　筮遇六三,瞎了一只眼偏要强看,跛了一条腿偏要强走,踩了老虎的尾巴老虎咬人,凶险。这预示刚武之人有所作为于大君,因刚阳过甚而不免于凶险。

《象辞》说:瞎了一只眼偏要强看,不足以看得清楚;跛了一条腿偏要强走,不足以正常行走。老虎吃人的凶险,是六三为阴爻居于阳位、位不当的缘故。刚武之人为刚阳过甚的大君效力,大概不免于凶险吧。

眇,一目或双目盲,这里指一目盲。武人,刚武之人。为,作为、效力,大君,刚阳过甚之君主,这里指上九。一目盲,视失明,为眇;一腿瘸,行不正,称跛。履卦二、三、四互为离,离为目,故有目视之象。三、四、五互为巽,巽为股。而履下卦为兑,兑为毁折,故有眇视、跛履之象。六三承于上乾,以乾象龙而虎与龙对,故乾纟于虎象。上九像虎尾,故有履虎尾而被咥之象。六三以一阴为履卦之主,欲统正阳,又以六三爻变,为纯阳,有武人为大君之象。六三不中不正,本柔而欲刚以履乾,必见伤害,故占为凶。刚武之人,得志肆暴,必不能久。陈梦雷云:"自以为能视,明实不足;自以为能履,行实不足。爻柔故不足。位刚故自以为能。不中不正,位之不当。以柔居三,其志务刚,皆凶道也。"[①]此言是。

---

① 　陈梦雷《周易浅述》卷二。

九四,履虎尾,愬愬,终吉。

《象》曰:"愬愬,终吉",志行也。

[讲解]　 筮遇九四,踩了虎尾,只要谨慎而有警惧之心,虽有凶险,最后总会吉祥。

《象辞》说:只要谨慎而有警惧之心,终获吉祥,这说明志向得以实现的道理。

愬,音 shuò,畏惧、戒惧之意。九四非中非正,而以刚居阴位,有履危处险而知戒终获吉祥之意。九二、九四皆以刚居阴位,而二有坦坦之象,四具愬愬之危。此因九二处中而九四不中之故。

九五,夬履,贞厉。

《象》曰:履,"贞厉",位正当也。

[讲解]　 筮遇九五,鲁莽地踩了虎尾,危殆。

《象辞》说:鲁莽地踩了虎尾,危殆,说明九五当位,得中。

夬,音 guài,果决之义,引申为鲁莽。李鼎祚《周易集解》:"夬,决也。"厉,危险、祸患。乾卦九三爻辞:"夕惕若厉,无咎。"意思是,只要心存警惧之心,虽处于危殆之时,也不会有过失。

这里值得注意的是,九五以阳刚、中正履帝位,却不应于九二,又无比。上卦为纯阳,下卦主于兑(悦)(注:主,指六三为一卦之主爻),因而《周易浅述》卷二云,此"君骄臣谄之渐也,故虽贞亦厉"。可是九五毕竟乃中正之爻,守正必具防危之效。正如前述,履之正理,为处危而应存忧惧之心,这正是九五此"当位"所象征的。从字面看,九五爻辞与该爻辞《象辞》的解读是矛盾的,实际体现了《易传》所谓危机即生机的辩证、应变思想。《周易折中》说:"凡《象传》所赞美,则其爻辞无'凶'、'厉'者,何独此爻不然?"这问题问得好。《周易折中》的回答是:"盖履贵柔(以六三为一卦之主爻),九五以刚居刚,是决于'履'也。然以其有中正之德,故我常存危厉之心,则虽决于履,而动可无过举矣。"这正如《尚书》所言:"心之忧危,若蹈虎尾。"九五,正如《程氏易传》所云,"若自任刚明,决行不顾,虽得正,亦危道也"。

上九,视履考祥,其旋元吉。

《象》曰:"元吉"在上,大有庆也。

〔讲解〕　筮遇上九,见鞋子而观察吉祥与否,回过头来看,它是大吉大利的。

《象辞》说:上九处于履卦最上位,象征大吉大利,大有福庆的意思。

这里,祥,吉祥之兆。旋,转,周旋回顾。上九处履卦之终,下应于六三。王弼《周易注》:"居极应说(悦),高而不危,是其旋也。履道大成,故'元吉'也。"此上九,孤立地看,为卦之终,刚阳过甚,正如乾卦上九"亢龙,有悔"。而履上九不同于乾上九。是因履上九下应于六三,而乾上九则无应。

〔小结〕　此释师、比与小畜与履四卦。师卦讲军旅,用兵之道;比卦主旨为亲比;小畜卦明蓄止之义;履卦以谨思慎行为教训。师、比互为综卦,小畜、履互为综卦。

卦十一　泰卦䷊(乾下坤上):"天地交,泰",泰极否来

泰:小往大来,吉,亨。

〔讲解〕　泰卦卦辞:小的东西去了,大的东西来了,筮遇此卦,吉利,可以祭祖。

《象》曰:泰,"小往大来,吉,亨"。则是天地交而万物通也,上下交而其志同也,内阳而外阴,内健而外顺,内君子而外小人。君子道长,小人道消也。

〔讲解〕　《象辞》说:泰,通也,为内卦(下卦)乾而外卦(上卦)坤之象,乾为天,坤为地,因而泰卦为天地交而二气(阴阳)通。阴小而阳大,乾来居于内而坤往居于外,有"小往大来"之意,乾阳、坤阴相交,吉利而亨通。乾天之清气上扬,坤地之浊气下沉,成天地二气相交态势,天地相交。万物化生。君臣相谐,其志向、思想相协。乾阳三爻居于内,坤阴三爻居于外,乾为健而坤为顺,是乾在内卦而坤在外卦之位时。内卦象征君子,外封象征小人,君子之道生长,小人之道消亡。

《象》曰:天地交,泰。后以财成天地之道。辅相天地之宜,以左右民。

〔讲解〕　《象辞》说:天地、乾坤、阴阳与刚柔二气相交,上扬的天气与下沉的地气相接,通泰的意思。帝王自觉掌握天乾、地坤二气相接、通泰之道,

裁其过,补其不及,辅佐、顺从天地通泰的变化规律,保佑天下百姓。

这里,后,指君主,《书·大禹谟》:"后克艰厥后,臣克艰厥臣。"财,通裁,《经典释文》引述荀爽之言,作裁。财成,为裁成之义。君主替天行道而不改天地交泰之道,故财成(裁成)有遵天循地以自觉掌握天地之宜的意思。相,音 xiàng,动词。左,佐;右,佑。

初九,拔茅茹,以其汇,征吉。

《象》曰:"拔茅",征吉,志在外也。

[讲解]　筮遇初九,兆象是拔起茅草而见茅根纠缠在一起。筮得的结果是,有所征讨,必获吉祥。

《象辞》说:拔起茅草而征讨敌方,吉利。这是因为初九上应于六四的缘故(注:六四为外卦坤之始)。

李鼎祚《周易集解》引述虞翻语云,"茹,茅根。汇,类也"。

九二,包荒。用冯河,不遐遗,朋亡,得尚于中行。

《象》曰:"包荒","得尚于中行",以光大也。

[讲解]　筮遇九二,有包容广大、水势滔滔的兆象。不依靠舟楫而徒涉大河,远方友朋无有遗弃,但不结为朋党。此筮得的结果,得之于巫之立"中"。

《象辞》说:包容广大,可以佑助友朋走上正路,为的是发扬光大其中行的精神。

这里,包,包括、包容。荒,大,《诗·大雅·公刘》:"幽居允荒。"洪荒之"荒",有水势浩大义。冯,凭。高亨《周易大传今注》卷一解读,"冯借为淜",《说文解字》:"淜,无舟渡河也。"可从。不遐遗为不遗假之倒装。亡,此处释为无。《尔雅·释诂》云:"尚,右也。"右,佑也。中行,本义为立"中"。这里引申为中道、正路。王弼《周易注》:"中行谓五。"九二为泰卦主爻,居中而上应于六五,六五亦居中。

九三,无平不陂,无往不复,艰贞无咎,勿恤其孚,于食有福。

《象》曰:"无往不复",天地际也。

[讲解]　筮遇九三,没有平坦之地不成险坡、没有前往无所谓回返。人在艰难之境就去占问,可以没有错失。不要体恤那些俘虏。享用俸禄,自有

福庆。

《象辞》说：没有前往，无所谓回返，这说的是天地、阴阳此消彼长的道理。

这里，陂，音 pí，山坡。恤，忧。九三爻辞，"无平不陂，无往不复"一句，易学界一致认为，这里《周易》本经具有朴素辩证之思的体现。但作为兆象，仅指占筮吉凶的征兆。朱熹《周易本义》指出，此九三处下卦之终而趋于上卦之始，"泰将极而欲来之时也"，有通泰转否之义。正如陈梦雷《周易浅述》卷二所言："天下无常平而不陂者，无常往而不反者，唯艰危其思虑，正固其施为，则可以无咎。"此从巫学释之而非指哲学，可参。

六四，翩翩，不富。以其邻不戒以孚。

《象》曰："翩翩，不富"，皆失实也。"不戒以孚"，中心愿也。

[讲解]　筮遇六四，鸟疾飞而过，是不充分的征兆。在邻国不戒备时去俘获、掠夺。

《象辞》说：所谓"鸟疾飞而过，不充分"的征兆，象喻巧言欺人，内心虚伪，彻底丧失了实诚。所谓"不戒备时去俘获、掠夺"，这是心底的愿望偏私有过。

这里，翩，《说文解字》释为"疾飞也"。富，丰厚、充分。以，《广雅·释诂》释为"与也"，可从。或释为连词"而"。《象辞》所谓翩翩，高亨说："当读为谝谝，巧言欺人也。"[1]可从。中心，衷心。中心愿，李光地《周易折中》："愿者，上下交而其志同也。泰之时，上下不相疑忌，盖出于本心，故曰：'中心愿'也。"《周易浅述》卷二说："六四已过乎中（引者注：《周易》以三、四为中，而三为中之干爻，故称六四过乎中），有泰极为否之渐。六四一阴既动，则五、上二阴同类，有翩然而下、不约而同之象。阳实阴虚，故曰不富，邻指五、上，以四以之也。小人合谋，自外而内，不待戒令，自然相信，君子所当戒也。"

六五，帝乙归妹，以祉，元吉。

《象》曰："以祉，元吉"，中以行愿也。

---

① 高亨《周易大传今注》第 150 页。

[讲解]　筮遇六五,有帝乙嫁女而获福祉之象,大吉大利。

《象辞》说:"以获福祉,大吉大利",这是衷心向往的。

帝乙,商纣之父,殷高宗。归,《九家易》:"妇人谓嫁曰归。"妹,《说文》云,"女弟也",少女之通称。祉,福也。中,中正之谓,可引申为衷。

此爻辞引述高宗嫁女给周文王的故事,值得注意。

此卦三、四、五互体为震,为雷,为长男;二、三、四互体为兑,兑为泽,为少女。含"归妹"之象。《左传》记帝乙为纣之父,《程氏易传》从之。六五居上卦之中,虽未得正而位尊,有帝女之象。六五下应于九二。有从夫受福之象,故"以祉,元吉"。

上六,城复于隍,勿用师,自邑告命,贞吝。

象曰:"城复于隍",其命乱也。

[讲解]　筮遇上六,有城墙倒塌于干涸的护城河沟之象,切不可用兵打仗,自己撤销出兵征战的诰命,这一占筮结果,不吉利而令人遗憾。

《象辞》说:城墙倒塌于干涸的护城河沟,这是人之命运错乱的凶象。

城,古时都邑四周用以围合、防御的墙垣,国之本义。国,甲骨文为𠇑或𠄧,指以墙垣四周围合持戈守卫的区域。复,覆,倾倒。隍,李鼎祚《周易集解》云:"城下沟,无水称'隍',有水称'池'。"邑,挹,通抑,抑制,谦退之义,这里释为撤销。告,诰。命,爻辞释为命令;《象辞》释为命运。吝,这里可释为羞辱,引申为因不吉利而令人吝惜、遗憾。上卦为坤,上六系于坤地。坤土覆盖,有城复于隍之象。上六又为泰之终,必反于否,如城垣倾塌。尚秉和《周易尚氏学》释"其命乱也"之义云:"言泰极返否,为天地自然之命运,无可避免,此'命'字与'告命'异。"世人总是企望"否极泰来",是。可是,"泰极否来"也是不可避免且更应警惧、惕厉的。生机即危机,危机即生机,二者永远互为运化、互为转嬗之条件。

卦十二　否卦☷(坤下乾上):"天地不交,否",否极泰来

〔否〕:否之匪人,不利,君子贞,大往小来。

[讲解]　否卦卦辞:君子不任用贤者,不吉利。君子筮遇此卦,预示大人(贤人)走了,小人来了。否卦卦辞前,通行本脱一"否"字,已补。

否,音pǐ。前一否字,指卦名,后一否字,指卦辞。否,闭塞之义。《杂卦》云:"泰否,反其类也。"泰、否为反易,泰主通泰;否主闭塞。因而两卦卦象、卦辞与卦义相反。匪,非。大往小来,与泰卦卦辞"小往大来"反。否卦上体为乾,居外,为大;下体为坤,居内,为小。《周易正义》云,乾刚为阳,坤柔为阴,"阳主生息,故称大;阴主消耗,故称小"。

从卦象看,泰卦下乾上坤,乾阳之气上扬而坤阴之气下沉,形不交神(气)交;否卦下坤上乾,坤阴之气下沉,乾阳之气上扬,形交神(气)不交。

《彖》曰:"否之匪人,不利,君子贞,大往小来"。则是天地不交而万物不通也。上下不交而天下无邦也。内阴而外阳,内柔而外刚,内小人而外君子。小人道长,君子道消也。

[讲解]　《彖辞》说:闭塞之时天地、人道不相交和,是不利于人的时机。君子应当守持正固,却是天下大人(贤者)隐没而小人(愚者)降临。这是否卦象征天阳、地阴之气不相交合而万物生化之机不相通泰的缘故,也象征君臣、尊卑、上下不相和谐而天下分崩离析没有邦治的安宁。否卦下卦(内卦)为坤阴、阴柔与小人之象;上卦(外卦)为乾阳、阳刚与君子之象。否卦象征小人之道横行而君子(大人)之道消退。

泰卦言"则是天地交而万物通也,上下交而其志同也,内阳而外阴,内健而外顺,内君子而外小人。君子道长,小人道消也",否卦则相反。泰、否二卦,否极泰来而泰极否来,正如前述,世人仅指望于前而遗忘于后,非辩证运化之理念。

《象》曰:"天地不交",否。君子以俭德辟难,不可荣以禄。

[讲解]　《象辞》说:否卦象喻天阳、地阴之气不相交和,象征天地闭塞。君子应收敛其欲望与才德,避免危难,放弃荣华富贵与功名利禄。

俭,通敛,非节俭之俭。有学者称,"俭德,尤言'以俭为德'"[1],值得商榷。因为"俭德"固然可释为"以俭为德",且此"俭德"确为君子之德,然君子之德远不至于此。李鼎祚、孔颖达均持此解,如李氏《周易集解》云,"若据王者言之,谓节俭为德"。朱熹《周易本义》释为"收敛其德,不形于外",当为中

---

[1]　黄寿祺、张善文《周易译注》第116页。

肯之见。君子处于闭塞之世、危难之时,"收敛其才德而不露可以免祸,不使荣华禄位加于己身以逃避乱世"①。徐志锐引项安世《周易玩辞》云:"俭德辟难,不与害交也。不可荣以禄,不与利交也。此君子所以体天地不交之象也。"所言甚是。

辟,避之本字。

初六,拔茅茹,以其汇,贞吉,亨。

《象》曰:"拔茅""贞吉",志在君也。

[讲解] 筮遇初六,拔起茅草,见茅根纠缠在一起,吉利,可以祭祀祖神。

《象辞》说:拔起茅草,其根相纠缠,守持正固,吉祥如意。这是象征坤阴之始,守拙不进,体现君子志向。

此初六"拔茅茹,以其汇"爻辞与泰初九爻辞同,两者一为"贞吉",一为"征吉"。两爻意喻有别。泰初九为乾阳之始,引动三阳上行以应三阴,因而称为"征吉"。否初六为坤阴之始,为闭塞初起,因而引导三阴固守于本位,不使妄动,然后能致吉祥。卦位相同,均为初爻位,但爻时不同。王弼《周易略例》说:"卦者,时也。爻者,适时之变者也。"易理主于"时"。否初六为下卦(内卦)之始,下坤为小人之喻,虽然如此,如果小人守持于初,正固于德,则正如《周易本义》所言,"以爱君为私,而不计其私也"。陈梦雷《周易浅述》卷二亦说:"否初六应九四。九,阳也,君也。初六志在爱君,不自植其党,故曰志在君。"可从。

六二,包承,小人吉,大人否,亨。

《象》曰:"大人否,亨",不乱群也。

[讲解] 筮遇六二,包裹蒸肉,用来祭祀鬼神,对小人(庶民)来说,是吉利的;对大人(君子、贵族)来说,不以包裹蒸肉祭鬼神为吉利。

《象辞》说:大人(君子,贵族)不以包裹蒸肉祭祀为吉利,说明大人不同类于小人,不自乱"物以类聚,人以群分"的道理。

承,借为脀,蒸肉之谓。亨,享,祭。爻辞言:祭祀鬼神,庶民无牲可献,

---

① 徐志锐《周易大传新注》第84页。

尚有包裹蒸肉可供,是小裕之象,故为吉。贵族无牲可献,如只有包裹蒸肉可供,是没落之象,故为否①。

六二得位、得中,欲包罗群阳,有承应九五之象,六二喻小人之道,就此喻而言,有吉义。大人妄意出否以求亨通"则入于小人之群矣"②,故称"乱群"。

六三,包羞。

《象》曰:"包羞",位不当也。

［讲解］　筮遇此爻,兆象是一包熟肉。(引者注:该爻辞缺判词)

《象辞》说:所谓"一包熟肉"这一兆象,象喻内心感到羞耻,正是六三爻位不当的喻义。

羞,爻辞释为馐,羞为馐之本字。熟肉,引申为精美的食品,如珍馐。《象辞》引申为羞耻之义。六三以阴爻居阳位,不中不正,故位不当。

九四,有命,无咎。畴离祉。

《象》曰:"有命,无咎",志行也。

［讲解］　筮遇九四,天命注定,服从天命便无咎害。耕治之田亩,有福祉附丽其上。

《象辞》说:服从天命安排便无咎害,济否趋泰之志正渐施行。

九四已离下体进于入上体,否闭过半已渐通矣。项安世《周易玩辞》云:"命者,天之所令。""有命,无咎",反映了典型的原始巫学思想。畴,《说文》:"耕治之田也。"《吕氏春秋》有"农不去畴"之记,高诱注:"畴,亩也。"《礼记·月令》所谓"田畴","谓耕熟而其田有疆界者"。离,《易传》云:"离,丽也。"离有附丽之义。《周易本义》称:"否过中矣,将济之时也。九四以阳居阴,不极其刚,故其占为有命无咎。而畴类三阳皆获其福也。命谓天命。"《周易浅述》卷二称君子"有命自天,又必无咎者,人与天合,转否为泰之志始行也",可参。

九五,休否,大人吉。其亡,其亡! 系于苞桑。

《象》曰:大人之吉,位正当也。

---

① 参见高亨《周易大传今注》第157页。
② 陈梦雷《周易浅述》卷二。

[讲解]　筮遇九五,树荫可荫庇,小人遭否运而君子吉利。我要断子绝孙了! 我要断子绝孙了! 我血族的命运休咎,系于桑树是否苞出嫩枝绿叶。

《象辞》说:大人的吉利,这是九五当位、得中得正的喻义。

这里,休,本义指树荫,转义为荫庇。《汉书·外戚传下》:"依松柏之余休。"兼指福祉。《诗·商颂·长发》:"何天之休。"东汉郑玄笺:"休,美也。"其,代词,这里可释为我。系,扎,维系。苞桑,苞发的桑树,苞,茂也。桑树在上古被尊为生命、生殖之神树,桑树作为人文意象,与生殖攸关。《墨子·明鬼》云:"燕之有祖泽,当齐之社稷,宋之桑林……此男女之所乐而观也。"《诗》云:"维桑与梓,必恭敬止。"九五处尊居中,得正,下应六二,虽然如此,依然并未彻底摆脱否时、否境,故而大人仍应具戒惧、警励之心。《系辞》云:"危者,安其位者也。亡者,保其存者也。乱者,有其治者也。是故君子安而不忘危,存而不忘亡,治而不忘乱,是以身安而家国可保也。"而《象辞》仍强调其"当位"之主旨。李光地《周易折中》云:"有是德,有是位,而当是时也。"陈梦雷《周易浅述》卷二云:"三、四、五互为巽木,苞桑之象。巽又为绳,系之之象。"可参。苞,丛生,可备一解。

上九,倾否,先否后喜。

《象》曰:否终则倾,何可长也。

[讲解]　筮遇上九,有倾覆、倒坍之象,否运并未过去。先交否运,后逢喜时。

《象辞》说:否卦上九,处于否极、终了之时,则必倾覆,转递为泰,否时即所谓危机、厄运,怎么可能长久呢?

《周易集解》:"倾为覆也,否穷则倾矣。"指上九为否时之终,必转而为泰。

卦十三　同人卦☰(离下乾上):从"同人于宗"到"同人"于天下

同人:同人于野,亨。利涉大川,利君子贞。

[讲解]　同人卦卦辞:同一血亲的人在野地祭祀鬼神,筮得的结果是,有利于君子渡涉大江大河。

同人,《周易正义》:"谓和同于人。"《周易尚氏学》:"荀爽曰:'乾合于离,相与同居。'《九家易》曰：'乾合于离，同而为日，天日同明，故曰同人。'"此说可参。但笔者以为，在解读该卦辞以及后之爻辞时，此二说的根本缺失有二：一是离开同人卦之爻辞如"同人于门"、"同人于宗"等解读"同人"义；二是离开《易传》的《杂卦》"所言同人，亲也"的根本义解读"同人"。

《彖》曰：同人，柔得位得中，而应乎乾，曰同人。同人，曰"同人于野，亨，利涉大川"，乾行也。文明以健，中正而应，君子正也。唯君子为能通天下之志。

[讲解]　《彖辞》说：同人卦离下而乾上。以六二为全卦主爻。六二以阴爻居于阴位且处在下卦中位，因而得位得中，六二上应于九五乾阳，象喻"和同于人"。"和同于人"之道，是从卦辞所谓"同一血亲者在野地祭祀鬼神、有利于渡涉大江大河"这一点发挥出来的，体现了乾阳九五下应于六二的运化规律。同人卦下卦为离，离为火，火即光明，发现火并运用火，便是"文明"。九五下应于六二，便是乾阳之刚健与离之"文明"和同，九五为中正之爻，且下应于六二，象征君子的中正品格。只有君子、贤人才能和同、统一天下人群的意志、志向与志趣。

这里所谓"乾行"，指九五下应六二。王弼《周易注》说，"所以乃能'同人于野，亨，利涉大川'，非二之所能也，是乾之所行也"。所谓"君子正也"，陈梦雷《周易浅述》卷二云："内文明（注：指内卦离）则能烛理，明乎大同之义。外刚健（注：指外卦乾）则能克己尽乎大同之道。"二五皆居中得正，内无私心而外合天德。此皆君子之正道。正者，人心所同。

《象》曰：天与火，同人。君子以类族辨物。

[讲解]　《象辞》说：同人卦上乾下离，乾为天，离为火，天、火相亲，同人之象。君子身体力行，因而类别族群、辨析事物。

《周易正义》："天体在上，火又炎上，取其性同，故云'天与火，同人'。""天与火"之"与"，黄寿祺、张善文《周易译注》引《管子·霸言》"诸侯之所与也"注谓"与亲也"，此处犹言"亲和"①，中肯之见。"同人"主旨，非言绝对之同，而言异中求同，求同存异。这便是朱熹《周易本义》所谓"以审异而致同"

---

① 　黄寿祺、张善文《周易译注》第125页。

的意思。"辨物"之"辨",《周易本义》作"辩"。

初九,同人于门。无咎。

《象》曰:出门同人,又谁咎也。

[讲解] 筮遇初九,与人同时出门,不约而同,是没有咎害的征兆。

《象辞》说:一出门就遇到同行者,又有谁能加害于我呢？同人卦下卦初九爻变为艮,艮为门,故有门象。

六二,同人于宗,吝。

《象》曰:"同人于宗",吝道也。

[讲解] 筮遇六二,宗族之内仅血亲和同,令人遗憾。

《象辞》说:宗族仅血亲和同,这说的是令人遗憾的道理。

宗,宗族之谓。《周易正义》:"系应在五,而和同于人在于宗族。"这是因循王弼《周易注》的见解,其言云:"应在乎五,唯同于五,过主则否。用心偏狭,鄙吝之道。"《周易》同人卦主旨是什么？是"同人"于宗族还是"同人"于天下,其答案无疑是后者,这便是《象辞》何以称"同人于宗,吝道也"。王弼称六二"唯同于五",这是象征"同人于宗"的偏私,可见易道广大,它所主张与推崇的,是天下大同之道。后于孔颖达的李鼎祚在《周易集解》中释"宗者,众也"是有道理的。然而依笔者之愚见,《杂卦》所谓"同人,亲也"之解"同人"原旨,首先是指宗族血亲内部的和同,同时亦主张"和同于人"即天下大同。在这"天下大同"的人文理念与理想中,蕴涵《象辞》所谓"同人于宗"的思想。

九三,伏戎于莽,升其高陵。三岁不兴。

《象》曰:"伏戎于莽",敌刚也。"三岁不兴",安行也。

[讲解] 筮遇九三,兵众埋伏在草莽之间,登临高地察看敌情,三年不敢与敌交兵。

《象辞》说:所谓兵众埋伏在草莽之间,说明敌方刚强,三年不敢与敌交兵,说明我方审时度势、不敢轻举妄动的道理。

敌刚,指九三以刚爻居于阳位,处下卦之极而未居中,质刚而偏,喻妄动。九三虽比于六二且乘六二,又与九五相"敌",故言"敌刚"。九三不应于六二,虽与九五同为刚爻,却是卦时不同,故有"伏戎于莽,升其高陵,三岁不兴"之象。安行,俞琰《俞氏易辑说》:"安,语助辞。安行者,度德量力决不可行,行将安之,其义与无妄《象传》'何之矣'同,紫阳朱子曰:'安行,言不能行'。"《周易译注》释"安"为疑问语气词;"'安行'犹言'安可行'。"①可备一说。

九四,乘其墉,弗克。攻,吉。

《象》曰:"乘其墉",义"弗克"也。其吉,则困而反则也。

[讲解]　筮遇九四,攻城登临于城垣之上而城未攻下。继续进攻则获吉祥。

《象辞》说:攻城而登临于城垣之上,意思是城未攻下。所谓吉祥,那是由于守城之人处困境之时能够自退而返回正确的用兵原则。

墉,城墙。克,训为能、达,《书·尧典》:"克明俊德,举之。"弗,不。

九五,同人,先号咷,而后笑,大师克相遇。

《象》曰:同人之先,以中直也。大师相遇,言相克也。

[讲解]　筮遇九五,先痛哭流涕而后欢笑,大军战胜,同道者相会。

《象辞》说:和同于人的首要之点,是九五中正、刚直的喻义。大军作战会合相聚,说的是克敌制胜的道理。

号咷,嚎啕、号啕。师,军队。以中直,来知德《周易集注》云:"以者,因也。中直,即中正也。"九五下应于六二,为正应。

上九,同人于郊,无悔。

《象》曰:"同人于郊",志未得也。

[讲解]　筮遇上九,同行、同路的人相遇于荒郊野地,没有悔吝。

《象辞》说:同道者在荒郊相会,这和同于天下的志向没有实现。

同人卦卦辞言"同人于野,亨",该上九爻辞言"同人于郊,无悔",两义一致。但此象辞称"志未得也",显然与上九爻辞之义不合。可见该爻辞与该象辞非出自一时、一人之手。王弼《周易注》云:"郊者,外之极也,处'同人'之时,最在于外,不获同志,而远于内争,故虽无悔吝,亦未得其志。"《周易浅述》卷二云:"若就一爻(注:上九)论,则所应既专,在我有私匿之嫌,在人有忿争之事矣。"故"上以远而志不遂"。

---

① 　黄寿祺、张善文《周易译注》第 127 页。

卦十四　大有卦☲（乾下离上）：“其德刚健而文明，应乎天而时行”

大有：元亨。

[讲解]　大有卦卦辞：筮遇此卦，可以举行祖神祭祀。

《彖》曰：大有，柔得尊位大中，而上下应之，曰大有。其德刚健而文明，应乎天而时行。是以“元亨”。

[讲解]　《彖辞》说：大有卦义，在主盛大丰有。全卦五阳对一阴，以六五为主爻，六五性柔，居于上卦之中，为尊位。《易经》以阳为大，以阴为小，故六五以小者大其所有，此之谓“大中”。又六五下应于九二，或曰群阳（注：五阳）为一阴所有，所以称为“大有”。大有卦的美德既刚健又文明，它顺应天时而体现运化的规律，这是指事物原始而亨通的道理。

王弼《周易注》云：大有“德应于天则行不失时矣。刚健不滞，文明不犯，应天则大，时行无违，是以元亨”。俞琰《俞氏易辑说》云：“六五以一阴统众阳，虽然尊位大中而上下皆应之，然其才终是柔弱，不能自亨，故必应乎乾而后亨。”

《象》曰：火在天上，大有。君子以遏恶扬善，顺天休命。

[讲解]　《象辞》说：大有卦下卦为乾，乾为天；上卦为离，离为火，全卦有“火在天上”之象，这是盛大丰有的意象。君子观悟“大有”之易理，在行为上抑制邪恶而发其善德。顺应天时运行的规律而使万物性命休美。

《程氏易传》：“火高在天，照见万物之众多，故为‘大有’。”《周易集解》引虞翻云：“遏，绝。扬，举也。”李道平《周易集解纂疏》：“休，即美也。”

初九，无交害，匪咎。艰则无咎。

《象》曰：大有初九，无交害也。

[讲解]　筮遇初九，不与人交往，也就不会受害，没有错失。人在艰危之时，知艰危反而没有咎害。

《象辞》说：大有卦初九爻的喻义，不与人交往，也就没有咎害。初九无应无比，无承无据，不中不正，此无有交往之象。无交往故不致受害。朱熹《周易本义》：“虽当大有之时，然以阳居下，上无系应，而在事初，未涉乎害者也，何咎之有？”

九二,大车以载,有攸往,无咎。

《象》曰:"大车以载",积中不败也。

[讲解]　筮遇九二,大车载物,预示人可以有所作为,没有害处。

《象辞》说:用大车装载物品,物品装载于大车正中,说明居中而无偏、不致倾覆而失败的道理。

坤为舆,舆为车。此卦无坤象,此爻却言"大车",是爻符与爻辞不相对应,可见《周易》由象释义,有时亦有捉肘之尴尬。

九三,公用亨于天子,小人弗克。

《象》曰:"公用亨于天子",小人害也。

[讲解]　筮遇九三,王公贵族可以参加天子的祭祀仪式,庶民百姓却不能够。

《象辞》说:王公贵族可以参加天子的祭祀仪式,如果庶民百姓参加,必遭咎害。

按《周易本义》,亨作享,有享祭、享献之义。九三居下体之极,刚而得位,有公侯之象。九三居于下卦乾,乾为天,象征天子。但所谓"小人"之象,难从卦符见出。陈梦雷《周易浅述》卷二云,"然三变六为阴为小,又有小人弗克之象",不免牵强。

九四,匪其彭,无咎。

《象》曰:"匪其彭,无咎",明辨晢也。

[讲解]　筮遇九四,未显出盛多宏大之貌,占筮结果是没有咎害。

《象辞》说:未显出盛多宏大之貌,没有咎害,这是辨析事理,智慧烛照。

彭,鼓声,《周易尚氏学》称,"为声容盛大无疑"[1]。与大有之义相契。九四爻变且三、四、五互体为震☳,震为鼓,有彭象。《周易集解》作"匪其尫"。尫,邪曲之义。录此供参阅。辨,《周易本义》、《六十四卦经解》、《周易尚氏学》等本作"辩"。以"辨"为是。晢,音 zhé,《说文解字》云:"昭晢,明也,从日折声。"九四属上卦"离之初,有明晢之象,有盛大之势,而无烛理之明","非明晢者不能,故曰明辨"[2],可从。

---

①　尚秉和《周易尚氏学》第 89 页。

②　陈梦雷《周易浅述》卷二。

六五,厥孚交如,威如,吉。

《象》曰:"厥孚交如",信以发志也。"威如"之吉,易而无备也。

[讲解]   筮遇六五,那种惩罚交替进行,很威严的样子。筮得的结果:吉利。

《象辞》说:所谓"那种惩罚交替进行,很威严的样子",六五爻象征以诚信交接于上下左右,内心实诚,行为忠挚,可以引发左右上下同样的志向。自尊可获吉祥,人与人之间的关系就会平易、简朴而彼此无有戒备之心。

厥,其,代词。如,语气助词。孚,本俘字,转义为罚。李鼎祚《周易集解》引虞翻云:"孚,信也。"这是就象辞的"孚"字的喻义而言。易而无备,《周易正义》云:"以己不私于物,惟行简易,无怕防备,物自畏之。"

六五为大有卦主爻,居中,应九二,且上卦离有"虚"之象,故"孚"(诚);一阴五阳,上下皆有"交如"之象。六五爻变为九五,有纯乾"威如"之象,以柔居尊,果然有缺憾,济之以"威",故"吉"。

上九,自天佑之。吉无不利。

《象》曰:大有之吉,自天佑也。

[讲解]   筮遇上九,得自"天助我也"之吉兆,没有不利于自己的地方。

《象辞》说:盛大丰有的吉利,来自上天的佑助。

佑,《周易集解》本作右。《系辞》云:"佑者,助也。天之所助者,顺也。人之所助者,信也。"赵汝楳《周易辑闻》:"上九为天象,又为贤象。五以下诸爻应为人助,以上一爻应为天佑之。"上九为大有卦之终,不中不正,惟与六五有比、承之关系,然爻辞、象辞均言"吉",因"天佑"之故,可见古人如何"自圆其说"。

[小结]   此释泰、否与同人、大有四卦。泰,天地交,否极泰来;否,天地不交,泰极否来,两卦互逆互顺。同人,从"同人于宗"到"同人"于天下,倡"天下为公"之理旨,以"同人,亲也"为文化根因;大有,盛大丰有,主天下"明治"之理,所谓"其德刚健而文明,应乎天而时行"。泰、否卦互为错综卦。同人、大有卦互为综卦。

卦十五　谦卦☷(艮下坤上)："天道亏盈而益谦"，"谦谦君子"

谦：亨，君子有终。

［讲解］　谦卦卦辞：筮遇此卦，可以举行享祭活动，君子得以善终。

《彖》曰：谦，亨。天道下济而光明，地道卑而上行。天道亏盈而益谦，地道变盈而流谦，鬼神害盈而福谦，人道恶盈而好谦，谦尊而光，卑而不可踰，君子之终也。

［讲解］　《彖辞》说：谦退而不自满，命运亨通，人生道路平顺。天的运行规律，济生万物而普天之下光辉灿烂。大地的运化规律，卑下而循天，柔气上升，"广生"万物。天的德性与运化，是亏损、充盈、互递、此益增而彼谦下。大地的德性与品格，在于顺随天道，由亏为盈，由盈而亏，谦德流布。鬼神之道，在于有损于盈亏之运化，盈满祸至而谦退致福。人间正道，喜谦虚而厌恶狂妄自大，厌恶不知盈亏互转之理。居于尊位，更见谦下之美德，其形象光明盛大；处在卑位，别人却不可逾越。君子的崇高人格，惟以谦退自守的道德修养为终极。

"益谦"的"益"，增加之义。"流谦"的"流"，来知德《周易集注》："流者，流注。"有流布、流贯之义。鬼神，《系辞》，"精气为物，游魂为变，故知死生之说"。鬼神者，游魂也，《程氏易传》解为"造化之迹"。害盈，指倘不知亏、盈之变的道理，自持盈满则必祸至。福谦，谦退自守必有福来。谦卦艮下坤上，内止外顺，艮为山而坤为地，山高地卑，有"谦"之义。《彖辞》极赞"谦德"。"六爻虽以九三一阳为主，然内三爻皆吉，外三爻，皆利，盖静则多吉，顺则多利。六十四卦未有如谦之尽善者，君子可以知所处矣。"[①]

《象》曰：地中有山，谦。君子以裒多益寡，称物平施。

［讲解］　《象辞》说：谦卦艮下坤上，有"地中有山"之象，以高陵比于平地，且为大地所主导，象征谦退自守。君子因此损有余而补不足，权衡万类，均平施与。

裒，音 póu，取，《说文》："抔，引取也。"引申为减少。抔和裒互假、音同。《经典释文》："裒，郑、荀、董、蜀才本作抔。云取也。"称，《说文》："称，铨也。

---

①　陈梦雷《周易浅述》卷二。

铨,衡也。"铨,权也。称之功能,即权。《程氏易传》:"山而在地下,是高者下之,卑者上之,则抑高举下,损过益不及之义。以施于事,则衰取多者,增益寡者,称物之多寡以均其施与,使其平也。"《周易浅述》卷二:"不言山在地中,而言地中有山,言卑下之中蕴,其崇高也。外卑下而内蕴崇高,谦之象也。"此极言谦退美德之崇高。

初六,谦谦君子,用涉大川,吉。

《象》曰:"谦谦君子",卑以自牧也。

[讲解]　筮遇初六,谦上加谦的,是君子人格,筮得结果是,可以渡涉大江大河,吉利。

《象辞》说:十分谦虚的君子人格,在于谦逊自守以约束自身。

牧,本义为放饲牲畜。《周礼·地官·牧人》有"掌牧六牲"之记。引申为治、管、养。高亨释"牧"为"守",所谓"牧犹守也"[1],于义可商。初六以柔爻居下卦之初,象征谦之极。三、四、五爻互体为震,震为木(在东方)。二、三、四爻互体为坎,坎为水,木(舟)在水上,有"涉川"之象。

六二,鸣谦,贞吉。

《象》曰:"鸣谦,贞吉",中心得也。

[讲解]　筮遇六二,谦逊美德,名声在外,吉利。

《象辞》说:"谦逊美德,名声在外,是吉利的",是因为此爻居中得正、象征谦虚纯正的缘故。

鸣,鸟叫。王弼《周易注》:"鸣者,声名闻之谓也。"《经典释文》从之。中心得也,得之于心中。《周易口义》:"言君子所作所为,皆得诸心。"

九三,劳谦,君子,有终,吉。

《象》曰:"劳谦,君子",万民服也。

[讲解]　筮遇九三,有功劳而谦逊,不居功自傲,君子有好报,吉利。

《象辞》说:有功劳而不自傲,始终是谦虚的君子,天下百姓敬服。

这里,劳,功劳,如汗马功劳。诸多《周易》注释本,释劳为勤劳,有误。九三为全卦主爻,李鼎祚引荀爽所谓"阳当居五"。又"群阴顺阳,故'万民服

---

① 高亨《周易大传今注》第180页。

也'"。《周易浅述》卷二:"一阳为成卦之主,劳矣。乃不处上而处下,故有劳而能谦之象"。

六四,无不利,㧑谦。

《象》曰:"无不利,㧑谦",不违则也。

[讲解] 筮遇六四,没有不吉利的,㧑挹而谦虚。

《象辞》说:没有不吉利的,㧑挹而谦虚,六四不违背谦抑这一原则。

解读这一爻辞及象辞,关键在"㧑"字之义。㧑有剖裂、发挥、㧑挹(抑)等义。㧑,音 huī,《说文解字》云,"裂也",段玉裁注:"㧑谦者,溥散其谦,无所往而不用谦。"《周易集解》云,"㧑,犹举也",举,发挥之义。而六四处上卦之始,柔阴而居阴位,得位,有安于其位而自守之义,故似宜释"㧑"为"抑"。初六,有"谦谦"之象,六二"鸣谦",九三"劳谦"而六四"㧑谦",乃有强调谦退之意。王弼《周易注》云,六四"承五而用谦顺",欠妥。此爻并非承五。

六五,不富,以其邻。利用侵伐,无不利。

《象》曰:"利用征伐",征不服也。

[讲解] 筮遇此爻,自己的"邑国"不富裕,是因为其邻邑、邻国掠夺之故。因此,对邻邑、邻国加以征讨,是有利的,没有什么不吉利。

《象辞》说:"以有利于征讨"作比,对那些骄逆不顺的道德行为加以"讨伐",便不违常理。

富,富裕,富实。邻,该卦上六有"邑国"之象,故这里可释为邻邑、邻国。征伐,爻辞实指出征讨伐,《象辞》指对骄傲自满的攻讦。徐志锐说,"泰卦六四,'不富以其邻',《象传》言'皆失实也'。朱震:'阳实,富也。阴虚,贫也。'可知'不富以其邻',是因其邻皆为阴"[①]之故,此解《象辞》,可从。

上六,鸣谦,利。用行师,征邑国。

《象》曰:"鸣谦",志未得也。可"用行师,征邑国"也。

[讲解] 筮遇上六,谦逊之美名远扬,有利于出兵征伐邻邑、邻国。

《象辞》说:谦逊之美名远扬,而总是不自满,总觉心志、理想尚未全部实

---

① 徐志锐《周易大传新注》第 106 页。

现。可以出兵讨伐,仅限于征讨邻邑、邻国而已。

《周易折中》云:"所征止于邑国,毋敢侵伐,亦谦之象。"《程氏易传》:"谦极而居上,欲谦之志未得,故不胜其切,至于鸣也。"此卦六二、上六皆言"鸣谦",前者六二处内、居中谦名在外;后者上六处外卦之极且逆应于九三,同为象征谦德,而角度、意蕴有别,值得注意。

卦十六　豫卦☷☳(坤下震上):随顺物性,"志运"而欢愉

豫:利建侯行师。

[讲解]　豫卦卦辞:筮遇此卦,有利于建立诸侯国、出兵打仗。豫,《尔雅·释诂》:"乐也。"马融、陆德明等均从此解。

《彖》曰:豫。刚应而志行,顺以动,豫。豫,顺以动,故天地如之,而况"建侯行师"乎?天地以顺动,故日月不过而四时不忒。圣人以顺动,则刑罚清而民服。豫之时义大矣哉。

[讲解]　《彖辞》说:豫卦象征欢悦。全卦以九四为主爻。一阳应五阴,刚阳应和柔阴,志趣相投而畅行。下为坤,坤为顺;上为震,震为动,豫卦象征随顺物之本性而运化、欢愉。欢愉,既然随顺物之本性而运化,那么,天地的运行也是如此,何况因时机而自然而然地建立诸侯国、出兵打仗呢?天地因物之本性、因时机而运化,日月的运化也不违背这一规律,春夏秋冬四时的运行不会有错失。圣人承顺民心而有所作为,赏罚分明,品格清正,天下百姓皆来臣服。豫卦的根本意义,是关于"卦时"的意义。

"过",《周易集解》引虞翻云,"过谓失度"。忒,音 tè,虞翻云,"忒,差迭也",错失之义。豫卦坤下震上,象"顺以动"。"如之",《周易集解》:"如之者,谓天地亦动以成四时。"豫之时义大矣哉,自豫卦始,《彖辞》称颂卦符"大矣哉"凡十二处,或言"时义",或言"时用",或言"时"。这是《易传》时间意识、时间哲学的充分体现。正如本教材前引,魏王弼《周易略例》云:"卦者,时也。爻者,适时之变者也。"说明"时"对理解易理何等重要。对这一重要问题,古代易学家的理解有些不同,清李光地《周易折中》云:"赞卦皆言时,赞爻皆言位,时位二字,乃卦爻之所以立也。"这与王弼的见解有些出入。依愚之见,《周易》确实讲爻位,否则就

不会有爻位说。但"爻位"即"时位"也。是以爻的空间位置变化来呈现"时"的变化,这是应予强调的。正如前述,《文言》有"是故居上位而不骄,在下位而不忧"、"贵而无位,高而无民"之记,此所言"位",大抵自道德伦理角度着眼。

《象》曰:雷出地奋,豫。先王以作乐崇德,殷荐之上帝,以配祖考。

[讲解]　《象辞》说:豫卦上震下坤,震为雷而坤为地,象征雷电奋发而大地震动,欢愉之景象。古代君王有感于此而制礼作乐,用以推崇、赞扬丰功伟绩,用盛大的典礼,献于天帝,同时祭祀祖神。

《周易集解》引郑玄云:"奋,动也。雷动于地上,而万物乃豫也。以者,取其喜佚动摇,犹人至乐,则手欲鼓之,足欲舞之也。崇,充也。殷,盛也。荐,进也。上帝,天也。"先秦极重音乐,以乐诗舞三位一体者,巫。先秦主天人合一、天人感应说。天人合一、天人感应者,巫。"祖考"之"考",指已死之父,与妣相对。

初六,鸣豫,凶。

《象》曰:初六"鸣豫",志穷凶也。

[讲解]　筮遇初六,自鸣得意,凶险。

《象辞》说:初六爻辞"自鸣得意"的意思,说明欢愉过甚以至于穷极而凶险。

豫初六与谦上六"反对",前者"鸣豫"而后者"鸣谦"。李光地《周易折中》云:"豫之初六即谦上六之反对","谦而鸣而吉,豫而鸣则凶"。

阴柔居下之初,上应于九四,九四所在之上卦为震,震为雷,雷善鸣,有"鸣"象。初位本卑,所在木中,喻小人自大,故"凶"矣。

六二,介于石,不终日,贞吉。

《象》曰:"不终日,贞吉",以中正也。

[讲解]　筮遇六二,以石为界标,不待终日识别而一目了然,是吉利的占筮。

《象辞》说:不待终日识别,一目了然的吉利之贞问,其意义在于象征中正之道。

六二以柔居阴,得中得正之爻。"介于石"的"介",同界,以石为界,分界判然。故《系辞》云,介于石者,"宁用终日,断可识矣",此乃"不终日"之义。介石等于中正,乃当代一著名政治人物名与字之来由。六二无应无比,无承无据,界石,中正之象。二、三、四互体为艮,有石象。六爻独二得正得中,自持固守,坚如盘石,不待终日而时义自明。

六三,盱豫悔,迟有悔。

《象》曰:"盱豫"有悔,位不当也。

[讲解] 筮遇六三,向上献媚以求欢乐,筮得的结果:有灾祸。做事迟疑不决,有灾祸。

《象辞》说:向上献媚以求欢乐,有灾祸,这是六三居位不当的缘故。

盱,音 xū,《说文解字》:"盱,张目也。"李鼎祚《周易集解》引向秀云:"睢盱,小人喜悦,佞媚之貌也。"《说文》:"睢,仰目也。"李道平《周易集解纂疏》:"应在上,三张目仰视,视上之颜色为佞媚。"六三以阴柔居阳位而不中不正,上承于九四,有媚上之象。悔,这里指灾祸。迟,迟疑。李光地《周易折中》:六三与六二无比,"'盱豫'与'介石'相反,'迟'与'不终日'相反;'中正'与'不中正'故也"。此言是。六三爻辞,包括两个筮例记载。

九四,由豫,大有得。勿疑,朋盍簪。

《象》曰:"由豫,大有得",志大行也。

[讲解] 筮遇九四,受筮者由于这筮得的结果而欢愉,大有所获。做事不犹豫,朋友团结在一起,好比用簪子插挽头发一样。

《象辞》说:由于这筮得之果而欢愉,大有所获,九四主爻的刚直之志光大而畅行。

由,因、从、凭之义。"'由豫'犹言'由之以豫',构词法与颐上九'由颐'同。"[①]此解可从。盍,合。《周易集解》引侯果云:"为豫之主,从阴所宗,莫不由之以心得其豫。"又云:"体刚心直,志不怀疑,故得群物依归,朋从大合,若心簪蔡之固括也。"《周易浅述》卷二云:"德阳而位阴,故五阴亦有朋象。盍,合也。簪以贯发者。一阳贯五阴之中,有以簪贯发之象。""志大行",即"大

---

① 黄寿祺、张善文《周易译注》第148页。

行其志"。

六五,贞疾,恒不死。

《象》曰:六五"贞疾",乘刚也。"恒不死",中未亡也。

[讲解]　人病了,占问的结果,长寿不死。

《象辞》说:六五是占问疾病的爻象,六五乘九四阳刚。长寿不死,因为六五居中而没有咎亡之象的缘故。

这里,贞,占问。恒,久。中未亡,中道未失。三、四、五互体为坎,为心病,有"贞疾"之象。六五以柔居尊,有沉溺于豫之象,乘凌于九四而处在危势,然以其居中,故"恒不死"。

上六,冥豫成,有渝,无咎。

《象》曰:"冥豫"在上,何可长也?

[讲解]　筮遇上六,昏冥、淫乐,凶险之兆已成。有了改变才能没有咎害。

《象辞》说:昏冥、淫乐,是因为上六处豫卦之极的缘故。这种纵乐的时势怎么可能长久呢?

冥,昏暗,《汉书·五行志》:"其庙独冥。"转义为愚昧,冥顽是矣。渝,违背、改变。《宋史·倪涛传》:"盟誓固在,不可渝也。"王弼《周易注》:"处动豫之极,极豫尽乐,故至于'冥豫成'也。"

卦十七　随卦☷(震下兑上):随机应变,"而天下随时"

随:元亨,利贞,无咎。

[讲解]　随卦卦辞:筮得此卦,可举行祖神祭祀,这是吉利的占问,没有错失。

《象》曰:随,刚来而下柔,动而说,随。大亨,贞,无咎。而天下随时。随时之义大矣哉。

[讲解]　《象辞》说:随卦下震上兑,下卦是一刚爻来交于坤体本卦二阴之下,以成震卦。下卦震为雷,为动,上卦兑为说(悦),有"动而说"之象。随卦原本卦义:祖神祭祀,占问的结果,没有咎害。随卦引申的卦义:随从,至为亨通,守持正固,没有错失。于是天地万物、自然社会、君臣百姓都因时消

息,与时偕行,随时机而有所作为。随从把握时机的意义,对人们来说,是根本的。

《周易正义》:"刚谓震也,柔谓兑也,震处兑下,是刚来下柔;震动而兑说(悦),既能下人,动则喜说(悦),所以物皆随从也。"此释"随"义为随从。随从者,并非被动跟随于时,而是指与时消息,与时偕行。随时,为自然宇宙、人生社会的运化规律。

《象》曰:泽中有雷,随。君子以向晦入宴息。

[讲解]　《象辞》说:随卦下为震,为雷,上为兑,为泽,有"泽中有雷"之象,象征随从。君子因而随时消息,一到晚上便按时休息。

向晦,向晚。"宴息"之"宴",逸,有"闲居"之义。《说文》:"宴,安也。"陈梦雷《周易浅述》卷二:"造化有昼有夜,人生有作有息,人心有感有寂,有动有静,此造化之自然,亦人事之当然也。"此释"随时"之义,甚契。然而,《象辞》以"向晦入宴息"喻示"随时消息"这一富于哲学意味的思想。

初九,官有渝,贞吉。出门交有功。

《象》曰:"官有渝",从正吉也。"出门交有功",不失也。

[讲解]　筮遇初九,预示官职有升迁,吉利。出门与人交往有成。

《象辞》说:初九爻辞之所以说"官职有升迁",这是随顺其时、随顺正道与幸运的缘故。出门与人交往有成,说明不失其时。

官,官职。与《系辞》"百官以治"之"官"义同。官主持、执掌一定权力,有"主"之义,故《程氏易传》释此"官"义为"主守"。渝,《九家易》:"变也。"这里可引申为升迁。初九无应而比于六二,以刚居阳,得位,故"正吉"。

六二,系小子,失丈夫。

《象》曰:"系小子",弗兼与也。

[讲解]　筮遇六二,预示可以维系与未成年男子的关系,而失去已成年的男子。

《象辞》说:随顺于"小子",必失去"丈夫",这是两者不能得兼、因小失大的道理。

《周易正义》:"六二既是阴柔,不能独立所处,必近系属初九,故云'系小子'。既属初九,则不能往应于五,故云'失丈夫'也。"此以初九喻小子;

九五喻丈夫。可是从六二看,乃得中得正之爻,据于初又逆比于初,称其"必近系属初九",有点牵强。且上应于九五,这是爻位说通则,又何以"不能往应于五"?《周易正义》此解欠妥。《周易集解》引虞翻云:"应在巽(引者注,指三、四、五互体为巽),巽为绳,故称'系'。'小子'谓五,兑为少(引者注:上卦为兑),故曰:'小子'。"此"'小子'谓五"牵强。因为九五以阳刚居于阳位,得中得正,至尊之位。按爻位说通则,又何能说"'小子'谓五"?虞翻又说:"'丈夫'谓四",六二乃"承四隔三","故失'丈夫'"。可是,为什么"'丈夫'谓四"而不是"五",为什么六二"承四隔三"而不是"承三隔四"?虞翻说不出道理。故笔者以为,易学史上之所以出现这样一些难以自圆的解读,是因为卦辞、爻辞,大凡是一些占筮记录,并非每卦每爻及《象辞》、《象辞》之类,都时时、处处贯彻爻位说的缘故。

六三,系丈夫,失小子,随有求得,利居贞。

《象》曰:"系丈夫",志舍下也。

[讲解]　筮遇六三,预示可以维系与已成年男子的关系而失却未成年男子。随顺于时机则有求必应,有利于安居乐业,这是吉利的占问。

《象辞》说:束缚、随顺于"丈夫",说明六三的意义,在舍弃"小子",鱼与熊掌不能得兼。

王弼《周易注》云,六三"虽体下卦,二已据初,将何所附?故舍初系四,志在丈夫"。这是取虞翻释六二"丈夫谓四"的意见,而初喻"小子"。《周易浅述》卷二亦云:"九四阳爻,亦有丈夫之象。小子亦谓初也。三近系四而远于初,有系丈夫失小子之象。""四阳当任,三则以阴随之,有求而必得之象。"可参。

九四,随有获,贞凶。有孚在道,以明,何咎?

《象》曰:"随有获",其义凶也。"有孚在道",明功也。

[讲解]　筮遇九四,人的足趾在追捕野兽时为矢括之类捕兽器所擒住,凶险。狩猎时在路上有俘获,有什么咎害?

《象辞》说:爻辞所谓人之足趾在狩猎为捕兽器所"擒"之象,它的喻义是凶险。所谓"有孚在道",象喻内心实诚、忠信,做事遵循规矩,合于正道,光明正大,事业有成。

这里,爻辞所言"随",可释为足趾,此与艮卦所言"艮其腓,不拯其随"的"随"同义。"腓动,则足随之。故谓足为随。"获,猎获,《诗》云,"舍拔则获"。"舍放矢括则获得其兽"。从该"获"字,可见该爻辞为关乎狩猎之占问。高亨释此爻辞,以为"获当读为攉,猎人捕兽之机槛也"。又云:"人追逐人或物,在进程中有机攉,则将陷入,此凶象也。"①此解可从。以,用。明,明了。功,成功。内有孚信,随从正道,其心迹必自光明,功业自成。

九五,孚于嘉,吉。

《象》曰:"孚于嘉,吉",位正中矣。

[讲解]　筮遇九五,在美丽富庶的地方有所俘获,吉祥。

《象辞》说:所谓"在美丽富庶的地方有所俘获",因九五得正得中而居尊位之故。

嘉,《文言》:"亨者,嘉之会也。"连斗山《周易辨画》:"两美相合为嘉。"九五下应六二,两"美"相"合"(应)。九五中正,得众爻之随,乃随卦之主。

上六,拘系之,乃从维之,王用亨于西山。

《象》曰:"拘系之",上穷也。

[讲解]　筮遇上六,周文王(姬昌、西伯)被商纣囚于羑里,后又被释放。周文王即归于周原,去岐山祭祖。

《象辞》说:被拘捕、囚禁,象征人生正处在危殆之时、穷途之中。

拘,拘禁。系,系缚。乃,仍,又。从,纵,引申为释放。王,周文王。文王被囚羑里之时,称姬昌,西伯。亨,享祭。西山,岐山,周之祖地。

卦十八　蛊卦☶(巽下艮上):治蛊而"天下治","君子以振民育德"

蛊:元亨。利涉大川。先甲三日,后甲三日。

[讲解]　蛊卦卦辞:筮遇此卦,可举行大享之祭即祭祖。渡涉大江大河,吉利。宜在先甲三天的辛日,后甲三天的丁日。

蛊,皿虫为蛊,指器皿中食品生虫,败坏。《序卦》云,"蛊者,事也"。《说

---

① 高亨《周易大传今注》第196页。

文》又称"腹中虫也"。《周易集解》："蛊，惑乱也。万事从惑而起，故以蛊为事也。"《左传》云："女惑男，风落山，谓之蛊。"蛊卦下为巽，为风，为长女；上卦为艮，为山，为少男，故《左传》如是说。上古历法，一年十二月(闰月置于岁末)，每月三旬，一旬十日，以甲乙丙丁戊己庚辛壬癸记之，每旬首日为甲。先甲三日，指辛；后甲三日，指丁。从纳甲说分析，甲在文王八卦方位的东方。艮在东北，故云"先甲"。巽在东南，故云"后甲"。甲既为十天干之始，有"终而复始"之义。《程氏易传》："甲，数之首、事之始也。""治蛊之道，当思虑其先后三日，盖推原先后，为救弊可久之道。先甲，谓先于此，究其所以然也；后甲，谓后于此，虑其将然也。一日、二日至三日，言虑之深，推之远也。"

《彖》曰：蛊，刚上而柔下，巽而止，蛊。蛊，元亨而天下治也。"利涉大川"，往有事也。"先甲三日，后甲三日"，终则有始，天行也。

［讲解］　《彖辞》说：蛊卦卦体，一阳来交于上之本卦坤而成艮；一阴来就于下之本卦乾而成巽。艮为山、为止，因而蛊卦有"巽而止"之象。蛊卦卦义，至为亨通而天下太平。所谓渡涉大江大河，前行则拔拯危难而大有可为。所谓"先甲三日，后甲三日"的喻义，是指做事思前想后，考虑周密，懂得万事有终止必有开始，这是天的运化规律。

《象》曰：山下有风，蛊。君子以振民育德。

［讲解］　《象辞》说：蛊卦上为艮，为山；下为巽，为风，"山下有风"之象。蛊卦，象征君子振奋万民而养育其美德。

振，振扬，此有救弊之义。风在内(下)而振扬于外(上)物，则有振艮之象；山在外(上)而能涵育内气(下)则有滋育其德之象。《东坡易传》云，蛊之时义，在"器之不用而虫生之，谓之蛊；人之宴溺而疾生之，谓之蛊；天下久安无为而弊生之，谓之蛊"。蛊之时义于此可见。

初六，干父之蛊，有子考，无咎，厉终吉。

《象》曰："干父之蛊"，意承考也。

［讲解］　筮遇初六，儿子干预、匡正先父蛊坏之事，没有咎害。有危难而终获吉祥。

《象辞》说，干预、匡正先父蛊坏之事，这件事的意义，是子补父过。

干，《广雅·释诂一》："正也。"《周易集解》引虞翻云："干，正蛊事也。"

考,《周易正义》:"父殁称考。"有子考,指儿子治正先父遗蛊之事,《周易尚氏学》云:"有子考者,即谓有子能成就先业也。"①指儿子救治先父蛊坏之影响,因而《象辞》有"承考"之说。

九二,干母之蛊,不可。贞。

《象》曰:"干母之蛊",得中道也。

[讲解]　筮遇九二,干预、匡正在世生母蛊坏之事,不可以。

《象辞》说:干预、匡正在世生母蛊坏之事,象征做事应遵循中和之道。俞琰《俞氏易辑说》:"初言'考',二言'母',父殁而母存也。"九二爻以刚居中,上应于六五(逆应),有"子干母蛊"而居中之象。

九三,干父之蛊,小有悔,无大咎。

《象》曰:"干父之蛊",终无咎也。

[讲解]　筮遇九三,干预、匡正先父蛊坏之事,稍有些祸害,没有根本性错误。

《象辞》说:干预、匡正先父蛊坏之事,归根结底没有咎害。

《周易集解》引王弼云:"以刚干事而无其应,故'有悔'也。履得其位,以正干父,虽'小有悔',终'无大咎'矣。"此指九三、上九"无其应",但九三得位,王弼所说可从。

六四,裕父之蛊,往见吝。

《象》曰:"裕父之蛊",往未得也。

[讲解]　筮遇六四,对先父之蛊弊,如宽和、容忍,不以立治,长此以往,必令人遗憾。

《象辞》说:容忍先父之蛊弊,长此以往,治蛊未能成功。

裕,来知德《周易集注》:"宽裕也。强以立事为干,怠以委事为裕。裕,正干之反也。"可引申为容忍、推诿。

此爻以柔居阴,过于柔弱而有宽裕、拖延治蛊之象。按爻位说通则,六四以柔居阴,得位之象,应为吉才是。可是这里却说"吝"。叹古人注《易》而未能"自圆"。

---

① 　尚秉和《周易尚氏学》第103页。

六五,干父之蛊,用誉。

《象》曰:"干父","用誉",承以德也。

[讲解]　筮遇六五,干预、匡正先父蛊坏之事,值得称道。

《象辞》说:干预、匡正先父蛊坏之事,这是子之美德,继承先辈的崇德传统。

六五以阴柔居尊、居中,九二应之以德。以阳刚应阴柔,象"干父之蛊",可闻誉矣。德在九二而誉在六五,二、五之应。

上九,不事王侯,高尚其事。

《象》曰:"不事王侯",志可则也。

[讲解]　筮遇上九,不侍从王侯,超然事外,行为高尚。

《象辞》说:不侍从王侯,这种超然、高洁的志向,可以作为人生准则。

上九阳刚居上,在"事"之外,有"不事王侯"之象。初至五皆言蛊,此不言,因上九象蛊之终。初至五皆言父子不及君臣。言父子之后言君臣,有"迩之事父,远之事君"之象。但上九实非得位之爻,这里却言"高尚其事"、"志可则也",其中易理颇值得玩味。

[小结]　此释谦、豫与随、蛊四卦。谦卦说谦退、行谦之道;豫卦述豫(欢愉)之时义,以"鸣谦"、"鸣豫"相对,"谦而鸣而吉,豫而鸣则凶"。随卦喻义在随机应变;蛊卦主张治蛊以安天下,"而天下随时"、"君子以振民育德",皆为"天下治"。谦、豫互为综卦;随、蛊互为综卦。

卦十九　临卦䷒(兑下坤上):"咸临","大亨以止,大之道也"

临:元亨,利贞。至于八月,有凶。

[讲解]　临卦卦辞:可以祭祀祖神(大亨之祭),这是吉利的占问。时至八月祭祖,有凶险。

《说文》:"临,监也。"连斗山《周易辨画》:"临字当作来临之解。"

《彖》曰:临,刚浸而长,说而顺,刚中而应,大亨以正,天之道也。"至于八月,有凶",消不久也。

[讲解]　《彖辞》说:临卦喻义在于,阳刚之气渐渐生长,以尊临卑而愉

悦温和。九二作为主爻,刚阳之德居中而上应六五。极为亨通、守正,这便是卦辞所谓"元亨,利贞"所象征的天道。所谓"时至八月,有凶险",是说"临"息则必消、盛极而穷,好景不长。

《周礼》注云:"以尊降卑,曰临。故君之御,曰临御,幸曰临幸,即吊亦曰临哭,皆以尊降卑之义。"徐志锐云,"阳刚尊贵本居上位,现在是以尊降卑来居于四柔之下,故卦名称临"①。《周易浅述》卷三:"临卦兑下坤上,泽上有地,岸临于水,相临最切。"又云:"以二为临主,上四阴皆受阳之临者。""言凡逼近者,皆为临,不专居上临下之意也。""下说上顺,九二刚中,上应六五,故占者大亨而利于正也。""浸而长"之"浸",渐渐之义。遯卦亦有"浸而长也"之述,《周易正义》云:"浸者,渐进之名。""以阳之浸长,其德壮大,可以监临于下,故曰:'临'也。"然"九二刚中"之说,可商。九二并非得中之爻,仅居中而已。

《象》曰:泽上有地,临。君子以教思无穷,容保民无疆。

[讲解]　《象辞》说:临卦下体兑为泽,上体坤为地,有荀爽所谓"泽卑地高,高下相临之象"。君子观临卦而效、悟临之喻义,思虑无穷以教导民众,如地下大泽蓄水无限一般,保育、容养万民之美德。

《周易集解》引虞翻云,"君子谓二也"。"容,宽也"。"坤为容,为民,故'保民无疆'矣"。《周易浅述》卷三:"教思无穷,泽润地之象也。容保民无疆,地容泽之象也。"

初九,咸临,贞吉。

《象》曰:"咸临,贞吉",志行正也。

[讲解]　筮遇初九,感应好运来临,吉利。

《象辞》说:"感应好运来临,吉利",初九象征心志、品行端直。

《荀子》:"咸,感也。"《周易》有咸卦,象征男女相感、相悦。《周易浅述》卷三:"咸者,无心之感。""二阳在上,无为而天下化,所以为观。二阳在下,无心而天下应,所以为咸。"

九二,咸临,吉,无不利。

《象》曰:"咸临,吉,无不利",未顺命也。

---

① 　徐志锐《周易大传新注》第127页。

［讲解］　筮遇九二,感应来临,吉利,没有什么不利于人的地方。

《象辞》说:咸应来临,吉利,没有什么不利于人的地方,此九二喻义,说的是并非因为顺从命运。

《周易集解》引虞翻云,九二"得中,多誉,兼有四阴,体复'初,元吉',故'无不利'"。九二居中而未"得中",虞翻、李鼎祚有误。又引荀爽云:"阳当居五,阴当顺从,今尚在二,故曰'未顺命也。'"倘六二上应九五,这是"顺命"之象,而此乃九二上应六五,故曰"未顺命也"。

六三,甘临,无攸利。既忧之,无咎。

《象》曰:"甘临",位不当也。"既忧之",咎不长也。

［讲解］　筮遇六三,花言巧语(甜言蜜语)感临于众,没有什么好处。如果对这种行为感到忧惧,没有错害。

《象辞》说,所谓花言巧语,感临于众而不吉利,因六三爻居位不当之故。如果对此心存忧惕,咎害不会长久。

《说文》:"甘,美也。从口含一。"这里可引申为甜蜜之辞、佞邪之言。六三居下之极,柔而居阳,失正,象征以美言佞语临下,失德之甚,故"忧之"。六三爻变而临之泰,因而惠栋云:"忧之,动而成泰,故'咎不长也'。"

六四,至临,无咎。

《象》曰:"至临,无咎",位当也。

［讲解］　筮遇六四,下临到地上,没有咎害。

《象辞》说:下临到地上,没有咎害,这是六四爻位正当的缘故。

《周易集解》引虞翻云:"至,下也。谓下至初应,当位有实,故'无咎'。"至,非至极之谓,指六四下应于初九。

六五,知临,大君之宜,吉。

《象》曰:"大君之宜",行中之谓也。

［讲解］　筮遇六五,智者来临,大国之君得智者佐助,宜于君临天下,吉利。

《象辞》说:宜于大国之君君临天下,六五表示奉行居中之道。知,智。大君,大国之君。释为大人君主,亦可。六五居中,有"行中"之义。中者,本然。以柔阴而居中位,下应于九二,此《周易浅述》卷三所谓"不自用而用人,知(智)之事也"。黄寿祺、张善文引述《礼记·中庸》曰:"唯天下之至圣,为能聪明睿知,足以有临也",称"此义既合本爻'知临'的大旨,又与《象传》'行中'之语相切"①。是。

上六,敦临,吉,无咎。

《象》曰:"敦临"之吉,志在内也。

[讲解]　筮遇上六,以敦厚之道感临于民众,吉利而没有咎害。

《象辞》说:以敦厚之道感临于民众,吉祥,上六爻辞说明,君主以敦厚之道临民,是内存敦厚之心的缘故。

历代易解,多以敦厚释"敦"义,可从。然"志在内"者,费解。上六居外卦之极,何"内"之有? 又称"上六应九二",说上六虽处外而敦厚"下应于二刚",此违爻位说通则。《周易尚氏学》云:敦,"言顿、止之故。因阳息即至三,有应也(引者注:此指六三爻变而为九三,故上应于上六)。易之道贵将来,将来有应,故吉。不然内无应,何吉之有?"②可备一说。

廖名春说,临卦"义为居上治民。全文临字之意即像人居高而俯首,瞪大眼睛下察黎民众庶"。又说,"咸临之咸,有解释为感的,有解释为速的,有读为諴、训为和的,都是错误的。帛书《易经》本两咸字都写作禁"。可见咸有禁义,高诱《吕氏春秋》注,"禁,法","法,则也",因而"咸,则也"。"咸临者,以法、则临民之义"③。录于此以备参阅。

卦二十　观卦☰(坤下巽上):"大观在上","中正以观天下"

观:盥而不荐。有孚颙若。

[讲解]　观卦卦辞:筮遇此卦,举行宗庙之祭。以酒浇灌地土而降神,不在意向祖神献牲的礼节,有俘虏长得很高大的样子。

观卦本义在于观瞻。盥,音 guàn。古时祭祖,以酒浇地为降神之礼。或云,祭祖之前,先洗手。蔡渊《周易经传训解》:"盥者,将祭而洁手也。"荐,荐神之谓,向神献牲。颙,音 yóng,本义为大头,引申为大与恭敬、严肃之貌。

---

①　黄寿祺、张善文《周易译注》第 170 页。
②　尚秉和《周易尚氏学》第 107 页。
③　廖名春《周易经传十五讲》,北京大学出版社,2004 年,第 92 页。

若,语气助词。《周易集解》引马融云:"盥者,进爵(酒杯)灌地以降神也。此是祭祀盛时。及神降荐牲,其礼简略,不足观也。"观卦二阳在上,四阴所仰,自下观上之象。

《彖》曰:大观在上,顺而巽,中正以观天下。"观:盥而不荐,有孚颙若",下观而化也。观天之神道,而四时不忒,圣人以神道设教,而天下服矣。

[讲解]　《彖辞》说:九五为全卦主爻,全卦象征气象壮伟,崇高其上。下为坤地,为顺;上为巽风。主爻以居中得正之美善德性为天下所观仰。卦辞所谓"以酒浇地的庄严祭礼,而不在意向神献牲的礼节,有俘虏很高大的样子"的意思,是指卑微者通过这大观之礼而受到教化。仰观天命神道与阴阳不测的变化,知春夏秋冬四时无有差失的运行,圣人效法,以此神秘、神圣而神妙的天道施教化于天下百姓,于是天下归于一统。

项安世《周易玩辞》:"观,四阴方盛,以二阳为大。"故称"大观"。《程氏易传》:"五居尊位,以刚阳中正之德为下所观,其德甚大,故曰'大观在上'。"此二说皆可参。这里取第二释义。忒,差。《周易浅述》卷三:"神者,无形与声而妙不可测,天运自然,四时不忒,天之所以为观,神道也。"

《象》曰:风行地上,观。先王以省方观民设教。

[讲解]　《象辞》说:观卦上巽为风,下坤为地,有"风行地上"之象,象征万物广受恩惠。先王省察天下,观审民情民风,施布教化。省,省视巡察。方,方域。《周易集解》云,此象辞"言先王德化,光被四表"。

初六,童观,小人无咎,君子吝。

《象》曰:"初六,童观",小人道也。

[讲解]　筮遇初六,童蒙者观察事物。这样稚浅的观察,因合于小人身份而没有错失。但对于君子而言,就有遗憾了。

《象辞》说:初六爻辞"童观"的象征意义,是说小人所见有偏失。

六二,阚观,利女贞。

《象》曰:"阚观"、"女贞",亦可丑也。

[讲解]　筮遇六二,从门缝中观看,是有利于女子的占问。

《象辞》说:六二爻辞所谓"从门缝中观看,利于女子的占问",意思是说,这对于女子而言,是最适宜的。对于男人来说,就是丑陋的了。

　　阚,窥,门缝视人、偷看称阚。六二阴柔,居阴位,女子之象。虽与九五相应,而处于内卦,象征不出闺门而视野受制,故而为阚矣。徐志锐《周易大传新注》引胡炳文《周易本义通释》:"初位阴,故为童。二位阴,故为女。童观,是茫然无所见,小人日用而不知者也。阚观,是所见者小,而不见全体也。占曰利女贞,则非丈夫之所为,可知也。"①此说甚契爻义。

　　六三,观我生,进退。

　　《象》曰:"观我生,进退",未失道也。

　　[讲解]　筮遇六三,可以由此观察我的人生而知进退之道。

　　《象辞》说:观察我的人生,知进退,这说明六三没有失去观仰之道。

　　我生,《周易正义》释为"我身所动出",以身心释生,在理。生为性之本字,性关乎身心。身体力行者,生。庄子所谓"养生",即"养性",身心双修。陈梦雷《周易浅述》卷三:"我生,我之所行也。""我生"的"我",注家有指六三、有指六四、有指上九的,按《象辞》"进退"之义分析,因九五位居尊位,为全卦主爻,我指九五。项安世《周易玩辞》:"言我者皆指五也。"是。六三居下体之极、上体之下,或上或下,或进或退,故有进退之象。未失道,指六三观仰于九五。九五居中正之时位,六三"未失道"也。但此释有些勉强。因为六三与九五无应。六三应于上九。

　　六四,观国之光,利用宾于王。

　　《象》曰:"观国之光",尚宾也。

　　[讲解]　筮遇六四,观察邦国太平盛世,光辉普照,有利于在别国称王。

　　《象辞》说:观察邦国太平盛世,光辉普照,这是国运吉祥、在别国称王的吉兆。

　　六四以柔居阴而得位,亲比于九五,"宾于王"之吉兆。拙著《巫术:周易的文化智慧》(1990年)指出,"春秋时庄公二十二年(公元前672年),陈厉公生了一个宝贝儿子取名敬仲。这敬仲年幼时,他父亲请人为儿子用《周易》算了一卦。筮遇'观之否',就是观卦发生六四爻变(六变九,老阴变阳爻)而

———————————

① 徐志锐《周易大传新注》第135—136页。

成否卦。一查作为'本卦'的观卦六四爻辞,只见写着,'观国之光,利用宾于王'一句话。占筮者就根据这一爻辞说,陈国未来的国运必先衰而后复起(国之光)。但不是敬仲自己,而是其子孙将在异国称王(宾于王)"。观卦六四爻变为否,否卦下卦坤地,上卦乾天,乃巽风行地且浩荡于天之象。否卦六二、六三、九四互体为艮,艮为山,象国运岿然如磐石。否又象征门庭,乾为金玉,坤为布帛,因而观之否者,有各路诸侯向王进献金玉、布帛的大吉之象,此《程氏易传》所谓"观见国之盛德光辉"①。

九五,观我生,君子无咎。

《象》曰:"观我生",观民也。

[讲解]　筮遇九五,可以由此观察我的生民,君子没有错失。

《象传》说:九五象征受人观仰、观瞻而自我反思自己的言行,这也便是从省察民心、民风来反观自己。

该爻辞"观我生"不同于《象辞》"观我生"。爻辞意思为"观察我的生民",《象辞》为由"生""观我"。《周易集解》引虞翻云,"我,身也","生谓生民"。此指前者;《周易集解》引王弼云:"观我生,自观其道也。"九五为众观之主,光于四表。上之化下,犹风之靡草。"欲察己道,当'观民'也"。此"民",以该卦下体坤来象征。虞翻云,"坤为民",具体指六三,故称"坤体成,故观民也"。可备一说。

上九,观其生,君子无咎。

《象》曰:"观其生",志未平也。

[讲解]　筮遇上九,观察他的生活、言行,君子没有错失。

《象辞》说:观察他的生活、言行,上九象征道德志向未能平顺地实现。

上九以阳居阴,为观卦之终,据爻位说,应"有咎"才是,而此爻辞,却称"无咎"。可见古人编纂爻辞,并非处处死扣爻位说,倒是此爻《象辞》有据爻位之说的意思,故有"志未平"的喻义。陈梦雷《周易浅述》卷三:"自省其身,未得自安,故曰未平,不敢以不居其位而晏然不自省也。"是。

---

①　参见王振复《巫术:周易的文化智慧》第147—148页。

　　卦二十一　噬嗑卦䷔(震下离上):"用狱"之喻,"先王以明罚
勅法"

　　噬嗑:亨。利用狱。

　　[讲解]　噬嗑卦卦辞:筮遇此卦,可举行祭祀。有利于诉讼、刑狱之事。

　　噬嗑,音 shì hé,王弼《周易注》:"噬,啮也。嗑,合也。"牙齿咬吃东西称噬,合口咀嚼为嗑。

　　《彖》曰:颐中有物,曰噬嗑。噬嗑而亨,刚柔分,动而明,雷电合而章。柔得中而上行,虽不当位,"利用狱"也。

　　[讲解]　《彖辞》说,口腔中有食物,闭口而咀嚼,称为噬嗑。噬嗑卦下为震,上为离,上下两阳而中虚,有颐口之象。其中九四一阳象征食物,经咀嚼象征亨通。噬嗑卦三阳三阴错杂构卦,象征刚、柔分立而调和,震"动"而离"明"、"雷电"合和于"离"而有"章"美。噬嗑卦六五居尊而处中,以柔居中,有向上时行之义。虽然并非以阴居阴,虽说其位不当,然六五以阴居阳,也有阴阳调和之义,这便是卦辞所谓"有利于诉讼、刑狱之事"的喻义。

　　颐,口、腮,下巴之谓。分,这里释为均,指此卦三阳三阴均齐。《程氏易传》云:"六五以柔居中,为用柔得中之义。上行,谓居尊位。虽不当位,谓以柔居五为不当。而利于用狱者,治狱之道,全刚则伤于严暴,过柔则失于宽纵。五为用狱之主,以柔处刚而得中,得用狱之宜也。"此可备一说。然据爻位说,六五实际是居尊处中却并未"得中",程颐小误矣。

　　《象》曰:雷电,噬嗑。先王以明罚勅法。

　　[讲解]　《象辞》说.噬嗑卦下为震为雷,上为离为电,"雷电"之象,象征口含食物、闭口咀嚼的"啮合"义。先王由此卦义得以启发,用以严明刑罚、整饬法令。

　　雷电,《周易本义》云,"电雷"。勅,音 chì,帝王诏书,整饬。此卦以雷电之象喻刑罚、法令,使人知惧而不敢逾越。《周易集解》引侯果之言,此卦"雷电震照,则万物不能怀邪。故先王则之。明罚勅法,以示万物,欲万方一心也"。

　　初九,屦校灭趾,无咎。

　　《象》曰:"屦校无趾",不行也。

[讲解]　筮遇初九,脚上戴着木制刑具以至遮没了脚趾,没有咎害。

《象辞》说:脚戴刑具,遮没脚趾,其喻义指不会再犯罪错。屦,音 jù,原指以麻、葛之类制成的单底鞋。又,《周易集解》引虞翻云:"屦,贯械。"有戴之义。校,木制刑具。加于颈,曰枷;加于手,曰梏;加于足,曰桎。屦校,指戴桎于足,虞翻所言"贯械"。灭,《周易正义》释为"灭没"。《周易尚氏学》云:"言以械贯于震足之上,足不见,故曰灭趾。"《周易浅述》卷三:"屦校者,校其足,如纳屦然。""灭其趾,遮没其趾使不得行。"此震为足,有足象。三、四、五互体为坎,坎为桎梏。初九取象于下,有屦之象。下卦震之初爻变为坤,不见其足,有灭趾之象。此爻喻义"罚小而受薄刑,小惩可以大诫,故无咎也"。

六二,噬肤,灭鼻,无咎。

《象》曰:"噬肤,灭鼻",乘刚也。

[讲解]　筮遇六二,有噬咬皮肤、伤害鼻子之象,筮得的结果,没有咎害。

《象辞》说:噬咬皮肤、伤害鼻子的喻义,在于六二乘凌于阳刚初九。

六二在初九之上,此为阴乘阳。居中得正,故曰"无咎"。六二性柔,喻至柔之物、噬而嗑之而最易啮合,指断案治狱之顺利。六二爻既"得正",又"乘刚",爻辞与象辞以各执一是而互补矣。

六三,噬腊肉,遇毒。小吝,无咎。

《象》曰:"遇毒",位不当也。

[讲解]　筮遇六三,有啮吃坚硬、陈腐有毒腊肉之象,稍有遗憾但无咎害。

《象辞》说:六三爻辞所谓噬腊肉而遇毒之象的喻义,指断狱治刑不顺利,象口腮有腊肉般梗塞之物而不致于啮合。

腊肉,干肉,《周易正义》:"坚刚之肉。"毒,来知德《周易集注》:"毒者,腊肉之陈久太肥者也。《说文》:'毒者,厚也。'味厚者为毒。"六二以阴爻居阴,所噬者象"肤"之柔。六三柔居阳,所噬者象有毒之腊肉,分别喻施治刑狱的顺与不顺。

九四,噬干胏,得金矢。利艰贞,吉。

《象》曰:"利艰贞,吉",未光也。

[讲解]   筮遇九四,啮咬带骨的干肉,牙齿又咬到藏在干肉中的铜箭头,这预示命运艰难而终于吉利。

《象辞》说:九四爻辞所谓预示命运艰难而终于吉利的意思,是指治狱之道未到亨通、光大之时。

《经典释文》:"胏(音 zǐ),马云:'有骨谓之胏。'"金,铜。矢,箭头。以箭矢射杀猎物,矢折而没于兽肉,做成干肉仍未剔除,此爻辞言此兆象。艰贞,"占问艰难之事"①。

六五,噬干肉得黄金,贞厉,无咎。

《象》曰:"贞厉,无咎",得当也。

[讲解]   筮遇六五,啮咬干肉而咬到陷在干肉中的黄铜之物,这种占问预示命运有危险但终于没有咎害。

《象辞》说:六五爻辞所谓占问有危险而终无咎害,是因为六五居中、当位的缘故。

《周易浅述》卷三云:"五君位,用刑人无不服,而以艰贞危厉为心,盖钦恤之道当然,故在五为得其当也。"然笔者愿意在此指出,据爻位说,六五并非"得中"即"得其当"之爻。故象辞等所言无当。

上九,何校灭耳,凶。

《象》曰:"何校灭耳",聪不明也。

[讲解]   筮遇上九,肩负刑枷,遮住耳朵,凶险。

《象辞》说:上九爻辞所谓肩负刑枷、遮住耳朵这一兆象,象征耳不聪。

吴澄《易纂言》:"何,负也。"灭,叵训为没,隐没之意。

上九属于上卦离体,离为槁木,三、四、五互体为坎,坎为耳,为桎梏。此卦言用狱之理。初在下,为治狱之始;上示用刑之终,中四爻刚柔有别,所噬有难易,六二以柔居阴,故"噬肤"最易;六五以柔居阳,居中之爻,故"噬干肉",然难于六二;六三以柔居阳,未中,则"噬腊肉",难于六五;九四以刚居阴,不得位,"噬干胏",喻最难之义。

---

① 高亨《周易大传今注》第 222 页。

卦二十二　贲卦☲（离下艮上）："观乎天文，以察时变。观乎人文，以化成天下"

贲：亨。小利有攸往。

［讲解］　贲卦卦辞：筮遇此卦，可举行享祭。有些吉利，可以有所行动。贲，此处音 bì，有"文饰"之义。《序卦》："贲者，饰也。"《杂卦》又云："贲，无色也。"因"无色"而可为其"文饰"。贲卦离下艮上，离为火，艮为山，有"山下有火"的"贲饰"之象。

《彖》曰：贲亨。柔来而文刚，故亨，分刚上而文柔。故"小利有攸往"，天文也。文明以止，人文也。观乎天文，以察时变。观乎人文，以化成天下。

［讲解］　《彖辞》说：贲卦象征亨通。贲卦下卦，阴爻（柔爻）来就于（文饰于）乾卦为离，所以亨通。贲卦上卦，阳爻（刚爻）来交于（交饰于）坤卦为艮。因此稍有吉利，可以有所作为。这就是天文（自然美）。贲卦下卦离为火，火即光明，对火的发现与利用，即文明；贲卦上卦为艮，为山，为止，这便是人文（人工美）。观察天文，可以觉察时序的变化；观察人文，可以以道德教化而成就于天下。

拙著《周易的美学智慧》（1991 年）指出，贲卦"离下艮上，由三阳爻、三阴爻对应穿插构建，彼此文饰，象征阴阳往来亨通；贲卦下卦为离☲，离即火，火可指太阳，太阳为天体，天为乾，因而离的原初本体是乾☰，离的生成是坤卦的一个柔爻来就于乾☰，促成乾体'九二'变异为'六二'。离者，丽，美也。离的美无疑是乾坤（男女）相感即'柔来而文刚'所创生的。贲卦上卦为艮，艮为山，山属大地的一部分，大地即坤，因而是艮的原初本体为坤☷，艮的生成又显然是坤卦的变演，是乾的一个刚爻来交于坤的结果，坤的'上六'被乾卦的'上九'所替代而生成艮，故云'分刚上而文柔'"。"由此我们可以清楚地见出，由于贲卦下卦离☲的本体是乾卦，上卦艮☶的本体是坤卦，因此，贲卦的原型其实是乾下坤上之象，即泰卦"。泰者，《易传》云，"天地交，泰"。这便是古人心目中的"天文"（自然美）。而所谓"文明以止"，亦是贲卦的象征意义。"贲卦下卦为离，离为火，火即光明，如前所述，由于其下卦离是坤的一个阴爻'文'饰乾的结果，因而光明就是'文明'，火就是'文明'，而贲卦上卦为艮,艮为山,山性岿然静止,因此,整个贲卦就具有'文明以止'的意义。"①

《象》曰:山下有火,贲。君子以明庶政,无敢折狱。

[讲解]　《象辞》说:贲卦象征山下熊熊烈火。君子观此贲卦之象,领悟到以"天文"之则修明道德,以"文明"治理天下政务、不敢虚饰有过而妄断刑狱的道理。

折狱,《程氏易传》云:"君子观山下有火,明照之象,以修明其庶政,成文明之治。"而"折狱者,专用情实,有文饰则没其情矣。故无敢用文以折狱也"。此言甚是。

初九,贲其趾,舍车而徒。

《象》曰:"舍车而徒",义弗乘也。

[讲解]　筮遇初九,文饰他的脚趾,宜有车不乘而徒步行走。

《象辞》说:初九爻辞所谓有车不乘、徒步行走,象喻不适当。

舍,捨。义,宜。王弼《周易注》:"在贲之始,以刚处下,居于无位,弃于不义,安夫徒步,以从其志者也。故饰其趾,舍车而徒,'义弗乘'之谓也。"

六二,贲其须。

《象》曰:"贲其须",与上兴也。

[讲解]　筮遇六二,文饰他的胡须。

《象辞》说:六二爻辞所谓文饰他的胡须,是说六二与九三相互文饰,六二随九三而兴起的意思。

六二以柔居阴而得中,中正之爻。与九三为正比,六二承于九三,然其性阴柔未能自动,故附丽于阳,如须虽美而必生于口颐。其不能自兴而随九三而兴动。

九三,贲如,濡如,永贞吉。

《象》曰:"永贞"之"吉",终莫之陵也。

[讲解]　筮遇九三,文饰的样子,濡染、滋润的样子。占筮结果是永获吉祥。

————————

① 王振复《周易的美学智慧》第 230—231 页。

《象辞》说:九三爻辞所谓永远可获吉祥,是说终于不会受到欺凌。

如,这里为词缀,同"然"。陵,借为凌,欺凌,侵凌。九三以刚居阳位而处下卦之极,得位而未得中,但九三据六二又亲比于六二,有文饰、和气、濡润之象。

六四,贲如,皤如,白马翰如。匪寇,婚媾。

《象》曰:六四当位,疑也。"匪寇,婚媾",终无尤也。

[讲解]　筮遇六四,文饰的样子,素白的样子,白马奔腾像一道白光的样子。这不是抢东西的盗寇,而是娶亲的马队。

《象辞》说:六四是当位之爻,有不疑速往之义。所谓不是盗寇是娶亲马队的意思,说明终于没有什么可担忧的。

皤,音 pó,白素之貌,发白为皤。翰,这里指白马之白,《礼记·檀弓上》,"殷人尚白……戎事乘翰。"郑玄注:"翰,白色马也。"匪,非。疑,这里似原为"亡疑",佚一"亡"字;亡,无。尤,担忧,怨忧。该爻辞相似于前述屯卦六二,其爻辞云:"屯如,邅如,乘马班如。匪寇,婚媾。"但两者喻义有别。屯六二有艰难行缓之象,贲六四居四得位而应初,有决疑速往之象。胡炳文《周易本义通释》云:"屯二应五,下求上也,不可以急。贲四应初,上求下也,不可以疑。"此说是矣。

六五,贲于丘园,束帛戋戋。吝,终吉。

《象》曰:六五之吉,有喜也。

[讲解]　筮遇六五,美化以小丘为景的园囿,扎一束简薄的丝帛,有遗憾而终于吉祥。

《象辞》说:六五吉祥,有喜事来临。

丘园,指有小山之景的园囿,非指"山丘园囿"。戋戋,音 jiān,疏:"戋戋,众多也。"误。戋戋,《周易本义》称为"浅小之意"。汉《子夏易传》云:"五匹为束。戋戋作残残。"六五无应于六二,故"吝";而承、比于上九,故"终吉"、"有喜"。

上九,白贲,无咎。

《象》曰:"白贲,无咎",上得志也。

[讲解]　筮遇上九,白素之饰,实即无饰,占筮结果是没有咎害。

《象辞》说,所谓白素之饰,没有咎害,是指上九象喻返璞而无饰的理想已经实现。

白贲,以白为贲,实即无贲。上九为贲卦之终,喻贲饰之极,所谓绚烂之极归于平淡,有白贲之义。李光地《周易折中》:"以刚文柔(即《彖辞》所谓'分刚上而文柔'),则是文穷返质,白贲之象也。"又说:"贲之道(引者注:即所谓'上得志'的'志')在无色,以白为贲,则敦本尚实。华靡之曰不足以累之,何咎之有?"白贲是一种原朴、返璞的美,所谓"白色非色,而色自丰"。

[小结]　此释临、观与噬嗑、贲四卦。临卦象征临察愉和,赞美感临之道;观卦崇尚观瞻其崇高即"大观"之义。噬嗑卦喻义在于治狱去除梗塞、追求社会和谐;贲卦主张不尚华饰、以"白贲"为上。临、观互为综卦;噬嗑、贲互为综卦。

卦二十三　剥卦䷖(坤下艮上):剥尽复来,"君子尚消息盈虚,天行也"

剥:不利有攸往。

[讲解]　剥卦卦辞:筮遇此卦,有所行动,不吉利。

剥卦坤下艮上,有山在地上之象。剥,剥落之义,五阴盛而一阳渐消,阴盛阳衰,将剥尽之时,而复之渐来。

《彖》曰:剥,剥也,柔变刚也。"不利有攸往",小人长也。顺而止之,观象也。君子尚消息盈虚,天行也。

[讲解]　《彖辞》说:剥卦象征事物因时、随时而剥落。好像一株树,仅留下"最后一片绿叶"。其卦象,五阴柔之爻由阳刚之爻变来。卦辞所谓"有所行动,不吉利",象征小人势盛,时机不利。下卦为坤、为顺,上卦为艮、为山、为止,全卦有"顺而止之"之象。观此卦象,遂悟顺其时势而抑制小人妄为之道。君子重视事物此消彼息、此息彼消的运变、生化之理,这说的是"天"道运行的规律。《经典释文》:"剥,落也。"剥落、衰落、凋落之义。尚,吴澄《易纂言》释为"犹贵也"。天行,天道,指天的运化规律,不能如黄寿祺、张善文《周易译注》(第197—198页)那样,释为"大自然的运行规律"。在中华

古代文化理念中,"天"这一概念,不同于"大自然"。以卦体言,五阴剥阳,象征"小人"之道盛长;此象辞在告诫人们,应"知天行之方剥,则不至不量力以取祸。知剥之必有复,亦不至怨天尤人而变其所守矣"[①]。

《象》曰:山附于地,剥。上以厚下安宅。

[讲解] 《象辞》说:山陵倾颓、消落在大地之上,这便是剥卦的喻义。位居高位的人,应懂得打好坚厚之根基,才能建造安全宅舍的道理。《周易集解》引卢氏云:"上,君也。宅,居也。山高绝于地,今附地者,明被剥矣。居地时也。君当厚锡(赐)于下,贤当卑降于愚,然后得安其居。"

初六,剥床以足,蔑。贞凶。

《象》曰:"剥床以足",以灭下也。

[讲解] 筮遇初六,有床脚衰朽、败坏的兆象,凶险。

《象辞》说:初六爻辞所谓"床脚衰坏"的意思,是说事物败坏、衰落先从下部基础开始。

蔑,借为灭。初六在下,故称"剥床"以"足",此即喻"灭下"。初在下有"足"象,"剥"始于"下",渐侵灭于"上",占必"凶"。

六二,剥床以辨,蔑。贞凶。

《象》曰:"剥床以辨",未有与也。

[讲解] 筮遇六二,床板朽烂,凶险。

《象辞》说:六二爻辞所谓"床板朽烂",是六二爻符无应于六五的缘故。

徐志锐说:"辨字,注家解释不一。王弼说它是床足之上,孔颖达说它是床足与床身的分辨处,均失明确。俞樾训辨为胖,又将胖解作是肋侧的薄肉,从上下文的'剥床以足'、'以辨'、'以肤'看,第二爻位还未达到剥人体之肉的地步。高亨:'辨读为牑,床板也。'此训较旧注为优。剥床而毁及床板,这比毁床足又进了一步。"[②]此释可取。

六三,剥,无咎。

《象》曰:剥之,"无咎",失上下也。

[讲解] 筮遇六三,虽在剥落之时而没有错失。

---

① 陈梦雷《周易浅述》卷三。
② 徐志锐《周易大传新注》第 153 页。

《象辞》说:六三爻辞所谓"剥落之时而无错失"的意思,是因为六三不与其六四、六二有应、比关系而独应于上九,所以没有错失。

六三爻辞,朱熹《周易本义》书写为"剥之,无咎",陈梦雷《周易浅述》、朱骏声《六十四卦经解》等从之。李鼎祚《周易集解》为"六三,剥,无咎",《周易尚氏学》从之,并认为"剥之,无咎"之"之","乃从象辞而衍",可从。荀爽《九家易》注云:"众皆剥阳,三独应上,无剥害之意,是以无咎。"《周易尚氏学》:"不党于上下二阴,故曰'失上下。'①是。

六四,剥床以肤,凶。

《象》曰:"剥床以肤",切近灾也。

[讲解]　筮遇六四,床已经剥蚀、毁坏,危及人的肌肤,凶险。

《象辞》说:六四爻辞所谓"床剥蚀、毁坏到危及人之肌肤",是说六四象征灾变即将来临。

肤,人之肌肤。《周易浅述》卷三云:"四在下卦之上,犹人卧处,有剥床及肌肤之象。"《周易尚氏学》云:"足、辨、肤皆指床言。肤,犹言'床面'也。人卧床,身与床切,剥及于是。"②高亨释为"盖取落床之席,则卧者切近于灾病也"③。皆可供参阅。

六五,贯鱼以宫人宠,无不利。

《象》曰:"以宫人宠",终无尤也。

[讲解]　筮遇六五,帝后率领一串鱼似的宫人循序以进而得宠于君王,没有不吉利的。

《象辞》说:六五爻辞所谓"帝后率领宫人循序以进而得宠于君王",是说事物有了转机,最后没有怨尤。

贯鱼,鱼贯。贯有穿义。宫人,嫔妃总名。六五阴柔居于阳位且居中,为尊位,为五阴之主,故可释为"帝后"。鱼,阴物。六五爻变而上卦成巽,有鱼象。巽又为绳,贯之象。六五为五阴之极,预示将阴极而阳来,故未取剥义,此初至四以阴剥阳,至五则有阴从阳、阴转阳之机微。《周易浅述》卷三云:"众阴逼阳,疑有尤也。循序以从,尤终可无也。"可参。问题是,所有这

---

①②　尚秉和《周易尚氏学》第 121 页。

③　高亨《周易大传今注》第 236 页。

些解读,均建立在上九象君王这一喻义上,六五率其余四阴,均亲比于上九,这符合爻位之说。且称上九为全卦之主,在理。但是上九何以喻君王?查上九爻辞,仅有"君子"一词,君王不同于君子。可见,所谓君王(上九)宠幸宫人(五阴),是因六五爻辞有"宫人宠"一语而反推君王之说。这便是古人所谓《易》言变、化之道,称不应胶柱于一辞一语之谓。不过,解易固然当领会易变之妙理,亦应分辨何为妙理,何为诡辩。历代易学家与注家多有一个习惯性思维,即《易经》所言都是对的,哪怕矛盾百出也要努力弥补,自圆其说。这其实连北宋欧阳修《易童子问》的怀疑精神都没有。

上九,硕果不食,君子得舆,小人剥庐。

《象》曰:"君子得舆",民所载也。"小人剥庐",终不可用也。

[讲解] 筮遇上九,有丰硕的果核而不食用。君子得到大车,小人的房舍坍毁。

《象辞》说:上九爻辞所谓"君子得到大车",寓意是说民众因而可以乘坐。所谓"小人的房舍坍毁",是说筮遇此爻,终究因时机未宜而不合于时用。

李光地《周易折中》说:"'硕果不食',核也,仁也,生生之根也。自古无不朽之株,有相传之果,此'剥'之所以'复'也。"此深谙易理之言。是以果之核、仁喻上九。剥卦虽五阴一阳而孤阳在上,却是由剥而复的一颗种子。上九象征君子而小人未可像之,故称"不可用也"。载,此亦大有卦"大车以载"之"载",释为"乘坐"比较平实。亦通"戴",有敬仰之义。黄寿祺、张善文由此释为"仰庇"[1],可备一说。

卦二十四 复卦☷(震下坤上):"反复其道",一阳来复,"天行也"

复:亨。出入无疾,朋来无咎。反复其道,七日来复。利有攸往。

[讲解] 复卦卦辞:筮遇复卦,可以进行祭祀。进进出出不生病,朋友来往无咎害。在路上走,七天之内一个来回。有利于有所作为。

《象》曰:复,亨,刚反。动而以顺行,是以"出入无疾,朋来无咎"。"反

---

[1] 黄寿祺、张善文《周易译注》第203页。

复其道,七日来复",天行也。"利有攸往",刚长也。复,其见天地之心乎?

[讲解]《彖辞》说:卦辞所谓"复,亨",有复归、亨通的意思,刚爻居初,一阳来复。复卦下卦为震、为雷、为动,上卦为坤、为地、为顺,喻义为阳气上动、阴气随顺而行。这便是为什么复卦有"进进出出不生病,朋友来往无咎害"这样吉利的兆象。所谓"在路上走,七天之内一个来回",象征天道运行,以"七"为一个"反复"。所谓"有利于有所作为",是指复卦的阳刚之气日渐生息。复归这一易理,不是体现出阴阳消息、运行无有休止的天地之"本心"即本始吗?

这里,反,回归,返。陆德明《经典释文》:"复,反也,还也。"通行本《老子》有"反者,道之动"说,所谓"反复其道"也。"七日",在卦辞实指"七天"。在《彖辞》象征天道运行变化循环之数,有以"七"为"复"之义。复者,归本返始。剥卦群阴剥阳,至于几尽。复卦一阳来于下,便是"七日来复"之喻义。由姤卦☴一阳消,遯卦☶二阳消,否卦☷三阳消,观卦☷四阳消,剥卦☷五阳消,坤卦☷六阳消,至复卦☷一阳来复,历"七"之变。从一阳消亡到一阳息生,是一个天道运化的历时性周期。《周易本义》云,"天行"者,"阴阳消息,天运然也"。所谓"天地之心",《周易集解》引荀爽云:"复者,冬至之卦,阳起初九,为'天地心'。万物所始,吉凶之先,故曰'见天地之心'矣。"在十二消息卦中,复正值冬至之时,有一阳始生之象。故"天地之心",犹言"天地"一阳复生之始。复卦震下坤上,震为雷坤为地,象雷在地底运行,蕴含生机。又好比一株树,主干、枝叶已是剥落,而其根依然活着。

《象》曰:雷在地中,复。先王以至日闭关,商旅不行,后不省方。

[讲解]《象辞》说:复卦下震上坤,震为雷而坤为地,故有雷始动于大地之象,象征阳气复归。所以,先王在冬至到来之后依复卦之易理而闭关自守,商人、旅者不外出妄行,君主、公侯不轻易去巡视天下。

这里,至日,冬至。闭关,休息宁静以养微阳。后,本指帝后,即帝之正妻。《礼记·曲礼下》:"天子之妃,曰后。"这里兼指君主、诸侯。《尚书·大禹谟》:"后克艰厥后,臣克艰微臣。"又,《舜典》有"群后四朝"之记。方,四方,天下。

初九,不远,复,无祗悔,元吉。

《象》曰："不远"之"复"，以修身也。

[**讲解**]　筮遇初九，兆象指示不宜远行，出门不远就回家，这没有大的危害，十分吉利。

祇，《周易集解》释为"大"，可从。

《象辞》说："出门不远就回家"这"回复"的道理，是说可以用来修持自身的道德品操。

六二，休复，吉。

《象》曰："休复"之"吉"，以下仁也。

[**讲解**]　筮遇六二，兆象预示喜庆、美善地回来。

《象辞》说：六二爻所谓"喜庆、美善地回来"，是说六二亲比于初九而有亲仁善邻以为休美之义。

休，吉庆、美善，《诗·商颂·长发》有"何天之休"言，郑玄笺："休，美也。"王弼《周易略例》有"亲仁善邻为复之休美"之说，《周易集解》引王弼云："得位居中。比初之上而附顺之，'下仁'之谓也。既处中位，'亲仁善邻'，复之休也。"

六三，频复，厉，无咎。

《象》曰："频复"之"厉"，义"无咎"也。

[**讲解**]　筮遇六三，苦着脸、心有不甘勉强回来，有危险而无错失。

《象辞》说：六三爻辞所谓"频复"之"厉"，其意思是：虽有危厉而没有错失。

频，《周易集解》引虞翻云，"蹙也"，古"颦"字，皱眉貌。蔡渊释"频"为数，频为频繁，亦可备一说。

六四，中行独复。

《象》曰："中行独复"，以从道也。

[**讲解**]　筮遇六四，兆象预示，从中间的一条路走，独自回来。

《象辞》说：六四爻辞所谓"中行独复"，是指六四居五个阴爻之中，有居中行道、独得其时、循正道而复归之义。六四无亲比关系而下应于初九，故有"中行独复"之象。朱震《汉上易传》云："爻处五阴之中，度中而行，四独应初。"

六五,敦复,无悔。

《象》曰:"敦复,无悔",中以自考也。

[讲解]　筮遇六五,兆象预示,内心笃厚、实诚地回归,没有遗憾。

《象辞》说:六五爻辞所谓"敦复,无悔",从爻象看,六五居中处尊,无偏无私,自我省察。

敦,厚、实之谓。《孟子·万章下》云,"故闻柳下惠之风者,鄙夫宽、薄夫敦"之"敦",有此义。上卦坤地,具敦厚之象。《周易浅述》卷三:"五虽与初无应,然以柔中居尊,因四之独复而能笃其行,厚其养,以复于善者,犹临之有'敦临'也。"

上六,迷复,凶,有灾眚。用行师,终有大败。以其国君,凶。至于十年不克征。

《象》曰:"迷复"之"凶",反君道也。

[讲解]　筮遇上六,迷入歧途不能找到回来的路(意思是因"复"而"迷"),凶险,有灾变,自作自受。筮遇此爻,预示行军打仗,终必大败。用以治理国政,君王凶险,以至于十年之内不能去征战。

《象辞》说:上六爻辞所谓"迷复之凶",说的是违背君王阳刚之道。眚,音 shěng,目疾为眚,通"过失"。郑玄云,"异自内生曰'眚'"。《程氏易传》:"既迷不复善,在己则动皆过失。"十年,《周易》古筮法(详后)有"地数十"之说,这里极言时间之久。《周易浅述》卷三:"上六以阴柔居复终,位高而无下仁之美,刚远而失迁善之机,厚极而有难开之蔽,质柔而无改过之勇,无应而无从道之明,是终昏冥而不复者也。灾自外来,眚自己作,坤先迷,今居其极,有迷复之象。坤为土为众,有行师象。在上近五,有以其国君象。地数十,有十年不克征之象。"此释上六,甚切。

卦二十五　无妄卦䷘(震下乾上):"大亨以正","各正其性命,本无妄也"

无妄:元亨,利贞。其匪正有眚,不利有攸往。

[讲解]　无妄卦辞:筮遇此卦,可以进行祭祀祖神的活动,这是吉利的占问。他行为不正、内心邪私,有灾变,如有所行动,不吉利。

《彖》曰:无妄,则自外来而为主于内,动而健,刚中而应。大亨以正,天之命也。"其匪正有眚,不利有攸往"。无妄之往,何之矣? 天命不祐,行矣哉?

[讲解] 《彖辞》说:无妄卦象征不胡作非为。其卦象是外卦为乾、为阳刚而内卦为震,却是乾阳外来而主宰于内,这是雷动而乾健的品格。无妄卦九五得中而性刚且下应于六二。它以得中正之时而至为亨通,这是天命所为而非人力所致。所谓违逆天的正道,一定有灾变始于自身,不利于有所行动。不胡作妄为的行为,是怎么一回事呢? 如果天命不佑助,所谓正"行"即不妄为可能吗?

《周易正义》:"九五以刚处中,六二应之,是'刚中而应'。刚中则能断制虚实,有应则物所顺从,不敢虚妄也。"此卦说"无妄"之易理,以"正"释无妄之义。无妄者,自然之谓。《周易浅述》卷三:"天之化育万物,生生不穷,各正其性命,本无妄也。"

《象》曰:天下雷行,物与无妄。先王以茂对时,育万物。

[讲解] 《象辞》说:无妄卦上为乾为天,下为震为雷,有天下雷动震行之象。这象征万物敬惧而循天之自然不妄为。先王上应天时,以天震雷动的威严而应合于天命,从而养育万类。

茂,盛。与,应。对,配,配天。

初九,无妄,往,吉。

《象》曰:"无妄"之"往",得志也。

[讲解] 筮遇初九,预示不胡作非为,前往,吉利。

《象辞》说:循因天时,不胡作非为的行为,可以实现自己的志向。

初九居下卦之初,有谦退之义,当位而动,虽无应,却正以无应即无心而吉。无妄贵在自然,得自然之理即无心而应。

六二,不耕获,不菑畬,则利有攸往。

《象》曰:"不耕获",未富也。

[讲解] 筮遇六二,兆象预示,不妄耕而图收获,不妄垦而得良田,那么,这有利于有所作为。

《象辞》说:六二爻辞所谓"不耕获",象征得中正之位而不以上应于九五而炫耀自己得"富"阳之气。

菑,音 zī;畲,音 yǔ(或 shē)。《尔雅·释地》:"田,一岁曰菑,二岁曰新田;三岁曰畲。"菑指初垦,生地;畲指熟地。富,徐志锐说:"阳为富,阴为不富,小畜九五'富以其邻'可作内证。"①可从。笔者以为,此所言"未富",可解读为:不以六二自己上应于九五(阳爻)而自夸。

六三,无妄之灾:或系之牛,行人之得,邑人之灾。

《象》曰:行人得牛,邑人灾也。

[讲解] 筮遇六三,拴在外的牛,被路人顺手牵走,这小城之人横遭诘问、追查甚至逮捕的危险,不胡作非为,却意外遭害。

《象辞》说:路人顺手牵走了牛,小城之人遭受灾祸。

"邑人"之"邑",泛指城,大为都,小为邑,因而此释为小城。无妄本无灾,而六三位不当,居下卦之终,有违无妄皆以中正而亨之易理,故无妄在一定时机中,亦可致灾。《周易本义》:"六三处不得正,故遇其占者,无故而有灾。如行人牵牛以去,而居者反遭诘、捕之扰也。"

九四,可贞,无咎。

《象》曰:"可贞,无咎",固有之也。

[讲解] 筮遇九四,占筮结果还算可以,没有咎害。

《象辞》说:所谓占筮结果还算可以,没有咎害,这是九四爻象本有的预示结果。

九四以刚居阴,并非当位,但"阳刚乾体,不事应与,可以自守其正,不可以有为,亦不至于有咎也"②。陈梦雷的这一解释似可备一说,但称"九四""自守其正",不符爻位说通则。该爻辞仅记占筮结果而未记兆象。

九五,无妄之疾,勿药有喜。

《象》曰:"无妄"之药,不可试也。

[讲解] 筮遇九五,不胡作非为而生了小病,预示不必吃药而有自愈的好结果。

《象辞》说:九五爻辞所谓"不胡作非为,生了小病,无须用药而自愈",是

---

① 徐志锐《周易大传新注》第 168 页。
② 陈梦雷《周易浅述》卷三。

说遇事不可不看对象乱下措施。

九五以刚居阳,得中得正,其本"无妄",并无疾患。只因某种外界因素而犹如人偶感小疾,并不能说机体本身有大病,因而如果胡乱用药,反受其害。

上九,无妄。行有眚,无攸利。

《象》曰:"无妄"之行,穷之灾也。

[讲解] 筮遇上九,不胡作非为。而妄行必有灾祸,没有什么好处。

《象辞》说:上九爻辞所谓"不胡来,而妄行必致灾祸",这是说出了穷极之时必遭灾变的道理。

上九以刚居阴,失位之爻,又居于卦之终,于时不利,故宜无"行",行必有害。王弼《周易注》:"处不可妄之极,唯宜静保其身而已,故不可行也。"

卦二十六 大畜卦☲(乾下艮上):"刚健,笃实,辉光,日新其德"

大畜:利贞。不家食,吉。利涉大川。

[讲解] 大畜卦卦辞:筮遇此卦,这是吉利的占问。不在家里用餐,吉利。渡涉大江大河,吉利。

畜,陆德明《经典释文》:"又作蓄"。有聚、止之义。此卦乾下艮上,天在山中,所"畜"者"大"矣,具蓄聚之义。乾阳刚健,为艮山所止,有蓄止之义。以艮山阳性畜乾天之阳,其蓄之力巨可知,故称大畜。

《彖》曰:大畜,刚健,笃实,辉光,日新其德。刚上而尚贤,能止健,大正也。"不家食,吉",养贤也。"利涉大川",应乎天也。

[讲解] 《彖辞》说:大畜卦象征事物、人格的德性,刚健,笃实又光辉灿烂,天天有新的发展。该卦下卦为乾天刚健之象,具有崇尚圣贤的喻义。上卦为艮山,艮有止义,这是蓄止健强的喻义,表喻至大的正道。所谓"不家食,吉",说明蓄养贤人人格,不为小家自食一般的环境、时势所局限,而应大处着手。所谓"利涉大川",象征人的行为必须应合于天时。

此卦二、三、四互体为兑,为口,有"食"之象。三、四、五互体为震,震在东,为木,有木舟之济象,应乎"利涉大川"之义。又三、四、五互体为震,震卦上爻变为离,有"日"象,故曰"日新其德"。《周易注》:"尚贤制健,大正应天,不忧险难,故'利涉大川'也。"

《象》曰:天在山中,大畜。君子以多识前言往行,以畜其德。

[讲解] 《象辞》说:大畜卦下卦乾天,上卦艮山,有"天在山中"即艮山蓄聚、蓄止乾天、以笃实蓄养刚健而焕发光辉之象,这便是大畜卦的喻义。君子由此领悟,必多多地认识到前贤、往圣的言述与作为犹如"大畜",以便由此蓄养君子人格、道德本涵。

从卦象分析,天象至为广大,而反蓄聚于山中,似有谬矣。实乃极言蓄聚、蓄养刚健之力的大,以小蓄大,以象征圣贤、君子人格之广博胸襟。《程氏易传》云:"人之蕴畜,由学而大,在多闻前古圣贤之言与行,考迹以观其用,察言以求其心,识而得之,以畜成其德。"

初九,有厉,利已。

《象》曰:"有厉,利已",不犯灾也。

[讲解] 筮遇初九,筮得的结果是有危厉凶险,停而不作(某事),吉利。

《象辞》说:所谓"有危险,那么就停止",是指做事不可冒险。

《周易集解》引王弼云:"进则灾危,'有厉'则止,故能'利已'。"初九性阳,上应于六四,即为六四所畜止,如果自恃雄强而执意进取,必危。

九二,舆说輹。

《象》曰:"舆说輹",中无尤也。

[讲解] 筮遇九二,大车的车轮脱散、坏了。该爻辞缺判辞。

《象辞》说:所谓"大车车轮脱散、坏了",此爻居下卦中位,故象征无有忧患。

舆,大车。輹,音 fù。说,脱之误写。尤,忧。輹,古时木制大车车箱下勾连车轴、以利车轴转动前行的构件。《说文》:"车轴缚也。"这里值得注意的是,九二爻辞以"舆说(脱)輹"为凶兆,而该《象辞》却解为"中无尤也",这是本经与传文之义不一致的例证之一。《象辞》以为,九二虽居下之中,而以刚居阴,不得正,故有冒进未蓄之时义,必缓行而自安,故以"舆说輹"象征。而輹脱不欲前行,便具"无尤"之义。而二、三、四互体为兑,据《易传》,"兑为毁折",故有"舆说輹"之象。

九三,良马逐,利艰贞。曰闲舆卫,利有攸往。

《象》曰:"利有攸往",上合志也。

［讲解］　筮遇九三,良马驰逐,预知困难反而吉利的占问。闲置大车与卫队之兆,有利于有所行动。

《象辞》说:所谓有利于有所行动,是说上卦艮体有止乾畜阳之功,因而九三与其同一志向。

九三以刚居阳,得位,但处下之终,故有"艰"象,说明九三时义在于畜志未成。好在上有艮止之势,不使阳亢过甚,还是吉利的。爻辞"曰闲舆卫"之"曰",语气词。闲,闲置。吴澄《易纂言》:"古者乘车,三人在车上,步卒七十二人在车下,舆之卫也。"此爻辞以"良马逐"与下卦乾对应,以"闲舆卫"与上卦艮对应。李鼎祚《周易集解》、陈梦雷《周易浅述》等本子作"日闲舆卫",可参。注者多以"上合志也"的"上",指上九,而据爻位说,九三无应于上九,何得以"合志"?

六四,童牛之牿,元吉。

《象》曰:六四"元吉"。有喜也。

［讲解］　筮遇六四,小牛犊的嘴被笼罩,大吉大利。

《象辞》说:六四爻辞所谓"大吉大利",是令人喜悦的占筮结果。

牿,音 gù,《九家易》作"告"。丁福保《说文解字诂林》引戴侗云:"告,笼牛口,勿使犯稼是也。"廖名春以为虞翻、朱熹、朱骏声等释"牿"为"约束牛角的横木"欠妥。"但'童牛'尚未角,'牿'又何所加?"所说有理。称郑玄认为"持木以就足",亦不可取[1]。廖说是。

六五,豶豕之牙,吉。

《象》曰:六五之吉,有庆也。

［讲解］　筮遇六五,兆象是被阉割之猪的牙,吉利。

《象辞》说:六五爻辞所谓吉利,是值得庆贺的占筮结果。

豶,音 fén,陆德明《经典释文》:"豕去其势,曰豶。"六五以柔居阳,处尊而未得中,而豕去其势则刚躁自止,故"吉"。《程氏易传》云:"君子法'豶豕'之义,知天下之恶不可以力制也。"

上九,何天之衢,亨。

《象》曰:"何天之衢",道大行也。

---

[1]　廖名春《周易经传十五讲》第 101 页。

[讲解]　筮遇上九,兆象是何其广大的通天大路,可祭祀祖神。

《象辞》说:上九爻辞所谓何其广大的通天大路,是说天道畅行,至为亨通。

衢,音 qú,直行四达之大路。《大戴礼记·子张问入官》:"六马之离,必于四面之衢。"上九处上卦之终极,不正不中,而上艮象径路,有"衢"象,全卦以艮止畜乾阳,至上九乃畜德已散,故具"道大行"、亨通之象。《周易浅述》卷三:"至于畜极而通,则又理数之自然。"

[小结]　此释剥、复与无妄、大畜四卦。剥卦说剥落时义,阴消阳息,剥极必复;复卦称阳复,而正气潜生,去恶复善,又复极剥来。无妄卦寓不妄为之理,无妄即天理自然,与老庄之学有应合之处;大畜卦主畜聚、畜养之旨,推崇刚健、笃实、辉光之德。剥、复互为综卦;无妄、大畜互为综卦。

卦二十七　颐卦☷(震下艮上):颐以"养正",养身养德,"养贤以及万民"

颐:贞吉。观颐,自求口实。

[讲解]　颐卦卦辞:占问的结果是吉祥。兆象是观察人之口腮,可以自己去求得果实充饥。

从卦象看,颐卦卦符象人之上下腭、口中两排牙齿之状。《序卦》:"颐者,养也。"《彖辞》释"噬嗑"云,"颐中有物曰噬嗑"。而无物曰颐,颐有待养之义。

《彖》曰:颐,"贞吉"。养正则吉也。"观颐",观其所养也。"自求口实",观其自养也。天地养万物,圣人养贤以及万民。颐之时大矣哉。

[讲解]　《彖辞》说:颐卦象征守持正固,这是美好的品格。人涵养正气,那么就美好。观察颐卦卦象,可以观悟颐养正气的道理。所谓"自己去求得果实充饥",由此观悟以正气、正道涵养自我身心的道理。天地颐养万物,圣人效法天地而颐养贤人并惠及天下百姓。颐卦关于时间的道理对颐卦卦义来说是根本的啊。

实,果实,果腹之物。朱震《汉上易传》:"实者,颐中之物也。"实者,食也。大,太之本字,引申为原始、根本。《周易集解》引宋衷云:"颐者,所由饮食自养也。君子'割不正不食',况非其食乎。是故所养必得贤明,'自求口实',必得体宜,是谓'养正'也。"颐卦初九、上九同为卦之主。初九喻自养,上九喻所养。

《象》曰:山下有雷,颐。君子以慎言语,节饮食。

[讲解] 《象辞》说:颐卦上卦为艮为山,下卦为震为雷,有"山下有雷"之象,象征颐养天道。君子观悟颐卦,说话谨慎、饮食节制,为的是颐养身心。

初九,舍尔灵龟,观我朵颐,凶。

《象》曰:"观我朵颐",亦不足贵也。

[讲解] 筮遇初九,舍弃你的神龟不卜,看着我鼓起腮帮吃东西,凶险。

《象辞》说:所谓"观我朵颐"的喻义,在于初九欲以自养而未备,故而不配得到别人的重视。

朵颐,《周易正义》:"朵是动义,如手之捉物,谓之朵也。今动其颐,故知嚼也。"姚配中《周易姚氏学》:"灵龟犹神龟。舍尔灵龟,谓舍尔灵龟不卜。朵,动也。观我朵颐,谓观我动颊而谈。人遇有疑事,不用龟以卜,而听人之口误,是凶矣。"此说以"观我动颊而谈"释"观我朵颐"义,与"舍尔灵龟"之卜义通。但失全卦颐养之旨。

六二,颠颐,拂经,于丘颐,征凶。

《象》曰:六二"征凶",行失类也。

[讲解] 筮遇六二,往嘴里填塞食物而小腿被击打,弄得腮帮子小山一样鼓鼓的。出兵征战,凶险。

《象辞》说:六二爻辞所谓"出兵征战,凶险",指这一行为违失常规。

"颠颐"的"颠",借为填,有塞义。"拂经"的"拂",本为拂拭之义,引申为击打[1]。经,借为胫。于,在。丘,小山。征,出兵。陈梦雷《周易浅述》卷三:"上之养下,理之常经也。然阴不能自养,必欲从阳求养。今二求养于初,则颠倒而违于常理矣。"又云:"于丘颐乃曰征凶者,以上非正应,失其类也。"此

---

[1] 参见高亨《周易大传今注》第261页。

释象辞义,可从。六二、六五无应,六二、上九失应。尚秉和云:"阴阳相遇方为类,今六二不遇阳,故曰'失类'。"①

六三,拂颐,贞凶。十年勿用,无攸利。

《象》曰:十年勿用,道大悖也。

[讲解]　筮遇六三,打耳光之兆,为凶险。占筮结果,十年之内不会有所作为,没有什么好处。

《象辞》说:所谓"十年之内不会有所作为",所说与养正之道根本违背。

"拂颐"之"拂",拂拭、掠过之义,引申为击、打。六三与上九为正应,但不中不当,且居下卦之终,有媚上以求而无厌之象。故与"道大悖"。

六四,颠颐,吉。虎视眈眈,其欲逐逐,无咎。

《象》曰:"颠颐"之吉,上施光也。

[讲解]　筮遇六四,见狼吞虎咽式地吃东西,吉利。见老虎吃东西时双目专注于猎物,它的食欲连续不绝,没有咎害。

《象辞》说:所谓"狼吞虎咽式地吃东西,吉利",指六四居初九之上,以四养初为逆应,吉利而美好,六四居在上位而向下普施光明。

这里"颠颐"之"颠","可读为'慎'"②。录此以备参阅。眈,音 dān,垂目专注。

六五,拂经。居贞吉,不可涉大川。

《象》曰:"居贞"之吉,顺以从上也。

[讲解]　筮遇六五,击打小腿,行走不便。如果安居则吉利。不可以渡涉大江大河。

《象辞》说:所谓"安居住则吉利",有守持正固的意思。此六五亲比、顺从于上九之故。

这里,居贞,占问安居之事。六五以柔居尊而未得中、得正。象辞所言"居贞"的"贞",有守持正固之义。就象辞言,六五以阴柔居尊位,又亲比于阳刚之德以为其养,且处于上艮之中,因而有安居于正而吉之象。但六五性柔,未可大有作为,又有"不利涉大川"之象。

①　尚秉和《周易尚氏学》第137页。
②　廖名春《周易经传十五讲》第102页。

上九,由颐,厉吉。利涉大川。

《象》曰:"由颐,厉吉",大有庆也。

[讲解]　筮遇上九,由着兴致吃东西,虽有危厉而终吉利。有利于渡涉大江大河。

《象辞》说:上九爻辞"由颐,厉吉"的意思,指此爻阳实而自养,又颐养四阴,既自养又养他,所谓"由颐"也。居上之终,不当位,故"厉"。知危厉之时而养体养德,这是根本意义上的幸福吉庆。朱熹《周易本义》:"六五赖上九之养以养人,是物由上九以养也。"《周易集解》引虞翻云:"由,自从也。体剥居上,众阴顺承,故'由颐'。"此释象辞义,可从。

卦二十八　大过卦☱(巽下兑上):以"栋桡"之喻,明刚柔相济之旨

大过:栋桡。利有攸往,亨。

[讲解]　大过卦卦辞:筮遇此卦,兆为栋梁两端弯曲。有利于有所行动,可祭祀。

桡,音náo,陆德明《经典释文》:"曲折也。"大过卦象四阳在中,二阴在外,中间过于刚强而两端柔弱。《周易集解》:"初、上阴柔,本末弱。"《周易本义》云,"上下二阴不胜其重,故有'栋桡'"之象。

《象》曰:大过,大者过也。栋桡,本末弱也。刚过而中,巽而说,行。"利有攸往",乃亨。大过之时大矣哉。

[讲解]　《象辞》说:大过卦象征太过即阳刚之气过甚。爻辞所谓"栋桡",是说此卦首(初)、尾(上)两端即初六、上六性柔而弱。中间四刚爻过于健强,下卦巽为顺为风,上卦兑为泽为说(悦),巽顺、和悦之道流行。因而,有利于有所行动,命运亨通。大过卦所象征的时间意识是卦义的根本。

大者过也,指大的东西过甚。阳为大,阴为小。大指阳爻。刚过而中,指刚爻过多,健强之性过分,中指初、上之间四阳爻,而非仅指九二、九五。九二居下卦中位,未当;九五居上卦之中,得中得正,何以称"过"?《周易集解》引虞翻云,"国之大事,在祀与戎","继世承祀,故'大矣哉'"。以此释时义,似失在过于坐实,反背于易理。

《象》曰:泽灭木,大过。君子以独立不惧,遁世无闷。

[讲解] 《象辞》说:大过卦下为巽,为木,上为兑,为泽,有泽水淹没巽木之象。君子观悟此卦,独立无惧,遁世而无烦闷。

初六,藉用白茅,无咎。

《象》曰:"藉用白茅",柔在下也。

[讲解] 筮遇初六,以白色茅草铺垫,没有咎害。

《象辞》说:所谓以白色茅草铺垫,初六以阴性柔顺于下。

藉,借。李善《文选》注:"以草荐地而坐曰藉。"有衬垫义。柔居初,失位。以柔承刚,借以白茅,象人居之始,谦下而有慎义,故无咎。

九二,枯杨生稊,老夫得其女妻,无不利。

《象》曰:老夫女妻,过以相与也。

[讲解] 筮遇九二,兆为枯萎的杨树从根部长出新芽,老男人娶少女为妻,没有什么不吉利的。

《象辞》说:所谓老夫少妻,是说九二阳刚过甚却与初六有亲比关系。

稊,音 tí,植物新芽,通荑。《经典释文》:"稊,郑(玄)作荑,木更生。"《周易浅述》卷三:"稊,根之荣于下者。"九二阳之过甚,反有枯杨之象。二、三、四互体为乾,有男、夫之象。初六承于九二,有女妻从夫之象。九二、初六亲比,故"得阴之滋,有稊根复秀,女妻得遂生育之象"。

九三,栋桡,凶。

《象》曰:"栋桡"之凶,不可以有辅也。

[讲解] 筮遇九三,之兆栋梁弯曲,凶险。

《象辞》说:栋梁弯曲的凶险之象,是说事物过于刚强而难以获得辅助。

九三以刚居阳,得位,且与上六应,据爻位之说,应为吉才是。然此却是凶象,因而姚配中《周易姚氏学》称,"唯大过之时不用常理"。此指《象辞》不遵爻位说常则。

九四,栋隆,吉。有它,吝。

《象》曰:"栋隆"之吉,不桡乎下也。

[讲解] 筮遇九四,房屋栋梁由弯曲而隆起以致平复,吉利。有歪斜、不正的话,令人憾惜。

《象辞》说:所谓栋梁因隆起而吉利,是说栋梁不再弯曲而倒下的道理。

九四以刚居阴,损以过刚而趋于阴阳调和,故栋梁有原弯曲状而隆以平复之象。朱熹《周易本义》:"以阳居阴,过而不过,故其象隆而占吉。"而九四下应初六,有趋于柔弱之时势,使栋梁弯曲不得隆起以致平复,故"吝"。《周易本义》云:"下应初六,以柔济之,则过于柔矣,故又戒以'有它'则'吝'。""有它"的"它",本义为邪行,引申为不正。《周易集解》《周易浅述》诸本作"有他"。

九五,枯杨生华,老妇得其士夫。无咎无誉。

《象》曰:"枯杨生华",何可久也? 老妇士夫,亦可丑也。

[讲解]　筮遇九五,兆为枯萎的杨树开花了,老女人嫁了少年郎,没有错失,没有荣誉。

《象辞》说:所谓枯萎的杨树开花,这怎能长久不衰呢? 所谓老女人嫁少年郎,这事也太名声不好了。

九五以刚居阳得中,爻时极佳。而与上六逆比,小有瑕疵,故"无咎无誉"。"何可久"、"亦可丑"者,以伦理思想即重男轻女、尊男贱女之理念释爻义。《周易折中》云,"九二比于初,近本也,'生稊'之象"。又说,"九五承于上,近末也,'生华'之象"。此"承于上"之说,为"比于上"之误。

上六,过涉灭顶,凶。无咎。

《象》曰:"过涉"之凶,不可咎也。

[讲解]　筮遇上六,涉水渡河、水太深而淹没头顶,凶险而没有错失。

《象辞》说:涉水遭灭顶之灾的意思,在于不可以将这看做有错失。

上六处大过卦之终,以柔居阴,极阴之象,孤阴残存,故"凶"。三、四、五互体为乾,为首,为顶。上卦为兑,兑为泽水,因而《周易集解》云:"顶没兑水中,故'灭顶凶'。"上六乘于九五,"乘刚,咎也","得位,故无咎"。

卦二十九　坎卦☵(坎下坎上):坎险重重,"行险而不失其信"

习坎:有孚,维心,亨。行有尚。

[讲解]　筮遇此卦,卦象是坎陷加上坎陷,险阻重重。以俘虏祭神应该胸怀实诚、忠挚之心,一心一意,这种行为值得推崇。

习，《说文》:"数飞也。"《礼记·月令》:"鹰乃学习。"转义曰重。习坎，指坎卦坎下坎上，为重坎之象。维，非语气助词，借为惟。《程氏易传》:"以诚一而行，则能出险，有可嘉尚，谓有功也。"维心，惟心。推崇，崇尚。坎卦此言习坎，称名之特例。帛书本《周易》作"习赣"。

《彖》曰:"习坎"，重险也，水流而不盈。行险而不失其信，"维心，亨"，乃以刚中也。"行有尚"，往有功也。天险不可升也，地险山川丘陵也。王公设险以守其国。险之时用大矣哉。

[讲解] 《彖辞》说:坎卦坎下坎上，象征险陷重重，好比流水陷落而非盈溢。身处险境但内心忠信不移，专注、执着而人生道路亨通。从卦符看，九二、九五以刚爻居中。所谓行为值得推崇，是说艰难前往必有所成。上天的险阻人力不可逾越;大地的险阻，是指高山、大河与丘陵令人难行。王公贵族领悟坎卦卦义，用设立险阻的办法来守护自己的都城。险陷的时机、时义与时效是坎卦象征的根本之旨。

行险，身处险境，此"行"，同于"行有尚"之"行"，不宜释为"行走在险境"。国，甲骨文写作𢧵或𢧘，象持戈守卫一个地域，本义为都邑，非指"国境"。时用，时间的功用，与时机、时义相联。《周易浅述》卷三:"全象取一阳在中，以为内实有常，则中可以有功，时世有险而此心无险，故虽险而亨。此全卦之大旨也。"

《象》曰:水洊至，习坎。君子以常德行，习教事。

[讲解] 《象辞》说:流水不断涌来，象征险陷重重。君子观悟此卦，长久地守持美德善行，不断地修习政教之事。

洊，音 jiàn，通荐，再。王弼《周易注》:"相仍而至。"犹言接踵而至。常，用作动词，持久。

初六，习坎，入于坎窞，凶。

《象》曰:"习坎"，入坎，失道凶也。

[讲解] 筮遇初六，坎险重重，跌落在洞穴深处，凶险。

《象辞》说:所谓坎险重重，跌入洞穴深处，象征丧失处险之正道而必遭凶灾。

窞，音 dàn，深洞。朱熹《周易本义》:"以阴柔居重险之下，其陷益深，故其象占如此。"初六失位,无应,故"失道凶"。

九二,坎有险,求小得。

《象》曰:"求小得",未出中也。

[讲解]　筮遇九二,身陷险难之境,欲求履险,求小事做起,而有所成。

《象辞》说:所谓"求小得",是说此时九二虽居中而尚未出险。

李鼎祚《周易集解》引虞翻云:"阳陷阴中,故'有险'。据阴有实,故求小得也。"九二陷于二阴,阴为小。

六三,来之坎坎,险且枕,入于坎窞,勿用。

《象》曰:"来之坎坎",终无功也。

[讲解]　筮遇六三,坎险一个接一个,来之不断,险阻难以排除,止而不去,跌入深洞,不是好兆头。

《象辞》说:所谓"来之坎坎"之象,是说六三最终想要出险而徒劳无功。

《周易集解》引虞翻云:"坎在内称'来',在坎终坎,故'来之坎坎'。枕,止也。艮为止(注:三、四、五互为艮)。三失位乘二,则'险'。承五隔四,故'险且枕'。"

六四,樽酒,簋贰,用缶,纳约自牖,终无咎。

《象》曰:"樽酒,簋贰",刚柔际也。

[讲解]　筮遇六四,酒杯盛酒,两个青铜或陶制的簋器盛物,瓦缶之中装着吃的东西,通过窗户递入,按照信约进献于神灵,终究没有咎害。

《象辞》说:所谓酒杯盛酒、两个簋器盛物,是指六四亲比于九五,有承、据关系而刚柔相济。

簋,音 guǐ,殷周青铜或陶制盛食器,圆口圈足,无耳或有耳,方座或带盖,一般为祭祀用具。甲骨文写作𣪘(董作宾《小屯·殷虚文字乙编》八八一〇)。贰,两。缶,瓦器,食具,或乐器,此指食具。牖,音 yǒu,窗户。王弼《周易注》:"处重险而履正,以柔居柔,履得其位,以承于五……皆无余应以相承比,明信显著,不存外饰。处坎以斯,虽复一樽之酒,二簋之食,瓦缶之器,纳此至约,自进于牖,乃可羞(馐)之于王公,荐之于宗庙,故'无咎'也。"此说可从。

九五,坎不盈,祗既平,无咎。

《象》曰:"坎不盈",中未大也。

[讲解]　筮遇九五,坎险之处,水不会盈溢,小山已夷为平地,没有咎害。

《象辞》说:所谓坎险之水不会盈溢,象征九五有中德而未光大。

衹,衹之误,通坻,小山之谓。《周易集解》本为"禔",安之义。录以备考。九五刚居阳得正,因险阻重重、将出险却未尽出,故曰"中未大也"。

上六,系用徽纆,寘于丛棘,三岁不得,凶。

《象》曰:上六失道,凶三岁也。

[讲解]　筮遇上六,以牢固的绳索系缚,囚禁在荆棘丛中,三年(多年)不能解脱,凶险。

《象辞》说:上六丧失处险、出险之正道,这种凶险危及多年。

纆,音 mò,绳索。《经典释文》以为徽、纆"皆索名"。"三股曰徽,两股曰纆。"

寘,音 zhì,置。坎为棘,坎下坎上,故曰"丛棘"。《周易集解》引虞翻云,"狱外种九棘,故称'丛棘'"。上六以柔居阴得位,何以为"凶"?因上六处坎之终喻坎险之极,故"凶"。《程氏易传》:"以阴柔而自居险之极,其陷之深者也。"

卦三十　离卦☲(离下离上):"重明以丽乎正,乃化成天下"

离:利贞,亨。畜牝牛,吉。

[讲解]　离卦卦辞:这是吉利的占问,可祭神。饲养母牛,吉祥。

畜,养。牝,音 pìn,本义指母牛,与牡对。引申为雌性,与雄对。

《彖》曰:离,丽也。日月丽乎天,百谷草木丽乎土。重明以丽乎正,乃化成天下。柔丽乎中正,故亨。是以"畜牝牛,吉"也。

[讲解]　《彖辞》说:离卦象征附丽。好比太阳、明月附丽于苍穹,百谷草木附丽于大地。离卦离下离上,象征光明倍增,附丽于中正之道(这里犹指六二),于是化生、成就天下人文灿烂。柔和、美丽,源自中正之道,所以亨通。这便是畜养母牛,可获吉祥的喻义。

离卦一阴附丽于上下之阳。离者,火也。中虚者,光明也。八卦中的离卦,为坤之一爻来就于乾体。离卦以二、五附乾体而有附丽之象,有牝牛之畜养。《周易浅述》卷三云:"日月丽天,以气丽气而成明,百谷草木丽土,以形丽形而成文。君臣上下皆有明德,而处于中正,则可以成天下文明之化,此皆以释卦之名义也。柔丽乎中正,故亨。是以'畜牝牛,吉'也。"

《象》曰:明两作,离。大人以继明照于四方。

[讲解]　《象辞》说:离卦离下离上,离为日,离为太阳,离卦象征倍增的光明。象喻大人人格光辉灿烂,好比太阳普天照耀,倍为光丽。孔颖达《周易正义》:"离为日,日为明,今有上下二离,故云'明两作,离'也。"

初九,履错然,敬之,无咎。

《象》曰:履错之敬,以辟咎也。

[讲解]　筮遇初九,鞋子金黄色的样子,尊崇穿鞋者,便没有咎失。

《象辞》说:所谓穿金黄色鞋子以引起尊仰的意思,为的是避免错误。

履,鞋。错,黄金色,以金涂饰,"错彩镂金"之"错"与此同义。辟,避之本字。初九刚居初,取象为"履",在下。当附丽之始,践行宜敬慎。

六二,黄离,元吉。

《象》曰:"黄离,元吉",得中道也。

[讲解]　筮遇六二,黄龙般的云霓出现,至为吉祥。

《象辞》说:所谓好像黄龙般云霓出现,至为吉祥,是因六二大得中正之道。

离,《说文解字》:"离,山神兽也。"离,螭。《说文·虫部》:"若龙而黄。"高亨"谓云气似龙形者,虹之类也。音转而谓之霓。黄螭黄霓"①。六二以柔居阴得正,故"元吉"而"得中道"矣。

九三,日昃之离,不鼓缶而歌,则大耋之嗟,凶。

《象》曰:"日昃之离",何可久也。

[讲解]　筮遇九三,太阳西斜,黄龙般的云霓出现在西天,这时如果不是击缶唱歌自得其乐,那么必然导致暮年苦命的嗟叹,凶险。

《象辞》说:所谓"日昃之离"的兆象,象征老年人好比日近黄昏,虽有云

① 高亨《周易大传今注》第282页。

霓附丽于天,不久将要落没,在世的日子不多了,那些快乐的日子,怎么可能长久呢。

昃,音 zè,太阳将要西沉。耋,音 dié,《说文解字》:"年八十曰耋。"大耋,极言人之暮年。九三为下卦之终,丽日将没,故称"日昃之离",凶险。初爻象日出,二爻象日中,三爻象日西斜。

九四,突如,其来如,焚如,死如,弃如。

《象》曰:"突如,其来如",无所容也。

[讲解]　筮遇九四,太阳出人意料地升起,烈焰一般焚烧,不久又死一般地隐没,好比被丢弃的样子。

《象辞》说:所谓太阳出人意料地升起,烈焰一般焚烧,不久又隐没被丢弃,这象喻事物"突如其来"、忽然而去,人的命运多变,不知哪里是"容身"之处。

如,语气助词。九四在上下两离体之间,失位。以日为喻,"昏而如晓,没而始出,故曰'突如其来如'。其明始进,其炎始盛,故曰'焚如'。逼近至尊,履非其位,欲进其盛,以炎其上,命必不终,故曰'死如'。违离之义,无应无承,众所不容,故曰'弃如'也。"①容,容纳之谓。

六五,出涕沱若,戚嗟若,吉。

《象》曰:六五之吉,离王公也。

[讲解]　筮遇六五,涕泪滂沱,哭得伤心,悲戚嗟叹,吉利。

《象辞》说:六五爻辞所谓吉利,是说臣下悲伤哭泣,有臣下附丽于君王公侯的意思。

六五以柔居阳,处尊而未得正。三、四、五互体为兑,兑为泽,有"涕沱"之象,然居尊而知忧惧,以戚叹而自戒,故云"吉"。

上九,王用出征,有嘉,折首,获匪其丑,无咎。

《象》曰:"王用出征",以正邦也②。

[讲解]　筮遇上九,君王出兵打仗,杀了敌方首领,有嘉美战功,俘虏敌人丑类,没有咎害。

---

① 王弼《周易注》。
② 王肃本在该《象辞》"以正邦也"后,有"'获匪其丑',大有功也"句。

《象辞》说：所谓君王占问出兵打仗，为的是通过占问以正道治理邦国。

嘉，嘉许，赞美。折首，斩首。匪，非。丑，此对敌之蔑称。离喻甲胄戈兵，有"出征"象，用，此指立"中"以占问。上九为上之终，有"首"之象。

[小结]　此释颐、大过与坎、离四卦。颐、大过互为错卦；坎、离互为错卦。颐卦说自养、养人与养天下的颐养之道，推崇"养正"；大过卦以"栋桡"为喻，明阳刚太过、阴柔不胜于时势之理，要在推明中和之旨。坎卦象征人生道路险陷重重，而坚信内心诚信，刚健居中，便可践坎而出险，推扬道德救世之说；离卦以日火为喻象，申说人当附丽于社会与时代的意义，宣扬《象辞》所谓"重明以丽乎正，乃化成天下"的政治伦理思想。

下经三十四精读

卦三十一　咸卦䷞(艮下兑上)："咸,感也",男女"二气感应以相与"

咸:亨,利贞。取女,吉。

[讲解]　咸卦卦辞:祭神,吉利的占问。娶妻,吉利。

咸,音 gǎn,感。孔颖达《周易正义》:"此卦明人伦之始,夫妇之义。"咸,首指男女相"感"。《周易》本经分上经,下经两部分。上经,自乾坤到坎离;下经,自咸恒到既济未济。

《彖》曰:咸,感也。柔上而刚下,二气感应以相与。止而说,男下女,是以"亨,利贞,娶女,吉"也。天地感而万物化生,圣人感人心而天下和平。观其所感,而天地万物之情可见矣。

[讲解]　《彖辞》说:咸卦,言男女交感。咸卦上卦为兑,下卦为艮。一个柔爻来就于乾体而成兑;一个刚爻来交于坤体而成艮,这是阴阳二气相互感应、交合的意思。全卦下卦为艮为止、为少男;上卦为兑为说(悦)、为少女,这便是阴气、阳气亨通,有利于守持正固,少男娶女为妻而吉利美善的意思。天地阴阳交感而万物化合生育,圣人与百姓众心相互感应就天下太平。观悟咸卦所象征的交感、感应之理,那么,天地万物的情情实实(实际情形)与交感之理就可体现出来而让人心知肚明了。

《周易浅述》卷四:"咸卦,卜艮上兑,取相感之义。兑,少女;艮,少男也。男女相感之深,莫如少者。又艮体笃实,兑体和说(悦),男以笃实下交,女心说而上应,感之至也。"

《象》曰:山上有泽,咸。君子以虚受人。

[讲解]　《象辞》说:咸卦下为艮为山,上为兑为泽,山体润泽,象征男女交感。君子悟于此卦,懂得以虚怀润泽于天下众人的为人、为政之道。

《周易集解》引崔憬云:"山泽通气,咸之象也。"又引虞翻云:"乾(注,兑之原型为乾)为人,坤(注:艮之原型为坤)为虚,谓坤虚三受上,故'以虚受人'。艮山在地,下为谦,在泽下为虚。"可从。

初六,咸其拇。

《象》曰:"咸其拇",志在外也。

[讲解]　筮遇初六,相互感应在少男少女的脚拇指。

《象辞》说:所谓相互感应在他们的脚拇指,是说艮体以初始感应于上卦兑体,象征初六的感应志趣在于向外求偶。

拇,拇指。《经典释文》指为"足大指也"。外,指咸之外卦。初六上应九四。初在下,有脚拇指之象。初感尚浅,善恶、真假、美丑未分,故此爻辞不言吉凶。

六二,咸其腓,凶。居吉。

《象》曰:虽凶,"居吉",顺不害也。

[讲解]　筮遇六二,少男少女相互感应在小腿肚,凶险。但只要安居于静之时,吉利。

《象辞》说:六二爻辞虽然称凶险而安居于静则得吉祥,这是指六二象征顺应交感之正道,没有什么不好。

腓,音 féi,小腿肚。《说文解字》:"胫腨也。"胫,"腓肠也。"段注:"胫骨后之肉也。"腓腿肚肥厚,"似中有肠者然"。《周易集解》引崔憬云,六二"得位居中,于五有应(引者注:正应),若感应相与,失艮止之礼,故'凶'(注:此言六二宜居正守静,不可躁妄)。居而承比于三,顺止而随于当礼,故'吉'也"。此"礼"为道德准则,结合爻位解释,可从。《周易浅述》卷四:"阴性本静,艮体本止,顺其本然,不累于欲,感可不害矣。"男女相感有一渐生过程,此爻以躁妄为戒。

九三,咸其股,执其随,往吝。

《象》曰:"咸其股",亦不处也。志在随人,所执下也。

[讲解]　筮遇九三,少男少女相互感应在大腿,但如果执意地追随他人,发展下去,有遗憾。

《象辞》说:九三爻辞所谓相互感应在大腿,也便是不能守静安处的意思。志趣在盲目地追随他人,这一执取是低俗的表现。

股,大腿。处,止,隐退,安守。《系辞上》:"或出或处。"九三应于上六,为逆应,居下之终,阳刚过甚,难以自守,故"往吝"。二、三、四互为巽,有"股"象,艮为手,有"执"象。凡少男少女未感,为"处"矣,今已感,故称"不处"。随意妄执,所执为"下"。

九四,贞吉,悔亡。憧憧往来,朋从尔思。

《象》曰:"贞吉,悔亡",未感害也。"憧憧往来",未光大也。

[讲解]　筮遇九四,筮得的结果是吉利,无遗憾。少男少女此时心神不定、相互憧憬,情意绵绵,以对方的思绪为自己的思绪。

《象辞》说:所谓占问吉利,没有遗憾,象征守持正固,无悔无恨,没有感到有什么害处。所谓心神不安、相互憧憬、情意绵绵,是说此时男女交感还没有彻底发扬光大。

《说文解字》:"憧,意不定也。"而《经典释文》又释为"往来不绝貌"。因而"憧憧"并非仅指"心神不安",如仅此,便与后文"朋从尔思"相矛盾。"朋从尔思"指彼此相感甚切。九四刚居阴,失正,而言"贞吉,悔亡",为戒辞。其下应于初,有"朋"象。但毕竟居上卦之下,所感未臻佳时,故"未光大"。

九五,咸其脢,无悔。

《象》曰:"咸其脢",志末也。

[讲解]　筮遇九五,因感应而感动在他的喉头(意思是因感动而喉头哽咽,说不出话来),没有悔恨。

《象辞》说:所谓感应在他的喉头,是说少男少女的志趣将最终交感结为夫妇。

脢,音 méi,喉头之梅核。何楷《古周易订诂》:"陆农师云'脢在口下心上,即喉中之梅核。"徐志锐主是说[1]。可从。孔颖达据《子夏易传》,释脢为"背"、"背脊肉",李鼎祚亦主此说。九五得中得正,亲比于上(虽为逆比)而下应于六二,其时正宜,但"志末"者,五志在"末","末"指上六。上六据九五,故言九五之"志"有趋"末"之象。

上六,咸其辅、颊、舌。

《象》曰:"咸其辅、颊、舌",滕口说也。

---

[1]　参见徐志锐《周易大传新注》第 205—206 页。

[讲解]　筮遇上六,少男少女相互感应在牙床、脸颊与舌头。

《象辞》说:所谓相感在牙床,脸颊与舌头,最终达成口欲的愉悦。

辅,为"辅车"之略语,辅原指颊骨,车指牙床,因此爻辞在"辅"后有"颊"字,如按辅本义释"颊骨",与后文"颊"重,因而这里释"辅"为"辅车"之略语,有"牙床"义。滕,水之腾涌,通沸腾之腾。《经典释文》:"达也。"《周易集解》作"媵"。媵,古祭名,并释为"送",似未确。

上六居卦之终,有辅、颊、舌之象。上六得位,下应九三,虽爻辞未言吉,实为吉象。王弼《周易注》:"咸道转末,故在口舌言语而已。"诸家均从此说。咸卦自初至上,初感"拇"、二感"腓"三感"股"、四感"憧(心)"、五感"脢"而上感辅、颊、舌,描述了一个少男少女相感由浅入深的全过程。从时义分析,有喻事物从渐变到突变之义。

卦三十二　恒卦☳(巽下震上):"恒,久也",夫妇"久于其道也"

恒:亨,无咎,利贞。利有攸往。

[讲解]　恒卦卦辞:祭神,没有咎害,吉利的占问。有利于有所行动。

《彖》曰:恒,久也。刚上而柔下,雷风相与,巽而动,刚柔皆应,恒。"恒:亨,无咎,利贞",久于其道也。天地之道,恒久而不已也。利有攸往,终则有始也。日月得天而能久照,四时变化而能久成,圣人久于其道而天下化成。观其所恒,而天地万物之情可见矣。

[讲解]　《彖辞》说:恒卦象征恒久。恒卦上为震,一刚爻来交于坤而震。下为巽,一柔爻来就于乾而巽。上为震为雷,下为巽为风,有雷风相与之象与巽风、雷动之象。初六上应九四,刚柔皆应之象,象征恒久之道。所谓恒久、亨通,没有错失,利于守持正固。这一正道的主题,是恒久。天地运行,恒久而永不停息。所以有利于有所行动,象征事物运化终而复始。日日得天道运化而能恒久普照,春夏秋冬四时运变便永远不断地生化、育成万物。观悟恒卦所象征的恒久之道,天地万物的情情实实(实际情形)可以体现、让人明了。《周易浅述》卷四:"《彖传》取义有四。刚上柔下,一也。雷动风应,二也。由顺而动,事乃可久,三也。刚柔相应,乃理之常,四也。故卦名恒。"恒卦上为震为长男,下为巽,为长女,长男在长女之上,象男尊女卑之

理。全卦以有常为亨，贵在正固。以阴阳之气调和为恒，故称天地万物之实际如是。

《象》曰：雷风，恒。君子以立不易方。

［讲解］　《象辞》说：恒卦上为震为雷，下为巽为风，有雷风相薄之象，象征恒久之道。君子效法恒卦，为的是树立天地万物在运化之中恒久不变、因而人生道路恒久不变的思想、理念。

黄寿祺、张善文云：“‘恒’字之义，可析为二：（一）恒久不易，如守持正道不可一刻动摇；（二）恒久不已，如施行正道必须坚持不懈。”①然。释恒卦之“恒”义，须指明此“恒”乃变、化之“恒”，因变、化而“恒”。天地万物恒变。恒者，指变、化本身是不变的。方，道。《周易正义》，“方，犹道也。”

初六，浚恒。贞凶，无攸利。

《象》曰：“浚恒”之凶，始求深也。

［讲解］　筮遇初六，不断疏理河道使其愈深。占筮结果是凶险，没有什么好处。

《象辞》说：所谓不断疏浚河道的凶险，是指初六开始妄求过深。

浚，疏理。恒卦初六，柔居阳而失位，初之柔弱，如不审时度势，以巽为入于过深，非其常恒之道，故主“凶”。此爻喻义，宜深则深，宜浅则浅，应随时而宜。求深非不善，而始而求深则未宜。

九二，悔亡。

《象》曰：“九二，悔亡”，能久中也。

［讲解］　筮遇九二，没有遗憾。

《象辞》说：九二爻辞所谓没有遗憾，是说能够恒久居而中无私偏。

亡，无。该爻辞未记兆象之辞，仅存判词。九二以刚居阴，有“悔”之爻，而二为中位，处中故“悔亡”。

九三，不恒其德，或承之羞。贞吝。

《象》曰：“不恒其德”，无所容也。

［讲解］　筮遇九三，人不恒久保持那种道德，随意接受他人的珍馐。筮

---

①　黄寿祺、张善文《周易译注》第267页。

得的结果是遗憾。

《象辞》说:所谓"不恒其德",是说九三的喻义是无地自容。

恒,恒久。或,代词。承,受。羞,馐。吝,遗憾。九三得位但处下之终,过刚未中,欲据初而隔二。三、四、五互为兑,欲与五亲比,又隔四。虽上应于上六,而未能久,且巽为躁,故"不恒其德",恒必中道,不中则不恒。长男长女为夫妇,"不恒其德"喻不守节操,故"无所容也"。

九四,田无禽。

《象》曰:久非其位,安得禽也。

[讲解] 筮遇九四,田猎活动没有捕获猎物。

《象辞》说:九四欲喻恒久之道却不当其位,好比田猎哪里能够捕获猎物。

《周易正义》:"田者,田猎也。以譬有事也。无禽者,田猎不获,以喻有事无功也。"守中则恒,九四失位失中,故"久非其位"。

六五,恒其德,贞。妇人吉,夫子凶。

《象》曰:妇人贞吉,从一而终也。夫子制义,从妇凶也。

[讲解] 筮遇六五,恒久地保持贞操,成婚女子可获吉祥,丈夫如守持妇道柔德,凶险。

《象辞》说:成婚女子守持正固,吉祥美善,是说随从一个丈夫终身不渝。丈夫却因地、因时、因人制宜,要是像妇人一般柔顺随从,那就凶险。

"制义"之"义",宜。六五以柔中而下应刚中,阴柔而正,有"恒其德"之象。五变则上卦为兑,为少女,有妇人之象。

上六,振恒,凶。

《象》曰:"振恒"在上,大无功也。

[讲解] 筮遇上六,动摇恒久的基础,凶险。

《象辞》说:上六象征动摇恒久之道到了终点,是说倘无恒久与专一之美德操行,必然不会成功。

振,动,扬。大,原始,根本,引申为彻底。朱熹《周易本义》:"振者,动之速也。"上六居全卦之极,为上震之终,有过振、过动之喻义。而柔居上而难以固守,故有"振恒"之象。

卦三十三　遁卦☲(艮下乾上):"遁而亨"者,"与时行也",谦退以自守

遁:亨,小利贞。

[讲解]　遁卦卦辞:祭神。这是稍为吉利的占问。

遁,《经典释文》:"隐退也,匿迹避时,奉身退隐之谓也。"

《彖》曰:遁,亨。遁而亨也。刚当位而应,与时行也。"小利贞",浸而长也。遁之时义大矣哉。

[讲解]　《彖辞》说:遁卦象征命运亨通。因隐退避凶而亨通。遁卦九五下应六二,刚爻居中得正当位,与时消息,与时偕行,随顺时机而隐退。所谓"小利贞",指遁卦两阴爻象征柔小者守持正固吉利的意思,有阴气渐渐浸润而滋长之义。遁卦所体现的因时而退的意义,是全卦卦义的根本。

《周易集解》引虞翻云:"刚谓五而应二,艮为时,故'与时行'矣。"又引荀爽云:"阴称小,浸而长,则将消阳,故'利贞'。"

《象》曰:天下有山,遁。君子以远小人,不恶而严。

[讲解]　《象辞》说:遁卦上为乾为天,下为艮为山,象征"天下有山",有隐退义。君子观悟此卦,因而远避小人,不表示厌恶而能庄严以自守,不与苟合。

恶,音 wù。严,庄敬自持,有庄严之貌。《周易浅述》卷四:"天不必示远于山也,乃山势虽高,而天去之自远。君子不必示恶声厉色于小人也,乃小人虽近,君子远之自严。不恶者,待彼之礼,严者,守己之节。'远小人',艮止之象,'不恶而严',乾刚之象也。"

初六,遁尾厉,勿用有攸往。

《象》曰:遁尾之厉,不往,何灾也。

[讲解]　筮遇初六,隐遁其尾巴,有危险,不利于有所行动。

《象辞》说:隐遁其尾,有危险。不有所行动,有什么灾变?

初六为卦之初,非当位,未中不正,有遁厉之象。艮为山为止,有静义,"不往",守静之谓,守静于初,则"何灾也"。

六二,执之用黄牛之革,莫之胜说。

《象》曰:执用黄牛,固志也。

[讲解]　筮遇六二,用黄牛皮制成的皮带系缚,没有人有力量可以解开。

《象辞》说:所谓用黄牛皮带系缚,六二象征中正自守、正固时义的志向。

执,拿,持,掌握。引申为系缚。说,脱字误写。下艮为手,“执”之象。二以中正自守,志在必遁。六二上应九五,因应之切而有“莫之胜说(脱)”之象。

九三,系遁,有疾厉。畜臣妾,吉。

《象》曰:“系遁”之厉,有疾惫也。“畜臣妾,吉”,不可大事也。

[讲解]　筮遇九三,心猿意马而不能隐退,便有疾害、危险。如果畜养臣仆侍妾,吉利。

《象辞》说:所谓“系遁之厉”,是说心有旁骛,不能隐退以自守,有疾患而遭致处境危险,身心疲惫。畜养臣妾虽为吉利,而不可干预治国、治天下的大事。

九三亲比于六二,象征心有系缚而未能隐退谦下,过刚之故。《周易折中》引胡瑗云:“为遁之道,在乎远去。九三居内卦之上,切比六二之阴,不能超然远遁,是有疾病而危厉者也。”下艮为阍寺,有臣妾之象,而畜养之未可干预大事,则吉。

九四,好遁,君子吉,小人否。

《象》曰:君子“好遁”,“小人否”也。

[讲解]　筮遇九四,君子喜隐遁,吉利。小人不喜隐遁。

《象辞》说:君子喜爱隐遁,谦退之道,小人不是这样。

九四居上之始,下应于初六,有“好”之象。乾体刚健自持,无系恋之私,故“好遁”,小人根性卑下,有系恋之私,故“否”。

九五,嘉遁,贞吉。

《象》曰:“嘉遁,贞吉”,以正志也。

[讲解]　筮遇九五,令人称许、赞美的隐遁,吉利。

《象辞》说:所谓令人称颂的隐遁之道,象征人格守持正固、吉利美好。是说九五象征中正之志向。

《文言》有“亨者,嘉之会也”之说,九五下应六二,象刚柔中正之两美嘉会。遁之时义为阳退阴进,反以九五象征,极言隐遁之道乃人间正道,这里,象辞染乎先秦老庄之说。

上九,肥遯,无不利。

《象》曰:"肥遯,无不利",无所疑也。

[讲解]　筮遇上九,宽裕自得地隐遁,没有什么不吉利。

《象辞》说:所谓宽裕自得地隐遁而没有不吉利,是说上九象征决然隐遁,无所迟疑。

肥,朱熹《周易本义》:"宽裕自得之意。"陈梦雷从之。《周易集解》:"乾盈为肥。"可从。肥,古蜚字,通飞,《淮南子》所谓"遁而能飞,吉孰大焉"。徐志锐云:"上九处一卦的终极之地,与二阴无应无比,在遁退之时其逃遁如飞,故称'肥遁',言其退之速。"[①]可备一说。

卦三十四　　大壮卦☳(乾下震上):"大者壮也","刚以动,故壮"

大壮:利贞。

[讲解]　大壮卦卦辞:这是吉利的占问(这一卦辞省略兆象记录而仅存判辞)。

《彖》曰:大壮,大者壮也。刚以动,故壮。大壮,利贞,大者正也。正大而天地之情可见矣。

[讲解]　《彖辞》说:大壮卦,象征刚健强壮。阳刚之气震动不已,因而称为强壮。大壮卦象征守持正固、吉善美好,指阳刚之气雄大而刚正。刚正雄大,那么天地的情情实实、品质德性就可以显现了。

大壮卦四阳二阴,阳大阴小,四阳雄大,故曰大壮。下乾为刚,上震为雷,雷震天宇,故曰大壮。朱熹《周易本义》:"以卦德言,则乾刚震动,所以壮也。"

《象》曰:雷在天上,大壮。君子以非礼弗履。

[讲解]　《象辞》说:大壮卦象征雷震于天,雄大强壮。君子观悟大壮卦,以为不合乎礼的不去践履。

《周易集解》引虞翻云,大壮之"壮","伤也",壮通戕,有伤义。雷在天

---

① 　徐志锐《周易大传新注》第218—219页。

上,有雷震乘临乾天、戕伤乾天之义。故而刚健盛大则伤,"所以君子当有畏惧警惕之心,及时而止"①。甚是。此"止"即适可而止,礼。《周易注》:"壮而违礼凶,凶则失壮也。"

初九,壮于趾,征凶。有孚。

《象》曰:"壮于趾",其孚穷也。

[讲解] 筮遇初九,自恃足趾强壮则易受伤,预示向前征伐,凶险。但有俘获。

《象辞》说:所谓"壮于趾",是说初九象征内存诚信正处于穷时。

初九以刚居阳然无比无应,当壮之时而急于进,有伤趾之象。来知德《周易集注》:"既无应援,又卑下无位,故曰'穷'。当壮进之时,有其德而不能进,进则必凶,乃处穷之时矣。"

九二,贞吉。

《象》曰:"九二,贞吉",以中也。

[讲解] 筮遇九二,吉祥。(此爻辞缺兆象记录,仅有判辞)

《象辞》说:所谓九二吉祥,是说九二阳刚居于中位的缘故。

本来,九二虽处中而未当位得中,何为"吉"?这正是一大难题。为自圆其说,《周易集解》引虞翻云:"变得位,故'贞吉'。动体离,故'以中也'。"如用变爻说,九二变六二,难题就解决了。但凭什么这里可以变爻呢?没有什么必然。其实,古人依爻位排列每爻爻辞时,并无强烈、彻底的关于爻位必与爻辞内容一一对应的理念,所以有矛盾纯属正常,先贤、时人实在并无必要为其圆说。

九三,小人用壮,君子用罔。贞厉。羝羊触藩,羸其角。

《象》曰:"小人用壮",君子罔也。

[讲解] 筮遇九三,小民百姓因自恃壮盛而受戕伤;君子贤人见时机未佳,为避壮健过甚而逃亡。占问的结果是凶险。公羊自恃其强壮而猛触藩篱,羊角被拘牵、纠缠。

《象辞》说:小民百姓因自恃壮盛而受戕伤,君子贤人见时机未佳、为避

---

① 廖名春《周易经传十五讲》第116页。

壮健过甚而逃亡,其义在避免过于刚盛。

罔,帛书本《周易》作"亡"①。羝,音 dī,公羊。羸,音 léi,这里通"累",缠绕束缚之义。九三居下之终,当位应上,有刚亢之时义。小人为壮所累而危厉。君子避其壮(伤)。三、四、五互体为兑,兑为羊,有羊象,上震为竹木,有"藩"之象。该《象辞》"君子罔也"句,《周易》古本作"君子用罔也"。

九四,贞吉,悔亡。藩决不羸,壮于大舆之輹。

《象》曰:"藩决不羸",尚往也。

[**讲解**]　筮遇九四,吉祥,没有悔恨。藩篱被羊冲破了,羊角没有被拘累纠缠。大车的輹木过于强刚反被戕伤。

《象辞》说:所谓藩篱被羊冲决,说明羊角不羸弱而未被拘累纠缠。九四象征向前进取。

尚,上。尚秉和《周易尚氏学》:"尚往,言上进居五。"上卦为震为大涂,三、四、五为兑,为附决,有"藩决"之象。四变为六四而全卦为泰,上为坤,坤为舆,有大舆壮輹之象。

六五,丧羊于易,无悔。

《象》曰:"丧羊于易",位不当也。

[**讲解**]　筮遇六五,在有易之地走失了羊,没有遗憾。

《象辞》说:所谓在有易之地走失了羊,是因六五以柔居阳不当位。

"丧羊于易"的"易",指有易,顾颉刚《周易卦爻辞中的故事》:"这里所说的'易',便是有易。"②殷之先祖王亥牧牛羊于有易之地,被有易部落首领杀害。又,易通埸(音 yì),来知德《周易集注》:"易,即埸,田畔地也。"所谓"丧羊于易",即在田畔走失羊群。可备一说。二、四、五互体为兑,兑为羊,有羊之象。六五以柔居阳处中,失其壮,有丧羊之象。

上六,羝羊触藩不能退,不能遂,无攸利。艰则吉。

《象》曰:"不能退,不能遂",不详也。"艰则吉",咎不长也。

[**讲解**]　筮遇上六,公羊抵触藩篱,羊角被藩篱拘累纠缠,退不得,进不

---

① 参见廖名春《马王堆帛书周易经传释文》,杨世文等编《易学集成》第三卷,第 3038 页。

② 顾颉刚《周易卦爻辞中的故事》,原载《燕京学报》第 6 期(1929 年 11 月),后收入黄寿祺、张善文编《周易研究论文集》(四),北京师范大学出版社,1990 年,第 7 页。

得,进退两难,没有什么吉利可言。只有艰苦努力,才可获吉祥。

《象辞》说:所谓退不得、进不得,进退两难,上六象征做事的错失,在于不审慎周详而妄动。所谓艰苦努力才可获吉祥,上六象征这种错失不会久长。

遂,此与"退"应,可释为"进"。详,周详,详备,有审慎义。《经典释文》:"详,审也,审慎也。"上六为大壮之终,触藩无退无进,呈两难之境。而守柔、缓进,艰而有吉。

[小结]   此释咸、恒与遁、大壮四卦。咸、恒互为综卦;遁、大壮互为综卦。咸卦主旨,揭示、歌颂男女交感之易理,以明事物相互感应之道;恒卦肯定家庭婚姻之恒久,由此阐述守中得恒、守恒乃久的道理。遁卦教人隐遁、谦退而自守,通先秦老庄哲学之义理;大壮卦既说守正处壮、必获吉祥,又述过于刚盛,必受戕伤之理,要求刚柔、壮弱相济。

卦三十五   晋卦☷☲(坤下离上):"晋,进也。明出地上。顺而丽乎大明"

晋:康侯用锡马蕃庶,昼日三接。

[讲解]   晋卦卦辞:康侯出征告捷,俘获敌方许多马匹,献给武王,武王昼夜之间多次接到战利品。

康侯,周武王之弟,名封,初封于康地,称康侯、康叔。锡,借为赐,献。蕃庶,众多貌。

《彖》曰:晋,进也。明出地上。顺而丽乎大明,柔进而上行,是以"康侯用锡马蕃庶,昼日三接"也。

[讲解]   《彖辞》说:晋卦象征上进、升起。全卦上为离,离为火为日,火即光明,下为坤,坤为地,为太阳从地平线升起之象。坤为地为顺,离为火为丽,象征随顺于上又附丽于上之太阳。晋卦六五以柔爻进居尊位,象征臣之美德。所以兆象有"康侯进献许多马匹,周武王一昼夜之间多次接到"的说法。

晋卦下坤上离,下地上日,朝阳喷薄之象,以文字言,晋之象者,旦。甲骨文🔆,像旭日升起于地平线,故有晋升之义。《周易正义》:"离上坤下,故言

'明出地上'。明既出地,渐就进长,所以为晋。"《周易集解》:"虽以卦名晋,而五爻为主,故言'柔进而上行'也。"不言进而名晋,进仅具前进之义而晋兼进则明之义。坤顺丽乎离明,即喻顺德之臣追随大明之君耳。

《象》曰:明出地上,晋。君子以自昭明德。

[讲解]　《象辞》说:太阳的光明在大地上普照,这是晋卦的兆象。君子观悟晋卦,昭显自我光辉灿烂的品操德行。

初六,晋如摧如,贞吉。罔孚,裕无咎。

《象》曰:"晋如摧如",独行正也。"裕无咎",未受命也。

[讲解]　筮遇初六,太阳初升被乌云遮盖的样子,吉利。没有俘获,但可以宽以待日,没有咎害。

《象辞》说:所谓太阳初升被乌云遮盖,初六象征事虽受挫而不可失其正道(言初六有趋二之时义)且独自践行。所以宽以待日,没有咎害,初六象征处事未接受急欲上进的指令。

摧,挫败、摧折,此指阳光被摧折,有阳光被乌云遮盖之义。如,语气助词。罔,无。孚,为俘。裕,宽裕缓进,有待时之义。

初上应于四,有晋升之象。二、三、四互体为艮为止,有始进而被摧之象。初应四,故"吉"。下卦坤地宽广,故初有裕象。初无比,有独行之象,初居最下,应四不应五(注:六五为全卦主爻),故"未受命"也。

六二,晋如愁如,贞吉。受兹介福,于其王母。

《象》曰:"受兹介福",以中正也。

[讲解]　筮遇六二,太阳升起而阴云在天,景象暗淡的样子,吉利。承受弘大福泽滋养,福泽来自祖母。

《象辞》说:所谓承受弘大福泽滋养,是说六二象征中正之道。

愁,这里指景象惨淡。兹,滋。介,有大义。王母,《程氏易传》:"祖母也,谓阴之至尊者,指六五也。"三、四、五互体为坎、为忧,故六二欲进有愁象。二居中得正,故"吉"。六五以柔居尊位,虽未得中得正,而有王母之象。二虽未应于五,而六二得中得正,故有受兹介福之象。此象辞意在主中正柔和缓进之德,"愁"字虽未出现于象辞,但观悟此爻义,以躁进为可忧,愁者,言进之艰难。

六三,众允,悔亡。

《象》曰:"众允"之志,上行也。

[讲解]　筮遇六三,做事公允,众人相信,没有遗憾。

《象辞》说:所谓做事公允,众人坚信的志向,是说六三象征晋卦卦义有缓缓上进的意思。

允,公允,信。《周易本义》:"三不中正,宜有悔者。以其与下二阴皆欲上进,是以为众所信而'悔亡'也。"

九四,晋如鼫鼠,贞厉。

《象》曰:"鼫鼠","贞厉",位不当也。

[讲解]　筮遇九四,鼫鼠出没,窃食田稼,危险。

《象辞》说:所谓鼫鼠危殆之象,是指九四居位不当。

鼫,音 shí,硕鼠,又称五技鼠,蔡邕《劝学篇》:"鼫鼠五能,不成一技。"《周易集解》引《九家易》云,此"游不度渎,不出坎也。飞不上屋,不至上也。缘不极木,不出离也。穴不掩身,五坤薄也。走不先足,外震在下也。五伎皆劣,四爻当之。故曰'晋如鼫鼠'"。爻辞以鼫鼠之象说晋义,明九四无柔德而居坤体之上阻晋进之途,其位、时不当。

六五,悔亡,失得勿恤。往吉,无不利。

《象》曰:"失得勿恤",往有庆也。

[讲解]　筮遇六五,筮得的结果,没有遗憾。是失是得不必忧虑。行动起来,吉利,没有什么不好。

《象辞》说:所谓得还是失不必忧虑,是说六五象征行动必有喜庆。

恤,忧虑,惊恐。以柔居阳,有悔,但离明在上,坤顺在下,悔可亡。离中虚,爻有柔性故主失得有度。失得,《周易集解》原为矢得。

上九,晋其角,维用伐邑,厉吉,无咎。贞吝。

《象》曰:"维用伐邑",道未光也。

[讲解]　筮遇上九,兽角长大,预示宜于攻伐都邑,有危厉但吉祥,无错失,却有遗憾。

《象辞》说:所谓宜于攻伐都邑,上九象征王道宜柔进而不宜刚躁,攻伐躁进,王道未曾发扬光大。

角,兽角。维,语助词。王弼《周易注》:"处进之极,过明之中,明将夷焉。已在乎角,而犹进之,非亢如何?"上九下应六三,六三与二、初为坤为地,有邑象,上离为戈兵,有攻伐之象。

卦三十六　明夷卦☷(离下坤上):"明入地中","内难而能正其志"

明夷:利艰贞。

[讲解]　明夷卦卦辞:人遇艰危之时就去占筮,吉利。

《彖》曰:明入地中,明夷。内文明而外柔顺,以蒙大难。文王以之。"利艰贞",晦其明也。内难而能正其志,箕子以之。

[讲解]　《彖辞》说:明夷卦下为离,离为火为明,上为坤为地。太阳下山、黄昏到来之象,象征光明的毁伤。内卦象征文明光华,外卦象征柔顺美德,可以蒙受大灾大难,周文王以此度过忧患之时。所谓人遇艰危之时,就去占筮,象征自我隐掩其明智。艰难起于内部,身临其中,却能磨砺、振作他的志向。殷朝大贤箕子以此自晦其明而守持正固。

明夷卦象征光明被毁伤,《周易集解》引虞翻云:"夷,伤也。"郑玄云:"日出地上,其明乃光,至其入地,明则伤矣,故谓之明夷。"又引荀爽云:"明在地下,为坤(地)所蔽,大难之象。"《彖辞》以文王被囚羑里而演易,箕子被暴逆纣王囚禁自晦其明(装疯)为例释明夷之旨。象昏君在上而贤明蒙暗。处蒙难之时而不失其正。文王、箕子,天下之榜样。内难,指箕子为纣所囚,箕子佯狂受辱。

《象》曰:明入地中,明夷。君子以莅众,用晦而明。

[讲解]　《象辞》说:光明隐没于大地之下,黑暗降临,这便是明夷的意思。君子用以治理天下、信服于百姓,自掩其明则心智光明,内存智慧。

莅,音lì,临。莅众,犹言近众、治众。《程氏易传》:"明所以照,君子无所不照。然用明之过,则伤于察,太察则尽事而无含弘之度。"故"然后容物和众,众亲而安,是用晦乃所以为明也"。

初九,明夷于飞,垂其翼。君子于行,三日不食,有攸往,主人有言。

《象》曰:"君子于行",义"不食"也。

［讲解］ 筮遇初九,黑夜降临,鸟翼低垂,在暗夜之中飞翔。君子出行,蒙暗之时,多天不吃东西,有所前行,而所投宿人家有责怪之言。

《象辞》说:所谓君子出行之语,喻君子不妄求禄食。

下离为雉,有飞翼之象。象辞所谓"义不食也",与爻辞"三日不食"语相对应,兼具禄食义。

六二,明夷,夷于左股,用拯马壮,吉。

《象》曰:六二之吉,顺以则也。

［讲解］ 筮遇六二,黑夜降临,左大腿上有伤,难以行走,乘坐马匹自拯壮健,吉利。

《象辞》说:六二的所谓吉利,象征既柔顺又内守正则。居中得正,以阴为柔顺而守中正之则。

九三,明夷于南狩,得其大首。不可疾,贞。

《象》曰:"南狩"之志,乃大得也。

［讲解］ 筮遇九三,黑夜降临,在南边狩猎除害,得以消灭首恶。占问的结果是,不可过于急进,待时而动。

《象辞》说:所谓在南边狩猎而消灭首恶的志向,是大有所获的意思。

大首,《周易正义》:"谓闇君",有首恶义。指上六所喻。离在文王八卦方位图中居南,离为戈兵,有南狩之象。《周易浅述》卷四:"九三以刚居刚,明之极而屈于至暗之下,正与上六为应,故有向明除害,得其首恶之象。"

六四,入于左腹,获明夷之心,于出门庭。

《象》曰:"入十左腹",获心意也。

［讲解］ 筮遇六四,进入左方腹地,正遇黑夜降临。因而出门在外,宜小心谨慎。

《象辞》说:所谓"入于左腹"的喻义,是让人懂得做事宜小心谨慎的意思。

朱熹《周易本义》:"此爻之义未详。窃疑左腹者,幽隐之处。"帛书本《周易·缪和》有"荆庄王欲伐陈,使沈尹树往观之",沈以为"陈可伐也",并引《易》明夷六四爻辞"入于左腹,获明夷之心,于出门庭"加以解说,因而有学人以"攻伐"说此爻义,可备参阅。

六五,箕子之明夷,利贞。

《象》曰:箕子之贞,明不可息也。

[讲解]　筮遇六五,殷朝箕子佯狂而自晦其明,占问的结果是吉利。

《象辞》说:关于殷朝箕子占问的喻义:人格内在光明不可止息。

六五以柔居阳,失正而此爻居坤之中,自晦其明之象。《周易浅述》卷四云:"明可晦不可息者,若失其贞则明息矣。"

上六,不明,晦。初登于天,后入于地。

《象》曰:"初登于天",照四国也。"后入于地",失则也。

[讲解]　筮遇上六,不是光明是黑暗,太阳早晨升起于东天,黄昏在西天沉落于大地。

《象辞》说:所谓"初登于天",照耀天下四方邑国;所谓"后入于地",象征治理天下如果得黑暗而无光明,是失治理正则。

以柔居上坤之极,有不明而晦之象。第五爻明而受夷,上六爻晦而夷人。本卦下离言明,上坤说暗,上六为暗之极,因而《周易本义》云:"上则极乎闇矣,故为自伤其明以至于闇,而又足以伤人之明。"

卦三十七　家人卦☲(离下巽上):"家道正","正家而天下定"

家人:利女贞。

[讲解]　家人卦卦辞:女子占问的结果是吉利。

《象》曰:家人,女正位乎内,男正位乎外。男女正,天地之大义也。家人有严君焉,父母之谓也。父父,子子,兄兄,弟弟,夫夫,妇妇,而家道正。正家而天下定矣。

[讲解]　《彖辞》说:家人卦喻义:女子正当之位在家庭,男子正当之位在家庭之外。男女正当其位,这是天地阴阳的根本道理,所谓天经地义。一个家庭有严正的家长,这就是父母。父亲是父亲,儿子是儿子,兄长是兄长,弟弟是弟弟,丈夫是丈夫,妻子是妻子,家庭每个成员所遵守的伦理礼义不可错越,那么家庭秩序、家庭伦理就中正无偏,正气旺盛。家道中正,天下就安定了。

《周易集解》引荀爽云:"父谓五,子谓四,兄谓三,弟谓初,夫谓五,妇谓二也。各得其正,故'天下定矣'。"可参。此卦明内正而外无不正之义。六爻内三爻多言女;外三爻多言男,可见为阐卦义而有意安排。儒家有正心、诚意、修身、齐家、治国、平天下之说,以齐家即正家道为"大义",此乃卦之主旨。《大学》:"修身而后家齐,家齐而后国治,国治而后天下平。"

《象》曰:风自火出,家人。君子以言有物而行有恒。

[讲解] 《象辞》说:家人卦上为巽为风,下为离为火,有"风自火出"即风起火旺之象。君子观悟此卦,用来说明言之有物而行必有恒的人生道理。

王弼《周易注》:"家人之道,修于近小而不妄也。故君子以言必有物,而口无择言。行必有恒,而身无择行。"

初九,闲有家,悔亡。

《象》曰:"闲有家",志未变也。

[讲解] 筮遇初九,防备闲邪之事发生而保全家道,没有遗憾。

《象辞》说:所谓防备闲邪而保全家道,初九象征闲邪初始之时一定要防微杜渐。

闲,《经典释文》引马融:"闲,防也。"有防备闲邪义。《周易集解》引荀爽云:"初在潜位,未干国政,闲习家事而已。"

六二,无攸遂,在中馈,贞吉。

《象》曰:六二之吉,顺以巽也。

[讲解] 筮遇六二,女子在家中主持宴饮之事,没有错失,吉利。

《象辞》说:六二所谓吉利,是六二上应九五为顺应、上卦为巽风、巽顺之故。

高亨注:遂,借为坠。"无攸遂",即"无所坠失"。馈,音 kuì,《周礼·天官·膳夫》郑注:"进物于尊者,曰馈。"有赠食于上义,此释为宴饮。六二以柔居阴得中,有女子正位于内象,故"贞吉"。

九三,家人嗃嗃,悔厉,吉。妇子嘻嘻,终吝。

《象》曰:"家人嗃嗃",未失也。"妇子嘻嘻",失家节也。

[讲解] 筮遇九三,一家人关系严正、紧张,有遗憾、有危险,可获吉祥。妇人、子女嘻闹无节,最后导致憾惜。

《象辞》说:所谓一家人关系严正、紧张,没有丧失正常的家庭伦理秩序。

所谓妇人、子女嬉闹无常、没大没小,这是丧失应有的家庭礼节。

嗃嗃,音 hè,孔颖达《周易正义》疏:"严酷之貌也。"《周易集解》引王弼云:"妇子嘻嘻,失家节也。侯果曰:嗃嗃,严也。嘻嘻,笑也。"九三性刚不中,有嗃嗃严厉之象,亲比于二、四、故"吉"。此说家道应予严正而失在于无度。

六四,富家,大吉。

《象》曰:"富家,大吉",顺在位也。

[讲解]　筮遇六四,兆象预示一家人富起来,大吉大利。

《象辞》说:一家人富起来而大吉大利,六四承顺、亲比于九五、其位得当之故。

富,作动词用。六四柔居阴得位,应初承五又亲比于五,故"大吉"而"顺在位"。

九五,王假有家,勿恤,吉。

《象》曰:"王假有家",交相爱也。

[讲解]　筮遇九五,兆象预示丈夫回到家里,不用忧恤,吉祥。

《象辞》说:所谓丈夫平安回家,象征九五、六二相互亲爱。

王,一家之主,此指丈夫。假,《周易本义》释为"至也"。家,家室。九五得中得正,有夫象。九五下应六二,夫、妇相和之象,一家人以亲和为本。

上九,有孚,威如,终吉。

《象》曰:"威如"之吉,反身之谓也。

[讲解]　筮遇上九,有俘虏,威严的样子,终获吉祥。

《象辞》说:所谓威严的吉利,是指治家者应反身自省、严以律己。

爻辞"有孚"的"孚",为俘。王弼《周易注》:"家道可终,唯信与威。身得威敬,人亦如之。反之于身,则知施于人也。"阳爻性实。刚居上,有"威"之象,故"吉"。

卦三十八　睽卦☲(兑下离上):"二女同居",乖睽;化睽为合,求同存异

睽:小事,吉。

[讲解]　睽卦卦辞:筮得此卦,应小心谨慎地做事,可得吉祥。

《象》曰:睽,火动而上,泽动而下。二女同居,其志不同行。说而丽乎明,柔进而上行,得中而应乎刚,是以"小事吉"。天地睽而其事同也。男女睽而其志通也,万物睽而其事类也,睽之时用大矣哉。

[讲解] 《彖辞》说:睽卦上为离为火,下为兑为泽,有火燃而炎上、泽水潜而润下之象。离为中女、兑为少女,二女同居一处,她们的志向、行为却不相同。但是,睽卦下兑为说(悦),上离为明、为附丽,有愉悦被光明所附离之象;六二柔性上应于得中的九五刚性,这便是卦辞所谓小心谨慎做事可获吉祥的缘故。天与地有乖睽的一面,但共同化生万物;男与女有乖睽的一面,但交合、感应的志趣相通;万物之间乖睽,但它们禀受天地化育,因阴阳之气交合而生,是同类的。睽卦所象征的时义、时用是根本的啊。

睽卦火上泽下,两相乖异,中女、少女,其志非同。兑阴在三,离阴在五,失正。这是柔居刚位,仅"小事"之"吉"而已。天高地下为睽异,而化育万物之事同;男、女异体,然男唱女随,其志通;万物异殊,而此感彼应为同类。睽,音 kuí,瞪大眼注视。又可释为"目不相见"(高亨《周易大传今注》)。《序卦》:"睽,乖也。"此卦喻相反相成之理。

《象》曰:上火下泽,睽。君子以同而异。

[讲解] 《象辞》说:睽卦上为离为火,下为兑为泽,象征乖睽背离。君子观悟此卦,求大同存小异。

《周易集解》引荀爽云:"大归虽同,小事当异。"

初九,悔亡。丧马,勿逐,自复。见恶人,无咎。

《象》曰:"见恶人",以辟咎也。

[讲解] 筮遇初九,没有悔恨,以兆象推断,马匹走失,不用沿着走失的道路去追逐寻找,马匹自己会回来的。命中注定要遇见恶人,但没有咎害。

《象辞》说:所谓遇见恶人,预示反可以躲避咎害。

解读此爻,关键在解读为何"丧马"、"见恶人"而"无咎"、"辟咎"。"丧马",非人之愿,与人之愿乖睽,急逐反致马远,故"勿逐",静待马之"自复",喻"睽"消。"恶人"本与己"睽",勿与交恶,如《周易浅述》卷四所言:"来者不拒,虽恶人亦见,斯善于处睽者也。"故可"无咎"、"辟咎"。辟,避之本字。初九、九四无应,有悔。而刚居阳,当位,悔可亡矣。下为兑,为毁折,有

"丧"象。

九二,遇主于巷,无咎。

《象》曰:"遇主于巷",未失道也。

[讲解]　筮遇九二,兆象指示在小巷里遇见主人,没有咎害。

《象辞》说:所谓在小巷时遇主人,九二象征没有违背消睽之正道。

二爻变互体三、四,为艮为径路,有巷之象。二、五应,有睽消之趋势,九二以刚履中而失当,但居中而亲比于三,故"无咎"而"未失道"。

六三,见舆曳,其牛掣;其人天且劓。无初有终。

《象》曰:"见舆曳",位不当也。"无初有终",遇刚也。

[讲解]　筮遇六三,大车拖拉难进,拉车的牛被牵制而寸步难行,驾车的驭者被黥额、削鼻,开始运气不佳,终于吉祥。

《象辞》说:所谓出现大车被拖拉难进之象,六三喻义在于其时位不当。所谓开始运气不好而终获吉祥,喻义在于六三应于上九。

舆,大车。曳,音 yè,从后拖、拉。掣,音 chè,牵制义。天,《周易集解》引虞翻云,"黥额为'天'"。古时罪犯被在额上刺字为刑。劓,音 yì,古代罪犯被割鼻为刑。无初有终,即初无终有。三、四、五互体为坎,有舆象。二、三、四互体为离,有牛象。离又为目,有"见"象。六三应上九,故有天(黥额)、劓(伤鼻)之象。六三以不正之阴柔,承、乘于不正之阳刚(九四),故喻义如是矣。

九四,睽孤。遇元夫,交孚。厉,无咎。

象曰:"交孚"、"无咎",志行也。

[讲解]　筮遇九四,瞪大眼睛注视孤儿。路遇大丈夫与人交战,有所俘获。虽危险但无咎害。

《象辞》说:所谓交战而俘获,没有咎害,是说九四象征志在实现消睽好合之道。

孤,丧父曰孤。元,大。交,相交,此可为交战。《周易浅述》卷四:"九四无应,上下皆阴柔小人,有睽孤之象。初九同德,有遇元夫交孚之象。"可从。然并非无懈可击。九四亲比于六三、六五,何以"睽孤"?九四无应于初九,又如何与象征"元夫"的初九"交孚",此可注意。

六五,悔亡,厥宗噬肤,往何咎?

《象》曰:"厥宗噬肤",往有庆也。

[讲解] 筮遇六五,没有憾惜。兆象表示登临宗庙吃祭祀祖神的祭品肉类,长此以往,有什么咎害吗?

《象辞》说:所谓登临宗庙吃肉这种祭品,象征长此以往,必有福泽,值得庆贺。

厥,帛书本《周易》作"登",可从。宗,宗庙。肤,借为肉。六五以柔居阳,有悔。然居中处尊应九二,故"悔亡"。祭祖神圣,上古在祭祖后食祭品,心有忐忑,故发问"往何咎"。

上九,睽孤。见豕负涂,载鬼一车,先张之弧,后说之弧。匪寇,婚媾。往,遇雨则吉。

《象》曰:遇雨之吉,群疑亡也。

[讲解] 筮遇上九,瞪眼视人的孤儿。看见小猪浑身污泥,车上满载鬼怪,开始张弓搭箭射击,后来放下弓弦。这不是强盗贼寇,而是婚媾的人群。前往,遇到下雨的话,那就吉祥。

《象辞》说:所谓遇到下雨就吉利,上九象示种种狐疑幻觉的消失。

豕,小猪。涂,污泥。说,脱之借。亡,无。上九应六三,本非孤,而上九睽卦已终,时值不利、孤而多疑之时。故有"睽孤"之象。三、四、五互体为坎,为水,有豕且涂之象。又坎为弓,为狐疑,先张弓后脱弓,喻疑之去。上变为震有归妹之义,有婚姻之象,坎水又为雨,遇雨则吉,指上九下应六三。此爻为终,具始睽终合之义。

[小结] 此释晋、明夷与家人、睽四卦。晋、明夷互为综卦;家人、睽互为综卦。晋卦主晋进之旨,强调"明出地上"、"丽乎大明"的刚健精进气质,反对刚亢过甚,主张"柔进而上行";明夷卦说光明毁伤之道,以"明入地中"为喻象,颂"利艰贞"即处世艰危、依然以内"明"祛暗、守持正固的人格。家人卦有"齐家"之说,尤重女子守正持家之道,阐扬先儒所谓"正心、诚意、修身、齐家、治国、平天下"的社会人文理想;睽卦述离、兑乖睽而趋合之道,阐说化睽为合,求同存异,相反相成之理。

卦三十九　蹇卦☷（艮下坎上）："蹇,难也",济蹇出险而合于时宜者:知

蹇:利西南,不利东北。利见大人,贞吉。

[讲解]　蹇卦卦辞:筮遇此卦,向西南方,吉利;向东北方,不吉利。有利于出现圣贤、大人,占问的结果,吉利。

蹇,音 jiǎn。《序卦》:"蹇者,难也。"蹇具险难义,本义为跛足。此卦辞记录了两个筮例。

《彖》曰:蹇,难也,险在前也。见险而能止,知矣哉。蹇,"利西南",往得中也。"不利东北",其道穷也。"利见大人",往有功也。当位"贞吉",以正邦也。蹇之时用大矣哉。

[讲解]　《彖辞》说:蹇卦象征人生道路艰险,险难总在前面。险境出现而能坚定不移,这是有智慧。蹇卦所谓险难,因时机而变。所谓利于走向西南方的平野之地,往前获得中正之道;所谓不利于走向东北方的艮山之处,意味着人生处于穷途末路。所谓有利于出现圣贤、大人,象征往前必能化蹇难而建功。蹇卦六二、九五爻居位正当,守持正固,吉祥,象征可以中正之道治理邦国。蹇卦所体现的时间、时用意识是根本的啊。

知,智。《彖辞》以文王八卦方位说解蹇义。坤在西南,为平野之地,故"利";艮在东北,为山险之处,故"不利"。好比坤卦卦辞称"西南得朋"而"东北丧朋"。蹇卦六爻除初不得位之外,其余五爻均为得位之爻,有见险待时而变之义。二、五正应,且二得中得正,五亦如是。故有出东北之险难而入西南之平易义。初虽未当,而阴柔居下,亦善待于此时。故蹇卦六爻皆具时正之义,则"邦"可"正",蹇难可济。上卦为坎,为险难,下卦为艮,为止而不往,此非畏难不前之象征,而是知难待时之智。《周易集解》引荀爽云:"西南谓坤,乾动往居坤五,故'得中也'。""东北,艮也。艮在坎下,见险而止,故'其道穷也'。""谓五当尊位正。居是,群阴顺从,故能正邦国。"蹇难当在危厉之时,亦正生机之时,此之谓"蹇之时用大矣哉"。

《象》曰:山上有水,蹇。君子以反身修德。

[讲解]　《象辞》说:蹇卦艮下坎上,艮为山坎为水,有"山上有水"之象。君子观悟此卦,在人生艰难之时而能反思自身言行、修正道德。

《程氏易传》:"君子之遇险阻,必反求诸己而益自修。孟子曰:'行有不得者,皆反求诸己'。"

初六,往蹇,来誉。

《象》曰:"往蹇,来誉",宜待也。

[讲解]   筮遇初六,往前走险阻重重,待时而动,必载誉而归。

《象辞》说:所谓往前走险难而必载誉而归,是说应该待时而动。

六二,王臣蹇蹇,匪躬之故。

《象》曰:"王臣蹇蹇",终无尤也。

[讲解]   筮遇六二,王朝的臣仆致身王事,为蹇难所困而努力济蹇,并非为求一己之私利。

《象辞》说:所谓王朝的臣仆为蹇难所困,六二象征终究无所忧患。

项安世《周易玩辞》:"蹇蹇者,不已之貌。"此解自然不差。蹇卦上体为坎,二、三、四互体又为坎,坎为险陷,有"蹇蹇"之象。故笔者释为"致身王事为蹇难所困而努力济蹇"。匪,不、非。尤,忧。六二上应九五,有臣仆辅君王之象。六二柔顺而中正,济蹇之臣者,"无尤"也。

九三,往蹇,来反。

《象》曰:"往蹇,来反",内喜之也。

[讲解]   筮遇九三,前往而有蹇难,返回。

《象辞》说:所谓前往蹇难而返回,是说以九三为主爻的内卦艮遇险而止,时势令人欣喜。

反,返。内,内卦,指艮卦。之,代词,指九三。艮卦二阴从一阳,九三为艮体主爻。

六四,往蹇,来连。

《象》曰:"往蹇,来连",当位实也。

[讲解]   筮遇六四,前往艰难,返回依然艰难。

《象辞》说:所谓"往蹇,来连",是说六四以柔居阴,阴柔不足以济蹇。往、来互为艰难。六四、九三亲比,有比连共济之象。六四当位,所谓济蹇,实至名归。

《周易注》:六四"得位履正,当其本实。虽遇于难,非妄所招也"。《周易集解》引虞翻云,六四"进则无应,故'往蹇';退初介三,故'来连'也"。

九五,大蹇,朋来。

《象》曰:"大蹇,朋来",以中节也。

[讲解] 筮遇九五,处境非常困难,有朋友前来相助。

《象辞》说:所谓处境非常困难,朋友前来相助,是说九五象喻阳刚中正之君德、气节。

《周易集解》引干宝云:"在险之中而当王位,故曰'大蹇'。此盖以托文王为纣所囚也。承上据四应二,众阴并至。此盖以托四臣能以权智相救也。故曰'以中节也'。"

上六,往蹇,来硕。吉,利见大人。

《象》曰:"往蹇,来硕",志在内也。"利见大人",以从贵也。

[讲解] 筮遇上六,前往艰难,返回则大功告成。吉利,有利于天下出现圣贤。

《象辞》说:所谓前往艰难,大功告成,是说上六应九三,上六亲比于九五,九五下应六二,九三、六二均属内卦,因而说上六的志向,在于与内卦诸爻合力济难。所谓有利于天下出现圣贤,是说上六比于九五,而九五居于尊贵的君位,所以上六具有随从尊贵君主的时义与才性。

硕,《尔雅·释诂》云,"大也"。上六以柔居阴,位当而居蹇卦之终,往则济蹇出险。下应九三、亲比九五,有共济、建"硕"之功。

卦四十 解卦☷☳(坎下震上):"解者,缓也",应时而排忧解难以安和

解:利西南。无所往,其来复,吉。有攸往,夙吉。

[讲解] 解卦卦辞:筮遇此卦,往西南方,吉利。不要有所作为,及时退回,吉利。可以有所作为,而及早去做,吉利。

《序卦》:"解者,缓也。"《周易浅述》卷四,"解,难之散也。在险能动,出乎险之外,故为解"。夙,早义。

《象》曰:解,险以动,动而免乎险,解。解,"利西南",往得众也。"其来复吉",乃得中也。"有攸往,夙吉",往有功也。天地解而雷雨作,雷雨

作而百果草木皆甲坼。解之时大矣哉。

[讲解]　《彖辞》说:解卦坎下震上,坎为险陷而震为雷动,故有身陷险境而能奋动自振之象。只有奋动振作,才能避免于坎险,这便是解卦的象征意义。所谓解卦筮得结果在有利于西南方,是因为在文王八卦方位图中西南为坤位,坤为众,因此,往西南方,解难脱险,必得众人相助。所谓及时返回而吉利,那是阴阳和谐而得中和的缘故。所谓有所作为而及早去做而吉利,说明适时解难济险,必获成功。解卦震雷坎雨,阴阳交感而和畅缓解,天地化育,雷雨大作。雷雨大作,于是各种果实种子破壳而出,草木植物破土萌发,绽放新枝绿叶。解卦卦义是说,自然宇宙、人类社会的蹇难总有破解、缓解之时,解卦所象征的时间意识是根本的易理。

坼,音 chè,《说文解字》:"裂也。"有分义。"乃得中也"的"得中",似指九二(下详),但此爻实际仅居中位而未得中。因而《彖辞》所言"得中",原则上以释"阴阳和谐而得中和"为宜。陈梦雷《周易浅述》卷四:"得中","愚意谓指两阳爻也"。即指九二、九四。九二在下坎之中,九四在三、四、五互坎之中,确是也。但此二"中",与爻位说所言"中"的概念不同,当注意。古人解易,并未能处处自圆其说,此是。"甲坼",《周易浅述》卷四误为"甲拆"。

《象》曰:雷雨作,解。君子以赦过宥罪。

[讲解]　《象辞》说:上震为雷、下坎为水,解卦象征雷雨大作、险难散解。君子观悟此卦,用以放免过错、宽恕罪行。

宥,音 yòu,宽恕。《周易尚氏学》:"坎为罪过,震为解,故赦过宥罪。"这是将解卦下坎上震之义作了引申。《周易浅述》卷四:"此所以推广天地之仁也。雷雨交作,天地以之解万物之屯。赦过宥罪,君子以之解万民之难。"

初六,无咎。

《象》曰:刚柔之际,义无咎也。

[讲解]　筮遇初六,没有咎害。(此爻辞无兆象记录,仅有判辞)

《象辞》说:初六上应九四,是刚爻、柔爻之际的相应,就舒险解难而言,没有错失。

际,遇。柔居下之初,喻方解之时,宜静勿躁,即不宜过刚过柔。初六虽未得位而上应九四,故"无咎"。

九二,田获三狐,得黄矢,贞吉。

《象》曰:"九二,贞吉",得中道也。

[讲解]　筮遇九二,以兆象推断,田猎猎获许多狐狸,得到以黄铜为矢镞的箭,吉利。

《象辞》说:九二所谓占问,吉利,象征守持正固,得中正之道。

朱熹《周易本义》:"卦凡四阴,除六五君位,余三阴,即三狐之象也。"陈梦雷从之。黄矢,以黄铜为矢镞之箭。九二居下之中,有刚直之才性。《周易浅述》卷四:九二"居中自能守正也"。实际是"居中"不等于"守正"。《象辞》所言"中道",与《易传》一般所尊崇且运用的爻位说不符,可证《易传》诸篇,断非一时、一人所撰。

六三,负且乘,致寇至。贞吝。

《象》曰:"负且乘",亦可丑也。自我致戎,又谁咎也?

[讲解]　筮遇六三,依兆象推断,携带贵重之物乘车而行,招致强盗前来抢劫。占问的结果是遗憾。

《象辞》说:所谓携带贵重之物乘车而行,也可以称之为愚蠢而不值得赞美。因为自身行为不当而导致强盗手持凶器抢劫、引起兵戎之灾,这错失归咎于谁呢?

六三,下卦之终,未当位。《周易注》称此爻"乘二负四,以容其身,寇之来也,自己所致"。"吝"由自取。

九四,解而拇,朋至斯孚。

《象》曰:解而拇,未当位也。

[讲解]　筮遇九四,解开被束缚的大足趾,友朋前来有所俘获。

《象辞》说:所谓解开被束缚的大足趾,九四象征所居时位未当。

而,尔,你。帛书本《周易》此处作"其"。《经典释文》引陆绩称"拇"为"足大趾也"。斯,代词。九四刚居阴,时位不当,亲比六三,犹为三所缚,与初应,因而申说解脱之义。

六五,君子维有解,吉。有孚于小人。

《象》曰:君子有解,小人退也。

[讲解]　筮遇六五,君子的系缚得以解脱,吉利。小人遭到惩罚。

《象辞》说:所谓君子的系缚得以解脱而解难释险,使得小民百姓皆因君子人格令人感动而敬退、畏服。

维,系。《周易集解》作"惟"。孚,俘,转义为罚。退,敬退,因敬而退。

上六,公用射隼于高墉之上,获之,无不利。

《象》曰:"公用射隼",以解悖也。

[讲解]　筮遇上六,公侯箭射停落在高大城墙之上的猛禽,射中而捕获,没有不吉利的。

《象辞》说:所谓公侯射击猛禽,上六象征悖逆、险难已被解除。

隼,音 sǔn,《周易集解》引《九家易》:"隼,鸷鸟也。"墉,城墙。悖,《周易正义》:"逆也。六三失位负乘,不应于上,是悖逆之人也。"《系辞下》云:"隼者,禽也。弓矢者,器也。射之者,人也。君子藏器于身,待时而动,何不行之有?"上六居卦之终,上震有公象。六三互二、四为离,有飞禽之象。上六无应于六三,则敌,故有"射隼"之象。此爻"一方面表明上六'射隼',正当其时,故'无不利';另一方面又揭示上六处'解'之极,危难虽已舒解,但新患或将又萌,故当预藏'成器',随时警惕,不可因一时之'解',而忘他日之'蹇'"①。此可从。古时,猛禽为凶鸟,停落在城墙之上,主凶。公侯拔箭射获,故"无不利"而"解悖"也。

卦四十一　损卦☶(兑下艮上):"损益盈虚,与时偕行",修身之准则

损:有孚,元吉,无咎,可贞。利有攸往。曷之用? 二簋可用享。

[讲解]　损卦卦辞:筮遇此卦,有俘获,大吉大利,没有错失,可心的占问,有利于有所作为。祭祀用什么? 用多少祭品? 两簋粗茶淡饭就可以了。

孚,此处为俘字假借。可,可心,深得吾心。曷,何,疑问代词,有什么、多少义。簋,音 guǐ,古时食器。享,享祭。

《象》曰:损,损下益上,其道上行。损而"有孚,元吉,无咎,可贞,利有

---

①　黄寿祺、张善文《周易译注》第 333 页。

攸往,曷之用? 二簋可用享"。二簋应有时,损刚益柔有时。损益盈虚,与时偕行。

[讲解] 《彖辞》说:损卦兑下艮上,象征减损在下而增益在上。是说,损卦本为泰卦,损九三以益上六,为泰变损,这是损下益上,阳德上行。所谓"有孚,元吉,无咎,可贞,利有攸往",是说损下益上,心有诚信,大吉大利,没有咎害,可心的占问,有利于有所作为。当损益之时,用什么来表达? 两簋粗、薄祭品可以用来祭祀神灵。所谓两簋之供献,象征损刚益柔应合有时,阳刚减损,阴柔增益,损下益上都须宜时。损有余以补不足,事物益、损之变,是与时间的运行同时运化的。

《周易注》:"艮为阳,兑为阴。凡阴,顺于阳者也。阳止于上,阴说而顺。损下益上,上行之义也。"《周易浅述》卷四:"损卦下体本乾皆实,在所当损(引者注:下艮本为乾体);上体本坤皆虚,在所当益(上兑本为坤体),此所以损下益上,而合于道之当然也。"损益之道,本蕴在时,何时损、何时益,依时而行,非人力所为。

《象》曰:山下有泽,损。君子以惩忿窒欲。

[讲解] 《象辞》说:损卦上艮山下兑泽,有山下有泽之象,象征减损之道。君子观悟此卦,控抑忿懥、窒息邪欲。

《周易浅述》卷四:"君子观山之象以惩忿,盖忿之来气涌如山,况多忿如少男乎,故惩忿当如摧山。观泽之象以窒欲,盖欲之溺浸淫如泽,况多欲如少女乎,故窒欲当如防泽。忿之不惩,必至于迁怒,欲之不窒,必至于贰过,君子修身所当损者,莫切于此。"

初九,巳事遄往,无咎。酌损之。

《象》曰:"巳事遄往",尚合志也。

[讲解] 筮遇初九,祭祀这件事应赶快举行,没有错失,可以考虑减损祭品。

《象辞》说:所谓祭祀这件事应赶快举行,不怠慢神灵,象征初九上应六四,与其同一志向。

巳,《周易集解》为"祀"。《周易本义》写作"已",有误。遄,《周易集解》引虞翻释为"速"。尚,同上,指六四。初九刚居阳,得位,上应四,故无咎。

此乃损之初,不宜自损过甚,当酌时而行。

九二,利贞。征凶。弗损,益之。

《象》曰:"九二利贞",中以为志也。

[讲解]　筮遇九二,这是吉利的占问。如果征伐,凶险。不损人而有助益。

《象辞》说:所谓九二是吉利的占问,象征以守中、得正为自己的志向。

朱熹《周易本义》:"九二刚中,志在自守,不肯妄进,故占者利贞。而征则凶也。弗损,益之,言不变其所守,乃所以益上也。"

六三,三人行,则损一人。一人行,则得其友。

《象》曰:"一人行",三则疑也。

[讲解]　筮遇六三,三个人结伴而行,而走失一人。一个人独自出行,却在路上得到朋友帮助。

《象辞》说:所谓一个人独自出行,可以独行其是。而三个人结伴而出,反而主张不一,遇事疑疑惑惑,难作决断。

六三柔居阳,欠当。居下兑之终,应悦于上九,有所谓"一人行,则得其友"之象。如果象征"三人"的群阴即六三、四、五都欲上应于九,则必损上九,此所谓"三人行,则损一人"。这是说有余者必损,有不足者必益的道理。阳损阴益,天之理也。阴阳对待,谓二。三则余其一,故当损矣。

六四,损其疾,使遄有喜,无咎。

《象》曰:"损其疾",亦可喜也。

[讲解]　筮遇六四,减损他的疾患以增益健康,使他迅速康复,这是喜庆之事,没有咎害。

《象辞》说:所谓减损他的疾患以增益健康,六四象征阴柔应合于初九阳刚,令人欣喜。

六四以柔居阴,无刚健可言,有"疾"象。下应初九得阳刚之益,故言"损其疾"。损柔受刚而"喜"。"损其疾",《周易浅述》作"损具疾",误。

六五,或益之十朋之龟,弗克违,元吉。

《象》曰:六五"元吉",自上祐也。

[讲解]　筮遇六五,有人进献价值十朋的大宝龟,不要推辞,这是最吉

利的事情。

《象辞》说:所谓六五至为吉祥,这吉祥来自老天爷的祐助。

十朋,古时以贝为币,双贝为朋,十朋为二十贝,言龟之价值昂贵。《周易集解》引虞翻云:十朋之十,"谓神、灵、摄、宝、文、筮、山、泽、水、火之龟也"。可备一说。又引崔憬云:"元龟价值二十大贝,龟之最神贵者以决之。"《周易浅述》卷四云:"按《食货志》两贝为朋,元龟长尺二寸,大贝十朋,朋直二百一十六,十朋直二千一百六十,大宝也。"六五应九二,虚中居尊,有受益之喻。

上九,弗损,益之,无咎。贞吉。利有攸往,得臣无家。

《象》曰:"弗损,益之",大得志也。

[讲解]　筮遇上九,不要损人而应助人,没有咎害。这是吉利的占问。可以有所作为,虏获的俘虏无家可归。

《象辞》说:所谓不要损人而应助人,上九象征以刚居阴终而不损于下(指六三),损阳益阴之时,只有此爻大得守持、安稳之心志。

臣,此处为俘虏。卦辞"有孚"之"孚",为"俘"。九二爻辞有"征凶"之言,"征"言征伐,与此"臣"对。《礼记·少仪》:"臣则左之。"《五经正义》:"臣,谓征伐所获民俘也。"上九本应减损,居卦之终以益下,而上九惠而不费,不待损己即可益人,有广施惠于天下之志,此所谓得"臣众"而无"私家"一隅之念。

卦四十二　益卦☲(震下巽上):"损上益下,民说(悦)无疆","凡益之道,与时偕行"

益:利有攸往,利涉大川。

[讲解]　益卦卦辞:筮遇此卦,有利于有所行动,渡涉大江大河,吉利。

《彖》曰:益,损上益下,民说无疆。自上下下,其道大光。"利有攸往",中正有庆。"利涉大川",木道乃行。益动而巽,日进无疆。天施地生,其益无方。凡益之道,与时偕行。

[讲解]　《彖辞》说:益卦,减损在上,增益在下(注:正与损卦相反),小民百姓因而欣喜无比。由上施惠于下,人生之道,光芒四射。所谓有利于有

所行动,是说九五刚居阳而守中得正,因而喜庆。所谓渡涉大江大河吉利,是说上巽象木船渡水、以木德畅行。所谓增益,由下震奋动、上巽逊顺所体现,内震外巽,犹雷迅风烈、雷激风起,两相助益而日日进取无可限量。天恩普施,地泽化生,增益而泽被天下,无有偏失。凡事物增益之正道,与时间运行一同前进。

说,悦。下下,前作动词用,后为名词。木道,指巽为木,巽像木德。无方,没有方位、方所,指一切方位、方所。

《周易集解》引蜀才云,益"本否卦(注:否☶),乾之上九下处坤初,坤之初六上升乾四,'损上益下'者也"。可备一说。《周易注》:"震,阳也,巽,阴也。巽非违震者也。处上而巽,不违于下,'损上益下'之谓也。"此亦可通。九五中正、应二,同德之行。震在后天八卦方位的东方,东配木,巽又为木,因而有木舟济险之象,此即"木道乃行"。《周易正义》:"天施气于地,地受气而化生,亦是损上益下义也。其施化之益,无有方所。"然。

《象》曰:风雷,益。君子以见善则迁,有过则改。

[讲解] 《象辞》说:益卦巽上震下,象征风激雷动,互为增益。君子观悟此卦,因而向往、倾羡体现善心的行为,有了过失就改正。

李光地《周易折中》:"雷者,动阳气者也。故人心奋发,而勇于善者如之。风者,散阴气者也。故人心荡涤,以消其恶者如之。"

初九,利用为大作,元吉,无咎。

《象》曰:"元吉,无咎",下不厚事也。

[讲解] 筮遇初九,大兴土木,大吉大利,没有错害。

《象辞》说:所谓大吉大利,没有错害,初九象征居下而原本不能当任大事。

作,此为营造义。《尚书·康诰》:"周公初基作新大邑于东国洛。"中国古代称建筑为宫室,称大兴土木为营造,作即营造。古有"大木作"、"小木作"之称,均指建筑、营造。厚,此具优待、重视义,与"厚此薄彼"之"厚"同义。初九以刚居阳,阳性为大,应四。下为震体,雷动,故有"大作"之象。《周易译注》本"下不厚事也",缺佚一"下"字。

六二,或益之十朋之龟,弗克违,永贞吉。王用享于帝,吉。

《象》曰："或益之"，自外来也。

[讲解]　筮遇六二，有人进献价值"十朋"即二十贝的大宝龟，不能推辞。这一占问结果是，永保吉祥。君王祭祀天帝，吉利。(注：该爻辞记录了两个筮例)

《象辞》说：所谓有人进献大宝龟，六二象征此时增益之道来自外部。

帝，蒂，本义为花蒂，此引申为天帝、上帝义。六二以柔居阴，中正，上应九五，故"吉"。《周易浅述》卷五："外，不专指五。五固正应，而二之柔顺中正，人孰不愿益之？'或'者，众无定主之辞。"

六三，益之用凶事，无咎。有孚。中行告公用圭。

《象》曰：益"用凶事"，固有之也。

[讲解]　筮遇六三，以圭璧祭神而助益于解救凶灾之事，没有咎害，有所俘获。仲衍告诉公侯，应该用圭璧来祭神。

《象辞》说：所谓以圭璧祭神以助益于解救凶灾之事，六三象征固有诚信之心可保助益之道。

中行，高亨说："中行似为人名，似即微子之弟仲衍。公当是周之某公。"[①]可参。六三以柔居阳，未当，又处下之终，无"中行"即"中正"之"行"义。六四爻辞又有"中行"之记，这两个"中行"应为同一人。且六三、六四爻辞两个"中行"之后均接一"告"(动词)字，从语法分析，应为主谓结构。圭，珪，玉器之名。朱骏声云："汤七年旱，此天行人事所有之凶也。"[②]古时以圭璧献祭于神灵，以救凶年，为巫事也。六三处二、三、四互体坤之中，互体坤而下体震，即地陷、动而为凶灾之象。震又为玉圭之喻。

六四，中行告公从，利用为依迁国。

《象》曰："告公从"，以益志也。

[讲解]　筮遇六四，仲衍告诉公侯，应随从天命，依照天帝的旨意迁都。这样做，吉利。

《象辞》说：所谓告诉公侯随从天命以迁都，六四用以象征增益、助益的心志。

---

① 　高亨《周易大传今注》第364页。
② 　朱骏声《六十四卦经解》第183页。

为依,凭依,依照。六四志在益下,故"告公从"。高亨说:六三、六四"二爻爻辞所记为周助殷迁国(注:都邑)之故事"。"今按中行当为人名,疑即仲衍。""仲衍乃微子启之弟。"此即《吕氏春秋·当务篇》所记纣之同母者三,长为微子启,次为仲衍,又次为受德即纣。仲衍又称微仲。"余疑微子本在殷,被封于宋时,由殷迁宋,遇凶事,乃遣仲衍求助于周公,周公即助之迁国。爻辞所记即此事,中行即仲衍,公即周公也。"①

九五,有孚惠心,勿问元吉。有孚惠我德。

《象》曰:"有孚惠心","勿问"之矣。"惠我德",大得志也。

[讲解]　只要有仁惠之心被俘获(意思是,只要虔诚地相信占筮),即使不进行占问,也一定大吉大利。只有对占筮一心一意,才会报答我的虔德。

《象辞》说:所谓只有对占筮一心一意,才会报答我的虔德。这是没有疑问的了。所谓报答我的虔德,九五象征大得增益即损上益下的心志。

九五刚中,得正应二,皆受其恩益。"大德不德",不言其德,故"勿问之矣"。

上九,莫益之,或击之。立心勿恒,凶。

《象》曰:"莫益之",偏辞也。"或击之",自外来也。

[讲解]　筮遇上九,无人助益却有人攻击,不持久地执着于自己的心志,凶险。

《象辞》说:所谓没有人助益他,是说上九有违"自损"、"益他"之道而妄行求益,是偏私之举。因而,所谓"莫益之"是"偏辞"。由于偏私,有时打击会从外部袭来。据爻位说通则,上九应六三,但上九、六三均各不得位,此《象辞》在于申说安求自益、必损他人且易受他人攻击的道理。

[小结]　此释蹇、解与损、益四卦。蹇、解互为综卦;损、益互为综卦。蹇卦以人生处于险难之时、必济蹇出险合于时宜为喻义,教人在处险临难之境而游刃有余、活得自由的人生策略;解卦主旨,在于申说人生时时在排除忧患,舒解险难,必须因时而宜速宜缓,追摄人生的安和之境。损卦言说修

---

① 　高亨《周易大传今注》第367页。

身之准则,损阳益阴,损实益虚,损有余以益不足,实为阴阳调和、刚柔相济;益卦主要从增益、助益说损益之道,其义与损卦卦义互补。损上益下,损下益上,损己惠人,惠人益己,损益之理互转。而以损他人而益己、因偏私而易遭攻讦矣。

卦四十三　夬卦☱(乾下兑上):五阳决一阴,"刚决柔也。健而说(悦),决而和"

夬:扬于王庭,孚号有厉。告自邑,不利即戎。利有攸往。

[讲解]　夬卦卦辞:有关俘虏的号令发布于朝廷,筮得的结果是有危险。从邑都颁发告示,立刻出兵打仗,不吉利。有所准备,是吉利的。

夬,音 guài。扬,《广雅·释诂》:"举也。"此引申为宣布,发布。

《彖》曰:夬,决也,刚决柔也。健而说,决而和。"扬于王庭",柔乘五刚也。"孚号有厉",其危乃光也。"告自邑,不利即戎",所尚乃穷也。"利有攸往",刚长乃终也。

[讲解]　《彖辞》说:夬卦的喻义是决断,意思是阳刚裁决阴柔。夬卦下为乾为健,上为兑为悦,有刚健而愉悦、果决而调和之象。所谓有关俘虏的号令发布于朝廷,从爻位看,全卦一柔乘凌五刚,象征小人侵犯君子。所谓天下知晓此事有危险,则君子以果决之道制裁小人罪恶,必致天下光明。所谓从邑都颁发告示,如立刻出兵打仗而不吉利,说明崇尚武力会走上穷途末路。所谓有所准备,喻示阳刚之气渐长最后一定战胜阴柔。夬卦一柔凌居五刚,有"厉"之象。五阳一阴,阳盛而阴衰,有君子"夬"小人之象。孚,俘。夬者,果决。《周易本义》称,君子果决小人之罪,此乃"必正名其罪"。《周易集解》引虞翻云:"阳决阴,息卦也。刚决柔,与剥旁通。乾为阳,为王,剥艮为'庭',故'扬于王庭'矣。"阳息而阴消,君子道长,有"刚长"义。《程氏易传》:"尽诚信以命其众,而知有危惧,则君子之道乃无虞而光大也。"尚武者乃穷,此卦未主"即戎"。

《象》曰:泽上于天,夬。君子以施禄及下,居德则忌。

[讲解]　《象辞》说:夬卦上兑为泽,下乾为天,有泽水汽蒸于天宇之象。君子观悟此卦,用以普施恩泽于普通百姓,居积恩德以自威而必被人君所

深忌。

禄,俸禄,此指"恩泽"。居德,居积恩德以自威。忌,禁。《说文解字》引申为"憎恶"。《周易尚氏学》:"下乾,二至四,三至五,皆乾,乾多故曰居德,居德则忌者。"

初九,壮于前趾,往不胜,为咎。

《象》曰:"不胜"而"往",咎也。

[讲解]　筮遇初九,脚趾前端受伤而不能向前走路,筮得结果,有咎害。《象辞》说:所谓脚趾受伤而不能走路,初九象征命运不济,有咎害。

壮,通戕,伤。《周易》姤卦卦辞:"姤,女壮。"《周易集解》引虞翻云:"女壮,伤也。"

初九下之始,虽当位而居下无势,倘勇决而前,难胜其任。

九二,惕号,莫夜有戎,勿恤。

《象》曰:"有戎,勿恤",得中道也。

[讲解]　筮遇九二,因恐惧而呼号,夜暮时分有敌兵进犯,不必忧虑。《象辞》说:所谓有敌兵来犯不必忧虑,九二象征获得居中之道。

《周易集解》引虞翻云:"惕,惧也。二失位故'惕'。"莫,暮。戎,本义为古代兵器总称,引申为征伐。恤,忧虑。《周易本义》:"九二当决之时,刚而居柔,又得中道,故能忧惕号呼以自戒备,而莫夜有戎,亦无可患也。"

九三,壮于頄,有凶。君子夬夬,独行遇雨,若濡,有愠,无咎。

《象》曰:"君子夬夬",终无咎也。

[讲解]　筮遇九三,人的脸部颧骨受伤,有凶险。君子非常果决,独自行动以避不测。途中遇到下雨,好像淋湿了,心中有怨气,没有咎害。《象辞》说:所谓君子十分果决,九三象征终究没有咎害。

頄,音 qiú,《经典释文》:"颧也。"夬夬,夬而又夬,十分果决。愠,音 yùn,怨恨。九三为下卦之上,重刚而不中。乾为首,有戕伤于面目、颧骨之象。重刚者,像"夬夬"也。九三应上六,有决然独行之象。上六处于兑体,兑为泽水,有雨象、濡象。九三应上六,故"终无咎"。

九四,臀无肤,其行次且。牵羊悔亡,闻言不信。

《象》曰:"其行次且",位不当也。"闻言不信",聪不明也。

［讲解］　筮遇九四,臀部因受伤而皮开肉烂,他行走徘徊难进。但牵着羊可保悔惜无有而交好运,听到闲言碎语不要相信。

《象辞》说:所谓他行走徘徊难进,是说九四居位不宜,时机不利。所谓听到闲言碎语不要相信,九四象征耳不聪目不明。

次且,即"趑趄",音 zī jū,举步欲前又犹豫不进之貌。四爻变与五、六互体为坎,有臀象。上兑为毁折,有"无肤"象。九四不中不正,以刚处阴,不当之位,故有臀无肤而行趑趄之象。上兑为羊,有羊象。羊者,祥也;羊为吉利之象,故"牵羊悔亡"。

九五,苋陆夬夬,中行,无咎。

《象》曰:"中行,无咎",中未光也。

［讲解］　筮遇九五,决然锄去马齿苋,在道路中间行走,没有咎害。

《象辞》说:所谓在道路中间行走没有咎害,九五因亲比于上六即过于亲近于上六,所以虽居中得正但中正之道并未发扬光大。

苋陆,《程氏易传》:"今所谓马齿苋是也,曝之难干,感阴气之多者,而脆易折。"这里喻上六小人。九五刚居阳而得中得正,故有"十分果决"象征锄去马齿苋一般地除却小人。但是正如《周易集解》引虞翻云:"而五处尊位,最比小人,躬自决者也。夫以至尊而敌于至贱,虽其克胜,未足多也。处中而行,足以免咎而已,未为光益也。"

上六,无号,终有凶。

《象》曰:"无号"之凶,终不可长也。

［讲解］　筮遇上六,不是号咷而暗自饮泣,终于有凶险。

《象辞》说:所谓不是号咷而暗自饮泣所象征的凶险,是说上六象征高居其位而终于难保长久。

一柔孤阴在上之终,必为五刚所决,此君子、小人消长之时势明矣。

卦四十四　姤卦䷫(巽下乾上):"姤,遇也",应时而遇合,"天下大行也"

姤:女壮,勿用取女。

［讲解］　姤卦卦辞:筮遇此卦,女子受伤,男子便不宜迎娶婚配。

姤,音 gòu。取,娶。勿用,意为占筮结果不太吉利。

《彖》曰:姤,遇也,柔遇刚也。"勿用取女",不可与长也。天地相遇,品物咸章也。刚遇中正,天下大行也。姤之时义大矣哉。

[讲解]　《彖辞》说:姤卦的喻义是遇合。姤卦下巽为长女,为柔;上乾为男为刚,有阴柔相遇于阳刚之象。所谓男子不宜迎娶婚配,预示如果婚配则不能天长地久。天阳地阴、天刚地柔相遇应合,天下万事万物都生机盎然,文章灿烂,章美无比。九五以阳刚居中得正应合于阴柔者,人伦之道就畅行无阻于天下。姤卦所象征的时间意义确是根本的道理。

所谓"柔遇刚",非特指初六居于阳位,而是指下巽为长女之柔,与上乾为男为刚而相遇。《周易注》以为指全卦一柔遇五刚,"即女遇男也,一女而遇五男"。章,文章,章美之义。《周易浅述》卷五:"六爻皆以初阴取义,遇非正道,故惟近者得之而正应反凶。""此全卦六爻,无非扶阳抑阴之意也。""一阴而遇五阳,女德之不贞而壮之甚者,取以自配,必害乎阳,故戒以勿取也"。此卦义充满男权思想,有看贱女性之嫌。

《象》曰:天下有风,姤。后以施命诰四方。

[讲解]　《象辞》说:姤卦巽下为风,乾上为天,有天穹之下清风吹拂之象。帝王于是发布命令,告示天下。

后,本指帝王正妻,此引申为帝王。诰,诰命,指帝王赐爵、授官等诏令,尊上告卑下者为诰。《周易集解》:"天下有风,风无不周布,故君以施令告化四方之民矣。"

初六,系于金柅,贞吉。有攸往,见凶。羸豕孚蹢躅。

《象》曰:"系于金柅",柔道牵也。

[讲解]　筮遇初六,命运像有系缚于车下坚固有力的车闸一样平安,吉祥。有所行动,可以出现凶险的结果。体弱小猪被捕获而徘徊不前。

《象辞》说:所谓命运像有系缚于车下坚固、有力的车闸一样平安,是说初六象征阴柔之道必为阳刚所牵合。

金,黄铜。柅,音 nǐ。《周易正义》引马融云,柅,"在车之下,所以止轮令不动者也"。金柅,在《象辞》以九四为喻。《周易注》:"金者,坚刚之物,柅者,制动之主,谓九四也。"初六上应九四,故云"系于金柅"。羸,此处释为瘦弱,不同于前述大壮卦所谓"羝羊触藩,羸其角"之"羸"义为牵累纠缠。豕,小猪。蹢躅,音 dí zhú,徘徊不前貌,《周易集解》本此作"蹄蹳"。

九二,包有鱼,无咎,不利宾。

《象》曰:"包有鱼",义不及宾也。

[讲解]　筮遇九二,庖厨中有鱼,没有咎害,但拿来做菜招待宾客就不吉利。

《象辞》说:所谓庖厨中有鱼拿来待客不吉利,意思是说,九二无应于初六,所以不宜拿鱼来招待宾客。

包,庖,厨房。《周易集解》引虞翻云:"鱼谓初阴,巽为鱼。二虽失位,阴阳相承,故'包有鱼,无咎'。"九二以鱼为喻,初六上应九四而无应于九二,因而《周易注》云,"擅人之物,以为己惠,义所不为,故'不及宾'。"

九三,臀无肤,其行次且。厉,无大咎。

《象》曰:"其行次且",行未牵也。

[讲解]　筮遇九三,臀部皮开肉烂,其行走徬徨难进。有危险但无大错失。

《象辞》说:所谓行走徬徨难进,九三象征其立身行为孤孑无应,没有牵助。

该爻辞"臀无肤,其行次且"与夬卦九四爻辞同。下巽有股象。九三为下卦之终,过刚而未中,无应于上九,有"臀无肤"之象。《程氏易传》:"其始志在求遇于初,故其行迟迟。未牵,不促其行也。"

九四,包无鱼,起凶。

《象》曰:无鱼之凶,远民也。

[讲解]　筮遇九四,庖厨之中没有鱼,预示会发生凶险之事。

《象辞》说:所谓庖厨之中无鱼的凶险,是说九四象征疏远百姓、丧失民心。

起,此处有发生义。九二以鱼喻,九四本应于初六,与九二无亲比,因而九四有"包无鱼"之象。无鱼者,人心失之喻,凶必"起"矣。

九五,以杞包瓜,含章。有陨自天。

《象》曰:九五"含章",中正也。"有陨自天",志不舍命也。

[讲解]　筮遇九五,用枸杞子与甜瓜一起烧煮,味道甘美。有陨石从天而降。

《象辞》说:九五爻辞所谓口中味道甘美,象征人格的内在美善,守中居正。所谓有陨石从天而降,说明人不能舍弃、违背天命。

杞,杞子,枸杞的果实。陨,陨石,陨落,通殒。在中华古代巫文化中,陨石雨作为一种自然现象,有凶险义。《春秋·庄公七年》:"夜中星陨如雨。"

历代易学家释此爻义,有歧见。如《周易集解》虞翻云:"杞,杞柳。"《周易正义》引马融云:"大木也。"《周易本义》称杞,"高大坚实之木也"。由此进而释"包"为包裹之义,引申为遮蔽。《程氏易传》:"杞,高木而叶大,处高体大而可以包物者,杞也。""九五尊居君位,而下求贤才,以至于高而求至下者,犹以杞叶而包瓜,能自降屈如此。"似可备一说。但是,姤卦全卦爻辞如"包有鱼"、"包无鱼"等"包",都释为"庖厨",引申为烹饪义,而为什么此爻辞"以杞包瓜"的"包",另释为"裹"、遮蔽义?似无道理。而杞子和煮于甜瓜,有甘美内含义。九五刚居阳,得中得正,九五无承无据无比无应,故爻辞取"有陨自天"之象,有"凶"义。

上九,姤其角,吝,无咎。

《象》曰:"姤其角",上穷吝也。

[讲解]　筮遇上九,遭遇尖角的抵触,有憾惜,而无错失。

《象辞》说:所谓遭遇尖角的抵触,上九象征人处穷途末路而有憾惜。

上九非正,未当,处姤卦之极,有角之象,喻吝道。不为初六所犯,即无应于初,无相遇之时机,因而"无咎",类似本卦九三"无大咎"。

卦四十五　萃卦☷(坤下兑上):"萃,聚也","聚以正也"

萃:亨。王假有庙,利见大人,亨,利贞。用大牲,吉。利有攸往。

[讲解]　萃卦卦辞:筮遇此卦,可以祭祖。君王到宗庙去祭祖,有利于天下出现圣贤。祭祖,吉利的占问。用牛作为牺牲,吉利。有利于有所作为。

假,《周易集解》引虞翻云,"至也"。用大牲,以牛为祭,《说文解字》:"牛,大牲也。"杀牛以祭,古时为重大祭礼。

《彖》曰:萃,聚也。顺以说,刚中而应,故聚也。"王假有庙",致孝享也。"利见大人,亨",聚以正也。"用大牲,吉","利有攸往",顺天命也。观其所聚,而天地万物之情可见矣。

[讲解]　《彖辞》说:萃卦象征欢聚。下卦为坤为顺,上卦为兑为说(悦),全卦象征顺从而和悦。九五喻阳刚之美善下应六二,所以欢聚。所谓到宗庙祭祖,是向祖神进献至孝之心。所谓有利于出现圣贤,命运亨通,象征欢聚而守中正之道。所谓用重大牺牲祭祖,吉利,有利于有所作为,说明这欢聚遵循天命。观悟萃卦所言述的欢聚,关于天地万物的和合、会聚的情情实实就领悟、明了。

萃卦下坤上兑,泽水流遍坤地,有因润泽而欢聚义。主爻九五居中正而下应六二,欢聚之象顿现全卦之本旨。祖神,全族和合、相聚的精神象征,故祭为重礼。内坤纯阴且二、三、四互艮为门阙,有宗庙之象,内坤又为牛,有大牲之象。五、二正应,利见大人,聚正之时。来知德《周易集注》:"尽志以致其孝,尽物以致其享。"

《象》曰:泽上于地,萃。君子以除戎器,戒不虞。

[讲解]　《象辞》说:泽水滋润大地,这就是萃卦的喻义。君子用以解除兵戎、争斗而和合、欢聚,戒惧不测的变乱。

除,《周易集解》引虞翻云,"除,修",有修治义,转义为解除。虞,臆想,猜测。

初六,有孚,不终,乃乱乃萃。若号,一握为笑。勿恤,往,无咎。

《象》曰:"乃乱乃萃",其志乱也。

[讲解]　筮遇初六,有所俘获,不能有始有终,由行动紊乱不一、由妄聚所引起。好像哭号,握手之际,相逢一笑。不要忧虑,有所作为,没有咎害。

《象辞》说:所谓紊乱而妄聚的意思,初六象征心志迷惘而错乱。

初六位未当,虽应于四而性柔未能自守,因而"有孚不终"。无承无比,妄聚者,乱。二、三、四互为艮为手,上兑为说(悦),故有一握为笑之象。

六二,引吉,无咎。孚乃利用禴。

《象》曰:"引吉,无咎"。中未变也。

[讲解]　筮遇六二,开弓射猎,吉利,没有咎害。以俘虏为献而进行夏

祭,是吉利的。

《象辞》说:所谓开弓射猎,吉利,没有咎害,六二象征中正之道没有改变。

引,本义开弓。禴,音 yuè,古时四时祭中的夏祭。孚,俘,甲骨卜辞与金文均作"孚"。甲骨文写作 ♀(见《甲骨文合集》三九五),双手把捉"子"之状。

六三,萃如嗟如,无攸利,往无咎,小吝。

《象》曰:"往无咎",上巽也。

[讲解] 筮遇六三,相聚的样子,嗟叹的样子,不吉利。前往而没有咎害,有小遗憾。

《象辞》说:所谓前往而没有咎害,是六三上承(顺)于九四、九五的缘故。

六三无应于上之极,而亲比于九四,承于九四、九五。巽为顺,故有"上巽"之言。

九四,大吉,无咎。

《象》曰:"大吉,无咎",位不当也。

[讲解] 筮遇九四,大吉大利,没有咎害。

《象辞》说:大吉大利,没有咎害,九四居位不当。

九四刚居阴,无当。但据六三、六二、初六,萃聚三阴,因而大吉,无咎害。项安世《周易玩辞》:"无尊位而得众心,故必'大吉'而后可以'无咎'。"此解固然以爻位说为据。然而同样据爻位说,既然"位不当",又何"大吉,无咎"之有?

九五,萃有位,无咎,匪孚。元永贞,悔亡。

《象》曰:"萃有位",志未光也。

[讲解] 筮遇九五,萃聚正当其位,没有咎害,不用惩罚。占问长期之事,没有遗憾。

《象辞》说:所谓萃聚正当其位,九五象征天下欢聚的志向尚未发扬光大。

九五刚居中正之位,应时而荟萃,足以萃天下而无咎,但其隔四而无相聚于众阴,与上六仅为逆比,因而称其"志未光也"。

上六,赍咨涕洟,无咎。

《象》曰："赍咨涕洟"，未安上也。

[讲解]　筮遇上六，悲叹时运不济、涕泪交流，没有错失。

《象辞》说：所谓悲叹时运不济、涕泪交流，上六居上位而预示未获安宁。

赍，音 qí，长吁短叹。涕洟，《玉篇》："目汁出，曰涕。"《经典释文》："洟，鼻液也。"

上六处兑之终，有兑口吁叹、涕泪交流之象，虽当位而乘凌于九五，萃极而欲聚无时。

卦四十六　升卦䷭（巽下坤上）："地中生木"，"柔以时升"，君子性德之升华

升：元亨，用见大人，勿恤。南征，吉。

[讲解]　升卦卦辞：筮遇此卦，可以祭祀祖神，宜于天下出现圣贤。不要忧虑。向南方征讨、进军，吉祥。

《彖》曰：柔以时升。巽而顺，刚中而应，是以大亨。"用见大人，勿恤"，有庆也。"南征，吉"，志行也。

[讲解]　《彖辞》说：在适宜的时机使阴柔之道得以升华。升卦下体为巽，上体为坤，有巽入而和顺之象，九二以刚居中而上应六五，所以大为亨通。所谓宜于天下出现圣贤，不要忧虑，象征正值吉时，上升而有福庆。所谓向南方征伐而吉利，象征升华的志向畅行无阻。

升卦巽下坤上，巽为木，坤为地，有木植大地长而益高之象。升卦在六十四卦序中次于萃，萃聚而必有升。物之积聚而高，升之象。六五为升卦主爻，应九二，人亨之象。王弼《周易注》："柔以其时，乃得升也。"

《象》曰：地中生木，升。君子以顺德，积小以高大。

[讲解]　《象辞》说：大地上生长草木，象征事物上升。君子观悟此卦，因而遵循草木生长于大地的德性，积小善为大德，以升华自己的操行。

《周易集解》引荀爽云："地谓坤，木谓巽。地中生木，以微至著，升之象也。"

升与晋不同。晋卦以日升为喻，升卦以木升喻义，前者辉煌，后者灿烂。

初六，允升，大吉。

《象》曰:"允升,大吉",上合志也。

[讲解]　筮遇初六,神灵应允于升迁,大吉大利。

《象辞》说:所谓神灵应允于升迁,大吉大利,是说初六象征顺承上之二阳(九二、九三)以实现应合的志向。

《周易集解》引《九家易》云:"谓初失正(引者注:但初六得位),乃与二阳允然合志,俱升五位,上合志也。"

允,诚、信义。卜辞中时见该"允"字,义为神灵应诺。

九二,孚乃利用禴,无咎。

《象》曰:九二之孚,有喜也。

[讲解]　筮遇九二,以俘虏为人牲举行夏祭,吉利,没有错失。

《象辞》说:所谓对神灵的以俘为祭,是指九二象征正值喜庆之时。

《周易正义》:"九二与五为应,往升于五,以见信任,故曰'亨'。"《周易浅述》卷五:"萃六二以中虚为孚,此以中实为孚。二变互坎为隐伏,鬼神祭祀之象。以刚中之臣,应柔中之主,至诚相感,可以不事文饰,犹禴祭之简质,可达于神也。"

九三,升虚邑。

《象》曰:"升虚邑",无所疑也。

[讲解]　筮遇九三,登临一座空城(注:此爻辞无判辞)。

《象辞》说:所谓登临一座空城,是说九三象征上升之时没有疑虑。

九三位当,进临于坤而应上六,当升之时,故"无所疑也"。

六四,王用亨于岐山,吉,无咎。

《象》曰:"王用亨于岐山",顺事也。

[讲解]　筮遇六四,周文王来到岐山祖地祭祀祖神,吉利,没有咎害。

《象辞》说:所谓文王来到岐山祖地祭祀祖神,是说六四象征做事敬慎,顺随祖训,不忘根本。

六四当位而未居尊,象文王(姬昌)在祖地岐山祭祖之象,祭祖敬上而追远,有升之象。亨,享之假借,享祭义。

六五,贞吉,升阶。

《象》曰:"贞吉,升阶",大得志也。

[讲解]　筮遇六五,这次占问是吉利的,登临台阶拾级而上。

《象辞》说:所谓占问吉利,登临台阶拾级而上,是说六五象征人之上升的志向完美实现。

上坤为地土,有阶之象,六五柔居阳位尊中,有正固自守之象。

上六,冥升。利于不息之贞。

《象》曰:"冥升"在上,消不富也。

[讲解]　筮遇上六,暗夜登临,命运不济。奋进不息,吉利。

《象辞》说:所谓冥夜而登临向上,是说上六象征事物上升趋势会因时消亡而不能长富不息。

冥,古时迷信,称人死而居阴间为冥,此指暗夜。息,休止之义。

[小结]　此释夬、姤与萃、升四卦。夬、姤互为综卦;萃、升互为综卦。夬卦以果决为喻义,以公正、阳刚之气魄决断事物,五阳决一阴,象喻君子决小人之理;姤卦申说遇合之理。遇合应契时、守正而合礼,以不宜于遇合却勉为其难为戒。萃卦说明相聚的道理,与姤卦象征遇合之义相通,有先秦儒家所推重的群体意识;升卦阐发上升之旨,事物发展犹木之生长而渐高,强调君子道德升华乃人文进步之本。

卦四十七　困卦☲(坎下兑上):"困而不失其所亨","君子以致命遂志"

困:亨。贞,大人吉,无咎。有言不信。

[讲解]　困卦卦辞:筮遇此卦,可以祭祀。占问于神灵,结果是,大人命运吉祥,没有咎害。他人闲言碎语,不必采信。

《彖》曰:困,刚揜也。险以说,困而不失其所亨,其唯君子乎!"贞,大人吉",以刚中也。"有言不信",尚口乃穷也。

[讲解]　《彖辞》说:困卦象征困穷之时,指阳刚之气被掩藏、遮蔽的意思。困卦下坎为险陷,上兑为说(悦)乐,象征身陷险阻而悦乐依然。处于困境之时而不丧失它的亨通即所谓身心通泰。这种人生境界,只有君子才能达到啊!"贞,大人吉"的意思,是说守持正固的操行,这是大人的吉善品格,用九五阳刚居中来象征。所谓他人闲言碎语不必采信,说明只相信他人言

辞,就会陷入困穷之境。

揜,音 yǎn,掩盖,《礼记·聘义》:"瑕不揜瑜。"刚揜,指上兑为阴,下坎为阳,阴掩蔽阳,为"刚揜"之象。虞翻云:"兑为口,上变口灭,故'尚口乃穷'。"尚,上。

《象》曰:泽无水,困。君子以致命遂志。

[讲解]　《象辞》说:困卦上兑为泽、下坎为水,水在泽下,泽上无水,象征困穷之时。君子观悟此卦,以全部生命的投入来实现志向。

《周易姚氏学》:"致命,谓至于命。"《周易浅述》卷五:"水下漏则泽枯,故曰无水。致命,委致其身也。委命于天,以遂我之志。"

初六,臀困于株木,入于幽谷,三岁不觌。

《象》曰:"入于幽谷",幽不明也。

[讲解]　筮遇初六,臀部挨打,人被杖责,幽闭于监牢之中,多年不见天日。

《象辞》说:所谓幽闭于监牢之中,是说初六象征人处困穷之时未能做到心志明敏。

"株木",高亨《周易大传今注》释为"刑杖","幽谷"喻"牢狱","黑暗如幽谷"。可参。觌,音 dí,相见。初六处下,以不能行而坐困,故有臀之象。《周易注》:"进不获拯,必隐遁者也,故曰'入于幽谷'也。"

九二,困于酒食,朱绂方来,利用亨祀。征凶,无咎。

《象》曰:"困于酒食",中有庆也。

[讲解]　筮遇九二,人在困穷之时,喝酒吃饭都成了问题。穿上刚刚由天子所赐的朱绂祭祀祖神,吉利。征伐有凶险,但没有错失。

《象辞》说:所谓困穷之时喝酒吃饭都成问题,是说九二象征居中才有福庆。

朱绂,红色的蔽膝。绂,音 fú。古时缝于深衣之膝前部位以为装饰,有社会等级的象喻意义。周代天子、诸侯、公卿皆穿朱绂之饰的祭服祭祖。而不同朱绂所示地位不同,诸侯、公卿的朱绂,由天子所赐。《周易尚氏学》:"言将膺锡(赐)命也,博雅绂绥也。朱绂贵人所服,以祭宗庙者,故用以亨祀则利也。然五不应故征凶,得中亦无咎。"九二刚陷坎中,无应于五,乃居中而非得中之象，《象辞》所谓"中有庆也"之"中"，以释为"居中"为妥。然而"居中"亦"有庆"吗？这是一个问题。

六三，困于石，据于蒺藜，入于其宫，不见其妻，凶。

《象》曰："据于蒺藜"，乘刚也。"入于其宫，不见其妻"，不祥也。

[讲解]　筮遇六三，为巨石所困扰而不得行进，被蒺藜所纠缠而不能摆脱，走进自己的家门，见不到妻子，凶险。

《象辞》说：所谓被蒺藜所纠缠而不能摆脱，是说六三象征阴柔乘凌九二阳刚。所谓走进家门见不到妻子，喻义是六三乃不祥之兆。

蒺藜，音 jí lí，一年生草本植物，有毛，有刺。宫，宫室，中国古代关于建筑的总称，此指居室。六三柔居阳，不中不正无应，下坎为险陷，故以石、蒺藜喻之。在九二之上，有乘刚之象。六三变爻而为大过之象，凶险。

九四，来徐徐，困于金车，吝，有终。

《象》曰："来徐徐"，志在下也。虽不当位，有与也。

[讲解]　筮遇九四，前来之时慢慢吞吞、犹犹豫豫，被铜制的车子所困阻，遗憾，但终究有好结果。

《象辞》说：所谓缓缓而来，犹豫不决，是说九四具有下应于初六的心志。虽然九四居位不当，但总会有收获、报答。

金车，铜制之车。喻九四。困于金车，指九四下应初六而为六三所乘。九四刚居阴，位未当，但正如王弼《周易注》所云："然以阳居阴，履谦之道，量力而处，不与二争，虽不当位，物终与之，故曰'有终'也。"

九五，劓刖，困于赤绂。乃徐有说，利用祭祀。

《象》曰："劓刖"，志未得也。"乃徐有说"，以中直也。"利用祭祀"，受福也。

[讲解]　筮遇九五，穿了天子所赐的有红色蔽膝之饰的祭服进行祭祀，却犹豫不决，心神不定。只要慢慢地、有序地去进行则必有悦乐，这样的祭祀，吉利。

《象辞》说：所谓祭祀犹豫不决，心神不安，是说九五象喻济困之志向还没有实现。所谓慢慢地、有序地祭祀必有悦乐，用以表示九五有中正、刚直的品格。所谓祭祀吉利,象征受福匪浅。

劓刖,音 yì yuè,《经典释文》:"劓刖,荀、王肃本作臲卼,云不安貌。"臲卼,即该卦上六爻辞所言"臲卼",有危而心神无定、进退未决之义。高亨在引用《经典释文》此释时云:"劓刖乃借为臲卼耳。"①廖名春《周易经传十五讲》引述帛书本《周易》,称此"皆作貳橚","当读为貳端","义为进退失据、动摇不定的样子"②。可从。《周易集解》引虞翻云:"割鼻曰劓,断足曰刖。四动时震为足,艮为鼻。离为兵,兑为刑,故'劓刖'也。"亦可备一说。说,悦乐,有学人释"说"通"脱",未妥。《周易集解》引崔憬云:"居中以直,在困思通,初虽暂穷,终则有喜,故曰'乃徐有说'。"九五中正,无应于二,为上六所乘,逆比于上而无比于四,故既有济困、又有困穷之象。

上六,困于葛藟,于臲卼。曰动悔。有悔,征吉。

《象》曰:"困于葛藟",未当也。"动悔","有悔",吉行也。

[讲解]　筮遇上六,被葛草藤蔓所纠缠,身心处于焦虑不安之中。倘若贸然行动,会遗憾。如果有所悔悟,出兵征讨,吉利。

《象辞》说:所谓被葛草藤蔓所纠缠,是说上六有爻位不当的喻义。所谓贸然行动,后悔;如果悔悟,吉利,是指上六象征前行必获吉祥的意思。

藟,音 lěi,藤蔓。臲卼,音 niè wù,不安、不定貌。《周易浅述》卷五:此卦上卦为兑为泽,"泽,水草之区",由于"水在泽下","水枯而草木丛集,故困"。"处困之极,动而有悔"。但倘能"自悔其所为,则不终于困,往而可以得吉,所谓困极而通也"。

卦四十八　井卦☲(巽下坎上):"井养而不穷也",颂澄明、惠物与修己之德

井:改邑不改井。无丧无得,往来井井,汔至,亦未繘井,羸其瓶,凶。

[讲解]　井卦卦辞:城邑可以改造、搬迁,但井田模式不能改变,水井不能搬迁。汲水,水井不见枯竭;不汲水,水井不会满溢。所以井水可以供来

---

① 高亨《周易大传今注》第399页。
② 廖名春《周易经传十五讲》第149页。

来往往的人们反复汲水为饮。汲水,以绳索提拉的水瓶提升到井口而尚未出井之时,水瓶倾覆,则有危险。

　　邑,都城。《孟子》:"方里而井,井九百亩,其中为公田,八家皆私百亩,同养公田。"井,甲骨文本作井,这中间一点,指公田所在。《说文解字》依《孟子》"方里而井"说,称"八家一井",指殷、周时期的井田制以八家合为一块井田,既是土地制度,也是居住制度,而并未指八家家庭合用一口水井。否则,《孟子》为什么说"方里而井"? 里者,居也。古时有"八夫为井"与"九夫为井"的区别。都邑制度诞生于井田制。"古代所谓'九夫为井'是恒值,即一块井田必包括九个'一夫',然而邑(里)的范围大小却是变迁的。在笔者看来,这便是《周易》井卦卦辞关于'改邑不改井'的深层文化学和历史学意义。"①不过,井字在战国楚竹书《周易》中写作汬②,可见此井卦的意义,不仅关乎井田文化,而且同时与水井有关,这便是笔者如此解读卦辞的依据。缮,音 jú,绳索。汔,水干涸之义。

　　《彖》曰:巽乎水而上水,井。井养而不穷也。"改邑不改井",乃以刚中也。"汔至亦未缮井",未有功也。"羸其瓶",是以凶也。

　　[讲解]　《彖辞》说:井卦下为巽为顺,上为坎为水,有遵循水的渗透性而挖井汲水之象。水井养人,功德无量。所谓城邑可以改造、搬迁,井田模式不能改变,水井也不能搬迁,是说井卦九二、九五比喻君子阳刚居中的品格。所谓汲水之水瓶提拉到井口而尚未出井之时,是说人格修养,功德未就。所谓水瓶倾复,这便是此卦主凶的缘故。

　　《周易浅述》卷五:井卦"初柔,象泉源。三二刚,象泉。四柔,井之中。五刚,泉之上出。上柔,井口。有全井之象"。全卦以井德喻君子人格,所谓"无丧无得",比于君子美德"养而不穷"。

　　《象》曰:木上有水,井。君子以劳民劝相。

　　[讲解]　《象辞》说:井卦下巽为木,上坎为水,有"木上有水"之象。君子观悟此卦,因而为民效劳,劝勉民众彼此相助。

　　《周易浅述》卷五:"劳民者,以君养民;劝相者,使民相养,皆井养之义。"

---

①　参见拙文《井卦别释》,载中国台湾《中华易学》第十七卷第九期。
②　参见《上海博物馆藏战国楚竹书(三)·周易》,马承源主编,上海古籍出版社,2002 年。

初六,井泥不食,旧井无禽。

《象》曰:"井泥不食",下也。"旧井无禽",时舍也。

[讲解]　筮遇初六,井底淤泥壅塞,无井水可供饮用。废弃的枯井,无养于人。

《象辞》说:所谓井底淤泥壅塞,无井水可供饮用,是说初六象征所居污下,为时所弃。所谓枯井无养于人,是说初六有被时机抛弃的喻义。

禽,擒,本义为获。《周易集解》引虞翻云:"禽,古擒字,禽犹获也。"《周易尚氏学》:"禽,获也。无水故无所得。"

九二,井谷射鲋,瓮敝漏。

《象》曰:"井谷射鲋",无与也。

[讲解]　筮遇九二,在井口用箭射杀井水中的小鱼,汲水之瓶破损漏水。

《象辞》说:所谓在井口射杀小鱼,是说九二无应于九五,象征孤立无助。

谷,山口出水之处。井谷即井口。鲋,《周易集解》引虞翻云,"小鲜也"。又云,"瓮敝漏者,取其水下注不汲之义也"。

九三,井渫不食,为我心恻。可用汲,王明并受其福。

《象》曰:"井渫不食",行恻也。求"王明",受福也。

[讲解]　筮遇九三,井水清澈但没人饮用,使我内心隐隐地感到遗憾可惜。清澈的井泉可以汲取,君王圣明,可使天下同受福泽。

《象辞》说:所谓井水清澈无人饮用,象喻这种行为让人悱恻难安。所谓盼求君王圣明,是君王降福、泽被天下的意思。

渫,音 xiè,去污浊而使水清洁。《周易浅述》卷五:"渫,去泥也,渫则清而可食矣。"九三以刚居阳,应于上六而未正,二三四互体为兑,为口,三再变为震,反用不食之象。坎为险陷,有忧恻之象。三四五互体有离象,王"明"之喻。

六四,井甃,无咎。

《象》曰:"井甃,无咎",修井也。

[讲解]　筮遇六四,兆象显示修治水井,没有咎害。

《象辞》说:所谓修治水井,没有咎害,是说六四以修井之象,喻去污之义。

甃,音 zhòu,《周易集解》引虞翻云:"修治也,以瓦甓垒井称'甃'。"《周易浅述》卷五:此卦"三之渫,修于内以致洁,四之甃,修于外以御污。内外交修,济物及人之本也"。

九五,井冽,寒泉食。

《象》曰:"寒泉"之"食",中正也。

[讲解]　筮遇九五,井水清冽,洁净、清凉的井泉可供饮用。

《象辞》说:所谓寒冽甘泉可供饮用,是说九五象征中正之道。

九五阳刚中正,井养之德已成。

上六,井收,勿幕。有孚,元吉。

《象》曰:"元吉"在上,大成也。

[讲解]　筮遇上六,从水井汲水完毕,不封闭井口。有所惩罚(警戒),大吉大利。

《象辞》说:井卦上六爻位,大吉大利,表示井养大功告成。

收,成。幕,《周易集解》引虞翻云:"盖也。"《周易浅述》卷五:"幕,蔽覆也,盖井之具也。"孚,俘,引申为罚。《周易浅述》卷五又云:"故他卦言水,皆以险言之,独井泉在冬而温,乃天一之真性也。"然自井汲水,因井无"蔽覆",亦"险"耳,故有所警戒,大吉大利。

卦四十九　革卦☲(离下兑上):"天地革而四时成","顺乎天而应乎人"

革:巳日乃孚,元亨。利贞,悔亡。

[讲解]　革卦卦辞:筮遇此卦,祭祀之日,以人俘祭祀祖神,这是吉利的占问,没有憾惜。

巳,祀。《周易本义》、阮刻《周易》本等,作"巳日"。《周易尚氏学》等作"己日",有误。孚,俘。

《象》曰:革,水火相息。二女同居,其志不相得,曰革。"巳日乃孚",革而信之。文明以说,大亨以正,革而当,其悔乃亡。天地革而四时成。汤武革命,顺乎天而应乎人。革之时大矣哉。

[讲解]《彖辞》说:革卦上兑为泽水,下离为丽火,象征水火相互息长。上兑为少女,下离为中女,象征两个女子同居在一起,她们的心志不会相投,这便是革变的意义。所谓祭祀之日,以人俘祭祖,象征变革从而取信于众。离火为文明,泽兑为悦乐,文明伴随悦乐,以守持正固之德使万物至为亨通。变革而正当时,一切憾惜就会消亡。天地不断变革运行,四时循序运化交替。商汤代替夏桀,周武代替殷纣,这是天命,顺应了天的意志又应合于人的意愿。革卦所表达的时间意识是此卦喻义的根本啊。

革卦泽上火下,火燃而水蒸、水决而火灭,犹二女同居而异心,喻变革之时必然来到。但内有文明离德,外具和兑之气,又有水火相息之象,因而"大亨以正,革而当"。朝代更替、帝王革变,顺乎天时、人和之机。

《象》曰:泽中有火,革。君子以治历明时。

[讲解]《象辞》说:泽水伴以离火,革卦象征变革之时。君子观悟此卦,用以修治历法、辨明四时更替之则。

《程氏易传》:"君子观变革之象,推明星辰之迁易,以治历数,明四时之序也。"

初九,巩用黄牛之革。

《象》曰:"巩用黄牛",不可以有为也。

[讲解] 筮遇初九,用黄牛的皮来包裹、固定(此爻缺判辞)。

《象辞》说:所谓用黄牛的皮包裹、固定,初九象喻此时不可妄为、盲动。

巩,固。取象于黄牛之革(皮),喻变革之难,未逢其时。

王弼《周易注》:"在革之始,革道未成,固夫常中,未能应变者也。此可以守成,不可有为也。"初变爻而为艮止,有固结无变之象。

六二,巳日乃革之,征吉,无咎。

《象》曰:巳日革之,行有嘉也。

[讲解] 筮遇六二,祭祀的日子改变,出兵打仗吉利,没有错失。

《象辞》说:所谓祭祀日子改变,六二象喻此时人的行为嘉美。

六二以柔居阴得中且上应九五,文明之主,正逢革变之时,故有此吉筮。俞琰《俞氏易辑说》:"必往于巳日当革之时,则其行有嘉美之功。行释征字,嘉释吉无咎。"

"行有嘉也",《周易译注》作"行有佳也"①。或无据。

九三,征凶,贞厉。革言三就,有孚。

《象》曰:"革言三就",又何之矣。

[讲解] 筮遇九三,出兵征伐有凶险。占问的结果,危厉。但革命要讲究三就,像周武王那样,克商之初缓缓变革政事,以防剧变,才有所俘获。

《象辞》说:所谓革命要讲究"三就",九三象喻逢时变革又何必操之过急呢。

革言三就,《周易集解》引崔憬云,三就是说,"是以武王克纣,不即行周命,乃反商政,一就也。释箕子囚,封比干墓,式商容闾,二就也。散鹿台之财,发巨桥之粟,大赉于四海,三就也"。九三应上六,上六为兑口,故有言之象。九三刚居阳,又居离之极,刚健恃强,有躁急之性,故戒以"征凶,贞厉"。而《象辞》以武王"三就"之政喻渐变之理,是"有孚"即胸有成竹、内怀实诚的表现。

九四,悔亡。有孚,改命,吉。

《象》曰:"改命"之"吉",信志也。

[讲解] 筮遇九四,没有遗憾。有所俘获,改变命运,吉利。

《象辞》说:所谓有所俘获,改变命运,吉利,九四有遵崇心志的喻义。

改命,改变命运。该爻辞体现了殷周之际巫文化关于人之命运的典型理念,即承认命运即所谓命中注定的存在,又宣说"改命"的可能,即通过巫的"作法"、借助神灵之力(降神)以改变人的命运、处境。信,信用、信守。象辞将爻辞的意义作了道德理念的阐发,有道德救世的思想,此言"志",心志,主要指道德之心。

九五,大人虎变,未占,有孚。

《象》曰:"大人虎变",其文炳也。

[讲解] 筮遇九五,大人推行变革之策,如虎一般威猛而彪炳其时,不必占问,已有俘获。

《象辞》说:所谓"大人虎变"之象,九五象征顺天应人、天下文明之德炳然如炬。

---

① 黄寿祺、张善文《周易译注》第 408 页。

《象辞》所言"虎变",喻变之如虎德,威而彪然、炳然。《周易正义》云,"不劳占决,信德自著"。虎变与后文豹变对应。九五刚居阳得中正之尊,喻大人。炳,如日火之光燃。《周易集解》引马融云:"大人虎变,虎变威德,折冲万里,望风而信。"

上六,君子豹变,小人革面。征凶。居,贞吉。

《象》曰:"君子豹变",其文蔚也。"小人革面",顺以从君也。

[讲解]　筮遇上六,君子变革,如豹一样斑然有致。小人因而洗心革面,顺应天时。此时出征,凶险。而居安守业,可获吉祥。

《象辞》说:所谓"君子豹变",象征道德文章之变,文彩如蔚。所谓"小人革面",上六顺天时以应人,庶民百姓应合于君王以改变自己的人生路向。

面,向。革面,改变路向。《周易浅述》卷五:"虎文疏而著,故曰炳,豹文密而理,故曰蔚。"九五以正道为革之标准;上六以从道为革,故有小人之象。

卦五十　鼎卦☲(巽下离上):革故而鼎新,"君子以正位凝命"

鼎:元吉,亨。

[讲解]　鼎卦卦辞:筮遇此卦,大吉大利,可以祭祀鬼神。

《彖》曰:鼎,象也。以木巽火,亨饪也。圣人亨以享上帝,而大亨以养圣贤。巽而耳目聪明,柔进而上行,得中而应乎刚,是以元亨。

[讲解]　《彖辞》说:鼎卦卦符,是鼎器的象征。鼎卦下巽为木,上离为火,干柴烈火,象征木燃而煮食以养人。圣人用鼎器烹煮食品,用来祭祀天帝神灵,而且大力烹烧食饮之物,以涵养天下圣贤的身心。巽德顺应尊上,尊上为离火之象喻,耳聪目明。六五以柔居上卦之中,有进取之义,得处中位而下应于九二阳刚之贤,因此亨通之至。

亨,此处为烹,不同于亨通之亨与享祭之享。《周易集解》引荀爽云,此彖辞"而独于鼎言'象',何也?'象事知器',故独言'象'也"。其实,六十四卦中除此卦卦符象鼎器之外,尚有颐卦象口颐、泰卦象宫室等,并非"独于鼎言'象'"(注:当然,此彖辞所谓"鼎,象也"之辞,在六十四条彖辞中是"独一"的表述)。六十四卦卦符大多抽象地象喻易理。除六十四卦都是易理的象征之外,还有一些卦如鼎卦、颐卦与泰卦等,在卦形上有某些器物的具象因素。《周易本义》云,鼎卦象"烹饪之器,为卦下阴为足,二三四阳为腹,五阴为耳,上阳为铉,有鼎之象"。《周易浅述》卷五云:"以全体言之,下植为足,中实为腹,对峙于上为耳,横亘于上为铉。以二体言之,中虚在上,下有足以承之,皆鼎象也。取义则从木从火,烹饪之义。"而此言"下阴为足"、"下植为足"云云,其实并非真正的具象。下卦初六阴爻爻符为两短横,如果坐实地理解这是鼎足,那么鼎足何以仅二?"二足"之鼎,何以鼎立?所谓"以养圣贤"的"养",以理解为"涵养身心"为宜。在古代,鼎固然有烹制食物的功能,为养身之器,更重其人文意义,鼎乃祭礼之重器。在商代,祭祀天帝、祖神,都离不开鼎,故更具养心功能。

《象》曰:木上有火,鼎。君子以正位凝命。

[讲解] 《象辞》说:鼎卦下为巽木,上则离火,有以火燃木之象,象喻君子人格。君子观悟此卦,用来守正崇高人格品位,专注、执着于伟大使命。

正,此作动词用,守正;凝,作动词用,凝视,转义有专注、执着之义。命,天命,转义有使命之义。

初六,鼎颠趾,利出否。得妾以其子,无咎。

《象》曰:"鼎颠趾",未悖也。"利出否",以从贵也。

[讲解] 筮遇初六,鼎足倒转,倾倒鼎器之中废物,吉利。娶个小妾而生个儿子,没有错害。

《象辞》说:所谓鼎足倒转以倾倒废物,初六喻示没有违逆常理。所谓倾倒废物吉利,是说初六顺从尊显贵要。初六在下之初,有趾之象。鼎腹外实而内虚,内有否恶之积。以柔居阳不正,有妾象。以贱位而上应九四,不仅象喻弃秽纳新,而且因"生子"而"从贵"。"从贵",纳珍馐以祭也。

九二,鼎有实,我仇有疾,不我能即,吉。

《象》曰:"鼎有实",慎所之也。"我仇有疾",终无尤也。

[讲解] 筮遇九二,鼎器装满食物。我的仇人身患疾病,不能与我匹敌,吉利。

《象辞》说:所谓鼎器装满食物之象,是说九二有慎行之喻。所谓我的仇人身患疾病,是说九二象征事物的发展,终将不令人忧虑。

九二阳刚,有实义。实,食。仇,《尔雅·释诂》释为"匹也"。尤,忧。九二与六五有应,与爻辞言"仇"矛盾。故有的易说,将此"仇"释为"匹配"之义,引申"仇"为"我"妻妾。然否值得推敲。

九三,鼎耳革,其行塞,雉膏不食。方雨,亏悔。终吉。

《象》曰:"鼎耳革",失其义也。

[讲解] 筮遇九三,鼎器的耳部坏了,不能提,不能抬,祭祀活动停止,由野鸡肉熬成的膏羹不能供食于神灵之前。这时正好下雨,甘雨消灾,没有憾惜,终于可获吉祥。

《象辞》说:所谓鼎器耳朵变坏,九三象征事物的发展丧失时宜。

其,这里指祭礼。雉,野鸡。亏,消。义,宜。《周易集解》引虞翻云:"鼎以耳行,耳革行塞,故失其义(宜)也。"九三爻变下体为坎,三变互四五又为坎,坎为水,有雨象。鼎者,祭礼之重器,故九三有祭义。

九四,鼎折足,覆公𫗧,其行渥,凶。

《象》曰:"覆公𫗧",信如何也。

[讲解] 筮遇九四,祭礼的鼎折断了足,鼎中王公用以祭神的珍馐打翻了,鼎器与地面一片沾染而龌龊的样子。凶险。

《象辞》说:所谓倾翻了王公鼎器中的美食珍馐,怎么还谈得上对神灵的虔敬与忠信呢。

𫗧,音 sù,《周易正义》:"𫗧,糁也,八珍之膳。"渥,音 wò,沾湿,沾染。九四居上卦之下,失位,虽应初比五而六五乘凌其上,因而主凶。九四爻变而二三四互体为兑,为毁折,有折象。九四爻变互三五为震,有覆象。

六五,鼎黄耳金铉,利贞。

《象》曰:"鼎黄耳",中以为实也。

[讲解] 筮遇六五,青铜鼎耳铉坚固呈金黄色,占问结果:吉利。

《象辞》说:所谓青铜鼎有黄色的耳铉,六五尊处中位,以下应九二获阳刚之实。

铉,音 xuàn,举移鼎器之物具,所谓鼎杠。六五居尊而未得中正,但下应九二,"利贞"。

上九,鼎玉铉,大吉,无不利。

《象》曰:玉铉在上,刚柔节也。

[讲解]　筮遇上九,青铜鼎的鼎杠以玉为装饰,大吉之象,没有不吉利的。

《象辞》说:所谓以玉为饰的鼎杠在上,上九有刚柔相济的喻义。

玉铉,以玉为饰的鼎杠。刚柔得节,项安世《周易玩辞》:"凡烹饪之事,以刚柔得节为功。烹人曰:'掌共鼎镬以给水火之齐'。齐即节也。"齐,济。上九变,上体为震,震为玉,有玉象。上九以刚居阴位,本为失位,而此释为"刚柔节"即刚柔相济义,亦此象辞不遵爻位说、随心所欲释爻之一例。

[小结]:此释困、井与革、鼎四卦。困、井互为综卦;革、鼎互为综卦。困卦象喻人处困穷之时,有忧困意识以及教人济困、解困的人生策略;井卦主要以井水为喻,颂井养之德,申人格清明、惠物与修己之道。革卦有"革命"之思,具制天命以尽人事之喻义,其对"革命"的推重,主张顺天应人,守持正道,依时机而宜速宜迟,不可妄为;鼎卦始终以鼎器为象,叙说革故鼎新之义,要在以"折足"、"覆𬂻"为戒,树立鼎者乃国之重器的威权。

卦五十一　震卦䷲(震下震上):崇高而敬畏,"君子以恐惧修省"

震:亨。震来虩虩,笑言哑哑。震惊百里,不丧匕鬯。

[讲解]　震卦卦辞:可以祭祀。巨雷骤起,天下畏怖,祭祀者哑言默默内心欢愉。雷震惊天动地,响彻百里,祭祀者敬肃镇静,继续祭神而不放下手中匕、鬯等祭祀之器。

虩虩,音 xì xì,《经典释文》引马融云,"恐惧貌"。笑言哑哑,《经典释文》释"哑哑"为笑声。然祭祀神圣而肃穆,祭时当不该有"笑言"。因而此实指"哑言而笑"①。此"笑",指内心之"笑"。匕,音 bǐ,匙、勺类取食器。鬯,音 chàng,古时祭神之酒,引申为盛酒之器。

《象》曰:震,亨。"震来虩虩",恐致福也。"笑言哑哑",后有则也。"震惊百里",惊远而惧迩也。出,可以守宗庙社稷,以为祭主也。

---

①　徐志锐《周易大传新注》第 322 页。

[讲解]　《彖辞》说:震卦象征亨通。所谓巨雷骤起,天下畏怖,有恐惧、警惕而导致幸福、好运到来的意思。所谓祭时哑言默默、内心欢愉,是说在祭时"笑言哑哑"的背后,有支配"笑言哑哑"的神圣原则在。所谓雷震惊天动地,响彻百里,象征天地威权使远者警惧、近者畏恐。宗族男性出来主持祭礼,象征可以继承祖宗伟业、治理天下社稷,这便是祭礼的主题。

《周易正义》:"致福之后,方有笑言。以曾经戒惧,不敢先则。"《周易浅述》卷五:"有则者,言笑有常,不以震惊而变也。"此实指祭礼神圣、肃穆,主祭者以虔诚之心,不苟言笑,敬畏于祖神。古时以震卦为吉,雷震固然畏怖,却是大气磅礴,雷霆万钧,它是施福于人的吉兆,因而有哑言默默、内心欢愉之象。

《象》曰:洊雷,震。君子以恐惧修省。

[讲解]　《象辞》说:惊雷响彻云天,一个又一个,有威震不断的喻义。君子观悟此卦,内心敬畏、惕惧,修德自省。

洊,音 jiàn,一而再,再而三。《周易浅述》卷五:"上下皆震(指上下卦),重袭而至,故曰洊。恐惧存于心,修省见于事,恐惧继以修省,所以尽畏天之实,象雷之洊也。"

初九,震来虩虩,后笑言哑哑,吉。

《象》曰:"震来虩虩",恐致福也。"笑言哑哑",后有则也。

[讲解]　筮遇初九,巨雷骤起,天下畏怖,祭祀者随之哑言默默,内心诚敬,吉利。

《象辞》说:所谓巨雷骤起,天下畏怖,因内心威惧、警惕而导致福泽自来。所谓哑言默默,内心诚敬,这是祭祀者敬畏于祖神这一原则的缘故。

后,前指随后,后为背后。初九为一卦之主,故有关彖辞、象辞与该爻辞有相同之处,爻之吉,通彖之亨。

六二,震来,厉。亿丧贝,跻于九陵。勿逐,七日得。

《象》曰:"震来,厉",乘刚也。

[讲解]　筮遇六二,震雷骤作,危厉。遗失大量财币,此时正登临在极高的山陵上。不必刻意追寻、搜找,七天之内必然失而复得。

《象辞》说:所谓震雷骤作,危厉,六二乘凌于初九,所以有此危厉的占筮结果。

亿,喻数量之巨。贝,古时货币。跻,登上。九,周人崇拜数九,所谓"数以九为纪",喻极度。九陵,九皋,高地。六三爻变则下体为离,有贝象。二三四互体为艮山,有升临之象。

六三,震苏苏。震行无眚。

《象》曰:"震苏苏",位不当也。

[讲解]　筮遇六三,雷震之时,心绪不宁。雷声发作,不遭灾变。

《象辞》说:所谓雷震之时,心绪不宁之象,六三居位不当。

苏,通㢡。《程氏易传》:"苏苏,神气缓散自失之状。"苏苏,帛书本《周易》作"疏疏"。六三柔居阳位,为下体之极,位失当。眚,灾。

九四,震遂泥。

《象》曰:"震遂泥",未光也。

[讲解]　筮遇九四,雷击下坠于大地(缺判辞)。

《象辞》说:所谓雷击下坠于大地,九四象喻阳刚之气不得伸扬而光大。

遂,《经典释文》:"荀本作队。"队,坠。《周易尚氏学》:"遂,隧之省文。隧即坠也。"九四失位,陷于上下各二阴之中。三、四、五互体为坎,为陷。九四爻变而二、三、四互体为坤、为土、为泥,因而有遂(坠)泥之象。九四本阳,陷于上下各二阴之中,因而"未光"。

六五,震往来,厉。亿无丧,有事。

《象》曰:"震往来,厉",危行也。其事在中,大"无丧"也。

[讲解]　筮遇六五,雷震忽左忽右,忽前忽后,忽上忽下,忽近忽远,危厉。只要心存畏惧、惕敬之心,没有什么巨大的损失,有吉利的时机去进行祭神之事。

《象辞》说:所谓雷震往来无常,危厉,六五喻示人应以危惧之心才能有所作为。做事为人守持中道,一切都不会失去。

六五柔居尊位而比四,时宜尚佳,故"亿无丧"。该"亿无丧"与六二"亿丧贝"之"亿",帛书本《周易》均作"意","意"即"亿"。《周易集解》引虞翻云:"事,谓祭祀之事。"

上六,震索索,视矍矍,征凶。震不于其躬,于其邻,无咎。婚媾有言。

《象》曰:"震索索",中未得也。虽凶"无咎",畏邻戒也。

[讲解] 筮遇上六,雷震之时步履艰难,两眼惶恐不安,这是出兵打仗必遭凶险的征兆。雷震不在我处发动,只在邻近的地方电闪雷鸣,没有咎害。筮遇此爻,若主筮婚姻,则必有口角争端。上六得位而无应,故"婚媾有言"。《周易注》:"若恐非己造,彼动故惧,惧邻而戒,合于备豫,故无咎也。"

《象辞》说:所谓雷震之时步履艰难,上六象示未得中正之道。所谓此爻虽然凶险却没有错失,是由雷震在邻近地方发动、尚未危及自身时,就预先警惧、戒备这一兆象所喻示的。

索,绳索绞纠之貌,此引申为步履踉跄难行。矍,音 jué,目光惊恐四顾之貌。

卦五十二 艮卦☶(艮下艮上):"时止则止,时行则行。动静不失其时,其道光明"

〔艮〕:艮其背,不获其身。行其庭,不见其人。无咎。

[讲解] 艮卦卦辞(卦辞原文在"艮其背"前缺一"艮"字):筮遇此卦,停留在人的背后,看不见人的全身。行走在他的庭院,见不到他的家人。没有错害。

《彖》曰:艮,止也。时止则止,时行则行。动静不失其时,其道光明。"艮其止",止其所也。上下敌应,不相与也。是以"不获其身,行其庭,不见其人,无咎"也。

[讲解] 《彖辞》说:艮卦上下体都是艮,有停止、抑制的意思。宇宙的自然时间无有穷时,没有静止的时候,但人生社会的人文时间可止可行。人生必须依时而发展,应该抑制、静止之时就抑制、静止;应该有所作为就有所作为。无论行动还是静待,都不违背人文时机的规律。时间之道,指示人生的光明之路。所谓静止于人的背后,这种静止、抑制适得其所。艮卦上下六爻,没有任何相应关系,敌对而不相亲与。所以卦辞所谓看不见人的全身,行走在他的庭院,见不到那人,没有错害的意思,是说人类应当止其邪欲而静止其心。

《周易浅述》卷五:"艮一阳止于二阴之上,阳自下升,至上而止,其象为山,取坤地而隆其上之状,亦止而不进之意也。人以面前为身,后为背,一身皆动,而背则静,耳目口鼻皆有欲,唯背无欲,止之至也。"象辞反复申说"艮其背"之义,有祛邪欲而静心智之旨。

《象》曰:兼山艮。君子以思不出其位。

[讲解] 《象辞》说:艮卦为艮下艮上,艮为山,象喻两山重叠,有强调静止、抑制的意义。君子观悟此卦,用来思考不逾越本位的道理。

《周易正义》:"今两山重叠,止义弥大,故曰'兼山艮'也。"

初六,艮其趾,无咎,利永贞。

《象》曰:"艮其趾",未失正也。

[讲解] 筮遇初六,脚趾迈出之时就有所抑制,没有错失。占问长期之事,吉利。

《象辞》说:所谓脚趾迈出之时就抑制,意思是初六象喻没有丧失人生正路。

初六失位,当止。当止而强行,非正。当止则止,则正未失。

这一爻在于申述当止邪于未萌、将萌之道。

六二,艮其腓,不拯其随,其心不快。

《象》曰:"不拯其随",未退听也。

[讲解] 筮遇六二,小腿抬起之时就停止,不跟随在别人后面,他的心中不痛快。

《象辞》说:所谓不跟随在别人后面,是说有未能退一步而听从的意思。

拯,通承。《周易集解》:"拯,取也。"指六二中正承九三却无应,因而六二爻辞言"不""随"。九三过刚未中,止于下体之终而邪欲薰心,六二想止其欲而未能,因而"其心不快"。此所谓未能"时行则行"。"退听",《周易集解》诸本作"违听"。听,从也。值得注意的是,按爻位说,此六二得中正之道,又承、比于九三,仅无应,占问起码应为小吉。但该爻有"其心不快"之象。"艮其腓",是止其欲的象征,"不拯其随",象征六二不愿随从于九三所象征之"薰心",何以"其心不快"?象辞所谓六二"不拯其随"的原因,是因为九三"未退听"于六二的缘故。既然九三不肯"退听"于六二,又为何六二有"艮其腓"即止其欲之象?可见,一是爻位说未能合于一切卦、爻辞的本义;二则爻位说以象数理念、意图处处申道德正理,则必然有解说不通的地方。其原因,卦爻辞本是筮辞,并非依道德伦理之义而设立,期望像《易传》那样,处处以伦理说解读卦爻辞,肯定会遇到困难。

九三,艮其限,列其夤,厉,薰心。

《象》曰:“艮其限”,危“薰心”也。

[讲解]　筮遇九三,腰部动弹不得,背脊皮肉分裂,心智昏昏,危厉。

《象辞》说:所谓腰部动弹不得,预示邪欲像香草薰染一般令人迷醉,危险。

限,界,《周易集解》引虞翻云:“限,要带处也。”要,腰。夤,音 yín,《经典释文》:“夹脊肉也。”列,《周易集解》诸本作裂。薰心,《周易集解》作“阍心”。阍,借作惛,心智迷乱。《象辞》所言薰,香草,作动词,有薰染、薰灼义。九三得位,三、四、五互体为震为动,艮止之反,故“危”。

六四,艮其身,无咎。

《象》曰:“艮其身”,止诸躬也。

[讲解]　筮遇六四,控制他的身体不使妄动,没有咎害。

《象辞》说:所谓控制他的身体不使妄动,是说六四象喻自我控制。

诸,之于。躬,身体。六四柔居阴,得位,故“无咎”。《周易正义》:“明能静止其身,不为躁动也。”

六五,艮其辅,言有序,悔亡。

《象》曰:“艮其辅”,以中正也。

[讲解]　筮遇六五,阻止他乱说话,说话有条有理,没有灾祸。

《象辞》说:所谓阻止他乱说话,六五象示中正。

《周易浅述》卷五:“然柔而得中,言不轻发,发必有秩,秩之德音,故为艮其辅,言有序之象。”又云:“以其中,故可兼正。”六五非得中得正之爻,按爻位说,《象辞》“中正”之言,实为欠妥。《周易浅述》以“中”为“兼正”之说,可参。李光地《周易折中》:“艮其辅,非不言也。言而有序,所以为艮也。”

上九,敦艮,吉。

《象》曰:“敦艮”之吉,以厚终也。

[讲解]　筮遇上九,为人敦实静和,吉利。

《象辞》说:所谓为人敦实静和的吉利之象,象征事物的敦厚品格达到终极。

上九为成艮之主,为当止之境。全卦六爻以人为喻,故上九爻辞"敦艮"之义作如是解。而如依爻位说,上九以阳爻居阴,何以为"吉"?

卦五十三　渐卦☴(艮下巽上):以鸿渐设喻,明渐进之理,"可以正邦也"

渐:女归吉,利贞。

[讲解]　渐卦卦辞:女子出嫁,吉祥,这是吉利的占问。

《彖》曰:渐之进也,"女归吉"也。进得位,往有功也。进以正,可以正邦也。其位刚得中也。止而巽,动不穷也。

[讲解]　《彖辞》说:事物渐渐发展进取,这是所谓女子出嫁吉祥的喻义。渐卦九五爻正处在渐进得位之时,象征有所作为必获成功。以中正之道渐进,可以振奋国事、端肃民心。九五是刚爻居于中位。渐卦下艮为止,上巽为风为顺,象示事物静以待时而无妄躁。相时而动,伺机而行,就不会陷入困穷之境。

归,女子成年出嫁为归。《周易》有归妹卦,归妹一词,有嫁女之义。《周易正义》:"归,嫁也。"《周易本义》云,"渐之进"的"之字疑衍",可从。朱骏声《六十四卦经解》云,渐者,渐水名,"渐江也,今浙江也,借为趋字,进也。渐卦否三之四,渐与归妹反对卦,又旁通卦,故取象女归"。

《象》曰:山上有木,渐。君子以居贤德善俗。

[讲解]　《象辞》说:渐卦下艮为山,上巽为木,象喻山上有树木渐渐生长而有渐进之义。君子观悟此卦,因而渐渐积聚美德善行、良风佳俗。

《周易尚氏学》:"居,积也。居贤德,即积贤德也。"《周易浅述》卷五云:《程氏易传》称"居贤善之德。居德以渐,勤修积累,始乎为士,终乎为圣也。善俗以渐,从容化导,始乎乡邦及乎天下也"。有的学者释"善俗"的"善"为动词,根据是《经典释文》引王肃本原作"善风俗",可备一说。

初六,鸿渐于干,小子厉,有言,无咎。

《象》曰:"小子"之"厉",义"无咎"也。

[讲解]　筮遇初六,大雁渐渐飞临水岸之处,雁飞长在前、幼在后,幼者有危险,惟恐失群而鸣叫,长者不敢躁进,没有咎害。

《象辞》说:所谓幼小鸿雁有危险,初六象喻此时人的行为宜时而没有咎害。

《周易集解》引虞翻云:"鸿,大雁也。"《周易正义》:"干,水涯也。"王申子《大易辑说》:"干,岸也。"小子,此喻幼雁。言,指幼雁鸣叫。初六柔居阳位,为渐进之始。二、三、四互体为坎,有水象,三、四、五互体为离,有飞鸟之象。互体离、坎,有大雁在水岸之象。下卦艮为少男,小子之象。义,宜。

六二,鸿渐于磐,饮食衎衎,吉。

《象》曰:"饮食衎衎",不素饱也。

[讲解]　筮遇六二,看到大雁渐渐飞临水边磐石,饮水吃食,很欢乐的样子,吉利。

《象辞》说:所谓大雁饮水吃食很欢乐的样子,六二象喻自食其力,不白白地依靠他人来果腹。

《周易集解》引虞翻云:"艮为山石,坎为聚,聚石称'磐'。"故有大石义。衎,音 kàn,朱熹《周易本义》:"衎衎,和乐意。"素,白色之织物。《诗·伐檀》:"不素餐兮。"《古周易订诂》:"素犹空也,与《诗》'素餐'之素同。"《周易集解》引虞翻云:"素,空也。承三应五,故'不素饱'。"六二柔中得正,以其渐故吉。

九三,鸿渐于陆,夫征不复,妇孕不育,凶。利御寇。

《象》曰:"夫征不复",离群丑也。"妇孕不育",失其道也。"利"用"御寇",顺相保也。

[讲解]　筮遇九三,大雁渐渐飞临大土堆,是丈夫出征没有回家,妻子不能孕育生子的凶兆。但筮得此爻,有利于抵御敌寇。

《象辞》说:所谓丈夫出征没有回家,是说九三具有离群索居而无匹配的喻义。所谓妻子不能孕育生子,是说九三失正,虽逆应于六四而非女归之正道。所谓有利于抵御敌寇,是说九三爻变而二、三、四互体为坤,有《周易集解》卷六所言"行险而顺,欲御寇贼以相保守"的意思。

陆,此指大型土山,《楚辞·九叹·忧苦》王逸注:"大阜曰陆。"《尔雅·释地》:"高平曰陆。"丑,类也。

六四,鸿渐于木,或得其桷,无咎。

《象》曰:"或得其桷",顺以巽也。

[讲解]　筮遇六四,大雁渐渐飞临树林,有的栖息在大树枝干的平柯上,没有咎害。

《象辞》说:所谓有的大雁栖息在大树平柯之上,是说六四象征平安、顺遂。

桷,音 jué,大树横向生长的主要枝干。《程氏易传》:"桷,横平之柯。"六四得位比五,为上巽之初,巽为顺,有顺巽之象。

九五,鸿渐于陵,妇三岁不孕。终莫之胜,吉。

《象》曰:"终莫之胜,吉",得所愿也。

[讲解]　筮遇九五,大雁渐渐飞临丘陵,是妻子多年不能怀孕的凶兆。这种恶运不会一直延续下去,终究会吉利。

《象辞》说:所谓恶运不会延续,终究会吉利,九五象征夫妇、阴阳和合的愿望一定会实现。

九五得中居尊,处于艮山之上,有鸿雁渐陵之象。三、四、五互体为离而中虚,有女子不孕之象。五、二皆中而正且相应,有吉象。《周易本义》:"陵,高阜也。九五居尊。六二正应在下,而为三、四所隔,然终不能夺其正也。故其象如此,而占者如是则吉也。"

上九,鸿渐于陆,其羽可用为仪,吉。

《象》曰:"其羽可用为仪,吉",不可乱也。

[讲解]　筮遇上九,大雁渐渐飞临大土堆,梳理它的羽毛,好比人修饰美丽的仪表,吉利。

《象辞》说:所谓梳理羽毛以美饰仪表而吉利,上九象喻人的高尚情怀,纯正而不错乱。

此爻辞"鸿渐于陆",与九三爻辞同。学界以为此"陆"指"高山"不同于九三之"陆"指土堆,以为渐卦象征渐进之义,因而爻义自初至六都是向上的。此见可商。渐卦象喻渐进,固然是矣。但不能由此反证自初至上的取象都是向上的。一个显例是,九三为"鸿渐于陆",而六四却说"鸿渐于木",这从"陆"到"木"是否一定是后者高于前者,这不一定。因此,既然在取象上,古人并非刻板地自低到高依次递增,就没有必要将九三的"陆"释为土堆而上九释为"高山"。《周易本义》指出:"胡氏(胡瑗)、程氏(程颐)皆云,陆当作逵,谓云路也。"如果真是如此,此爻取象于大雁飞翔于云天,确是最高之象。然而,古人编纂每卦六爻爻辞时,其实并非按后之爻位说来编写的,如果都要这样做,那么六十四卦每卦的爻辞就没法编了。因此六十四卦中,除比如乾卦与咸卦等取象做到自下而上外,其余就难说了。所谓按爻位递增而自下而上取象,不是规律性的取象原则。按爻位说,该上九失位、无应、无比,应是大凶之爻,可是爻辞却说"吉"。可见《周易》六十四卦每卦六爻的吉、凶之类判辞,并非一定与爻位相对应。

卦五十四　归妹卦☳(兑下震上):"天地之大义也"、"人之终始也"

归妹:征凶,无攸利。

[讲解]　归妹卦卦辞:出兵打仗,凶险,没有什么吉利的。

《彖》曰:归妹,天地之大义也。天地不交,而万物不兴。归妹,人之终始也。说以动,所归妹也。"征凶",位不当也。"无攸利",柔乘刚也。

[讲解]　《彖辞》说:少女嫁人,喻天地之间万物生成、阴阳调和的根本道理。如果天阳、地阴之气不相交合,万事万物就不会发生,不会兴起。少女嫁人,象人类终而复始生生不息。归妹卦兑下为少女为愉悦,震上为长男为雷动,欣悦而振奋,便是"归妹"的本义。所谓出兵打仗凶险,是说归妹卦九二、六三、九四、六五都居位不当的缘故。所谓没有什么吉利的,是说阴柔乘凌于阳刚之上的缘故。

大义,根本意义。征,征伐。人之终始,指人类自始至终以阴阳交合为本而生息繁衍,且为人伦之根本。所谓归妹,人伦之终始也。《周易注》:"阴阳既合,长少又交,天地之大义,人伦之终始。"《周易集解》引崔憬云:"中四爻皆失位,以象归妹之非正嫡,故'征凶'也。"又引王肃云:"以征则有不正之凶,以处则有乘刚之逆,故'无所利'也。"

《象》曰:泽上有雷,归妹。君子以永终知敝。

[讲解]　《象辞》说:大泽之上惊雷震动,归妹卦下卦为兑为泽、上卦为震为雷,取象于少女出嫁,令人欣悦而振奋。君子观悟此卦,用以指导人生,

自始至终永远恪守夫妇之道,且懂得淫佚的弊害。

永,用作动词。敝,弊。李光地《周易折中》:"泽上有雷,不当以泽从雷取象,当以泽感雷取象。盖取于阴气先动,为归妹之义。"

初九,归妹以娣,跛能履,征吉。

《象》曰:"归妹以娣",以恒也。"跛能履吉",相承也。

[讲解]　筮遇初九,少女出嫁做了小妾,跛子能够艰难地行走,出兵打仗,吉利。

《象辞》说:所谓少女出嫁做小妾不做正室,这是婚嫁的常道正理。所谓跛子能够艰难地向前行走,吉利,是说初九象喻位卑承随居尊的道理。

娣,女后出于姐,称娣,与"姊"相对。《国语·晋语》韦昭注:"女子同生,谓后生为娣,于男则称妹也。"古时二亲姐妹可同嫁一夫,以妹为偏室,称"娣"。《周易本义》:"初九居下而无正应,故为娣象。然阳刚在女子为贤正之德,但为娣之贱,仅能承助其君而已。故又为跛能履之象。"

九二,眇能视,利幽人之贞。

《象》曰:"利幽人之贞",未变常也。

[讲解]　筮遇九二,人的一只眼睛瞎了还能看见东西,这是有利于幽静自守的占问。

《象辞》说:所谓有利于幽静自守的占问,九二象示没有改变妇人贞节的常道。

眇,音 miǎo,瞎了一只眼。九二刚居阴而处中,朱熹《周易本义》云,象"女之贤也。上有正应,而反阴柔不正,乃女贤而配不良,不能大成内助之功。故为眇能视之象。而其占则利幽人之贞也。幽人亦抱道守正而不偶者也"。

六三,归妹以须,反归以娣。

《象》曰:"归妹以须",未当也。

[讲解]　筮遇六三,以低贱身份出嫁的少女,欲成正室而不能,只得回归本位,嫁作小妾。

《象辞》说:所谓以低贱身份出嫁的少女,是因六三爻位不当。

须,《周易本义》:"女之贱者。"《周易浅述》卷六从之,并称:"须,或作待,或作斯须,皆未当。"《史记·天官书》有"织女贵而须女贱"之记。《经典释

文》释"须",称"荀、陆作'嬬',陆云'妾也'"。按,帛书本《周易》,须写作
"嬬"。《周易浅述》卷六:"初九在下为娣,六三居下之上,非娣也。然阴柔而
不中正,为说之主,女之贱者也。以此于归,人莫之取,有反归为娣之象。"

九四,归妹愆期,迟归有时。

《象》曰:"愆期"之志,有待而行也。

[讲解]　筮遇九四,少女嫁人延误佳期,迟迟未嫁,以后会有良辰吉时。

《象辞》说:所谓少女嫁人延误佳期、等待以后再嫁的心志,九四象喻万
事进行在于等待时机。

愆,音 qiān,超过,这里有延误义。九四以刚居阴,无应,有贤女嫁人误
期之象。

六五,帝乙归妹,其君之袂,不如其娣之袂良。月几望,吉。

《象》曰:"帝乙归妹","不如其娣之袂良"也。其位在中,以贵行也。

[讲解]　筮遇六五,帝乙嫁女,那个正妻的服饰,不如偏妾的服饰华美。
月亮即将圆满无缺,是吉利的兆象。

《象辞》说:所谓帝乙嫁女,不如那个偏妾的服饰华美,是因六五的位置
处在上卦的中位,以高贵的品德大行屈尊、谦卑之礼。

袂,衣袖,臂之衣饰。几望,接近于望月之时,几,几乎。《程氏易传》:
"月望,阴之盈也,盈则敌阳矣。几望,未至于盈也。"六五柔居尊应二,有帝
乙嫁女之象。

上六,女承筐,无实,士刲羊,无血,无攸利。

《象》曰:上六"无实",承虚筐也。

[讲解]　筮遇上六,夫妇祭祖,女子捧着空筐,筐中没有祭品;男子屠
羊,却是流不出鲜血的死羊,没有什么吉利。

《象辞》说:上六爻辞所谓筐里没有祭品,是说手里拿的是空筐,上六象
征人生空空如也。

刲,音 kuī,《周易集解》引虞翻云:"刲,刺也。"又云:"震为士(长男),兑
为羊(少女),离(上六爻变,四、五、上互体为离)为刀,故'士刲羊'。三四复
位(三、四同时爻变)成泰,坎象不见,故'无血'。三柔乘刚,故'无攸利'也。"
古时女子出嫁三月后祭祖,正如《礼记·昏义》所云,"昏礼者,将合二姓之

好,上以事宗庙,而下以继后世也"。

[小结]　此释震、艮与渐、归妹四卦。震、艮与渐、归妹各自互为综卦。震卦以雷震为喻,阐"恐惧修省"的君子人格修为之道;艮卦有"止"义,要求人生"时止则止,时行则行,动静不失其时",此便"其道光明",有睿智的人文时间意识,且"以思不出其位"而抵制"邪欲"。渐卦明事物渐进之理,全卦六爻以鸿渐取象、设喻,肯定天下万物渐变之则而将事物突变之道不自觉地摒弃在人文视野之外。此中华古人一大基本的人文思维特点;归妹取象于少女嫁人,其反复申说的"妇道",是对女子人伦道德的约束,发挥"归妹,天地之大义也"的天地阴阳调和、生成的哲理本旨。

卦五十五　丰卦☲(离下震上):"天地盈虚,与时消息",明丰大之理

丰,亨。王假之。勿忧,宜日中。

[讲解]　丰卦卦辞:可以祭神,君王亲临祭地祭拜。没有忧虑烦心的事。祭神适宜于安排在正午时分。

亨,享祭。假,至,莅临。《周易正义》:"假,至也。'丰,亨'之道,王之所尚,非有正者之德,不能至之,故曰'王假之'也。"

《彖》曰:丰,大也。明以动,故丰。"王假之",尚大也。"勿忧,宜日中",宜照天下也。日中则昃,月盈则食。天地盈虚,与时消息,而况于人乎? 况于鬼神乎?

[讲解]　《彖辞》说:丰卦象喻丰硕、盛大、盈满。丰卦下离为火为明,上震为雷为动,因此有道德文明、宏大而贯输于人之行为的意义。所谓君王亲临祭地祭神,说明君王崇尚先祖宏大、伟美的道德。所谓没有忧虑,适宜于在正午时分祭祀,象征君王美德像太阳一般如日中天,宜于照临天下。在自然界,太阳到了正午时分就开始西斜,月亮圆了就亏缺。天地的运化总是从盈盛走向亏虚、从亏虚回归盈盛,随着时间的推进而互为消长、生息。这又何况人、何况鬼神呢? (意思是说,人与鬼神的运化、发展,也是"与时消息"的)

昃,音 zè,太阳西斜、落山。食,月食,这里指月缺。丰卦明盛大、丰硕之势、

理。全卦震上离下，震为雷为动，离为日，有日出东方、恢宏盛丰之象。坎为忧，离为坎之反，故"勿忧"。《周易浅述》卷六："日自东至中，其势皆盛，过此则昃矣。故有宜日中之象。日之不能常中者，势也。宜日中者，圣人持盈处丰之道也。"

《象》曰：雷电皆至，丰。君子以折狱致刑。

[讲解]　《象辞》说：雷火、电光、惊雷伴随着离火，一齐来到，天下辉煌而盛大，这是丰卦的喻义。君子观悟此卦，因而仿效雷震之威、电火之明，审断刑狱、惩治犯人。

折狱，断狱。折犹断也。致刑，实施刑罚。致犹用也。这是以雷震比刑，以电火比明(明察)。

初九，遇其配主，虽旬无咎，往有尚。

《象》曰："虽旬无咎"，过旬灾也。

[讲解]　 筮遇初九，遇到日蚀、初亏之时，日蚀阴影与日光相匹敌而均等，没有咎害。以前往为上策。

《象辞》说：所谓日蚀阴影与日光相匹而势均，没有咎害，一旦打破了这一均势，灾祸就降临。

解读这一爻，易学界分歧颇多。《周易译注》据传统易解，以为"配主"指九四；释"旬"为"均"。释爻辞为，"遇合相匹配之主，尽管两者阳德均等也不致咎害，前往必受尊尚[1]。此言之有据，但究竟此爻所指兆象是什么，并不明晰。所谓"两者阳德均等"，是从爻位、爻性释爻辞内容，实际是以《易传》的思想解读殷周之际所写的筮例，也便是以后代伦理学、哲学的理念解读上古、中古的巫术占筮文化现象，有待商榷。高亨读"配"为"妃"，称"妃犹妻也"，"配主为女主人"。"虽，汉帛书《周易》作唯，按虽读为唯。尚借为赏"。因而将这一爻辞解读为，"出行则遇其女主人，唯一旬之内无咎。且往而得赏[2]。可备一说。笔者考虑到丰卦以"日中"取象，且每爻爻辞均与"日"象有关，故有此释。廖名春释此爻的兆象为日蚀初亏，可从。《周易注》："旬，均也。虽均无咎，往有尚也。初、四俱阳爻，故曰'均'也。"初、四无应，为敌、为均，有日蚀之象。尚，上。

① 黄寿祺、张善文《周易译注》第 455 页。
② 高亨《周易大传今注》第 447 页。

六二，丰其蔀，日中见斗，往得疑疾。有孚发若，吉。

《象》曰：“有孚发若”，信以发志也。

[讲解]　筮遇六二，日食将太阳遮住了，阴影丰大，正午时分，北斗七星显现于天穹，想要有所行动，又满腹狐疑、痛苦不堪。有俘获者可以发落，吉利。

《象辞》说：所谓有俘获者可以发落，六二象喻因内心诚实而发明丰大的心志。

蔀，音 bù，《周易注》：“蔀，覆、暖、障光明之物也。”疾，此指痛苦，与《管子·小问》“凡牧民者，必知其疾”之“疾”同义。若，语助词。《周易浅述》卷六：“日中而昏，则斗可见矣。六二当丰之时，离明之主而上应六五柔暗之君，故有丰其蔀、日中见斗之象。二以阴居阴而五又阴，故有往得猜疑疾恶之象。然二有文明之德，中虚之诚，人皆信之，终当有以发其蔀而行其志，故有有孚发若之象。”此言可参。其说“六二”“上应六五”，有误。

九三，丰其沛，日中见沬，折其右肱，无咎。

《象》曰：“丰其沛”，不可大事也。“折其右肱”，终不可用也。

[讲解]　筮遇九三，兆象是日食丰大的阴影像幡幔一般完全遮蔽了太阳。时值正午，连小星都在天穹显现。虽右臂折断而无咎害。

《象辞》说：所谓日食丰大的阴影像幡幔一般，说明筮遇此爻时机不利，人不可轻举妄动去做大事。所谓折断右臂，指九三象喻人遇此时终究不可有所作为。

沛，《经典释文》释为“旆”。《周易注》：“沛，幡幔，所以御盛光也。”《周易集解》引虞翻云：“日在云下称沛。沛，不明也。”沬，音 mèi，通昧。惠栋：“沬者，斗杓后小星。小星见则日全蚀矣。”此爻应上六，上六柔暗而未中，蔽甚于六五，又甚于六二，故有丰沛见沬之象。九三爻变而二、三、四互体为艮，艮为手，故有“肱”之象。三、四、五互体为兑，兑为毁折，故有折肱之象。

九四，丰其蔀，日中见斗。遇其夷主，吉。

《象》曰：“丰其蔀”，位不当也。“日中见斗”，幽不明也。“遇其夷主”，吉行也。

[讲解]　筮遇九四，日食阴影丰大而遮住太阳，正午时分，北斗七星显

现于天穹。遇到日光微露之象,吉利。

《象辞》说:所谓日食阴影丰大而遮住太阳,是说九四居位不当。所谓正午时分,北斗七星显现于天穹,九四象征天时未明、幽暗蒙昧。所谓遇到日光微露之象,是指吉利之时运来了,可以有所作为。

此爻"丰其蔀,日中见斗"文辞与六二同。初九称"遇其配主",此言"遇其夷主","夷主"与"配主"相对应。《周易正义》云:"夷,平也,四应在初,而同是阳爻,能相显发而得其吉,故曰'遇其夷主,吉'也。言四之与初交相为'主'者,若宾主之义也。"从初九看,九四为主;从九四看,初九为主。此二阳爻相敌,以"旬"、"夷"表示均、平之义。而《周易正义》称"四应在初",有误。因为相敌无应,所以两者是"配主"、"夷主"的均、平关系。该爻与六二均言"丰其蔀,日中见斗",九四指日全食渐消而日光微明;六二指日全食将至而日光微明。

六五,来章,有庆誉,吉。

《象》曰:六五之吉,有庆也。

[讲解]　筮遇六五,日食消退而阳光普照,光辉灿烂,时来运转、福庆之时,值得称誉,吉利。

《象辞》说:六五爻辞所谓吉利,是指此爻象示有福庆、有好运。

章,从音从十。音,声之文。十,《周易》古筮法以自一至十的十个自然数之和演易,称"大衍(演)之数五十(应为'五十有五',金景芳考定,《易传》脱'有五'二字,可从),其用四十有九"。十为古筮法中演卦十个自然数之终,引申有完美之义。因而章有美义。六五居尊位,质虽柔阴而能致天下之明,象喻日全食阴影消尽而得明之义。

上六,丰其屋,蔀其家,窥其户,阒其无人,三岁不觌,凶。

《象》曰:"丰其屋",天际翔也。"窥其户,阒其无人",自藏也。

[讲解]　筮遇上六,日全食来临之时,巨大、沉重的黑暗之中看不见自己的房舍,找不到家门,见不着窗户,四周好似没有人烟,一切好比多年之久笼罩在黑暗之中,凶险。

《象辞》说:所谓房舍被笼罩在日全食巨大、沉重的黑暗之中,上六象征人生处在穷极之时,好像在天上飞行、飘荡一样令人恐惧。所谓黑暗与寂静之中见不着窗户,好像四周没有人烟一样,是指上六象征人生有时自我蒙暗、自我遮蔽。

阒,窥。阒,音 qù,寂静。觌,音 dí,见。此爻居丰卦之极,得位而未中,取象于日全食,可见古人对此凶象深感恐惧。

卦五十六　旅卦☲(艮下离上):人生如逆旅,"旅之时义大矣哉"

旅:小亨。旅。贞吉。

[**讲解**]　旅卦卦辞:筮遇此卦,可举行薄祭。可出外旅行。这是吉利的占问。

《彖》曰:旅,"小亨",柔得中乎外,而顺乎刚,止而丽乎明,是以"小亨,旅,贞吉"也。旅之时义大矣哉!

[**讲解**]　《彖辞》说:所谓筮遇此卦而可举行薄祭,是指此卦六五爻以阴柔之性德,居于外卦(上卦)的中位而承于上九所象喻的刚健。旅卦下艮为止,上离为丽为火,象征人生道路因有规有矩而美丽、光明。这便是谦退、谨慎可使人生之旅亨通、正固、吉利的意思。旅卦所象喻的时间、时机意识的道理是根本的。

《周易正义》:"旅者,客寄之名。羁旅之称。失其本居,而寄他方,谓之为旅。"卦辞所言旅,实指旅行、旅人。《彖辞》《象辞》引申为人生之旅。人生如寄,故为旅也。小,《周易集解》引虞翻云,"谓柔"。自无不可。柔与刚相对,刚应称为大,但此卦爻辞无一大字,可见释小为柔,似欠依据。从亨为享祭看,小亨在卦·辞中的意思应为薄祭,在彖辞中可释为谦退、谨慎之义。

《象》曰:山上有火,旅。君子以明慎用刑而不留狱。

[**讲解**]　《象辞》说:旅卦艮下离上,艮为山离为火,象征山上烈火熊熊。君子观悟旅卦,治理刑狱,明察秋毫,审慎果决而不拖延。

《程氏易传》:"火之在高,明无不照。君子观明照之象,则以'明慎用刑'。"《周易浅述》卷六:"慎刑如山,不留如火。取其止以为慎,取其火以为明也。"

初六,旅琐琐,斯其所,取灾。

《象》曰:"旅琐琐",志穷灾也。

[讲解]　筮遇初六,行旅之中鄙猥琐细、贪小图利,离乡别井,这是自取灾祸。

《象辞》说:所谓行旅之中鄙猥琐细、贪小图利,是说初六象喻人的志向猥陋穷迫、自取灾变。

琐琐,《经典释文》:"郑(玄)云:'小也'。王肃云:'幼小貌'。"《周易尚氏学》云:琐琐,"计谋偏浅之貌"。"盖往来猥琐,劳弊不安也"。阴柔居下之初,无远大之旨,限于琐屑。斯,高亨释为"离"。所,居处。

六二,旅即次,怀其资,得童仆,贞。

《象》曰:"得童仆,贞",终无尤也。

[讲解]　筮遇六二,旅者寄居在客舍,怀里揣藏钱财,得到童仆的侍奉,为此而算了一卦。

《象辞》说:所谓得到童仆的侍奉,算了一卦,指六二象征人之命运终究没有忧患。

即,就。次,舍。即次,就居,寄居。六二得中得正,而下卦为艮为门,有即次得安之象。二、三、四互体为巽,巽为利市,有怀资之象。艮又为少男,有童仆之象。

九三,旅焚其次,丧其童仆,贞厉。

《象》曰:"旅焚其次",亦以伤矣。以旅与下,其义丧也。

[讲解]　筮遇九三,行旅途中,他寄居的客舍被焚毁,侍奉的童仆没有了,占问的结果是危厉。

《象辞》说:所谓旅舍焚毁之象,象喻时机不利,也便是必遭伤害的命运。九三以刚居下卦之终,无应于上,好比旅人刚亢过甚,它的喻义是丧失时机。

《周易折中》:"居刚而用刚,平时犹不可,况旅乎?以此与下,焚次、丧仆,固其宜也。"六二柔而中正,故有焚次之象。六二居中故得仆,九三过刚无应,故丧仆。

九四,旅于处,得其资斧,我心不快。

《象》曰:"旅于处",未得位也。"得其资斧",心未快也。

[讲解]　筮遇九四,旅人在寄旅之处获得资财,但我的内心不快乐。

《象辞》说:所谓旅人在经常寄旅之处获得资财,但我心不快这一兆象,是与九四居位不当相对应的。

处,居。九三称"旅焚其次",九四称"旅于处",处不同于次。处,常住;次,暂住。资斧,《周易译注》引《释文》释为"齐斧"。《周易尚氏学》以为"资、齐音同通用"。齐,利也。因而资斧当作齐斧,即利斧,《周易注》亦主是说。可备一解。而巽卦上九有"丧其资斧"言,这里的"资斧"当释为资财(后详),如以"利斧"斩棘为释,似未妥。廖名春引述帛书《昭力》云:"旅之潰(资)斧,商夫之义也。"说明此爻所言旅人为商旅。故"'资斧当为资财,'斧'当为斧形的货币,可能属于刀币之类"①。可参阅。高亨云:"资,货也。斧,铜币之作斧形者。质(资)斧犹言钱币也。"②

六五,射雉,一矢亡,终以誉命。

《象》曰:"终以誉命",上逮也。

[**讲解**]　筮遇六五,兆象是射猎野鸡,丢失了一支箭,终究可以称扬天命。

《象辞》说:所谓终究可以称扬天命,是说六五象喻上及于天命。

雉,野鸡。亡,无。誉,称扬,赞誉。命,令,天命。逮,及。

六五处尊位,承于上九,为离之中,离为文明,离为雉。坎有矢象,而离为坎之反,故有"矢亡"之象。《周易浅述》卷六:"然柔顺文明,又得中道,火体光明,其性炎上,互得兑巽,兑为口为誉,巽为命、令,有誉闻外著、宠命正上之象。"又云:"上逮为得天。"

上九,鸟焚其巢,旅人先笑后号咷。丧牛于易,凶。

《象》曰:以旅在上,其义焚也。"丧牛于易",终莫之闻也。

[**讲解**]　筮遇上九,鸟巢为雷火所击而焚毁,旅人见了,先是觉得好玩而大笑,后来想起自己旅寄在外、有家难归而号啕大哭,在有易之地丢失牛群,凶险。

《象辞》说:用旅卦此爻居于旅卦上位来象征,它的时宜正与鸟巢焚毁之象相配。所谓在有易之地丢失牛群,是说上九所喻示的凶险之大,是无人听

①　参见廖名春《周易经传十五讲》第142页。
②　高亨《周易大传今注》第461页。

说过的。

此卦上离为火为雉,故上九有鸟焚其巢之象。三、四、五互体为兑为口,兑在上九之下,故上九又有号咷之象。上九爻变,使上离变为震,震为大涂,故有丧牛于易之象。上九失位、过刚,处旅之上、卦即离之终,故主凶。

卦五十七　巽卦☴(巽下巽上):巽,谦顺而非盲从,"刚巽乎中正而志行"

巽:小亨。利有攸往,利见大人。

[讲解]　巽卦卦辞:筮遇此卦,可举行薄祭。有利于有所作为,有利于天下出现圣贤。

巽,音 xùn,逊。《周易本义》:"一阴伏于二阳之下,其性能巽以入也。其象为风。"巽卦为两个巽重迭,重巽之义。巽有卑顺之义。小亨,《周易本义》称巽卦一阴为主爻,"故其占为小亨"。《周易尚氏学》:"初、四皆承阳,故曰巽。巽,顺也。顺阳故小亨。"

《彖》曰:重巽以申命。刚巽乎中正而志行。柔皆顺乎刚。是以"小亨,利有攸往,利见大人"。

[讲解]　《彖辞》说:巽卦巽下巽上,上下巽顺可以上达天命。阳刚性德大行中正之道,为人顺从与遵守而志向得到畅达。阴柔品格,下巽、上巽都表现为对阳刚性德的谦卑与顺从。这便是卦辞所谓可举行薄祭,有利于有所作为,有利于出现圣贤所引申、发挥的意义。

申,此有伸展、表达义。《礼记·郊特牲》:"大夫执圭而使,所以申信也。"申命,申达天命之谓。巽卦象喻风。朱骏声《六十四卦经解》云:"风者,天之号令,君子之德风,故象之。随相从也。两巽相随,故申命。"小亨,这里指薄祭;在彖辞,又有因谦卑、顺从而亨通之义。

《象》曰:随风,巽。君子以申命行事。

[讲解]　《象辞》说:巽卦象喻和风美俗相随而至。君子观悟此卦,用以表达、申扬天命,行施清明政事。

《周易尚氏学》:"重巽,故曰随风。随,继也、从也。言从风之随前风也。令出惟行,万事以治,故君子以之。"

初六，进退，利武人之贞。

《象》曰："进退"，志疑也。"利武人之贞"，志治也。

［讲解］　筮遇初六，有进有退，这是有利于勇武者的占问。

《象辞》说：所谓有进有退，是说初六表示在实现进取这一志向之时，应有反思、疑惧。所谓有利于勇武者的占问，是说初六象喻谦退、顺从、守持正固的人格与践行，实现天下大治。

进退，指因进而退。进取固然好，而惟进无退，则亢刚、躁进，不利。此爻居巽之下，并非主张无进，而是以退、顺为进。志疑，其义并非指顺从之志向的犹豫不决，而是指人在进取之时，应时时处处具有关于进退的反思、疑惧精神，以免冒进。初六失位，卑巽之甚，而武人性刚，有刚柔互济之宜，故吉利。志治，志向修立。《周易集解》引虞翻云："动（引者注：初六爻变，下巽为乾）而成乾，乾为大明，故'志治'。'乾元用九，天下治'，是其义也。"这是以乾卦的有关象辞释义，可从。

九二，巽在床下，用史、巫纷若吉，无咎。

《象》曰：纷若之吉，得中也。

［讲解］　筮遇九二，人因恐惧、神志失常隐伏在床下，请史祝、巫师来施行巫术以驱鬼，使鬼魅作祟之志混乱未明，不使为害，吉利。没有咎害。

《象辞》说：所谓巫人作法以使鬼魅作祟之志混乱未明而致吉利，是因为九二为得中之爻。

巽，为风为入，引申为隐伏。床，古时指坐榻，亦指安卧之具。《诗·小雅·斯干》有"乃生男子，载寝之床"的记载。史，此指擅于卜筮的史官、故释为史祝。史，甲骨文作&#xFFFD;（一期乙三三五〇）、&#xFFFD;（一期人三〇一六）、&#xFFFD;（一期合四二二）等，从中从又。本教材前述，中为古时晷景，又象手。史的本义为"立中"，甲骨卜辞有"立中"之记，如"无风，易日……丙子其立中，无风，八月"[1]。"立中"是一种巫的行为。纷，本义为旗旌之飘带，引申有盛多、纠结、混淆、混乱之义。高亨云："巽，伏也。床，病人之所卧也。周人室中无床，地上铺席，坐卧其上，有病而后设床。纷疑借为衅。衅是一种巫术，用牲血涂

––––––––––––––––

[1]　胡厚宣《甲骨六录》双一五。

人身或房屋器物等,以驱逐鬼魅,清除不祥。若犹之也。爻辞言:病人伏在床下,当是室中有鬼魅,病人惊惧,用史巫衍之可愈,则吉而无咎矣。[1]此说可参阅。只是以纷借为衍,为一巫术,此解过于坐实。纷在此用如动词,有混乱其神志之义。从《周易》剥卦初六爻辞所言"剥床以足"看,古时之床当有足。故此爻辞所言"巽在床下",合乎情理。九二处中而失位,象辞称其"得中",非是也。说明战国爻位说初造之时,有关立则并未严格,因而这里有"得中"之言。

九三,频巽,吝。

《象》曰:"频巽"之"吝",志穷也。

[讲解]   筮遇九三,愁眉不展地隐伏,有憾惜。

《象辞》说:所谓愁眉不展地隐伏的憾惜,指九三象喻心志恰逢困穷之时运。频,颦,皱眉不快貌。《周易集解》引荀爽云,此爻"乘阳无据,为阴所乘,号令不行,故'志穷也'"。

六四,悔亡,田获三品。

《象》曰:"田获三品",有功也。

[讲解]   筮遇六四,没有罪悔。田猎捕获三类猎物。

《象辞》说:所谓田猎捕获三类猎物之象,指六四象喻因巽之时而事业取得成功。

田,田猎。三品,三种品类。《穀梁传》:"春猎曰田,夏曰苗,秋曰蒐,冬曰狩。"田猎,指春天的狩猎。又云:"一为干豆,二为宾客,三为充君之庖。"注云:"上杀中乾之为豆实;次杀中髀骼,以供宾客;下杀中腹,充君之庖厨。尊神敬客之义也。"干豆之谓,指古时的一种祭礼,以田猎所取猎物上品制成干肉盛于器皿(豆)供献于神灵。王弼《周易注》云:"获而有益,莫若三品,故曰'有功也'。"此爻阴柔无应,承、乘皆刚,时机不利,但得位,故"悔亡"。三、四、五互体为离,离为戈兵,故有"田猎"之象。

九五,贞吉。悔亡。无不利。无初有终。先庚三日,后庚三日,吉。

《象》曰:九五之吉,位正中也。

---

① 高亨《周易大传今注》第459页。

［讲解］　筮遇九五,占问的结果是吉利。没有罪悔。没有不吉利。开始时没有好运,终于有了好结果。在庚前三天的丁日到庚后三天的癸日做事,顺应天时,吉利。

《象辞》说:九五爻所象喻的吉利,说明此爻居于中正之位、得中正之道。

古时以天干纪日。甲乙丙丁戊己庚辛壬癸为十天干。先庚三日,指丁;后庚三日,指癸。这表示巫术禁忌的人文理念。自丁至癸为七日,为一个周期循环。复卦卦辞云,“七日来复”,在十二消息卦中,从剥卦一阳消到复卦一阳息,为七变。如蛊卦所言,“先甲三日,后甲三日”,为七日,这是从时间运化的周期之变解读人的命运休咎。《周易本义》:“庚,更也,事之变也。先庚三日,丁也;后庚三日,癸也。丁,所以丁宁(叮咛)于其变之前。癸,所以揆度于其变之后。有所变更而得此占者,如是则吉也。”古人做事何等艰难,不仅要事先占问,而且做事之前必须提醒、叮咛,何为吉时良辰,还要揣度应变之策。

上九,巽在床下,丧其资斧。贞凶。

《象》曰:“巽在床下”,上穷也。“丧其资斧”,正乎凶也。

［讲解］　筮遇上九,隐伏在床下面,资财丢失。占问的结果是凶险。

《象辞》说:所谓隐伏在床下之象,正与上九所象示的处于极其困穷的时义相应。所谓丢失资财之象,象喻贞问的凶险。

上九刚居阴而失位,上穷之时。《周易浅述》卷六:“旅九四以阳居阴,得其资斧;此上九亦以刚居柔,丧其资斧,何也? 旅道宜柔,故刚居柔者,得。巽戒过柔,巽之极而居柔,失所断矣。又,旅四离体为戈兵,巽上九在互离之外,故有丧资斧之象。”

卦五十八　　兑卦☱(兑下兑上):“和兑”,“是以顺乎天而应乎人”

兑:亨。利贞。

［讲解］　兑卦卦辞:筮遇此卦,可举行祭祀。这是吉利的占问。

兑,音 yuè,《彖辞》:“兑,说也。”说,音 yuè,悦。兑是说的初文。《说卦》:“说万物者莫说乎泽。”

《彖》曰:兑,说也。刚中而柔外,说以利贞。是以顺乎天而应乎人。说以先民,民忘其劳。说以犯难,民忘其死。说之大,民劝矣哉。

[讲解]　兑卦兑上兑下,象征愉悦。其九二、九五是以刚健性德居于中位,而以六三、上六以阴柔品格和兑、逊顺于外。全卦象喻愉悦,有利于人格的守持正固。所以愉悦的性情,既随顺天时、天则,又应合人性、人情。君王、圣贤以愉悦处世、治世,身先万民,不计悲苦。百姓细民也就忘记劳苦、悲患。在苦难、艰难之时,以愉悦态度治理天下,接人待物,老百姓也就将死难抛在脑后、赴汤蹈火。愉悦是根本的人生道理,可以劝勉于天下百姓。

兑卦卦体乃坎之初爻变成兑,《周易浅述》卷六:"兑卦,坎体而塞其下流,其象为泽。"坎为水而兑为泽,坎兑、水泽相系。全象大旨以柔外有亨通之道,下兑一柔近于外;上兑一柔居于外。九二、九五居中。

《象》曰:丽泽,兑。君子以朋友讲习。

[讲解]　《象辞》说:兑卦由两个兑体相互附丽,兑为泽,兑卦象征两泓泽水相互交融,象征愉悦。君子观悟兑卦,以在朋辈、友好之间相互讲述、研习学问、切磋商讨,为人生一大快事。

《周易注》:"丽,犹连也。"《周易本义》:"两泽相丽,互相滋益。朋友讲习,其象如此。"讲者,友朋之间相互启迪,以究其理;习者,后天习得以践其事。事与理合、情与辞洽,天下之兑(愉悦),莫过于此。兑为口舌,故有讲习之象。

初九,和兑,吉。

《象》曰:"和兑"之"吉",行未疑也。

[讲解]　筮遇初九,和颜悦色,一团和气,吉利。

《象辞》说:所谓平和、愉悦的吉利之象,初九象示品德端直,不为人疑。

《周易注》:"居兑之初,应不在一,无所党系,'和兑'之谓也。"初九得位,以刚居下而无应无比,以刚健内质而不事邪媚,故"未疑"。

九二,孚兑,吉。悔亡。

《象》曰:"孚兑"之"吉",信志也。

[讲解]　筮遇九二,有孚获,令人愉悦,吉利。没有过错。

《象辞》说:所谓有孚获,令人愉悦之象,九二象喻为人讲究诚信,以诚笃、信实为心志的人格。

本经的孚,为俘。《周易本义》:"刚中为孚,居阴为悔。占者以孚而说,则吉而悔亡矣。"《程氏易传》:"心之所存为志,二刚实居中,孚信存于中也。"《周易浅述》卷六:"刚中为孚象。居阴比阴,与五未应,为悔。以刚中与五同德,不系于三之阴,则吉而悔亡之象。"这是以《易传》思想释"孚"义。

六三,来兑,凶。

《象》曰:"来兑"之"凶",位不当也。

[讲解]　筮遇六三,令人喜悦的事不正当地降临,凶险。

《象辞》说:所谓令人喜悦之事降临之所以凶险,是因为六三居位不当。

《周易注》:"以阴柔之质,履非其位,来求说者也。非正而求说,邪佞者也。"六三失位、无应、乘四,故凶。

朱骏声《六十四卦经解》:"说之以非道,来兑之象也。"

九四,商兑,未宁,介疾有喜。

《象》曰:九四之喜,有庆也。

[讲解]　筮遇九四,商讨愉悦之事,内心未得宁和,与疾病相隔便有喜庆。

《象辞》说:所谓九四爻的喜悦之象,是说有福庆之运。

《周易注》:"商,商量裁制之谓也。介,隔也。"商讨、思度。介,界,故有隔义,介然自守。四承于五而亲比六三,故未能决然商度愉悦之事。故内心"未宁"。好在九四质本刚健,还能与"疾"相"介"(隔),故"有喜"。

九五,孚于剥,有厉。

《象》曰:"孚于剥",位正当也。

[讲解]　筮遇九五,在时世剥危之时有所俘获,有危险。

《象辞》说:所谓剥落之时而有危厉,九五居位正当。

剥,剥落,与剥卦之剥同义。此指时世不利。从爻符看,剥,应指上六。《周易浅述》卷六:"剥,指上六,阴能剥阳者也。"又云:"上六为说之主,虚说(悦)之极,他无系应,专附乎五,妄说(悦)以剥阳,九五信之,有孚于剥而致危厉之象。"此大致重申《周易本义》之说。象辞由此所发挥的易理,正与爻辞之义反。可见爻辞、象辞因所撰时代不同,则所见有别。这种情况在《周易》中远不是个别的。九五中正,但为上六所乘凌,故"有厉"。

上六,引兑。

《象》曰:"上六,引兑",未光也。

[讲解]　筮遇上六,拉弓搭箭射猎,令人愉悦。

《象辞》说:上六所谓拉弓搭箭射猎,令人愉悦。上六象征正道尚未发扬光大。

上六阴柔而居兑之极,有剥五阳之时势,虽不言凶吉,而训诫之义自显。引,拉弓之谓。《周易尚氏学》:"引,开弓视的也。伏艮为手,故引兑。言上六来就五阳以为悦,犹射者之志于的也。"

[小结]　此释丰、旅与巽、兑四卦。丰卦、旅卦互为综卦关系。丰卦主旨在阐明当丰大之时,宜守中不使过甚之理。取象于日食。全卦六爻大略:以六五为主爻,肯定"来章"之吉美。初九阳息于下,诫以未可求丰太"过"。六二中正,强调内存"有孚",可待丰时而获吉。九三居下离之终极,未得位,故诫以"不可大事"。九四以刚居阴,"幽不明",而与初九相敌,却反而"吉行",盖因九四、初九均、平之故,此乃释易以反则。可见古人解易,以尚易理之变义而有时不慎有违于爻位之说。上六以柔暗为卦之终、丰之极,故主"凶"。李光地《周易折中》云,此卦"当丰大之时,以同德相辅为善,不取阴阳之应也"。所言是。可是,为什么"当丰大之时""不取阴阳之应"可以"为善"呢? 没有什么道理可讲。旅卦取象行旅,彖、象辞对人生之逆旅进行哲学解读。从文化心态分析,以为人生有如行旅,未定、多变之因素甚至灾祸,接踵而至。旅卦之取义描述了古人在人生问题上的焦虑与恐惧。六爻象旅之道以得中为善。过卑过亢皆取辱祸。初六有"灾";九三"厉"且"丧";九四"我心不快";上九大"凶"。惟六二"怀其资,得童仆";六五有"誉命"之象,柔而未失其"中"。旅之时义,在于肯定古人因农耕而定居的安定生活,寄忧于商贸、行旅生涯。

巽卦、兑卦互为综卦关系。主张温顺、和悦地处世、为人,是这一对综卦的人文主题。巽卦卦义在顺从,以阴柔性德为主调。六爻确以二柔为主,但必以居中得位为善美,故九五"吉",九二虽未得正,但处中,亦主"吉"。可见此卦虽主谦从,而黜屈从、巽顺过甚之道,有扬励柔中有刚、顺从而非盲从之人格的意思。兑卦主旨在"和兑"。全卦虽以二阴爻为说(悦)之主,但皆为不取。《周易浅述》卷六:"说至上而极,五以近之而厉,四介于二说之间而未宁,二近三,以上孚于五而吉,然始犹未免于悔。唯初刚而得正(注:应为得位),远于阴柔,故得和兑之吉。"此是。

卦五十九　涣卦☵(坎下巽上):"风行水上",散聚皆待于时宜

涣:亨。王假有庙。利涉大川,利贞。

[讲解]　涣卦卦辞:筮遇此卦,可举行祭祀。君王亲自到祖庙祭祀祖神。有利于渡涉大江大河,这是吉利的占问。

涣,水流貌。涣然冰释之涣,有水流动义。通行本《老子》:"涣然如冰之将释。"引申为散义、水势浩大义。《序卦》:"说而后散之,故受之以涣。涣者,离也。"《周易本义》:"涣,散也。"假,至。李光地《周易折中》称,假者,"盖尽诚以感格",亦可备一说。有,于之义。

《彖》曰:涣,亨。刚来而不穷,柔得位乎外而上同。"王假有庙",王乃在中也。"利涉大川",乘木有功也。

[讲解]　《彖辞》说:涣卦取象于涣然冰释之现象,水重新流动,象征命运亨通。涣卦九二刚健性德,来居于下体而与初六、六三往来不困穷;六四以阴柔品格、得位之爻居上(外)与九五亲比,而具有同志之时宜。所谓君王亲临祖庙祭祖,是说君王居九五中位、得正而以实诚、衷心感动祖神。所谓有利于渡涉大江大河,是说乘木船渡涉江河必获成功。

涣卦坎下为水,水流为涣,故下卦象示坎一阳爻来居于中而水流不困分。"王乃在中也"的"中",不仅指九五为得中之爻,而且"中"通"衷",故有以至诚而感格(感)祖神之义。涣卦坎为水、巽为木,有木舟行渡于水上之象。君王亲临祖庙祭祖,出于天下人心之涣散而求以重聚,因而假于庙以敬畏于祖神,聚一族之精神耳。

《象》曰:风行水上,涣。先王以享于帝,立庙。

[讲解]　《象辞》说:涣卦巽上为风、坎下为水,风徐徐吹拂水面,漾起碧波涟漪,象征涣然正值时宜。古代君王于是祭祀天帝、建立庙祭的规矩,以聚摄天下人心,使文章灿烂。

风行水上,有涣然之美。《周易尚氏学》:"司马光云:扬子盖读涣为焕。案涣即有文义。"又说:"焕烂其溢目,注焕烂文章貌,是涣本有文义。故《归藏》作奂,《礼·檀弓》:'美者,奂焉'。"《经典释文》:奂本亦作焕,宗于扬子之读。

初六,用拯马壮,吉。

《象》曰:初六之吉,顺也。

[讲解] 筮遇初六,以壮健之马拯济,吉利。

《象辞》说:所谓初六象喻吉利,说明初六承顺于九二而不使涣散。

《周易本义》:涣初六"居卦之初,'涣'之始也"。故可"拯"之时也。"始涣而拯之,为力既易,又有壮马,其吉可知"。《周易尚氏学》:"郑(玄)云:'拯,承也'。拯马即承阳(指九二)。"初六、九二同时爻变,为下卦震体,震健故壮,吉。

九二,涣,奔其机,悔亡。

《象》曰:"涣,奔其机",得愿也。

[讲解] 筮遇九二,以水冲洗,文饰祖庙的几案,没有错悔。

《象辞》说:所谓文饰祖庙几案使其涣然之象,九二象喻愿望实现。

涣,水流之义。机,本字为几,此言几案。《周易尚氏学》:奔、贲古通。"奔其机即贲其机。按机即几筵之几。庙中所用物。贲,文饰也。"注:贲,读pèng、bèng、bì。贲作文饰解,如贲卦之贲,读bì。古时贲字未曾分读,故这里"奔、贲古通"。得愿,《周易》以阴阳相谐为愿,九二据初六,两者亲比,阴阳相合,有聚涣之义。

六三,涣其躬,无悔。

《象》曰:"涣其躬",志在外也。

[讲解] 筮遇六三,以水冲洗,自身涣然一新,没有错悔。

《象辞》说:所谓自身焕然一新之象,象喻心志应外,志在天下而不为私。

六三应上九,虽无当,而其志在外不在私(躬)。

六四,涣其群,元吉。涣有丘,匪夷所思。

《象》曰:"涣其群,元吉",光大也。

[讲解] 筮遇六四,以水冲洗众物污浊,大吉大利。大水漫过小山丘,

不是平常人所能想得到的。

《象辞》说:所谓以水冲洗众物污秽而大吉大利之象,是指六四象喻人格光明、正大。

群,从羊。羊本合群之动物。《诗·小雅·无羊》:"谁谓尔无羊,三百维群。"《说文》注:"羊为群,犬为独。"据《论语·八佾》,古时有"告朔"之祭,每逢初一,杀羊以祭,称"告朔"。祭则趋吉避凶,羊者,祥也。群字从羊,已寓血族群团、不立私党为吉祥之义。因而涣聚其群"元吉"。六四得位,上承九五,如小群散而大群合以成丘山之涣然,非人所思及。《周易浅述》卷六:"六爻惟此最善而吉,盖初、二、三、上皆不得正,唯九五以刚阳得正,为济涣之主。四则以阴柔得正(注:得位),为辅君以济涣之臣也。"

九五,涣汗其大号。涣王居,无咎。

《象》曰:"王居""无咎",正位也。

[讲解]　筮遇九五,大汗淋漓,大哭。水冲王居而没有咎害。

《象辞》说:所谓君王其居涣然无咎之象,九五象喻其位中正,正处于尊显君王之位。

《周易本义》:"汗,谓如汗之出而不反也。"涣汗其大号,《周易尚氏学》:"即颁布光显之号令。""涣王居,言王居巍涣也。"九五刚居中正,当涣之时,能散其政令号示于天下。这是对爻义的发挥。帛书《周易》之《二三子》篇,称"奂其肝大号",录于此以供参考。据帛书,高亨以为,"涣汗其大号",应作"涣其汗大号"。

上九,涣其血,去逖出,无咎。

《象》曰:"涣其血",远害也。

[讲解]　筮遇上九,血流出来了,凶险之兆。远走可以避祸,没有咎害。

《象辞》说:所谓流血之象,是说上九象征远离咎害。

逖,通远义。下卦为坎,为血为加忧,上九下应于六三,有忧惕之象。居涣之极,因刚性而能出乎恤、惕,故无咎。　·

　　卦六十　节卦☱(兑下坎上):"天地节而四时成","节"以人文"制度"

节:亨。苦节,不可。贞。

[讲解] 节卦卦辞:筮遇此卦,可举行祭祀。祭礼过分节制,不可以,这是占问的结果。

《杂卦》:"节,止也。然则节者,制度之名,节止之义。"

《彖》曰:"节,亨"。刚柔分而刚得中。"苦节,不可。贞",其道穷也。说以行险,当位以节,中正以通。天地节而四时成。节以制度,不伤财,不害民。

[讲解] 《彖辞》说:节卦象征亨通。节卦上体为坎为阳卦,下体为兑为阴卦,有刚柔上下相区别的时义,但其九二、九五是居中、得中之爻。所谓祭礼制度过分节制,不可以,有守持正固的喻义,象征上九之时,其节制之道必至困穷。下体兑为欣悦,上体坎为坎险,全卦象征以愉悦的人生态度与情性去迎对艰险的环境。节卦六四、九五爻其位正当,喻示节制正在此时。九五中正,象喻处世为人命运亨通。天地的运行、化生是有节制、规律可循的。一年四季周而复始,自成变化。依据天时地利,人间的典章制度是有节律可循的,这样才能不劳民伤财。

以卦体而言,上下体阴阳相谐,且二、五居中、得中,自有亨道。以卦德而言,内卦兑、外卦坎,有说(悦)而易止而行险(坎)、止悦而不使妄蹈坎险故有节制之义。九五当位得中,中正而必节制。人文制度所以有节、有止、有规、有矩,以象效天时、地利也。

《象》曰:泽上有水,节。君子以制数度,议德行。

[讲解] 《象辞》说:节卦下兑为泽,上坎为水,象大泽之上水流有节,象征节制的道理。君子观悟此卦,用来制定、推行礼义制度,评判、讨论道德规范。

数度,《周易》重象数。数本为劫数之义,言命中注定。数在巫文化中本为此义。这里所谓数度,指典章制度、规范等具有天命所定之义。古时,数乃六义之一。其中已寓等级理念,故有节义。《周易正义》:"数度,谓尊卑礼命之多少。"数度,即"尊卑礼命"。《周易正义》以"多少"释"数",有误。但其又云:"君子象节,以制其礼数等差,皆使有度;议人之德行任用,皆使得宜。"是。

初九,不出户庭,无咎。

《象》曰:"不出户庭",知通塞也。

[讲解]　筮遇初九,不出家门,没有咎害。

《象辞》说:所谓不出家门之象,是指初九有知晓人生道路通畅则行、雍塞则止这一道理的喻义。

九二,不出门庭,凶。

《象》曰:"不出门庭",失时极也。

[讲解]　筮遇九二,人不离家出走,有凶险。

《象辞》说:所谓不离家出走之象,是说九二失去正逢吉时良辰的大好时机。

极,本义指宫室栋柱、主脊的最高点。《周易集解》引虞翻云:"极,中也。"古时,宫室为人字形坡顶,坡顶之最高点,即栋之上,主脊之处,此亦宫室中位。九二处中而未得正,无应于五,六三反乘凌于上,无比于初,故凶。

六三,不节若,则嗟若,无咎。

《象》曰:"不节"之"嗟",又谁咎也。

[讲解]　筮遇六三,行为不检点但能嗟叹悔悟,没有咎害。

《象辞》说:所谓行为不检点而能嗟叹悔悟,那还有谁会责备呢?

六四,安节,亨。

《象》曰:"安节"之"亨",承上道也。

[讲解]　筮遇六四,安于节制之道以举行祭祀。

《象辞》说:所谓安于节制之道以祭祀,是指六四承于九五,象喻人应具有谦谨、顺承尊上的道德人格。

《周易浅述》卷六:"九五当位以节,能节以制度者,四承君之节,顺而行之,有安节之象。柔顺得正,上承九五,有亨道矣。"

九五,甘节,吉。往有尚。

《象》曰:"甘节"之"吉",位居中也。

[讲解]　筮遇九五,心甘情愿地有所节制,吉利。以有所作为、有所行动为上策。

《象辞》说:所谓甘于节制的吉利,指九五居位中正。

甘,甜美,与下爻"苦节"之"苦"对应。《周易浅述》卷六:"甘者,味之中。

节以中为贵,中则人说(悦)之而不至于苦。九五居中得正,所谓当位以节中正以通者,故有甘节之象。其占则吉。"

上六,苦节,贞凶。悔亡。

《象》曰:"苦节,贞凶",其道穷也。

[讲解] 筮遇上六,人以行为节制为苦事(反,则必放淫无度),占问的结果是凶险。没有错悔。

《象辞》说:所谓人以行为节制为苦事的占问之凶险,指上六所象喻的节制之道正处于困穷之时。

苦节,以节为苦。《周易注》:"过节之中,以致亢极,苦节是也。"其一,以节制为苦事,故反而放淫无度;其二,指行为节制过甚而苦。此指第一义。但若取第二义,亦通。如兼取此二义,亦可备一说。"悔亡",有学人疑其为衍文,可参。

注:全卦言"节",节即节制。而《杂卦》释"节"为"止",因而此以"节制"释"节"。古人释为"节止",节止义近节制。

卦六十一　中孚卦䷼(兑下巽上):"泽上有风,中孚","乃应乎天也",刚健、守中而正直

中孚:豚鱼,吉。利涉大川,利贞。

[讲解] 中孚卦卦辞:筮遇此卦,河豚鱼在水中游动,吉利。渡涉大江大河,吉利。这是吉利的占问。

豚,音 tún。《周易集解》:"坎为豕,讼四降初折坎称豚。"以"豚"释为小猪。《周易正义》:"鱼者,虫之幽隐;豚者,兽之微贱。"亦以豚为豕为小猪。此释恐未妥。因"坎为豕"而释豚为豕,拘泥于从《易传》反说爻辞。豚,实指江豚、河豚,鱼之种类。《周易浅述》卷六:"豚鱼,江豚,至则有风,信之可必者。泽上有风,有豚鱼之象。"徐志锐指出,"江豚鱼有一个特点,即江面起风它就浮出水面,南风则口向南,北风则口向北,从不失信,唐代诗人许浑就有'江豚吹浪夜还风'的诗句"[1]。此说可参。卦名"中孚"之"孚"本义为俘、俘

_____

[1]　徐志锐《周易大传新注》第 379 页。

获、罚,这里,取信、诚之义。说明此卦的称名,比较后起。中孚卦义在于主张内存诚信。其卦兑下巽上,兑为泽而巽为风,有风行泽上之象。以卦符言,全卦外实而中虚,中孚之象征。九二、九五皆为阳刚居中而实存,中孚之义喻。中虚者(指六三、六四),象征人,信为本;中实者(指九二、九五),信之质,所以卦名中孚也。全卦六爻以孚信之道在刚中,故而独二、五为孚信之至。

《彖》曰:中孚,柔在内而刚得中。说而巽,孚乃化邦也。"豚鱼,吉",信及豚鱼也。"利涉大川",乘木舟虚也。中孚以利贞,乃应乎天也。

[讲解]　《彖辞》说:中孚卦六三、六四处于全卦内部而九二、九五以刚居中,象征君子人格内在柔顺谦虚而外体刚健、质实而守信。中孚卦下体为兑为说(悦),上体为巽为风,上下和悦如微风吹拂于水泽,孚诚感天动地,和悦如风,道德泽被天下邦国。所谓河豚之象的吉祥,是河豚天性守时,象征诚信。所谓有利于渡涉大江大河,是说中孚卦下兑为泽水而上巽为木为风,象喻乘风驾驭木舟畅行在泽水之上。木舟内为虚空,故而浮于水,象喻人格的内存虚诚(虚怀若谷)而成于事。人的内在素质诚信至上,可以守持正固,有利于有所作为,这是天人合一于天时、天机的刚健性德。

何楷《古周易订诂》指出,节卦之后所以是中孚卦,因为,"节者,为之节制,使不得过越也。数度既立,可以与民共信守之矣,然是治之流也,非治之源也。官人守数,君子养源,苟无中孚以立其先而欲民信之,吾节不可得矣。继节以中孚,所以明中孚为节之本也"。中孚象喻诚信守中固本之性德,这是应天合人。

《象》曰:泽上有风,中孚。君子以议狱缓死。

[讲解]　《象辞》说:中孚卦下为兑为泽,上为巽为风,有泽水之上和风吹拂之象,象示内存诚信。君子观悟此卦,因而以中正、实诚、孚信之德审判刑狱、延缓其死期以施以仁德教化。

初九,虞吉,有它不燕。

《象》曰:"初九,虞吉",志未变也。

[讲解]　筮遇初九,安于现状,吉利。有意外之邪事,不得安宁。

《象辞》说:初九所谓安于现状而吉利,指初九象喻安于孚诚的人格志向没有改变。

虞,安,通娱,指乐于、安于现状。它,蛇之本字,引申为邪,《法言·问道》:"君子正而不它。""正而不它",即中孚。燕,通宴,有安义。《周易集解》引荀爽云:"虞,安也。初应于四,宜自安虞,无意于四,则吉,故曰'虞吉'也。四者承五,有它意于四则不安,故曰'有它不燕'也。"

九二,鸣鹤在阴,其子和之。我有好爵,吾与尔靡之。

《象》曰:"其子和之",中心愿也。

[讲解]　筮遇九二,雄鹤在背阳向阴之处鸣叫,它的雌鹤与它和鸣。我备有美酒佳酿,我与你共醉一场。

《象辞》说:所谓雌鹤与雄鹤和鸣之象,九二象喻人与人交往犹如雌雄交和,内存真实、诚信与忠挚的意愿。

鹤,指九二所象喻的雄鹤。阴,荫,背阳、向阴之处。《周易》本经仅见此一"阴"字。在本经中,此"阴"非阴阳之阴。子,此指雌鹤。古时一般对成年男性的尊称。有时,亦称女性为子。毛泽东诗句"帝子乘风下翠微"的"子",用女性这一古义,指帝尧的两个女儿娥皇、女英。爵,酒杯,这里借为美酒。靡,分散。这里指将酒分而对饮之,故而有共醉之义。《周易本义》:"九二'中孚'之实,而九五亦以中孚之实应之。"以此解读鹤鸣之象。然而实际上,依爻位说,九二、九五无应。这又是一处爻辞内容与爻位、爻性无关的实例。

六三,得敌,或鼓或罢,或泣或歌。

《象》曰:"或鼓或罢",位不当也。

[讲解]　筮遇六三,与敌人交战,或者擂鼓进攻,或者偃旗息鼓疲惫而败退;或者因失败而饮泣,或者由胜利而欢歌。

《象辞》说:所谓或者擂鼓进攻、或者疲惫而退之象,六三象喻居位不当、时机不利。

罢,音 pí,疲。《周易集解》引荀爽云:"六三失位,无实,故罢而泣之也。"二、三、四互体为震,震为雷为动,有擂鼓之象;三、四、五互体为艮,艮为止,艮止喻罢。下卦兑为泽,为口舌,兑泽、兑口,泣之象。

六四,月几望,马匹亡,无咎。

《象》曰:"马匹亡",绝类上也。

[讲解]　筮遇六四,月圆之日将要来到,马儿没有匹配,无所咎害。

《象辞》说:所谓马儿没有匹配之象,是指六四因上承于九五而拒绝与初九相应,象喻绝私而事主之理。

几,既。望,望月,满月。几望,月亮已经满圆。帛书本《周易》作"既望"。匹,匹配。亡,无。绝,拒绝。类上,上承。《程氏易传》:"绝其类而上承五也。"二、三、四互体为震,震为马,有马之象。初与四有应,为匹配之象,但六四"绝"与初应而孚信于九五,故有马匹亡之象。《周易浅述》卷六:"此大臣能杜私交以事主者也,故无咎。"

九五,有孚挛如,无咎。

《象》曰:"有孚挛如",位正当也。

[讲解]　筮遇九五,有俘虏拘押捆绑,没有错害。

《象辞》说:所谓有俘虏拘押捆绑,九五居位中正而适当,象征时宜。

挛,音 luán,牵连义。挛如,原指以手相牵的样子。朱骏声《六十四卦经解》:"五为孚之主,故独著焉。巽为风为绳(注:指上卦为巽),艮为手(注:指三、四、五互体为艮),挛如之象。"《周易折中》云:"居尊而有中正之德,是有至诚至信之心。"这是对九五爻义的发挥。

上九,翰音登于天,贞凶。

象曰:"翰音登于天",何可长也。

[讲解]　筮遇上九,赤羽山鸡鸣叫,响彻云天,占问结果:凶险。

《象辞》说:所谓赤羽山鸡鸣叫,响彻云天这一凶兆,是说上九象喻不讲诚信而虚名远播,何以长久?

翰,此指赤羽山鸡。引申为高飞。《周易注》:"翰,高飞也。飞音者,音飞而实不从之谓也。"《周易本义》:"居巽之极,为登于天。鸡非登天之物,而欲登天,信非所信而不知变,亦犹是也。"

卦六十二　小过卦☳(艮下震上):"小者过而亨也",大过则未可,以守正为本

小过:亨,利贞。可小事,不可大事。飞鸟遗之音,不宜上,宜下,大吉。

[讲解]　小过卦卦辞:筮遇此卦,可以举行祭祀,这是吉利的占问。可

以去做小事,不宜于去做大事。听到飞鸟的鸣叫声,不宜于冒进而宜于谦退,这样才大吉大利。

《彖》曰:小过,小者过而亨也。过以利贞,与时偕行也。柔得中,是以小事吉也。刚失位而不中,是以"不可大事"也。有飞鸟之象焉。"飞鸟遗之音,不宜上,宜下,大吉"。上逆而下顺也。

[讲解] 《彖辞》说:小过卦的喻义,是说稍有超过而致亨通。矫枉过正,有利于守持正固,处世为人应与时间、时机一起运化、前行。小过卦六二、六五为阴柔而处中、得中之爻,象征以柔顺、谦退的人生态度去做日常小事可获吉祥。九三、九四,前者得位不中,后者失位不中,象征刚愎自用,不合时宜,不可以成就大业。小过卦以飞鸟为喻象。所谓飞鸟留下的鸣叫声,象喻做事为人不宜于冒进而宜于谦退,这样才大吉大利。这是指冒进违逆天时而谦退顺应天时。

小过,小有过也。小,这里指稍微、略微,《孟子·尽心下》"其为人也小有才"之"小",与此同义。小过卦艮下震上,艮为止而震为雷,有止雷之象,略微超过,雷震有所抑制之喻。全卦四阴二阳,阴过于阳,而阴过则阳必受伤害,故而阴未宜于太过,这是说明扶阳抑阴的微旨。《周易》强调阴阳谐调,但不等于不承认矫枉过正的正理,这便是小过之喻义。而凡此必皆合时宜,所谓"与时偕行"。《周易本义》:"小,谓阴也。为卦四阴在外,二阳在内,阴多于阳。小者,过也。既过于阳,可以亨矣。然必利于守贞,则又不可以不戒也。卦之二五,皆以柔而得中(注:六二得中,六五居中而未得中),故可小事。三、四皆以刚失位而不中,故不可大事。卦体内实外虚,如鸟之飞,其声下而不上,故能致飞鸟遗音之应,则宜下而大吉,亦不可大事之类也。"《汉上易传》云:"盖事有失之于偏,矫其失,必待小有所过,然后偏者反于中。谓之过者,比之常理则过也。过反于中,则其用不穷而亨矣。"《周易》认同矫枉过正之理,而过正是为了纠偏,其大旨仍在于守正。

《象》曰:山上有雷,小过。君子以行过乎恭,丧过乎哀,用过乎俭。

[讲解] 《象辞》说:小过卦艮下为山,震上为雷,有大山上空巨雷震响之象,艮为止而震为动,象征震动有所抑制,稍有超越界限之理。君子观悟小过卦象,以行为举止稍过于庄敬恭肃、办理丧事稍过于悲哀忧伤、生活费

用稍过于节用俭省为人生正则。

《六十四卦经解》："雷行空中,声大。雷鸣山上,声小。《诗》'殷其雷'是也。行、丧、用,震之动也。恭、哀、俭,艮之止也。"《周易正义》："小人过差,失在慢易、奢侈,故君子矫之以'行过于恭,丧过于哀,用过乎俭'也。"

初六,飞鸟以凶。

《象》曰:"飞鸟以凶",不可如何也。

[讲解] 筮遇初六,鸟飞过,凶险。

《象辞》说:所谓飞鸟高翔而凶险,是说初六居位不正,凶险不可回避,无可解药。

初六以柔居阳,失位,不与二亲比。应于九四,本为吉象,但初六乃小过之始。《周易浅述》卷六："小过之时,不宜上宜下。初在下者也,乃阴柔不正,上应于四,则上而不下,犹小人附权贵以取祸者,故有飞鸟以凶之象。"又,"初不安于下,凶乃自取,无可如何。"来知德《周易集注》："不可如何,莫能解救之意。"注:初应四,本为吉,何以反凶? 是一问题。爻辞"飞鸟以凶",即"以飞鸟为凶"。

六二,过其祖,遇其妣。不及其君,遇其臣,无咎。

《象》曰:"不及其君",臣不可过也。

[讲解] 筮遇六二,错过遇见祖父的时机,遇到了祖母。没有与君主见面,相遇的,是他的臣仆,没有错害。

《象辞》说:所谓没有与君主见面之象,象喻臣仆不能凌越主尊的道理。

从爻位分析,此爻之上有九三,父之象;九四又在三之上,祖之象。六五以柔居阳尊之位,有妣之象。五之尊而二之卑,此为君臣之象。六二越三、四,欲上应于五,有过其祖之象,却因五非九五,仅为六五,于是有遇其妣之象。但是六五毕竟处于君位,如果"过君",当有僭越之嫌。六二应以臣服为本分,故"不及其君,遇其臣",没有错害。此爻中正,寓义于人生当过而不过,以时宜为佳。

九三,弗过防之。从或戕之,凶。

《象》曰:"从或戕之,凶",如何也。

[讲解] 筮遇九三,未犯过错宜预防。放纵过错则受戕害,凶险。

《象辞》说:所谓放纵过错而遭戕害,九三所喻的凶险如之奈何啊!

过,过错。从,纵。戕,伤也,害也。九三以刚居阳,自恃得位,刚甚而不以设防,凶于是随之而至。此爻寓义在主张处世为人必以慎微,稍有防人之心。《六十四卦经解》:"艮一奇横亘于上,提防之象。巽为入,从(纵)象。兑为毁折,戕之象。"此指下卦为艮;二、三、四互体为巽;三、四、五互体为兑,故有诸象。

九四,无咎。弗过遇之。往厉必戒,勿用永贞。

《象》曰:"弗过遇之",位不当也。"往厉必戒",终不可长也。

[讲解]　筮遇九四,筮得的结果是没有错害。没有越轨之时,越轨就要去阻止。继续越轨必有危险,应予警戒。这不适用于占问很久以后所发生的事。

《象辞》说:所谓行为没有越轨之时,遇到越轨就去阻止,是说九四居位不当,时机不具备让人越轨的条件。所谓继续越轨必有危险、应予警戒,是说处世为人,如果一意孤行、超越常轨,最终不能常保没有咎害。

永贞,占问很久之后的事。《周易浅述》卷六:"三之阴在下,其性止,故惟防之而已。四之阴在上,震性动,阳性上行,故往遇之。然小过之时,不宜上宜下,三居二阴之上而自恃其刚,故阴或戕之。四居二阴之下,而以刚遇柔,未必致戕,而往则亦厉,故必在所当戒也。然往固非,固守而不能随乎时宜亦非也。故又曰勿用永贞。盖小过九四变而为谦,又有终吉之象矣。"

六五,密云不雨,自我西郊。公弋取彼在穴。

《象》曰:"密云不雨",已上也。

[讲解]　筮遇六五,阴云密布却不下雨,阴云是从我所居住的城邑西郊上空升起的。王公狩猎,用箭射取躲藏于洞穴中的猎物。

《象辞》说:所谓阴云密布却不下雨之象,象喻六五阴气过于阳气,有嚣上之时势。

弋,音 yì,《周易集解》引虞翻云:"矰缴射也。"缴,细绳,系住箭矢以射。

六五未中正而居尊。三、四、五互体为兑,兑在文王八卦方位为西。居尊于六五,阴气极盛,以阴过于阳,阴阳失调不能和而为雨,有密云而不雨之象。六五、九四同时爻变,上体为坎,坎为弓,有弋箭之象。二阴在九三、九四之下,有穴之象。

上六,弗遇过之。飞鸟离之,凶。是谓灾眚。

《象》曰:"弗遇过之",已亢也。

[讲解]　筮遇上六,没有相遇,错过了相遇的大好时机。用罗网捕杀飞鸟,对人而言是凶险之象。这便是所谓灾变祸生。

《象辞》说:所谓没有相遇而错过相遇时机之象,象喻事物之变已处于亢极之时,时宜不合。

离,借为罗。《六十四卦经解》:"弗遇,乘五也(注:实际应为与五无比)。过之,过五也,故亢。《诗》曰:'鸿则离之',谓离于网也。祸自外至曰灾。过自取曰眚。"上六阴柔过亢,天灾人眚,皆由自取,凶甚矣。

[小结]　此释涣、节与中孚、小过四卦。涣卦、节卦互为综卦。中孚卦、小过卦互为错卦。涣卦有风行水上之象,喻义在主散、聚辩证关系,言事物过聚则散、过散则聚之理。所谓涣散非溃乱、无凝聚之义,而是形散而神不散,形涣而神聚。古人有云:"涣者,其形迹;不涣者,其精神。"散、聚皆应合于时宜,气贯是也。散、聚互应、互生、互消,生气灌注其间,焕然一新也;节卦主旨,在于从自然规律之"节"(节律)的原则,明人类社会的用"节"之道。在礼义上,节是道德规范,节操之谓。节操何以为美善,当守持正固、适中持正。全卦倡"安节"、"甘节"之道而黜"苦节"之行;中孚卦主旨在阐明"仁义礼智信"之"信"义。全卦六爻以诚信为伦理根本之一,取象于风行泽上,有美善之喻。《周易浅述》卷六云:"六爻以孚之道在刚中,故独二、五为孚之至。初之应四,初实而四虚,至三之应上,三虚而上实,故皆未能尽孚之道。盖他卦皆以阴阳相应为吉,此则独以刚中同德为孚。此全象六爻之大略也。"可见,孚信是刚健、守中、正直的人格规范;小过卦申说处世为人以宜下、守正为正道。小过三义:稍有所过,可也;大过而离伦理常则太远,不可;稍有所过,对处理小事非大事而言,所谓宜下不宜上。凡此三义,以守正为本。小过卦四阴二阳,阴多于阳,则圣人因而惕惧。所谓矫枉过正,仅为人生策略而已,其原则仍在守持中正。

卦六十三　既济卦䷾(离下坎上):"刚柔正而位当",大功告成,而"君子以思患而豫防之"

既济:亨,小利贞。初吉,终乱。

[讲解] 既济卦卦辞:筮遇此卦,可举行祭祀,这是稍为吉利的占问。做事之初,时遇吉利;发展到最后,乱象丛生,有凶乱之恶果。

这里,小、少、稍微之义,与前述小过卦之小同。易学界多以"亨小,利贞"为句读。愚以"亨,小利贞"之句读为宜。所谓"初吉终乱",亦应句读为"初吉,终乱"。

《彖》曰:"既济,亨",小者亨也。"利贞",刚柔正而位当也。"初吉",柔得中也。终止则乱,其道穷也。

[讲解] 《彖辞》说:既济卦离下坎上,离火坎水,水火相克而相济,象征亨通之道。从卦辞本义看,是人的命运稍有些亨通的意思。有利于守持正固,全卦六爻刚爻居阳位、柔爻居阴位,每一爻都是当位之爻,象征阳刚、阴柔谐调。人生正途,在于各得其时位。所谓做事之初,时遇吉利,指六二以阴柔居于中正之时位,象喻阴柔得以守中而无私偏。所谓做事到终了,便乱象丛生,停滞不前,这是由于人将事物的终了,错看成事物生成之道已处于困穷之时的缘故。

既济,事理既成,水火相交,各得其用,六爻相安各应其时位,便是既济之道已经实现。但内卦离明而外卦坎险,已伏初吉终乱之象。《周易》六十四卦,六爻皆得位者,仅此既济卦而已。天下治乱之道,治之既成,必乱生;乱之既成,又必治起。然而,人如违逆天地治乱之道,强为之欲为,动止无常,是人为之乱也。李光地《周易折中》说:"非终之能乱也,于其终有止心,此乱之所由生也。"二、三、四互体为坎,三、四、五互体为离,内含坎下离上之体,为未济。

《象》曰:水在火上,既济。君子以思患而豫防之。

[讲解] 《象辞》说:既济卦离火在下而坎水在上,火炎上而水下陷,水火相济,象征大功告成。君子观悟此卦,用来思考事物既成、因人为因素横生隐患而预先有所提防。

豫,借为预。《周易集解》引荀爽云:"六爻既正(引者注:正,得位之义),必当复乱(注:言天理自然)。故君子象之,思患而豫(预)防之,治不忘乱也。"

初九,曳其轮。濡其尾。无咎。

《象》曰:"曳其轮",义无咎也。

[讲解]　筮遇初九,用力地向后拉住车轮不使前行。小狐渡水尾巴湿濡难以疾进。筮得的结果是,没有错害。

《象辞》说:所谓向后拉住车轮不使前行,初九象喻事未成之初,应谨思慎行,合于时宜。《周易本义》:"轮在下,尾在后,初之象也。曳轮则车不前。濡尾则狐不济(注:渡)。既济之初,谨戒如是,无咎之道。占者如是,则无咎矣。"此释涉于"狐"象,因未济卦卦辞取象于"小狐"之故,既济、未济互为错综卦,故有此释。上六爻辞之释与此同。高亨《周易大传今注》以帛书《周易》"轮作纶"为据,释该爻辞为:"徒步涉水者手曳其纶(引者注:指衣之腰带之穗),水湿其尾(注:指衣后之假尾)。"①录此以供参阅。

初九,位在下,有轮、尾之象。应四则行,曳则不行。当济之初,得位而不擅进,有曳其轮之象。坎水在上,而初九在离体之下,有濡其尾之象。此爻主慎守之义。与既济卦构成错综卦关系的未济卦卦辞,有"小狐"、"濡其尾"之文辞,可知该卦亦取小狐之象。所谓"义无咎"之"义",宜,时宜之义。

六二,妇丧其茀,勿逐,七日得。

《象》曰:"七日得",以中道也。

[讲解]　筮遇六二,女子外出所乘的车上丢失了遮蔽的东西,筮得的结果是,不用急着寻找,七天之内可以复得。

《象辞》说:所谓七天之内可以复得,是说六二具有中正之道的喻义。

茀,音 fú。《周易尚氏学》:"茀,车蔽也。《诗·硕人》曰:'翟茀以朝'。疏:'妇人乘车不露见,车之前后,障以翟羽,以自隐蔽,谓之茀。'按:《周礼》有'巾车职'。巾,所以为蔽,即茀也。坎为隐伏为茀,乃坎在外,故丧其茀。盖离为光明,二承乘皆阳,无所隐蔽,如妇人之丧其茀也。"而离为中女,有妇象。上应九五,上坎为舆,有车象矣。自六二始,卦历六爻,又回复于六二,凡七,仍居中正之位,有七日得之象。七日得,时变所至,非人力可为,故其

---

① 　高亨《周易大传今注》第 491 页。

占如是也。

九三,高宗伐鬼方,三年克之。小人勿用。

《象》曰:"三年克之",惫也。

[讲解]　筮遇九三,殷高宗出兵讨伐西北边陲的鬼方国,用了三年时间才得以攻克。小人筮遇此爻,不可以有所作为。

《象辞》说:所谓三年之久才得以攻克之象,象喻用时太久而精疲力竭。

高宗,殷帝武丁。鬼方,西戎古国,西北地区所谓"猃狁"(严允)部族。王国维《鬼方昆夷猃狁考》可参。顾颉刚《周易卦爻辞中的故事》云:"到高宗时,伐鬼方至三年之久而后克之,可称是古代的大规模的战争,所以作爻辞的人用为成功的象征。""成功"者,既济也。惫,《一切经音义》云,"疲极曰惫",有心力交瘁之义。九三应上六,上六在坎,坎卦在文王八卦方位图上居北(与西北比邻),有鬼方之象。下离为甲胄戈兵,九三以刚居阳,有高宗伐鬼方、以刚克刚之象。取三年克之之象,喻既济之难成。

六四,繻有衣袽,终日戒。

《象》曰:"终日戒",有所疑也。

[讲解]　筮遇六四,丝帛织成的华美衣饰,终有破败、衰朽的一天,应时刻戒惧祸害的来临。

《象辞》说:所谓时刻(整天)戒惧祸害的来临,指六四象喻人生总须思问盛而必衰、成败互转之道。

繻,此读 rǔ,彩色之帛。袽,音 rú,絮,此有败丝、败麻、败衣之义。终日戒,整天戒惧、提心吊胆,有如乾卦九三爻辞"君子终日乾乾,夕惕若厉"之义。

六四得位,以柔居阴,当既济之时,即有向未济转递之时势。故有衣繻为袽,成而败象渐起,戒,疑惧之谓。

九五,东邻杀牛,不如西邻之禴祭,实受其福。

《象》曰:"东邻杀牛",不如西邻之时也。"实受其福",吉大来也。

[讲解]　筮遇九五,东边邻国(殷)宰杀肥牛大牲以供重祭,不如西边邻国(周)春天的薄祭可以实得鬼神的福泽。

《象辞》说:所谓殷王朝杀牛重祭,之所以不如周之祭礼微薄的春祭,是因为殷王朝气数已尽、时势不利,即使重祭也于事无补。所谓周之薄祭可以实得鬼神的福泽,是说周之吉运福泽正源源不断、势不可挡。

《礼记》郑玄注:"东邻,谓纣国中也。西邻,谓文王国中也。"《周易集解》引崔憬云:九五"居中当位于既济之时,则当是周受命之日也。五坎为月,月出西方,西邻之谓也。二应在离,离为日,日出东方,东邻之谓也。离又为牛,坎水克离火,东邻杀牛之象"。又云,"禴,殷春祭之名"。既济下离为日为东,东邻之谓,为殷;上坎为月为西,西邻之谓,为周。而坎为水、离为火,此乃水克火之象。因而,此爻辞真实地体现了周人对殷人的蔑视之意,认为周正当时运既济之时而殷时运不利,就连鬼神也不予佑助。《周易注》云,周之"实受其福","在于合时,不在于丰也"。此是。高亨说,"东邻杀牛,不如西邻之时也","言殷王之厚祭不如周王之薄祭之善也。即谓殷王之德恶,祭品虽厚,而鬼神不飨;周王之德美,祭品虽薄,而鬼神飨之也"[1]。

上六,濡其首,厉。

《象》曰:"濡其首,厉",何可久也。

[讲解]　筮遇上六,小狐渡水头部濡湿,危险。

《象辞》说:所谓小狐的头部濡湿,危险,是指上六象喻大功告成之后,由成而败,怎么可能长治久安、时势永远不变呢?

《周易注》:"处既济之极,既济道穷,则之于未济。"《周易集解》引虞翻云:"位极乘阳,故'何可久'。"又引荀爽云:"居上濡五,处高居盛,必当复危,故'何可久也'。"高亨《周易大传今注》以为,象辞"濡其首,厉"一句,缺一"厉"字,今正之。

卦六十四　未济卦☲(坎下离上):刚柔不正而未当,大功未成,"君子以慎辨物居方","物不可穷也"

未济:亨。小狐汔济,濡其尾,无攸利。

[讲解]　未济卦卦辞:筮遇此卦,可以举行祭祀。小狐渡水几近对岸,它的尾巴被濡湿,无所吉利。

《周易集解》引虞翻云:"汔,几也。济,济渡。"

---

① 　高亨《周易大传今注》第 495 页。

《象》曰:"未济,亨",柔得中也。"小狐汔济",未出中也。"濡其尾,无攸利",不续终也。虽不当位,刚柔应也。

[讲解] 《彖辞》说:未济卦坎下离上,坎水润下而离火炎上,象示未济;六爻均为失位未当,象示未济。而六爻三阴三阳,互有亲比关系。且二、三、四互体为离;三、四、五互体为坎,离下坎上,互体六爻均得位有当,既济也。因此,在未济之中隐伏既济之义,有未济(未亨)而亨通(既济)之义。此卦六五以柔居中位,表示事物柔顺而居尊,居尊而向往中正之道。所谓小狐渡水几近对岸,是说九二居中,为坎所陷,没有脱离坎险之境。所谓小狐尾巴被濡湿而无所吉利之象,是说初六象喻事物正处在卑微之时,时宜未合,成事的努力有始无终。但是,六爻虽各不当位,却是刚柔相比、刚柔相济。

此卦六五以柔居阳而处中尊之位,《周易注》用"以柔处中,不违刚也。能纳刚健,故得亨也"来解读"柔得中"义,有违爻位说关于"得中"的释义通则而强为之解。《彖辞》以"得中"称六五,不符爻位之通则。产生这类矛盾的原因,在于《彖辞》发明卦爻之义,并非处处遵循爻位之说。此当注意。因而,此拟释为六五"居尊而向往中正之道"。《周易浅述》卷六云:"未出中,指二也。九二在坎险之中,未能出也。不续终,指初也。初在下为尾。初所以不能出险,以初阴柔力微,故首济而尾不济,不能续其后也。虽不当位,而刚柔皆应,则彼此相辅,终成济险之功。"其实全卦六爻并非两两"皆应",仅具有亲比(正比、逆比)关系。

《象》曰:火在水上,未济。君子以慎辨物居方。

[讲解] 《象辞》说:未济卦坎水在下离火在上,火炎上而水润下,有火在水上之象,象征事物正如水火未交,未能相济,于事无成。君子观悟此卦,用以慎思谨行,以分辨万物生成、得失与品类、性格,各得其所。此为事物由未成向有成转递之道。

辨物居方,《周易浅述》卷六:"辨物如火之明,居方如水之聚。又,水火异物,故以之辨物,使物以群分,水火各居其所。故以之居方,使方以类聚也。"此释以来知德《周易集注》为本,可参。

初六,濡其尾,吝。

《象》曰:"濡其尾",亦不知极也。

［讲解］　筮遇初六,小狐渡水濡湿了它的尾巴,遗憾。

《象辞》说:所谓濡湿它的尾巴之象,是指初六象示事物初始,才(性)柔欠正,未在时中,未济之境,如躁进违时,也太不懂中正之道了。

极,《说文》:"栋也"。栋,梁也。古时中国土木建筑以人字形坡顶为多见,其主梁在屋之上,处于中之位。故《周易集解》称"极,中也"。古时,宫室但称宇宙。《淮南子》高诱注:宇,"屋边也";宙,"梁栋也"。无论宇、宙、宫、室、定、宿、寝与寐等等汉字,均与建筑相关,字均从宀,甲骨文作 人、∧ 等,其字形之最高处为极(栋、梁)之所在,中之所在。《周易浅述》卷六:"既济(初九)阳刚得正(引者注:应为得位),离明之体,当既济之时,知缓急而不轻进,故无咎。此则才柔不正,坎险之下,又当未济之时,冒险躁进,则至于濡尾而不能济矣,故吝。"

九二,曳其轮,贞吉。

《象》曰:九二"贞吉",中以行正也。

［讲解］　筮遇九二,向后拉住车轮不使前进,这一占问是吉利的。

《象辞》说:所谓九二爻占问的吉利,是说九二象征人格守持正固,为人处世坚持中庸、中正之道,言行端直正肃。

既济卦初九言"曳其轮",此九二重取此象,是何道理? 李光地《周易折中》:"既济之时,初、二两爻犹未敢轻济,况未济乎? 故此爻曳轮之戒,与既济同。而差一位者,时不同也。"《周易集解》引姚信云:"二应于五而隔于四,止而居初,故曳其轮。处中而行,故曰贞吉。"

六三,未济,征凶。利涉大川。

《象》曰:"未济,征凶",位不当也。

［讲解］　筮遇六三,未能渡涉于对岸,出兵征伐,凶险。渡涉大江大河,吉利。

《象辞》说:所谓未能渡水于对岸,出兵征伐凶险,六三象喻时机不利,居位不当,于事无成。

《周易本义》:"或疑利字上,当有不字。"《六十四卦经解》:"一云疑脱不字。"《周易尚氏学》:"朱子疑利上有不字,按象云位不当,则不利也。"可从。因而"利涉大川",似为"不利涉大川"。如此则解读有理。而倘以"利涉大川"解,亦通。《周易本义》:"以柔乘刚,将出乎坎,有利涉之象。"《周易注》云:"二能拯难而已,比之。弃己委二,载二而行,溺可得乎? 何忧未济? 故曰利涉大川。"《周易集解》引荀爽云:"未济者,未成也。女(指离)在外,男(指坎)在内,婚姻未成。征上(离)从四(九四)则凶。"而"利下从坎(引者注:指离向下从坎),故利涉大川矣"。说得头头是道。彼亦是,此亦是,反正没有不是,其间神奇奥妙,源自《周易》所崇尚的类比思维之故。类比是一种经验层次的思维方式。如 A 具有 C、D、P 等属性,B 具有 P 属性,就称 A、B 相类而类 P。这种思维方式往往不是严密而科学的。不过,类比思维在艺术创造与接受、在审美领域是十分活跃与必要的。其想象、虚构之类,离不开类比思维。巫思维就是一种典型的类比思维。类比思维的特征是从个别到个别,属感性经验层次。在科学技术领域,类比思维也并非没有任何用武之地。如仿生。仿生学用科学思维,而仿生起于类比思维。科学家的发现真理、发明创造,也离不开类比思维,如其科学发现过程中的诗性想象之类,而科学本身,却是严格的理性求是思维。

九四,贞吉,悔亡。震用伐鬼方,三年,有赏于大国。

《象》曰:"贞吉,悔亡",志行也。

[讲解]　筮遇九四,这次占问是吉利的,没有遗憾。以雷霆万钧之势讨伐鬼方国,征战三年而攻克,殷王朝以大国之君对征伐者加以封赏。

《象辞》说:所谓占问吉利,没有遗憾这一占筮结果,九四象征求济、成事的心志正付诸实施。

既济卦九三爻辞云:"高宗伐鬼方。三年克之。"此爻言"震用伐鬼方,三年"。两爻辞所记应为同一史事。据《竹书纪年》:殷"武丁三十二年伐鬼方,次于荆。三十四年王师克鬼方"。此言伐鬼方历三年之久。大国,应指殷商。武丁,商代国君,即殷高宗。盘庚弟小乙之子。即位后先后对鬼方等用兵,据说在位五十九年。此时,周为殷商诸侯,伐鬼方当为周诸侯助殷之事。故事成而为殷所封赏。震,高亨《周易大传今注》以为"当是人名,周君或周臣也"[1]。此可录以备考。而以雷霆释震,惟九四爻变,二、三、四互体为震,

---

[1]　高亨《周易大传今注》第 502 页。

拟是也。《周易尚氏学》："震为威武为征伐。""有赏于大国者,言伐鬼方有功,以大国赏之也。"又云："郭琛谓震乃挚伯名。"此亦录以备考。《周易浅述》卷六云:由于未济、既济错综,此"未济之四即既济之三。三以上为鬼方,四以初为鬼方。坎北方,有鬼方象。离为甲冑戈兵,有伐之之象。既济九三以刚居刚,故言高宗。此以刚居柔,则大国诸侯出征者也。四变互震,震,惧也。临事而惧,可以胜矣。在既济言惫,此则受赏"。此是。

　　六五,贞吉,无悔。君子之光,有孚,吉。

　　《象》曰:"君子之光",其晖吉也。

　　[**讲解**]　筮遇六五,占问,吉利,没有遗憾。君子脸面有光,在于有所俘获,吉利。

　　《象辞》说:所谓君子脸面有光,是指六五象喻阳光般辉煌而美善的人格。

　　六五非中正而处尊,以喻君子而非帝王。其虚中而离明,且下应九二之实,故贞吉而有孚诚。孚,本为俘。爻辞释为俘虏、俘获。晖,日光,为日光之盛时也。象辞所言吉,此可引申为美善。

　　上九,有孚于饮酒,无咎。濡其首,有孚,失是。

　　《象》曰:饮酒濡首,亦不知节也。

　　[**讲解**]　筮遇上九,对酗酒加以惩罚,没有错害。小狐渡水浸湿头部,筮得的结果,是有所惩罚,失却吉祥。

　　《象辞》说:所谓饮酒过淫、小狐渡水浸湿头部之象,是说上九象喻不懂约束自己。

　　解读这一爻辞,关键在如何解释"孚"义。这里,孚,俘,可转义为"罚"。高亨《周易大传今注》云："孚,罚也。"①可从。《尚书·酒诰》有周公惩诫酗酒的诰词,所谓"诰教小子有正有事:无彝酒。越庶国:饮惟祀,德将无醉"。大意是,王告诫在周王朝任大小职务的文王的子孙,不能经常饮酒。告诫在诸侯国任职的文王的后代,只有在祭祖时才能饮酒,讲酒风,不能喝醉。

---

① 　高亨《周易大传今注》第 501 页。

[小结]　此释既济、未济。既济、未济是《周易》六十四卦最后两卦。两者互为错综卦关系。既济全卦大旨,在于阐述事物既成之时处世为人应取何种理念与态度。既济之时,当为生机之时而必隐伏危机,人应深知生危、既未互转之理。守成维艰,故应守正而慎戒骄满之心,居成而忌怠忽是其要。《周易浅述》卷六说:"事之既济,则圣人忧盛明危之心正于此始。盖治乱相因,理势自然也。六爻皆有戒辞。内三爻皆既济之象,即象之初吉也。外三爻渐入于未济,即象之终乱也。"治乱之道,亦既济之所申说也。未济为《周易》六十四卦之终,尤为重要。既济六爻皆得位而未济六爻皆失。皆得者言既济之时,皆失者述未济之时。自既济到未济,证明"物不可穷",事物随时而迁,无有休止。因而,人或滞碍于事既成或事未成,必为时所欺。正确的人生态度与处世方式,应随时而宛转。然而,无论既济、未济之时,都应守持中正之道,时有警惧之心。《周易浅述》卷六又云:"盖既济者,固宜保于既济之后,未济者,亦宜慎于方济之初也。合全易而论之,天地之道,不外于阴阳;五行之用,莫先于水火。上篇首天地(指乾坤两卦),阴阳之正也,故以水火之正终焉(指上经最后两卦为坎离)。下篇首夫妇(指咸恒两卦),阴阳之交也,故以水火之交终焉(指下经最后两卦为既济未济)。乾上坤下,离东坎西,此先天之易,天地日月之四象也。故居上经之始终,以立造化之体。水火相逮,雷风不相悖,山泽通气,此后天之易、六子之用也。故居下经之始终,以致造化之用。既济之后,犹有未济者,示造化之用,终必有始也。"《周易》六十四卦,内容繁富而涵蕴深邃,主象、数、占、理者四;其中所谓理(义理),以气、生、时、变(化)四要为主。此四要,就人生智慧而言,以与时消息、与时偕行为正道。既济未济以及其余六十二卦,处处在说象、数、占、理,又处处在说气、生、时、变(化)四要而尤为强调时之义,此乃易理之根本。

《系辞》（上下）精读

系辞上:"易有太极"

第一章

天尊地卑,乾坤定矣。卑高以陈,贵贱位矣。动静有常,刚柔断矣。方以类聚,物以群分,吉凶生矣。在天成象,在地成形,变化见矣。

[讲解] 天的地位尊显,地的品格卑微,乾天、坤地所象喻的道德秩序因而确立。卑微、高显一旦呈现,所谓低贱、高贵的品位就有了区分。天道圆而动,地道方而静,天动地静是常则。事物的阳刚、阴柔之性德本自判然、可以断定。事物发展的方所、方向,以品类之同而相聚;事物品类的同异,是事物以群团的不同特点而相互区别。由此吉凶之兆就生成了。日月星辰等在天之物,在人之心灵中生成意象,山河大川,动物植物之类,在地上构成形体,事物的千变万化由此显现。

方,《九家易》云:"道也。谓阳道施生,万物各聚其所也。"指坤、地方而静,故"以类聚"。《周易本义》"谓事情所向",《周易浅述》卷七从之。因而方有方所、方向义。

位,《彖辞》释乾卦称"六位时成",指一卦六个爻位,自下而上,以空间位置的变化,象时间的生成与变化。而时运、时机的变化,又决定德性之位、政治与伦理之位。《周易》首重时,亦重位,所谓"大宝曰位",亦即"大宝曰时"。《乾·文言》有"乃位乎天德"之言,《坤·文言》亦称"正位居体,美在其中"。这里所言"贵贱位矣",是中国儒家伦理思想的典型表述。

这一段意在从哲学的角度论述伦理之时位的合法、合理性。《周易浅述》卷七云:此以"造化之所有,以明易之原。然非因有天地而始定乾坤,非因卑高始定爻之贵贱。盖卦爻未起之先,观天尊地卑而易之乾坤已定,观卑高之陈而易中卦爻之贵贱已位"。

是故刚柔相摩,八卦相荡。鼓之以雷霆,润之以风雨。日月运行,一寒一暑。乾道成男,坤道成女。乾知大始,坤作成物。乾以易知,坤以简能。

[讲解] 因此,刚爻(阳爻)、柔爻(阴爻)相互切摩交感,生成八卦。八卦相互推荡、运化,构成六十四卦。阴爻阳爻、四象、八卦与六十四卦系统,天地运化,自然之易,象征雷霆万钧,鼓动震撼;风雨交加,滋润万类。日月运转,春夏代序。乾阳之道,生成男性;坤阴之道,生成女性。乾阳之气,无形而资始万物;坤阴之气,承乾阳、生成万物而有形。乾阳纯粹而健动,创始万物,平易而自然;坤阴承阳而顺静,广生万物,简约是其功能。

摩,《周易集解》引虞翻云:"旋转称'摩',薄也。"薄,接近。《周易尚氏学》:"摩,即交也。乾坤(引者注:指八卦中的乾坤二卦)初爻摩成震巽,中爻摩成坎离,上爻摩成艮兑,而六子以生,八卦全矣。"荡,推移激荡。《周易尚氏学》:"荡,犹推也。"《周易本义》:"此言易卦之变化也。六十四卦之初,刚柔两画而已,两相摩而为四,四相摩而为八,八相荡而为六十四。"知,俞琰《俞氏易辑说》:"犹主也。"乾主施而坤为受,乾阳主始,万物资始;坤阴禀受,万物资生。"知"与"作"对,有"为"之义。《经义述闻》云:"知,犹为也。为亦作也。"易,与后文"简"对,有平易、自然、简约之义。《周易集解》引虞翻云:"阳见称易,阴藏为简。简,阅也。乾息昭物,天下文明,故'以易知';坤阅藏物,故'以简能'矣。"姚配中《周易姚氏学》:"易,平易。简,亦易也。"乾资始、坤资生万物,对人而言,是神秘而奥妙无比的。而就乾、坤来说,是平易、简约、自然而然的。

易则易知,简则易从。易知则有亲,易从则有功。有亲则可久,有功则可大。可久则贤人之德,可大则贤人之业。易简而天下之理得矣。天下之理得,而成位乎其中矣。

[讲解] 关于乾阳的易理,平易而容易为人所知晓;关于坤阴的易理,简约而容易被人所遵从。容易知晓的,那就与人亲和;容易遵从的,那就具有功用。与人亲和,那就可以长久;具有功用,那就可以光大。可以长久,那就造成了贤士仁人高尚的性德;可以光大,那就会成就贤士仁人光辉的业

绩。乾、坤的易理平易、简约，而普天下的根本道理，都包罗无遗了。普天之理包罗无遗，那么，所谓社会之伦理、等级人文的时位，就在易理的本然之中。

这一段，阐明乾易、坤简的易理，层层推进，主旨在说解人间伦理道德之时位的本然之性，以图为儒家的伦理思想奠一哲理（易理）基础。其逻辑是，在先说乾阳之易、坤阴之简皆为易理本始于自然造化的基础上，言述伦理思想的合理性。进而说仁贤之人性德本始于自然造化（即所谓易、简），因而必效法乾易、坤简之道。最后归结为伦理之时位这一问题。《周易浅述》卷七云：此"首言天地有自然之易，中言易中有自然之天地，末言天地与易不外乎自然之理。理至易至简。人能易简，则人心有易，人心有天地矣"。

这一章，从天地常则，以证明道德人伦之尊卑的合理性，且言述易简之理。此所言"系辞"，专指《易传》的《系辞》上下二文。《周易正义》云："夫子（引者注：指孔子）本作《十翼》（引者注：自北宋欧阳修《易童子问》始，易学界多疑"《十翼》为孔子所撰"），申说上下二篇经文系辞，条贯义理，别自为卷，总曰'系辞'。"

第二章

　　圣人设卦观象，系辞焉而明吉凶，刚柔相推而生变化。是故吉凶者，失得之象也。悔吝者，忧虞之象也。变化者，进退之象也。刚柔者，昼夜之象也。六爻之动，三极之道也。

[讲解]　圣人观天地自然之象而创设卦爻系统。观卦爻之象而在六十四卦卦辞与三百八十四爻辞及乾用九、坤用六之后，系有文辞，以明示吉凶征兆及其易理。卦爻系统的阴阳之爻阳刚、阴柔相互摩荡，从而发生变化。所以，所谓吉凶征兆及其易理，是人生丧失、获得的象示。或悔或吝（或错悔、或遗憾），是忧患、愁虞的象示。卦爻系统所喻示万物、万类的无穷变化，是指导人生或进取、或退隐的象喻。阳刚、阴柔，是昼夜交替的象喻。每卦六爻的运变，象征天道、地道与人道变动的动态关系。

圣人，指神话传说中的伏羲，伏羲仰观俯察而"始作八卦"。兼指周文王与孔子"重卦"与"系辞"。失得之象，《周易集解》引虞翻云："吉则象得，凶则象失也。"悔吝、忧虞，《周易集解》引虞翻云："悔则象忧，吝则象虞也。"又引干宝云："悔亡则虞，有小吝则忧，忧虞未至于失得，悔吝不入于吉凶。"《周易正义》：忧虞者，"忧念、虞度之形象也"。《周易本义》："吉凶，悔吝者，易之辞也。得失忧虞者，事之变也。得则吉，失则凶。忧虞虽未至凶，然已足以致悔而取羞矣。盖吉凶相对而悔吝居其中间。"《周易本义》："柔变而趋于刚者，退极而进也；刚化而趋于柔者，进极而退也。既变而刚，则昼而阳矣；既化而柔，则夜而阴矣。六爻初、二为地，三、四为人，五、上为天。动即变化也。极，至也。三极，天地人之至理。"《经典释文》引郑玄云："三极，三才也。"《周易集解》引陆绩云："此三才极至之道也。初、四，下极；二、五，中级；三、上，上极也。"此为"三极"另一说。

是故君子所居而安者，易之序也；所乐而玩者，爻之辞也。是故君子居则观其象而玩其辞，动则观其变而玩其占，是以"自天祐之，吉无不利"。

[讲解]　因此，君子在世上安身立命、成就事业，是因为懂得、效仿易理所包含的本然之秩序的道理；所愉悦而探究、玩味的，是《周易》按时位而列布的卦爻之辞文。所以，君子安身立命，观悟它的卦爻之象及其易理，从而玩索其文辞的意义。一旦有所行动、有所作为，便通过算卦，观悟它的时运、时机的变化，玩索其占筮的结果。因而，所谓"从天机、天运获得保祐，吉祥如意，没有不吉利的"。

序，《说文》："东西墙也。"中华古代宫室有东序、西序之制度，指正堂两侧的东厢、西厢。《尚书·顾命》："西序东向"、"东序西向"。序为空间概念。又引申为次第，《周易》艮卦六五爻辞有"言有序"之说，此指时间概念。这里指易理所包含的本然的秩序之理，是一从哲理到伦理性的时空概念，通于位。《周易正义》："若居在乾之初九，而安在'勿用'；若居在乾之九三，而安在'乾乾'，是以'所居而安者'。"

《周易》重位亦重序，二者同义，均在强调时位、时序的重要。这里从易之时空本蕴，判定伦理位序的不可改易。《周易浅述》卷七云："能循其序，则居之安矣。玩者，观之详；乐有契于心也。玩味知其理之无穷，则可乐，愈可玩矣。居而安，君子之安分也；乐而玩，君子之穷理也。安分则穷理愈精；穷理则安分愈固。"

这一章，由言说圣人创卦及卦爻的象喻，进而叙述君子学易、玩易之功。

第三章

象者，言乎象者也。爻者，言乎变者也。吉凶者，言乎其失得也。悔吝者，言乎其小疵也。无咎者，善补过也。

[讲解]　彖辞，言说《周易》六十四卦每卦卦符、卦辞之总体的象喻意义及易理。爻辞，逐一言述《周易》三百八十四爻符及其所象喻的吉凶变化之理。所谓吉凶，说的是处事为人的丧失或者获得。所谓悔吝，是说占筮结果有点小毛病。所谓无咎，说的是善于弥补错失。

这里解读彖、爻与吉凶之类易学基本用语的意义。

彖，断，判也。读 tuàn。《易传》彖辞六十四，逐一解说每卦卦符、卦辞之意蕴。《周易正义》：“彖，谓卦（指六十四卦的每一卦）下之辞，言乎一卦之象也。”《周易集解》引虞翻云：“所变而玩者，爻之辞也。”韩康伯注：“爻，各言其变也。”其实，爻义在于变，卦义亦在于变。《周易浅述》卷七：“尽善为得，不尽善为失。小不善为疵，不明于善而误为不善为过。觉其不善而欲改为悔、觉其不善而未能改或不肯改为吝。悔未吉而有小疵，吝未凶而已有小疵。善补过，嘉其能改也，有过当有咎，能补则无。圣人不贵无过，而贵改过。望人自新之意切矣。”

是故列贵贱者存乎位，齐小大者存乎卦，辨吉凶者存乎辞，忧悔吝者存乎介，震无咎者存乎悔。是故卦有小大，辞有险易。辞也者，各指其所之。

[讲解]　因此，显示、象喻地位尊贵、卑贱的，在于爻位；均齐、确立刚大、柔小（或曰阳大、阴小）的，在于卦体；分辨、区别吉、凶的，在于卦爻之辞；忧思、忧惧悔、吝的，在于纤介、毫厘之际；震惕、恐省无咎的，在于内省、改悔。因此，卦体有柔小与刚大之喻；卦爻之辞有凶险、平安之语。卦爻辞，各自指明人们趋吉避凶的道路。

列，列布。存，在。齐，均、正。王申子《大易辑说》：“均也。阳大阴小。阳卦多阴则阳为之主，阴卦多阳则阴为之主。虽小大不齐，而得失为主则均也。”介，韩康伯注：“纤介。”指悔、吝处在吉凶之间，人只要见微知著，恐惕警惧,就能避凶而趋吉,弃悔、吝而取平安。震,本义为雷动,此指内心惕惧。《周易尚氏学》:"震,惧也。惧则悔,悔则无咎。"

这一章,言述卦爻辞通例,明示用易之义蕴。

第四章

易与天地准,故能弥纶天地之道。仰以观于天文,俯以察于地理,是故知幽明之故。原始反终,故知死生之说。精气为物,游魂为变,是故知鬼神之情状。

[讲解]　易理与天地齐准,以天地为准则,所以能包括、涵盖天地之大道。仰观苍穹日月星辰的灿烂天象,俯察大地山川动植的地理、地形,就能洞明无形的幽微、涵默与有形的显明、朗照。推原人之生命的起始而反求生命的终结,就能知晓关于生死问题的学说。精气是生命的原始物质,精气充沛,生命存在,人死则魂飞魄散,变为游魂。由此,就能懂得鬼神的实际情形。

准,《周易集解》引虞翻,释为"同"。《周易本义》释为"齐准"。可引申为准则。弥纶,《周易集解》引虞翻云:"弥,大。纶,络。谓易在天下,包络万物,以言乎天地之间,则备矣,故与天地准也。"《周易浅述》卷七:"弥者,弥逢,合万为一,使浑然而无欠。又能纶之。纶者,丝纶。一中有万,使灿然而有条理。"原,推原,名词作动词用。反,返。《周易集解》引《九家易》:"阴阳交合,物之始也。阴阳分离,物之终也。合则生,离则死。"《庄子》:"气","聚则为生,散则为死"。《周易本义》:"易者,阴阳而已。幽明、死生、鬼神,皆阴阳之变,天地之道也。天文,有昼夜上下;地理,则有南北高深。原者,推之于前;反者,要之于后。阴精阳气,聚而成物,神之伸也。魂游鬼降,散而为变,鬼之归也。"情,此指情实、情形。

与天地相似,故不违。知周乎万物而道济天下,故不过。旁行而不流,乐天知命,故不忧。安土敦乎仁,故能爱。范围天地之化而不过,曲成万物而不遗,通乎昼夜之道而知,故神无方而易无体。

[讲解]　圣人懂得易理,为人处世可以与天地的运化相通、相随,因而不会违背天地的准则;可以上知天文,下察地理,万物皆在掌握之中,而以崇

高的性德、品行来治理天下,因而行为、践履不会有过失、偏差;以权力治理国家,无所不行而不流于淫滥,快乐地、自觉地听从上天和命运的安排,因而没有忧患;安身立命于大地之上,敦实、忠挚地生活于普施仁政、仁心的人文环境之中,因而能"泛爱众而亲仁";易道广大,它包括、规范天地万物的变化而不僭越、不偏失;它细致、周密、完备地成就天地万物,完美得连细枝末节都没有遗漏;使人足以会通阴阳、幽明、生死与昼夜之类的大道而知周万物,所以,神灵、神妙、神奇的运化没有方所与方向,而易理的存在与运变不具有形器。

相似,相通、相随、等同。此言易"与天地相似",即前述所谓"易以天地准"。周,周遍。《周易》韩康伯注:"知周万物,则能以道济天下也。"此"道","一阴一阳之谓道"。过,超过,僭越,过差。《周易集解》引荀爽云:"'二篇之册(策),万有一千五百二十,当万物之数',故曰'知周乎万物'也。"旁,广,磅礴。《九家易》:"旁行,周合。"所谓"周而复始"。《周易本义》:"旁行者,行权之知也,不流者,守正之仁也。"流,流淫。旁行而不流,《周易集解》引侯果云:"应变旁行,周被万物而不流淫也。"安土,安居于大地,安身立命、随遇而安。中华古人具有强烈的恋土情结,以现世、此岸、脚踏实地为幸福。故此不宜于释为"安处其环境"。敦乎仁,指敦厚、敦实、忠挚、实实在在地实践仁的原则。仁是儒家道德的核心,基于血缘文化而主张人与人之间相亲、相爱。《孟子》:"仁者,事亲是也。"《论语》:"泛爱众,而亲仁。"仁者,二人,首先指男女之"亲",以此"亲"的原则普施于天下,为爱、为仁。《周易浅述》卷七:"随处皆安,无一息之不仁,私欲尽净,天理充满,愈加敦厚,不忘其济物之心,所以能爱也。如是则其仁盖笃,似乎地矣。"范围,动词。《周易集解》引《九家易》:"范者,法也。围者,周也。"韩康伯注:"范围者,拟范天地而周备其理也。"曲成,《周易正义》:"言随变而应,屈曲委细,成就万物,而不有遗弃细小。"昼夜,指昼夜之类。所谓"通乎昼夜之道而知",连昼夜之道都包括于易之中,更不用说阴阳、幽明、生死之大道了。韩康伯注:"通幽明之故,则无不知也。"故神无方而易无体,《周易集解》引干宝云:"否泰盈虚者,神也。变而周流者,易也。言神之鼓万物无常方,易之应变化无定体也。"神,灵。神灵、神秘、神妙。方,《周易浅述》卷七称"方所",亦指方向。易,此指易理,并非指《周易》这部书,故易字不用书名号。体,定体、形器。

这一章的重点,在于阐述"原始反终,故知死生之说"、"乐天知命故不忧"与"安土敦乎仁,故能爱"。一为生死观;二为乐生观;三为"安土敦仁"观。

第五章

一阴一阳之谓道。继之者善也,成之者性也。仁者见之谓之仁,知者见之谓之知,百姓日用而不知,故君子之道鲜矣。

[讲解]　万物的本原、本体是道。道是气的阴阳迭运、变化,一阴一阳的互转、运变,是一对矛盾。道之发展、发育的结果,是德善,因为它开创万物;道之成就、成功的结果,是德性,因为它含育万物。道的蕴涵是多方面的,仁者的人格,显现出来的,是仁这一含蕴;智者的人格,显现出来的,是智这一含蕴。黎民百姓的日常生活所遵循、应用的生活准则,是道,但是他们不懂得道是日常生活的底蕴这一道理,因此,所谓君子之道的深邃意蕴就少有人知道了。

继,统,承。成,生成。见,现,显现。知,智。鲜,少。《周易本义》:"阴阳迭运者,气也,其理则所谓道。"《周易集解》引虞翻云:"继,统也。谓乾能统天生物,坤合乾性,养化成之,故'继之者善,成之者性'也。"

《周易本义》:"道具于阴而行乎阳。继,言其发也。善,谓化育之功,阳之事也。成,言其具也;性,谓物之所受,言物生则有性,而各具是道也,阴之事也。"《乾·文言》有"元者,善之长也"之说,也可以证明此所谓"继之者善也",说的是乾阳创生万物。《周易浅述》卷七:"曰善曰性,具于人身,浑然一理不可名状,唯仁者发见于恻隐,则谓之仁。知者发见于是非,则谓之知。"此"见",学人多释为"发见"、发现,有误。因为仁、知(智)作为人的性德智慧,不能直接被发现,而是一个由人的行为、言论、人格显现与否的问题。且后文有"显诸仁"之言,可为佐证。

显诸仁,藏诸用,鼓万物而不与圣人同忧,盛德大业至矣哉。富有之谓大业,日新之谓盛德。生生之谓易。成象之谓乾,效法之谓坤,极数知来之谓占,通变之谓事,阴阳不测之谓神。

　　[讲解]　一阴一阳之道的显现,是仁德的人格,道又含藏在事物的功用之中。道的功用能鼓动、生育万类,它是本然、自然而无心的,与圣人心忧天下不同,它盛大的德性和伟大的功业至高无上、无以复加。大而无外,拥有万物,是它伟大的功业;久而无穷、天天出新,是它盛大的德性。阴阳变转,生生不绝,是易理的根本。乾阳之气、乾道是成天之象的根本;坤阴之气、坤道是法地之式的根本。这一阴一阳的变化之道,在于卦爻的象征。以筮数的变演来囊括一切的变化、时运从而预知人的未来命运,这称之为占筮。占筮的结果,指示人详通其阴阳与老阳少阳之变,趋吉避凶,用来定夺天下的伟业,这便是占筮这一所谓的"事"。阴阳的恒变,无法以形测定,这便是易道的神秘与神妙。

　　诸,介词,之于的意思,非诸多之义。《周易集解》引王凯冲云:"万物皆成,仁功著也;不见(现)所为,藏诸用也。"又引荀爽云:"盛德者天,大业者地也。"又引王凯冲云:"物无不备,故曰'富有';变化不息,故曰'日新'。"所谓"鼓万物",指万物鼓之舞之的根因是道。《周易正义》:"言道之功用能鼓动万物,使之化育"。生生之为易,易理的根本,是"生"。生命文化、生命哲学,是《易经》反复宣说、强调的根本义理之一。《周易正义》:"生生,不绝之辞。阴阳变转,后生次于前生,是万物恒生谓之易也。"先秦儒道两家都重"生"。道家尚个体生命;儒家尚群体生命。人的生命,既是个体又是群体。"生生",生而又生,子子孙孙未有穷尽,《易经》所重、所向,是人的群体生命,且以这种"生生"的人文理念,来阐说天地万物的运化、发展,这便是易理之本蕴。极数知来,孔颖达《周易正义》:"谓穷极蓍策之数,逆知将来之事,占其吉凶也。"通变之谓事,《周易集解》引虞翻云:"'事'谓变通趋时,以尽利天下之民,谓之事业也。"阴阳不测,《周易》韩注:"神也者,变化之极,妙万物而为言,不可以形诘者也,故'阴阳不测'。"《周易集解》亦引此说。

　　这一章重点在宣说"一阴一阳之谓道"。而此"道",其人类学、哲学与美学的本蕴是"生"。"生"指天地万类尤其是人的生命状态与境界,它生生不息、生气灌注,因而"生"与"象"相通。

第六章

夫易,广矣大矣! 以言乎远则不御,以言乎迩则静而正,以言乎天地之间则备矣。夫乾,其静也专,其动也直,是以大生焉;夫坤,其静也翕,其动也辟,是以广生焉。广大配天地,变通配四时,阴阳之义配日月,易简之善配至德。

[讲解] 易理多么广大无比啊! 用言语来描述它的深远,那深远则邈无止境;用言语来宣说它的切近,那切近则精微、洁静而中正,没有邪私;用言语阐述它的存在与运化,那么,它以阴阳之气的变演,充盈于天地之间,莫不具备。所谓乾阳之气,所谓乾男,宁静之时其形团团,阳气含藏;发动之时,其形刚直,直遂不挠,所以有原生的功能。所谓坤阴之气,所谓坤女,宁静之时,闭合含藏,兴动之时,其形开辟,所以有广生的功能。易理的广大、深远,可以与天地相匹配;变化、交通,可以与四时相匹配;阳刚、阴柔的彼此宜合,可以与日月相匹配;平易、简易的善美品性,可以与至高无上的道德相匹配。

解读这一章,关键在领会"夫乾"、"夫坤"这一段论述的意思。拙著《周易的美学智慧》曾经指出:

> 尚秉和说:"远谓乾天,迩谓坤地。复阳动北,南行推阴,《左传》谓之射。故曰其动也直。直故大。姤阴动南,下虚,虚则能容。故曰其动也辟,辟故广。"[①]这以复、姤两卦的消息盈虚解说乾坤的动静专翕直辟,虽可备一说,实不得要领。高亨说:"天静而晴明,其形为圆;天动而降雨雪,其势直下,圆形则无不包,直下则无不至,是以能大生。"又云,"地静而不生草木,则土闭;地动而生草木,则土出。唯其能闭能开,是以能广生"[②]。这是将乾坤释为天地,动静专翕直辟成了天地的属性,似难自圆其说。唐人李鼎祚则云:"乾静不用事,则清静专一,含养万物矣。动而用事,则直道而行,导出万物矣。一专一直,动静有时,而物无夭瘁,是以大生也。""坤静不用事,闭藏微伏,应育万物矣。动而用事,则开辟

---

① 尚秉和《周易尚氏学》卷十八。
② 高亨《周易大传今注》第517页。

群蜇,敬导沉滞矣。一翕一辟,动静不失时,而物无灾害,是以广生也。"(引者注:此引宋衷言)①这一解说,将乾坤之属性与万物随时而变联系在一起,富于哲学意味。然而,这里乾坤的意义其实并非如此广泛,它实际专指人的生殖和合。②

我们在前文已有引述,"'乾',阳物也。'坤',阴物也"(引者注:见于《易传》),乾坤即指男女人体的"阳物"和"阴物"。这里,"专",《经典释文》作"拃",通"抟"。"翕",李鼎祚引宋衷言:"犹闭也"。"辟",《经典释文》释为"开"。因而这一段《易传》名言的大意是说:阳物处静之时,其形抟抟;处动之时,直遂不挠,其功能在于"大生"(引者注:大,太之本字,原始、本始之义),即太生、原生;阴物是静闭而动开的,其功能在于"广生"。所以还是陈梦雷《周易浅述》卷七善解《易》之原意:"乾坤各有动静。静体而动用,静别而动交也。直专翕辟,其德性功用如是。"而陈氏此释,源自南宋朱熹《周易本义》。

这一章从人之生殖、生命角度,继续论述易理的人文意蕴:生。

第七章

子曰:"易其至矣乎!夫易,圣人所以崇德而广业也。知崇礼卑,崇效天,卑法地。天地设位,而易行乎其中矣。成性存存,道义之门。"

[讲解]　孔子说:易理是至极(至真至善至美)的道理!所谓易理的功用,圣人以崇高的道德人格,来扩充、发展其伟大的功业。智以崇高为贵,礼则重在谦卑。崇高的智仿效天道;谦卑的礼效法地道。天地本然创设了人间的伦理品位、等级与秩序,而易理贯穿、运化于其中。不断地尊崇易理来生成崇高的人格德性,这是大张道义的门径。

子曰,在《易传》中凡三十一见。北宋以前,古人尊信《易传》为孔子所撰,如《纬书·乾坤凿度》称孔子"五十究易,作十翼明也"。北宋欧阳修《易童子问》始疑《易传》为孔子所作,其文云:"何谓'子曰',讲师言也。"岂有自

---

① 李鼎祚《周易集解》卷十三。
② 参见王振复《周易的美学智慧》第 226—227 页。

称"师言"的？孟子推崇孔子，《孟子》只言孔作《春秋》而不言孔撰《易传》。《易传》非孔子著作，今人多采信这一见解。而"《易传》所记孔子言论，可能孔子生前对《周易》研究贡献过若干意见(引者注:《论语》记孔子言，"加我数年,五十以学易,可以无大过矣")，后来儒生据口授或简录，经过数代相传而辑录在《周易》大传之中，当然，有些也可能是孔子后学的讹传或伪托"[1]。知崇礼卑，《周易集解》引虞翻云:"知谓乾，效天崇;礼谓坤，法地卑也。"成性存存，《周易本义》:"天地设位而变化行，犹知礼存性而道义出也。成性，本成之性也。存存，谓存而又存，不已之意也。"

这一章尤为简短，引"孔子言"以论证易理与人格修养的关系问题，以"知崇礼卑"、"成性存存"为要。

第八章

圣人有以见天下之赜，而拟诸其形容，象其物宜，是故谓之象。圣人有以见天下之动，而观其会通，以行其典礼，系辞焉以断其吉凶，是故谓之爻。言天下之至赜，而不可恶也。言天下之至动，而不可乱也。拟之而后言，议之而后动，拟议以成其变化。

[讲解]   上古圣人发现天地万物的存有复繁、杂乱而幽微，从而模拟、形容、比类，以与事物之理宜合的方式来象征，所以称之为"象"。圣人发现天地万物的运化生生不已，从而观悟其会合、通变，为的是畅行它的典则与义理，并在爻符之后各系文辞来判断它的吉凶，所以，这称之为"爻"。言述天下最为深奥、玄微的道理而不会感到厌恶;言述天下至为错综复繁的变动而不会感到惑乱。先是以物象比类、拟譬，而后系文辞、言述易理，观象玩辞;先是议论、审视占筮结果，而后有所行动。观变玩占，比拟、审议，就能成就、把握天下万类变化的大道。

圣人，此指上古传说中的伏羲。见，发现。赜，《周易集解》作"啧"。《周易本义》:"赜，杂乱也。"有深微、玄奥之义。《周易正义》:"赜，谓幽深难见(现)。"拟，比拟，形容，吴澄《易纂言》:"拟，比类也。"诸，之于。典礼，《周易

<hr />

[1]   王振复《巫术:周易的文化智慧》第43页。

正义》作"典法礼仪"解,《周易折中》引《易纂言》称,此"圣人见天下不一之动,而观其极善之理,以行其事;见理精审,则行事允当也"。"典礼"者,可释为典则义理。礼,理。恶,《周易本义》:"犹厌也。"拟之而后言,议之而后动,《周易本义》云:此指"观象玩辞,观变玩占,而法行之"。韩康伯注《系辞》:"拟议以动,则尽变化之道。"《周易正义》:"言,则先拟也;动,则先议也。则能尽成其变化之道也。"

"鸣鹤在阴,其子和之;我有好爵,吾与尔靡之。"子曰:"君子居其室,出其言善,则千里之外应之,况其迩者乎? 居其室,出其言不善,则千里之外违之,况其迩者乎? 言出乎身加乎民;引发乎迩,见乎远。言行,君子之枢机。枢机之发,荣辱之主也;言行,君子之所以动天地也,可不慎乎?""同人,先号咷而后笑。"子曰:"君子之道,或出或处,或默或语。二人同心,其利断金。同心之言,其臭如兰。""初六,藉用白茅,无咎。"子曰:"苟错诸地而可矣。藉之用茅,何咎之有,慎之至也。""夫茅之为物薄,而用可重也。慎斯术也以往,其无所失矣。""劳谦,君子有终,吉。"子曰:"劳而不伐,有功而不德,厚之至也。语以其功下人者也。德言盛,礼言恭。谦也者,致恭以存其位者也。""亢龙有悔。"子曰:"贵而无位,高而无民,贤人在下位而无辅,是以动而有悔也。""不出户庭,无咎。"子曰:"乱之所生也,则言语以为阶。君不密则失臣,臣不密则失身,几事不密则害成。是以君子慎密而不出也。"子曰:"作易者其知盗乎?《易》曰'负且乘,致寇至'。负也者,小人之事也。乘也者,君子之器也,小人而乘君子之器,盗思夺之矣。上慢下暴,盗思伐之矣。慢藏诲盗,冶容诲淫。《易》曰,'负且乘,致寇至',盗之招也。"

[讲解]　中孚卦九二爻辞说:"雄鹤在背阳、向阴之处鸣叫,它的雌鹤与它和鸣。筮得的结果是,我备有美酒佳酿,我与你共醉一场。"孔子对此的发挥是:"君子居住在家里,说话与人为善,那么,千里之外也会有人响应,何况他身边的人呢? 居住在家,他说话的意思不善美,那么,千里之外也会有人违逆,何况他身边的人呢? 说话要设身处地,才能加善于百姓;做事要考虑百姓需要而从身边做起,好的影响才能传到千里之外。善美的言论与行为,是君子崇高人格的关键。这关键的发动,决定道德人格的荣耀或是屈辱、高

显或者卑下。君子有崇高、善美的言行,所以能够感天动地。在这一点上,难道可以不慎重吗?"

同人卦九五爻辞说:"先痛哭流涕而后欢笑。"孔子的发挥是:"君子所践履的处世为人之道,或者对外用以治理天下,或者向内用以道德自律;或者保持静默沉潜之心,或者对世事发表言论见解,都应和同于人。两人同心同德,好比利刃能够斩断金属。用意相同、意思投契的言述,好比兰花一般幽香清馨。"

大过卦初六爻辞说:"筮遇初六,以白色茅草铺垫,没有咎害。"孔子的发挥是:"如果放置于地也可以,用茅草作铺垫,又有什么咎害? 这是敬慎到家了。茅草作为兆象,又居于初六,是卑贱的象征,可是它的功用是应该重视的。敬慎地施行这一法术(巫术)来决定于有所行动,它没有什么错失。"

谦卦九三爻辞说:"筮遇九三,不居功自傲,君子终有好报,吉利。"孔子的发挥是:"劳苦功高却不自夸耀,不居功自恃,这是忠厚道德的极致。'劳谦'云云,也便是以他的功劳之大却甘居于人后。君子性德盛大,守礼谦恭。对人谦和,是致力于修德行谦来保持伦理的等级、品位。"

乾卦上九爻辞说:"筮遇上九,飞到极高处的龙,占得结果必为错悔。"孔子的发挥是:"尊贵的身份却是其位无当,地位高显而没有天下百姓拥戴,贤明君子居处下位而无辅佐,所以上九象喻盲目妄动而必有错悔。"

节卦初九爻辞说:"筮遇初九,不出家门,没有咎害。"孔子的发挥是:"危乱之所以发生,祸从口出,是以乱说话为进阶的。帝王考虑政事不周密,那就丧失臣下的拥戴。臣下考虑问题不周密,那就会招致杀身之祸。从占得吉凶之兆的筮事考虑,推断不周密,那就会造成咎害。因此,君子的思虑与言行只能谨慎周密而不应逾越一定的界限。"

孔子说:"创作易卦的人大约知道强盗抢劫的事吧?《周易》解卦六三爻辞说:'携带贵重之物乘车而行,招致强盗前来抢劫'。用身子负载重物,是小人的事。所乘载的车,本是君子所施用的器具。然而,小人却背负重物乘坐在君子的车上,强盗就想来夺取它。治理国家的道理也是如此。居于上位的君王骄慢懒惰,下民百姓就会施暴逞强,强盗便图谋不轨,乘机侵伐。有财物而不好好收藏、玩忽职守,等于让强盗来抢夺;有姿色而打扮得妖冶,这便招致淫者。"《周易》说，"携带贵重之物乘车而行，招致强盗前来抢劫"，说明强盗抢劫是被抢者自己招来的。

阴，通行本《周易》本经无阳字，仅此一阴字[①]，指背阳之处。阳光照不到的地方，为阴。可见在本经中，并未具有哲学意义的阴阳观念。迄今在所见甲骨文中，未检索到"阴"字，金文"阴"写作 ![字形]（《平阴币》）、![字形]（《大阴币》）、![字形]（《古钵岳阴都司徒》）。子，此指雌鹤。古时，子义有六。一、男性尊称、美称，如孔子、老子。二、引申为尊者，如子墨子。三、天干地支的地支之首。子时，指今日二十三时至次日一时。四、一般人的泛称，《荀子·王霸》："谁子之与也。"杨倞注："谁子，犹谁人也。"五、姓。六、儿子，兼指女子。《论语·公冶长》："以其兄之子妻之。"此"子"义为妻。这里"其子和之"的"子"，由本义"女子"，引申为雌鹤。"其子和之"的"和"，交和，动词。爵，饮酒器，引申为酒。靡，倒地。《左传·庄公十年》有"望其旗靡"之言，此引申为醉倒。李光地《周易折中》："好爵，谓（美）酒也。靡，醉也。"枢机，枢为门轴，机为弩机，关键。号咷，号啕，大哭。"其臭如兰"，"臭，气也。兰，香草"。苟，如果。错，措。《周易集解》引虞翻云："苟，或。错，置也。"错为措之借，《说文》云："措，置也。""劳谦"的"劳"，功劳。

"慎斯术也以往"这一句，所以释为"敬慎地施行这一法术（巫术）来决定于有所行动"，是因为孔子此言，是对大过卦初六爻辞的发挥。该爻辞所言"藉用白茅，无咎"，其义指以白茅铺垫在祭品之下，没有咎害，可见这指的是祭祀活动，而祭祀在古时，大凡是一种巫术，为的是趋吉避凶。因此，此所谓"术"，并非泛指理念意义上的"道"，而是专指巫术之道。《周易集解》引侯果云："术，道也"，《经典释文》从之，当注意。"劳而不伐"的"伐"，不同于后文"盗思伐之矣"的"伐"，高亨指出，"伐犹夸也"。并引《左传·襄公十二年》所言"小人伐其技"，杜预注"自称其能为伐"[②]作为佐证，可从。"德言盛，礼言恭"的"言"，《周易集解》引虞翻云："震为言，故德言盛，礼言恭。"这是从谦卦三、四、五互体为震来解说"言"，此"言"为动词。《周易尚氏学》从之。《周易

---

① 注：通行本《周易》本经夬卦卦辞有"扬于王庭"之言。"扬"与"阳"均从"昜"，字根同一，似宜看作"阳"的派生字。在1973年湖南长沙马王堆出土的《帛书周易》中，"扬于王庭"，作"阳于王庭"。
② 高亨《周易大传今注》第521页。

本义》云,"德言盛,礼言恭,言德欲其盛,礼欲其恭也"。高亨注云,此"言读为焉,犹则也"[1]。可参。"君不密则失臣,臣不密则失身"的"密",易学界多释为"机密",可待商榷。此"密",为"周密"、"慎密"之义,后文所言"慎密"可为佐证。"慎密",《系辞》原词,不同于"缜密"。"几事不密则害成"的"几",虽为"机"之本字,而不能从"机"释"几"。"几",繁体幾,从丝,幽微之兆,《易传》有"几之动"之言,指吉兆、凶兆这蛛丝马迹,指事物变化之始,《周易集解》引虞翻云:"几,初也",从卦之初九解读,可参。"负且乘"的"乘",动词,乘载;"乘也者"的"乘",名词,指车子。慢,骄慢,懒惰义,《说文》:"慢,惰也。"

该章述说易象之寓义。从拟取物象、作爻符以见其事理之赜,到以"孔子"发挥爻例七则,从而论证易象的象喻功能。《易传》说:"易者,象也。"象是易理的根本之一。而易象在人文思维上,属于类比,即所谓"而拟诸其形容,象其物宜"。

第九章

天一地二,天三地四,天五地六,天七地八,天九地十。天数五,地数五,五位相得而各有合。天数二十有五,地数三十。凡天地之数五十有五。此所以成变化而行鬼神也。

[讲解]   这一章讲述《周易》古筮法。朱熹《周易本义》云:这一段"本在第十章之首。程子曰:'宜在此'。今从之"。其实,不仅程颐,而且张载、陈梦雷等都以为此段文字,应放在第九章之首。原因是因为这里所谓天地之数,作为筮法的"大衍之数",即使不能说源于河图,至少可以说与河图之数相应。《周易本义》:"此言天地之数,阳奇阴偶,即所谓河图者也。其位一六居下,二七居上,三八居左,四九居右,五十居中。就此章而言之,则中五为衍母,次十为衍子。次一二三四为四象之位,次六七八九为四象之数。"朱熹所言是。拙著《巫术:周易的文化智慧》(1990)曾经指出:"将这一段移在'大衍之数'语之前,这从《周易》古筮法的内在联系看是恰当的。因为《周易》占

---

[1]   高亨《周易大传今注》第522页。

筮是在所谓'大衍之数'的基础上进行的,在介绍具体占筮方法与过程前(后详),应先解释一下什么是'大衍之数'。"①

　　此段的大意是:天数一,地数二;天数三,地数四;天数五,地数六;天数七,地数八;天数九,地数十。天数有五个,一、三、五、七、九;地数有五个,二、四、六、八、十。以一六、二七、三八、四九与五十这五组天地(奇偶)数相配、相得,而各自耦合。五个天数(奇数)之和为二十五,五个地数(偶数)之和为三十。天数之和与地数之和相加,便是所谓天地之数,共计五十有五。这便是《周易》古筮法本身所包含而且在占筮操作过程中,通过筮数的运演而显现兆象的神秘变化、命运不测。

　　《周易集解》引虞翻云:"天数五,谓一、三、五、七、九。地数五,谓二、四、六、八、十也。"五位,《周易集解》引虞翻云:"五位谓五行之位。甲乾、乙坤相得合木,谓'天地定位'也。丙艮、丁兑相得合火,'山泽通气'也。戊坎、己离相得合土,'水火相逮'也。庚震、辛巽相得合金,'雷风相薄'也。天壬、地癸相得合水,言阴阳相薄,而战乎乾。故'五位相得,而各有合'。或以一六合水,二七合火,三八合木,四九合金,五十合土也。"此所谓"五位谓五行之位",显然不同于前引朱熹《周易本义》所言指河图以数表示的五个方位的解说。五行,最早出现于《尚书·甘誓》与《尚书·洪范》。前者云,"有扈氏威侮五行,怠弃三正";后者称,"鲧陻洪水,汩陈其五行","五行:一曰水,二曰火,三曰木,四曰金,五曰木"。应该说《洪范》关于"五行"的记载与解说,是相对晚近的。刘节《洪范疏证》称"洪范"篇出于战国,此几为学界定论。《荀子·非十二子》曾讥评思、孟,称"案往旧造说,谓之五行"。杨倞注:"五行,五常。仁义礼智信也。"这是五行说的伦理学解读。与荀子大致同时的邹衍有阴阳五行说,《史记·封禅书》言"邹子之徒,记著终始五德之始"。所谓"五德",即五行金木水火土。"终始五德",即以五行相克之说解释朝代更替的规律,此亦《吕氏春秋·应同篇》所谓木气克土气、金气克木气、火气克金气、水气克火气与土气克水气。天地之数五十有五,指 $(1+6)+(2+7)+(3+8)+(4+9)+(5+10)=55$,这"五十有五"所以称"天地之数",因为它是天数加地数的筮数之和,其功用是"成变化而行鬼神"。汉易以一、二、

---

① 王振复《巫术:周易的文化智慧》第 128 页。

三、四、五为生数;六、七、八、九、十为成数,故五十五为生数、成数之和,象喻天地生成于数。

大衍之数五十,其用四十有九。分而为二以象两,挂一以象三,揲之以四,以象四时,归奇于扐以象闰。五岁再闰,故再扐而后挂。

[讲解] 拙著《巫术:周易的文化智慧》曾经对《周易》古筮法的操作过程作过研究,现录于此,以供参考。"占筮开始,取蓍草(一种草本植物,据说可以入药)或筮竹五十根(亦称五十策),随意取出一根不用,象征太极。""将四十九策用于演算,在左、右手中任意分成两份,左手的一份象征天道(古人以左为上,右为下,故左象天);右手的一份象征地道。比如我们现在随意将四十九策分为 25 与 24 两份,则现在占筮操作过程的发展态势为:50 −1 = 49,1,象征太极。49 = 25+24;25(左,天),24(右,地),1(太极)。""再从右手所持蓍草(或筮竹)总数中任意取出一策,夹在左手的小指与无名指之间,象征人道。这样,双手所持的筮策为三类;即象天、象地、象人,这在《周易》大传,所谓'三才'之'道'也。50−1 = 49;1(太极)。49:25(左,天);24(右,地)−1=23;1(太极),1(左,人)。"再"以四根筮策为一组,先用右手一组一组地分左手所持的筮策;再腾出左手分原先右手所持的筮策,便产生了这样的一种局面","所以每只手里的筮策必有余数,一共可有四种情况,或余 1,或余 2,或余 3,或余 4"。现在的占筮情况是"25(左,天)= (4×6)+1;24(右,地)−1=23=(4×5)+3。这说明左手筮策被分数了六次,余数为 1;右手筮策被分数了五次,余数为 3。再把左手筮策余数,扐(勒)于即夹在左才中指与无名指之间,这余数象征阴历闰月,称为'归奇于扐,以象闰'。古代历法规定五年之内有两次闰月,所以说,'五岁再闰'。同时,把右手筮策余数夹在左手中指与食指之间,其余数也象征闰月,称'故再扐而后挂'"[1]。

到此,算卦远未结束。这里值得注意的是,前文称"天地之数五十有五"即"大衍之数",而后文又说"大衍之数五十",是什么缘故呢?

金景芳《学易四种·易通》说:"当作'大衍之数五十有五',转写脱去'有五'二字。"可从。这种文字的脱写,大约早在春秋、战国已经如此,否则《易

---

① 王振复《巫术:周易的文化智慧》第 133—135 页。

传》便不会说"大衍之数五十"了。大衍,大者,原始,本始;衍者,演也。《经典释文》引郑玄:"衍,演也。"五十,古人为解读这"五十",可谓费尽心机。汉人京房说:"五十者,谓十日,十二辰,二十八宿也,凡五十。"(这里所谓"十日",古代神话传说,天原有十日,尧命后羿射落九日,今余一日。《庄子》、《天问》、《山海经》与《淮南子》等都说天原有十日)《汉书》说:"是故元始有象一也,春秋二也,三统三也,四时四也,合而为十,成五体,以五乘十,大衍之数也。"《周易正义》引马融云:"易有太极谓北辰也,太极生两仪,两仪生日月,日月生四时,四时生五行,五行生十二月,十二月生二十四气。"《周易本义》说:"大衍之数五十,盖以河图中宫,天五乘地十而得之。"凡此,都在误以为"大衍之数"原本"五十"的前提下作出的解读。然而,这种脱写,为"其用四十有九",留下一策不用而象征太极找到了合理的解说。象两,象征两仪即天地。《周易本义》:"两谓天地也。"挂一,《周易集解》引孔颖达云:"就两仪之中,分挂其一于最小指间。"三,三才,天、地、人。揲,音 shé(又音 dié),《经典释文》:"揲,数也。"《周易集解》引崔憬云:"分揲其著,皆以四为数。"归奇于扐,《周易集解》引虞翻云:"奇,所挂一策。扐(勒),所揲之余,不一则二,不三则四也。取奇以归扐,扐并合挂于左手之小指,为一扐。"五岁再闰,《周易浅述》卷七:"一年十二月,气盈六日,朔虚六日,共余十二日。三年则余三十六日。分三十日为一月,又以六日为后闰之积,其第四、第五年又各余十二日,以此二十四日凑前六日,又成一闰。此是五岁再闰也。"

乾之策二百一十有六,坤之策百四十有四,凡三百有六十,当期之日。二篇之策,万有一千五百二十,当万物之数也。是故四营而成易,十有八变而成卦,八卦而小成。引而伸之,触类而长之,天下之能事毕矣。

[讲解]　在演卦过程中,乾卦作为纯阳之卦,它的每爻都是老阳九,所以,以"三变"所剩筮策数 36 乘以 6(六爻),它的总策数是 216;坤卦作为纯阴之卦,它的每爻都是老阴六,所以,以"三变"所剩筮策数 24 乘以 6(六爻),它的总策数是 144。乾、坤两卦的总策数,共计 360,相当于象征一年三百六十五日。《周易》上、下经作为"二篇"的总策数,共计是 11520,相当于象喻"万物"。所以,通过分二、挂一、揲四与归奇这四个操作过程,就能够完成演卦

的"一变",经"三变"而定一爻,经过十八变就能演绎一卦。八卦由三爻构成,经过九变就能定一个八卦,所以称为"小成"。由此触类旁通,天下万类的无限事理包罗无遗。

这里,紧接上述筮策演算程序,有一现象值得注意:两手筮策余数,如果左手余一,右手必余三;左手余二,右手必余二;左手余三,右手必余一;左手余四,右手必余四。

比方说,这里正在进行的占筮操作属于第一种情况,即左余一,右余三。这四种余策情况中,其对应余策数之和只有两种可能,即要么为四,要么为八,没有其他可能。

因此,加上原先夹在左手小指与无名指之间象征"人"的那一策,不是五策,便是九策。

拙著《巫术:周易的文化智慧》指出:"经过这一番演算之后,再从参加演算总筮数中减去余数和象征'人'的那一策,即去掉五策或者九策,此时,左右手中剩下的总筮数不是四十,便是四十四。49-5=44;49-9=40。到此完成了筮策演算的第一步,用《周易》占筮的术语说,叫做'一变'。"[①]

第二步,以剩下的筮策总数四十或四十四,拿出一策,象征人,按照"第一变"的操作规程再做一遍。此时,双手筮策余数,如左余一,右必余二;左余二,右必余一;左余三,右必余四;左余四,右必余三。加上原先象征"人"的那一策,不是四策,便是八策。再以"一变"之后所剩总筮策数四十或四十四各减去四或八,必有四十、三十六、三十二这三种结果。40-4=36;40-8=32;44-4=40;44-8=36。

第三步,亦即"第三变",其操作程序与"二变"同。而结果所剩总筮策数有四种情况,即三十六、三十二、二十八、二十四。

再以四个筮数运演的结果分别除以四,可定一卦初爻。

$36 \div 4 = 9$(老阳—)

$32 \div 4 = 8$(少阴--)

$28 \div 4 = 7$(少阳—)

$24 \div 4 = 6$(老阴--)

---

① 王振复《巫术:周易的文化智慧》第135页。

　　由于一卦的每一爻都必须经过"三变"才能得以确定,因此要经过"十八变"才能定出一卦,这便是所谓"十有八变而成卦"。"十八变",表示变化之繁、之奇,"十八"这个数,在汉语言文字中使用率很高,如"十八般武艺"、"十八相送"、"十八盘"、"胡笳十八拍"、"毛头姑娘十八变"与"十八层地狱"等,都与《周易》演卦的"十八变"相系。

　　八卦由三爻所构,从演卦看,须经九变,所以《易传》称为"八卦而小成"。演卦以验吉凶,万事万物都可以在演卦之中验定,这是古人对《周易》算卦的迷信,《易传》的作者认为,从这里引申,触类而旁通,"天下之能事毕矣"。

　　一卦每爻"三变"之后,如果所剩筮策数为36,以36除以4,为老阳九。乾卦为纯阳之卦,其六爻皆为老阳,因而以36策乘以6,凡216策;同样,坤卦为纯阴之卦,其六爻皆为老阴,为6,所以,以24策乘以6,凡144策。乾坤两卦象征天地,乾坤卦之策总数为,216＋144＝360,这便是《系辞》所谓"乾之策二百二十有六,坤之策百四十有四,凡三百有六十"的意思。

　　《周易》六十四卦共三百八十四爻,其中老阳、少阳、老阴、少阴各为九十六爻。正如前述,这四者分别与占筮程序中所剩筮策为36、32、28、24相关。因此,

$$36 \times 96 = 3456;$$
$$32 \times 96 = 3072;$$
$$28 \times 96 = 2688;$$
$$24 \times 96 = 2304。$$

其总数为:3456＋3072＋2688＋2304＝11520

　　《周易》六十四卦,分"上经"(三十卦)、"下经"(三十四卦),称为"二篇"。这便是所谓"二篇之策,万有一千五百二十"的意思。在古人看来,这个总策、总筮之数,象喻天下万类无数兆象的无穷变化,这也便是"当万物之数"的意思。

　　演卦到此,其实还未能算出最后的结果。所谓经过"三变"定一爻又如何定呢?其实每卦六爻中任何一爻,有阳爻(老阳、少阳)、阴爻(老阴、少阴)两种可能。如果不能确定究竟是老阳、少阳,老阴、少阴,是不能筮得结果

的。而且关键是,怎么知道筮得的结果是吉还是凶?

这首先要看每爻"三变"的余数与象喻"人"的那一策究竟是什么筮数而定。

正如前述,这种余数与象征"人"的那一策之和是有规律可寻的,即第一变为9、5;第二变为8、4;第三变为8、4。可以将9、8称为"多数";5、4称为"少数"。

将9、8、5、4这四数中任何三数加以排列组合,可得如下数群:

如:A,9、8、4;9、4、8;4、9、8;4、8、9;8、4、9;8、9、4;

5、9、8;5、8、9;9、5、8;9、8、5;8、9、5;8、5、9……

这里,每个数群中数的排列次序与要得出的结论无关,仅从数的"多"、"少"来看,总是呈现"二多一少"的特征,称"少阳"。

B,5、4、8;4、5、8;4、8、5;5、8、4;8、5、4;8、4、5;

4、5、9;4、9、5;5、4、9;5、9、4;9、5、4;9、4、5……

仅从数的"多"、"少"来看,总是呈为"二少一多",称"少阴"。

C,5、4、4;4、5、4;4、4、5。总是呈为"三少",称"老阳"。

D,9、8、8;8、9、8;8、8、9。总是呈为"三多",称"老阴"。

用符号表示,少阳—;少阴--;老阳□;老阴×。

少阳、少阴为"不变爻";老阳、老阴为"变爻"。以数字表示,少阳为七,少阴为八;老阳为九,老阴为六。古人云,"六九变,七八不变"。

这里,假定这次演卦(十八变)定出一卦六爻,其每一爻的余数与象征"人"的那一策之和所构成的数群排列为:

上:5、8、4(二少一多,少阴--)

五:9、8、8(三多,老阴×)

四:9、4、4(二少一多,少阴--)

三:9、4、8(二多一少,少阳—)

二:5、8、8(二多一少,少阳—)

初:9、8、4(二多一少,少阳—)

可将这有序排列的六个数群翻译成一卦,以筮符表示:

初、二、三爻为不变爻(少阳)。四为少阴，不变爻，五为老阴，变爻，上为少阴，不变爻。实际上，这是一个泰卦，乾下坤上之象。

泰卦第五爻为老阴，变爻，阴变阳，这就从泰卦变为需卦了。用卦符表示：

这种演卦的变卦，在先秦筮法中，称为"×之×"。比如这一次演卦，称"泰之需"。泰为本卦，需为之卦。

占筮结果，因为是一爻变，其吉凶休咎的占断，在本卦的"变爻"，即泰六五。可从泰卦六五爻辞求验。该爻辞云，"帝乙归妹以祉，元吉"。可见，这是一个吉爻。如果你想求问的正是自己未来的婚配前途，可以说"大吉大利"了。如果并非求问婚姻事宜，那也不要紧，反正泰卦这一爻变为吉，而且是"元吉"，占筮者一定会作"圆通"之解，让你满意。所以说，占筮实际是一种"游戏"。

这里需要说明的是，"十八变"确定一卦之后，无论有没有变爻出现，一共有七种情况，即：1. 一个爻变；2. 两个爻变；3. 三个爻变；4. 四个爻变；5. 五个爻变；6. 六个爻变；7. 六个爻皆不变。南宋朱熹《易学启蒙》卷四作了一个规定，称"变占"之法："一爻变，则以本卦变爻辞占"，"二爻变，则以本卦二变爻辞占，仍以上爻为主"，"三爻变，则占本卦及之卦之彖辞，而以本卦为贞，之卦为悔"，"四爻变，则以之卦二不变爻占，仍以下爻为主"，"五爻变，则以之卦不变爻占"，"六爻变，则乾、坤占'二用'，余卦占之卦彖辞"，"凡卦六爻皆不变，则占本卦彖辞，而以内卦为贞，外卦为悔"。

这种"规定"，自然没有"科学"依据，也并非朱熹的发明，而是传统观念使然。

那么,古人又凭什么称老阳、老阴为变爻,少阳、少阴为不变爻呢?所谓"六九变,七八不变",有什么依据?

古人的占筮观念,首先是与天时观念联系在一起的。占筮重"时",称为时机、时运。占筮演卦本是一种人为操作程序,由于数理关系,其可能性、可变性可以说无限多样,而"时"的变化在古人看来是不可捉摸、无限神秘的。以春夏秋冬四时言,即春为少阳(七)、夏为老阳(九)、秋为少阴(八)、冬为老阴(六)。四时的运行规律是,从春到夏,从少阳到老阳,从七到九,是从阳气渐盛到阳气极盛而趋老,仅是气性程度渐变而气性本身未变,因而少阳(七)为不变爻;从夏到秋,从老阳到少阴,从九到八,是从阳气极盛而老到阴气渐盛,是由阳而阴,气性本身已变,因而老阳(九)为变爻;从秋到冬,从少阴到老阴,从八到六,是从阴气渐盛到阴气极盛而趋衰,仅是气性程度渐变而气性本身未变,因而少阴(八)为不变爻;从冬到春,从老阴到少阳,从六到七,是从阴气极盛而衰到阳气渐盛,是由阴到阳,气性本身已变,因而老阴(六)为变爻。四季时令的演替,是《周易》算卦关于变爻、不变爻的神秘天文理念依据。

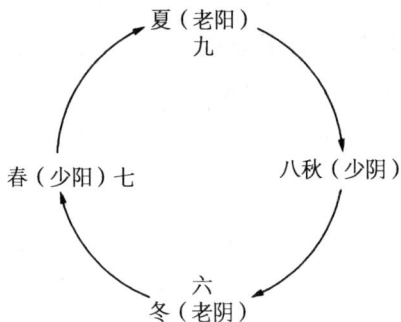

夏(老阳)
九

八秋(少阴)

春(少阳)七

六
冬(老阴)

作为保存在《易传》中的《周易》古筮法,内容比较繁杂,然而尤为重要。学易须懂占筮之法。从这一古筮法分析,其程度相当完备,都是数与数的运演,应该说是有些理性的,然而古人关于"数"的理念,首先将其认做"劫数",一种命中注定的具有神性的自然力量,所以在其人文观念上,是非理性的。

这里,"大衍之数"的"数",首先指命数,又指蓍数。"其用四十有九",意味着留下一策"不用","不用"者,体也,指太极。古筮法中未言太极,而《易传》云:"是故易有太极,是生两仪,两仪生四象,四象生八卦,八卦定吉凶,吉凶生大业。"可见,此"不用"者,即太极。太极在占筮中是无比重要的,可以说是所谓占筮"灵验"的本原、本根。《周易正义》:"五十之内去其一","是象太一也"。此"太一",即太极。韩康伯《周易》注:"阳爻六(引者注:指乾卦六爻皆为纯阳),一爻三十六策(引者注:何为三十六,见前),六爻二百一十六策。""阴爻六(引者注:指坤卦六爻皆为纯阴),一爻二十四策(引者注:何为二十四,见前),六爻百四十四策。"策,本指筮策,算卦用具,算卦以定吉凶,判是非,决犹豫,上古几凡事皆占,算策为要。因而后代有政策、策略、策反、策动等言词。策与册通,《周易集解》作"册"。四营,《周易集解》引荀爽云:"营者,谓七八九六也",又引陆绩云:"分而为二以象两,一营也;挂一以象三,二营也;揲之以四以象四时,三营也;归奇于扐以象闰,四营也。谓四度营为,方成易之一爻者也"。营,经营,此指演卦。触类而长之,《周易正义》:"谓触逢事类而增长之,若触刚之事类,以次增长于刚。若触柔之事类,以次增长于柔。"

显道神德行,是故可与酬酢,可与祐神矣。子曰:"知变化之道者,其知神之所为乎。"

[讲解]《周易》这部书,通过筮符、文辞与算卦,体现出天下万类、命运的神秘、神奇的变化之道与高尚的道德、践行。因此,可以通过《周易》占筮应对命运的挑战,求得神灵的保佑。孔子说:"懂得万类变化根本道理的人,他知道巫术占筮是神秘、神妙的本然之化而非人力所为。"

酬酢,《周易集解》引《九家易》:"阴往为酬,阳来为酢。"又引《礼·饮酒》云:"主人酌宾为献;宾酌主人,为酢;主人饮之,又酌宾为酬也。先举为酢,答报为酬,酬取其报,以象阳唱阴和,变化相配,是助天地明其鬼神者也。"变化之道,《周易集解》引虞翻云:"在阳称变","在阴称化",此指巫术占筮意义上的"变化",有"阴阳不测之谓神"之义,并非是哲学意义上的。《周易本义》:"道因辞显,行以数神。酬酢,谓应对(引者注:即前引所谓"阳唱阴和"),祐神,谓助神化之功。"韩康伯《周易》注:"夫变化之道,不可为而自然,故知变化者,则知神之所为。"此"自然",指巫学而非如《庄子》哲学意义上的"自然",因而如释为"自然规律",欠妥。而此"知变化者",巫,而非哲人。巫,通神者也,故曰"知神之所为"。祐神,《周易集解》本作"右神",右,佑,佑助。《周易浅述》卷七："变化,即上文'大衍之数'与揲蓍求卦之法也。阳变为阴,阴变为阳,皆非人之所能为,故曰'神'。道者,本然之妙;神者,所以然之故也。"

这一章,先说天地之数,次述筮策之数,再言卦画之数,终论占筮求卦之妙,其要旨在"数"。

第十章

易有圣人之道四焉。以言者尚其辞,以动者尚其变,以制器者尚其象,以卜筮者尚其占。

[讲解] 《周易》所说的圣人之道有四个方面。用《周易》来指导自己如何学会说话时,所崇尚的是它的文辞;以《周易》来引领自己践行时,所看重的是它所传达的变化之道;制造器物时,推崇《周易》的卦爻之象;从事卜筮时,将《周易》的占筮之术放在首位。

《周易集解》引崔憬云:"圣人德合天地,智周万物,故能用此易道,大略有四。谓尚辞、尚变、尚象、尚占也。"《周易浅述》卷七:"以,用之也。尚,取也。指其所之者,易之辞也。以言者尚之,则言无不当矣。化而裁之者,易之变也,以动者尚之,则动无不时矣。象其物宜者,易之象也。制器者尚之,则可以尽创物之智矣。极数知来者,易之占也。卜筮者尚之,则可以穷先知之神矣。"

有的注释,将此"四"释为四种人,以为"言者"、"动者"、"制器者"与"卜筮者"是四种人从"圣人之道四"各取所需,有误,误在人为割裂"圣人之道"的四个方面。

是以君子将有为也,将有行也。问焉而以言。其受命也如响,无有远近幽深,遂知来物。非天下之至精,其孰能与于此?参伍以变,错综其数。通其变,遂成天地之文。极其数,遂定天下之象。非天下之至变,其孰能与于此?

[讲解] 因此,君子在有所作为、行动之前,通过《周易》占问吉凶休咎,而用以指导自己的言行。《周易》就能起而响应、接受占筮者的请命,不管所占的事有远有近、所问的道理幽微、深奥,都能如愿以偿,知断人的未来命运

与物事的发展趋势。除了蕴含普天下极为精微、深幽的根本原理,还有什么能够做到与《周易》一样?算卦时,天数五即一三五七九,与地数五即二四六八十,阴阳、奇偶互为掺杂,作为"大衍之数"显现变化之道,错综复繁地运演筮数,观变阴阳、会通奇偶,就能成定天地万类的相杂相美。穷尽筮数的变化与底蕴,就能判定天下万类的兆象。要不是《周易》囊括了天下万类极其复杂的变化之理,还有谁(什么)能够如此呢?

其受命也如响,孔颖达《周易正义》:"谓蓍受人命,报人吉凶,如响之应声也。"朱熹《周易本义》:"言人以蓍问易,求其卦爻之辞。而以之发言、处事,则易受人之命而有以告之,如响之应声,以决其未来之吉凶也。"参伍以变,错综其数,《周易本义》:"参者,三数之也,伍者,五数之也。既参以变,又伍以变。""错者,交而互之","综者,总而紏之","此亦皆谓揲蓍求卦之事。盖通三揲两手之策"。参,三,多义,多则杂。伍,五,此指天数五,地数五。文,《易传》:"物相杂,故曰文。"《周易集解》引虞翻云:"变而通之,观变于阴阳始立卦,乾坤相亲,故成天地之文。"

易无思也,无为也。寂然不动,感而遂通天下之故。非天下之至神,其孰能与于此? 夫易,圣人之所以极深而研几也。唯深也,故能通天下之志。唯几也,故能成天下之务。唯神也,故不疾而速,不行而至。子曰"易有圣人之道四焉"者,此之谓也。

[讲解]　易占本为自然,不关心虑,并非人力有意为之。易理恒变。这种恒变的易理无思、无为,是不变的,一副静寂的样子,因为阴阳交感,就能会通天下万类、万理。要不是《周易》占筮弥纶天地之道,囊括天下万类神秘、神妙的变化,试问,还有谁(什么)能够如此呢? 说到《周易》这本书,圣人之所以能够凭它穷究深奥的易理、研求见微知著的兆象,唯其因为道理深奥,因而能融通天下百姓的性德与意志;唯其因为把握见微知著的兆象,所以能成就天下万事;唯其因为它的神秘、神妙,才能做到看似不紧不慢、不费吹灰之力而万事一蹴而就、没有什么行动而大功告成。孔子说《周易》所说的圣人之道有四个方面",这就是了。

易无思、无为,此易,指易筮。《周易本义》:"易,指蓍卦。无思、无为,言其无心也。"《周易正义》:"任运自然,不关心虑,是无思也。任运自动,不须营造,是无为也。"寂然不动,言易理恒变本身是不变而寂然的,与所谓动中有静有别。《周易正义》:"既无思无为,故寂然不动。"因为易理无思无为,所以恒变恒动;因为阴阳交感,是无思无为的,所以恒变恒动。佛教有"空寂"之说,即"空""寂"、"寂"即"空"、且"空"且"寂"、且"寂"且"空",然而事物作为一种"有"、"实"与"动"时,也可以是另一种"寂然"状态与境界。易占"任运自然"、"任运自动"、"无思无为",就是这样的"寂然"状态与境界。天下之故,《周易正义》:"故,谓'事'。"可从。研几,《经典释文》:"几,微也。"指兆。幽微之几的显现,为兆。天下之务,《周易集解》引虞翻云:"务,事也。"

这一章言《周易》算卦、占筮的功用,以为易筮本自自然,有"至精"、"至变"、"至神"三性,称圣人有四尚,即尚辞、尚变、尚象与尚占。

第十一章

子曰:"夫易何为者也? 夫易,开物成务,冒天下之道,如斯而已者也。"是故圣人以通天下之志,以定天下之业,以断天下之疑。

[**讲解**]　孔子说:"《周易》占筮,为什么要取天地之数?《周易》的功用,在于民智开化、物务成就(即揭示事物的真谛,确立处世为人、处理事物的方法),包容天下万类的道理,如此而已。"所以,圣人通过《周易》占筮,能够融通天下百姓的性德与意志,用以决疑天下万类而做出处世为人的决定。

务,事。志,心志。冒,覆盖。业,事业。疑,疑问。夫易何为者也,《周易集解》引虞翻云:"问《易》何为取天地之数也。"设问《周易》占筮取天地之数的逻辑依据。开物成务,俞琰《俞氏易辑说》:"物理未定,《易》则明之,事体未定,《易》则定之。"《朱子语类》:"作《易》与之筮,使人趋吉避害,以成天下之事,故曰'开物成务'。"这里"开物"的"物",与"成务"的"务"对,指人物。《周易本义》云:此"谓使人卜筮以知吉凶而成事业"。冒天下之道,《周易本义》:"谓卦爻既设,而天下之道,皆在其中。"

是故蓍之德圆而神,卦之德方以知,六爻之义易以贡。圣人以此洗心,退藏于密,吉凶与民同患。神以知来,知以藏往,其孰能与于此哉。古之聪明睿知,神武而不杀者夫。

[**讲解**]　所以蓍数的德性,运化无穷,圆融周备,神秘莫测。卦的德性,

各有其体,事有定理,吉凶得失一定不易,是一种方正不移的智慧。一卦六爻的意义,因象喻时运、时机的变易而将吉凶休咎告诫于人。圣人通过《周易》占筮,洗濯、净化心灵,无一尘之累,隐退、潜藏于幽密、宁静的地方,无论是吉还是凶,都能与小民百姓同赴患难与快乐。著数的德性,圆融神秘,运化无穷,所以预知未来;六十四卦三百八十四爻各具形质与卦爻之辞,蕴藏着往昔为人处世的经验、智慧,还有谁(什么)可以与它相比的呢? 只有古代那些像伏羲那样的聪明睿智、有神威武力而不事杀伐就可以畏服于天下的圣人,才能如此。

著,占卦所用蓍草,此指揲蓍程序,与数不分,因而可释为蓍数。圆,周圆,圆以动,兼指圆满与时运。方,方正,方以静,兼指形器,与静同在。前者为时间概念,后者为空间概念。韩康伯《周易》注:"圆者,运而无穷。方者,止而有分。言蓍以圆象神,卦以方象知也。唯变所适,无数不周,故曰'圆'。卦列爻分,各有其体,故曰'方'也。"《周易本义》:"圆神,谓变化无方。方知,谓事有定理。"《周易集解》引崔憬云:"蓍之数,七七四十九,象阳圆。其为用也,变通不定,因之以知来物","卦之数,八八六十四,象阴方。其为用也,爻位有分,因之以藏往知事"。贡,韩康伯注:"告也。六爻知变易以告吉凶也。"洗心,《周易集解》作"先心"。韩康伯注:"洗濯万物之心者也。"《周易本义》:"圣人体具三者(引者注:指蓍、卦、爻)之德,而无一尘之累。"退藏于密,韩康伯注:"言其道深微,万物日用而不能知其原,故曰'退藏于密',犹'藏诸用'也。"《周易浅述》卷七:"退藏于密者,寂然未动,人莫能窥,非有意藏之也。"这是指易道本身的性德。然而圣人与易道合其德,否则无以为"圣人"。此兼指圣人人格的隐潜、静淡与深邃。聪明睿知,神武而不杀者,聪,耳听;明,目视;睿,深明;知,智慧。杀,杀伐、残暴。《周易正义》:"易道深远,以吉凶祸福威服万物。故古之聪明睿知神武之君,谓伏羲等,用此易道能威服天下,而不用刑杀而畏服之也。"

是以明于天之道,而察于民之故,是兴神物以前民用。圣人以此斋戒,以神明其德夫。

[讲解]　所以,圣人明了天运之则,晓察百姓事物,便兴动(建立)神秘、神妙的蓍筮来引导天下百姓施用。圣人通过蓍筮,洗心防患,湛然肃然,以

菁筮的洞明智慧来烛照自己的性德。

《周易本义》:"神物,谓蓍龟。湛然纯一之谓斋。肃然警惕之谓戒。明天道,故知神物之可兴,察民故,故知其用之不可不有以开其先,是以作为卜筮以教人,而于此焉斋戒以考其占。使其心神明不测,如鬼神之能知来也。"朱熹此解,有理学的理趣。韩康伯注云:"洗心曰斋,防患曰戒。"这里,故,事;前,导。姚配中《周易姚氏学》:"故,事也。前,导也。"

是故阖户谓之坤,辟户谓之乾。一阖一辟谓之变,往来不穷谓之通。见乃谓之象,形乃谓之器。制而用之谓之法,利用出入,民咸用之谓之神。

[讲解]　所以门户关闭象喻坤道,门户开辟象喻乾道。坤乾一闭一开,称之为时运变化。坤地乾天,阴阳变化,往来无穷,称之为会通。事物形器与运变,显现在心灵,称之为意象;事物的形体与运动,称之为器具;把握控制而施用它,称之为圣人体道修为之方法;圣人制器传道,反复地供百姓施用,百姓都不懂易占、易理的来龙去脉,称之为神秘、神妙。

《周易集解》引虞翻云:"阖,闭翕也。""辟,开也。""阳变阖阴,阴变辟阳,刚柔相推,而生变化也。"《周易正义》:"阖户,谓闭藏万物,若室之闭阖其户。""辟户,谓吐生万物也,若室之开辟其户。"见乃谓之象,形乃谓之器,见,音 xiàn,显现。《周易集解》引荀爽云:"谓日月星辰,光见(现)在天而成象也(引者注:在天成象);万物生长,在地成形,可以为器用也(注:在地成形)。"引申之,天地万类的存在与运动,显现在人之心灵的意象,这便是人文、心理意义的"象"。此象,即"意象",指心灵表象、图景、轨迹或氛围,因此"象"是主观性的,是主体与客体之间所发生的心理成果。古人说"在天成象,在地成形",其实不仅"在天"者可以"成象",而且"在地"者也可以"成象"。只是大地万物近于人而可被触摸,故曰"在地成形"也。只要被主体所感觉(五官)到,天地万类都可以"成象"。制而用之,制者,裁也,有把握、控制之义。用,施用。法,法则、方法。《周易浅述》卷七:"法者,圣人修道之所为。"此解源自《周易本义》。

是故易有太极,是生两仪,两仪生四象,四象生八卦,八卦定吉凶,吉凶生大业。

[讲解]　所以,易占、易理之中有太极作为本原,太极生成天地,天地生

成四象,即太阳、太阴、少阳、少阴,即四时春夏秋冬,四象生成八卦即天地雷风水火山泽,八卦施用于易占,可以判定吉凶休咎的命运,吉凶休咎判定,就成就根本大业。

太极,《周易本义》作"大极"。大,音泰,太之本字,本始、原始之义,大业之"大",与此同义,以勿释为"盛大"为宜。其实,《周易》六十四卦中的"大畜"、"大过"等的"大",都属于此义,值得注意。《周易集解》引荀爽云:"富有之谓大业",以"富"释"大",可商。太极,《郑康成易注》:"极中之道,淳和未分之气也。"两仪,天地。仪,外在形貌,《诗·大雅·烝民》:"令仪令色,小心翼翼。"《易纬·乾凿度》:"易始于太极,太极分为二,生天地。"俞琰《俞氏易辑说》:"仪也者,一阴一阳对立之状也。《尔雅》云:'仪,匹也。'谓其阴阳相并也。"可见,仪在此处指阴阳相并、相应的天地之外在形貌。四象,《周易集解》引虞翻云:"四时也。"两仪,即天地,天阳为——,地阴为－－。四象由两仪所生,为太阳⚌(夏),太阴⚏(冬),少阳⚎(春);少阴⚍(秋)。《周易本义》:"两仪者,始为一画,以分阴阳。四象者,次为二画,以分太少。"八卦,天地雷风水火山泽的象喻符号,即乾☰、坤☷、震☳、巽☴、坎☵、离☲、艮☶、兑☱。八卦定吉凶,《周易正义》:"八卦既立,爻象变而相推,有吉有凶。"此"爻象变而相推",指八卦相重而为六十四卦的一卦六爻之象。

关于这一节,易学界多以为这是哲学意义上的"太极生成"论,欠妥。其实这主要指易占,体现了从文化学意义上的易占,向哲学意义的人文理念的转递。太极,原指"大衍之数五十,其用四十有九"所留下的那一策。这一策为易占之"体"而非"用",有决定易占灵验、成败的"本原"(原型)意义。易占如无此一策(太极),便不会有易占本身。故古人设此一策以象太极,在人文理念上,便是为易占预设了一个逻辑原点,并且由于这一原点,才推动两仪、四象、八卦直至六十四卦的生成、裂变。因而在此"生"过程的思辨中,蕴涵着从文化学趋向于哲学意义的宇宙生成论。通行本《老子》说的"道",倘以数字来表达,为零(无)。此即"道生一,一生二,二生三,三生万物"的"道"。而《系辞上》的"太极",如果用数字来表示,为"一"。易学界、哲学界有人以为,《系辞上》所说的"太极"即《老子》之谓"道",亦恐未妥。

是故法象莫大乎天地,变通莫大乎四时,县象著明莫大乎日月,崇高

莫大乎富贵,备物致用,立成器以为天下利,莫大乎圣人。探赜索隐,钩深致远,以定天下之吉凶,成天下之亹亹者,莫大乎蓍龟。

[讲解]　所以,除了天地之象,没有更原本、更伟大的对象可供效法;除了春夏秋冬四时的运变,没有更原本、更伟大的变化、会通;除了日月之象,没有更原本、更伟大的光明悬挂在苍穹;除了地位尊显富贵,没有什么更为崇高的;除了圣人人格,没有比这广备天下之物为民所用而设立天下之器具、成就天下功利更为原始伟大的了;除了蓍筮龟卜,没有其他什么可以探寻天地万类的繁杂、幽隐与深邃,没有其他什么可以深究事物的深远,没有其他什么可以判定天下万事万物与人的命运吉凶,也没有其他什么成全天下人类勤勉不已的心志与伟业。

县,悬。著,明。富贵,富有天下,贵为天子,《周易本义》:"富贵,谓有天下,履帝位。"亹亹,音 wěi,勤勉义。《周易本义》:"犹勉勉也。疑则怠,决故勉。"连斗山《周易辨画》:"事之烦者曰赜,几之幽者曰隐,理之难测者曰深,地之难至者曰远。探者讨而出之,索者寻而绎之,钩者曲而取之,致者推而极之。"注意,这一节中有"崇高"一词,取政治、伦理学意义,不同于古代西方所言悲剧的"崇高"。在《国语·楚语上》,始见"崇高"范畴,原文为:"灵王为章华之台,与伍举升焉。曰'台美夫!'对曰:'臣闻国君服宠以为美,安民以为乐,听德以为聪,致远以为明。不闻其以土木之崇高、雕镂为美。"此"崇高",指建筑物的高峻。这里所言"崇高"一词,为中国先秦古籍之第二见。美学界曾经有学人称"中国自古没有崇高",恐非。中国古代没有西方古代那样悲剧意义上的崇高理念,是。然而倘以为没有"崇高"一词,那就不准确了。

是故天生神物,圣人则之;天地变化,圣人效之;天垂象,见吉凶,圣人象之;河出图,洛出书,圣人则之。易有四象,所以示也。系辞焉,所以告也。定之以吉凶,所以断也。

[讲解]　所以神秘的天,天生神蓍灵龟,圣人就遵循它;天地四时运化周行,圣人就仿效它;天象悬垂,显现吉凶的征兆,圣人就象拟它;黄河现出龙图,洛水显示龟书,圣人就以它为准则而创构河图、洛书。《周易》有少阳、老阳、少阴、老阴四象,表示春夏秋冬四时。在卦爻筮符的后面系以文辞,因

此告诫以吉凶。吉凶的结果占定以后,就可判断为人处世的方略了。

神物,前文所说"莫大于蓍龟"的"蓍龟"。则,《广雅·释诂》:"法也。"河出图,洛出书,传说伏羲时代龙马出于黄河,其身有纹样,伏羲取法;夏禹时代有神龟现于洛水,其背有图象,夏禹效法。《书·顾命》:"大玉夷玉天球河图在东序。"河图之说,始见于此。《论语·子罕》:"子曰:'凤皇不至,河不出图,吾已矣夫!'"《管子·小匡》:"昔人之言受命者,龙龟假,河出图,洛出书,地出乘黄。今三祥未有见(现)者。"河出图,洛出书,在古人看来,是一种吉兆、祥瑞,巫术理念的典型表现。《周易集解》引郑玄云:"《春秋纬》云,'河以通乾,出天苞,洛以流坤,吐地符。'河龙图发,洛龟书成。""孔安国曰:'河图则八卦也,洛书则九畴也'。""侯果曰:'圣人法河图、洛书,制历象以示天下也。"四象,依上下文义,即上文所言"两仪生四象"的"四象"。《周易浅述》卷七:"四象,所谓阴阳老少。"《周易集解》引侯果而别有一解:"四象,谓上文'神物'也,'变化'也,'垂象'也,'图书'也。"在此录以备考。

此章仍是《周易》古筮法的专文,言述揲卦布爻的由来,从易筮之中发明易理,具有相当深邃的哲理意蕴,在其思维方式上,可以看做从文化向哲理的推移与提升。

第十二章

《易》曰:"自天祐之,吉无不利。"子曰:"祐者,助也。天之所助者,顺也;人之所助者,信也。履信思乎顺,又以尚贤也,是以'自天佑之,吉无不利'也。"

[讲解] 《周易》说:"来自上天神灵的祐助,吉祥如意,没有凶险。"(注:此为大有卦上九爻辞)孔子发挥这一爻辞说:"祐的意思,是辅佐、帮助。被上天所帮助的人,一定是顺随天道的。被人所帮助的,一定是诚实守信的。以诚信为道德践履的准则,思考如何顺随天道,又能够推崇贤人人格,所以才能进入'来自上天神灵的祐助,吉祥如意,没有凶险'的境界。"

祐,佑,助。《周易集解》作"右"。《周易本义》称此"释大有上九爻义,然在此无所属,或恐是错简,宜在第八章之末"。《周易集解》引侯果之说以为"此引大有上九辞以证之义也"。又引虞翻云:"大有五以阴顺上,故为'天所助者,顺也'。"又引崔憬云:"言上九履五'厥孚',履人事以信也,比五而不应三,思天道之顺也。崇四'匪彭'、'明辨'于五,'又以尚贤也',以'自天右之,吉无不利'。重引《易》文,以证成其义。"大有卦☲,为乾下离上之象。六五顺(承)上九,又亲比于上九,上九据六五,六五逆应于九二,故有此释。但上九何以象"天"? 有违一般爻位说。

子曰:"书不尽言,言不尽意。"然则圣人之意,其不可见乎? 子曰:"圣人立象以尽意,设卦以尽情伪,系辞焉以尽其言,变而通之以尽利,鼓之舞之以尽神。"

[讲解] 孔子说:"书面文辞不能完全表达人的言语,言语不能完全表达人的思想意绪。"然而圣人的思想意绪,难道就无法体现了吗? 不是的。孔子说:"圣人创构卦爻符号这独特的易象来完全体现人的思想意绪的实际,设立卦爻这易象体系来完美地表达天地万类的本然性德与社会人类的行为性状,以'系辞'这种书面文辞方式来圆满地表达圣人的言语,以卦爻体系的变化、会通,来穷尽万物的运化与功能,于是人们深受鼓舞,以为《周易》立象能够尽意,达到了神化之境。"

情伪,指虚实。情为情形,情情实实,有实际之义。伪,虚也。虚实即实际情形。《周易正义》孔疏:"情谓情实,伪谓虚伪。"此言"虚伪",并非道德意义上的。《周易正义》:"书所以记言,言有烦碎,或楚夏不同,有言无字,虽欲书录,不可尽竭于其言,故云'书不尽言'也。"又说:"意有深邃委曲,非言可写,是'言不尽意'也。"《周易浅述》卷七:"言之所传有尽,象之所示无穷。立象尽意,指伏羲所画之卦爻,包含变化无有穷尽,虽无言而吉凶同患之意悉具于中,所谓尽意也。""六十四卦之中,善恶真妄无所不具,所谓以尽情伪也。"《周易尚氏学》:"意之不能尽者,卦能尽之;言之不能尽者,象能显之。"《周易正义》又说:"此一句(引者注:指"鼓之舞之以尽神")总结立象尽意、系辞尽言之美。圣人立象以尽其意,系辞则尽其言,可以说化百姓之心;百姓之心自然乐顺,若鼓舞然,而天下从之,非尽神其孰能与于此?"

值得注意的是,《系辞上》的这一段内容,实际涉及到重要的语言哲学问题,其所论问题是:"立象"能否"尽意",即语言符号是"存在的家园",还是"思想的牢笼"。

拙著《周易的美学智慧》指出，"无论普通人还是所谓'智者圣人'所创造的'象'，一概都是不能尽'意'的，即'言不尽意'"。并且认为，从所谓有"客观事物"到其所构成的心灵现实即"心灵虚象"，从"心灵虚象"到人文符号（文字、言语与一切文本）系统，从人文符号系统到接受意义上的心灵现实即"心灵虚象"，再由这"心灵虚象"到"客观事物"，是一个动态的如郑板桥所言"眼中之竹"、"心中之竹"、"手中之竹"再到"心中之竹"的人文符号的不断转换系统。如果《周易》所说的"立象以尽意"这一命题能够成立，那就意味着这一系统的四个环节必须、必然绝对传真，换句话说，这四环节所传达的信息的量、质与功能彼此绝对等同。可是在人类文化及其思想、思维史上，"'立象''尽意'的事从未发生过，'立象''尽意'是违背人类思维也是违背审美规律的"。这是因为，这一转换系统的四个环节，"都只能是一种简化同态关系而无法做到同构同态对应与绝对传真"①。这便是"书不尽言，言不尽意"。通行本《老子》说："道，可道非常道"，也是这个意思。但是应当指出，虽然圣人"立象"也不能"尽意"，而"立象"比如创构艺术意象之类，与一般的日常生活之中文字、言语等的表达还有所不同，它更富于不可言传、意在言外的意蕴。而且，《老子》是不信任语言文字的，认为不能通过"立象"来把握"道"（真理），这是语言哲学的怀疑论。然而老子本人的痛苦、尴尬甚或悲剧在于，他自己为了说明"道，可道非常道"这一真理，却不得不言述其"五千言"。其实，这也正是人类的痛苦、尴尬甚或悲剧。《系辞上》称"书不尽言，言不尽意"是对的，而"圣人立象以尽意"，是基于对"圣人"的崇拜而持"尽意"说这一见解。《庄子·则阳》指出，"道物之极，言默不足以载；非言非默，议有所极"。道在哪里？在"非言非默"之际。倘说"道"在"言"，非也，"道，可道非常道"；倘说"道"在"默"，非也，沉默无言，无所表达，也不能是"道"的本在的确证，这称之为"言默不足以载"。"道"在何处？在"非言非默"。不过，"圣人立象以尽意"这一语言哲学在中国文化史上的影响十分深巨，繁盛于汉代的注经的经学传统，所遵信的，就是这一哲学。晋人欧阳建撰《言尽意论》，亦如此。

---

① 以上参见王振复《周易的美学智慧》第五章第二节。

乾坤其《易》之缊耶？乾坤成列，而易立乎其中矣。乾坤毁，则无以见易。易不可见，则乾坤或几乎息矣。

[讲解]　乾卦、坤卦，它们是《周易》及其易理的人文底蕴所在吗？在六十四卦排列次序中，乾卦第一、坤卦第二，从而《周易》的卦序及其易理就建构在其中了。如果乾坤两卦不是这样的排列，那么《周易》的体例与易理就不能显现。体例与易理不能显现，那么，乾坤卦及其易理也许就会止息。

乾坤，指乾卦坤卦而非指天地。易，兼指《周易》与易理。缊，同蕴。虞翻云："缊，藏也。"侯果云："缊，渊隩也。"耶，《周易集解》作"邪"。

是故形而上者谓之道，形而下者谓之器。化而裁之谓之变。推而行之谓之通。举而错之，天下之民谓之事业。是故夫象，圣人有以见天下之赜，而拟诸其形容，象其物宜，是故谓之象。圣人有以见天下之动，而观其会通，以行其典礼，系辞焉以断其吉凶，是故谓之爻。极天下之赜者存乎卦，鼓天下之动者存乎辞，化而裁之存乎变，推而行之存乎通，神而明之存乎其人，默而成之，不言而信，存乎德行。

[讲解]　所以，在"形"之上的称为"道"；在"形"之下的称为"器"。形上的道与形下的器运化、通变与互相制约称为交感、化育、变化无穷。阴阳推荡、刚柔互应互化，称为会通。总之，将"道"、"器"、"变"、"通"的易理拿来并运用于天下百姓，称为因易理弥纶天地无所不包而天下事业有成。因此所谓象，上古圣人发现天地万物的存有复繁而幽微，从而模拟、形容、比类，以与事物之理宜合的方式来象征，悟其会合与通变，为的是畅行它们的典则与义理，并在爻符之后各系文辞来判断它的吉凶，所以称之为"爻"。穷尽天下万类复繁而幽微的道理，在于卦的符号；鼓舞、振扬天下万类的运动变化，有赖于卦辞、爻辞；万物的运化、裁制，其本身就是运变、交感、化育；阴阳推荡、刚柔互应互化，这本身就是会通；将易理的神奇、神妙而深邃的德性揭示、光大的，在于创构《周易》的人；创《易》默默无言、潜心修持、暗下功夫，则必获成就，不夸夸其谈而笃诚守信，在于高尚的道德操行。

形而上者，形而下者，《周易集解》引崔憬云："凡天地万物皆有形质。就形质之中，有体有用。体者，即形质也。用者，即形质上之妙用也。言有妙理之用以扶其体，则是道也。其体比用，若器之于物，则是体为形之下，谓之为器也。"这里所说的"体用",不是一般哲学所谓"体用"。"体者,即形质也","用者,即形质上之妙用也","妙理"者"则是道也"。可见崔憬是从实用角度来看待"道"的。"体"既指"形质",可见这"体用"观,是经验性的。但这里"形上"、"形下"之说,在中国易学史、哲学史上,具有思想原则的重要意义,它揭示了道、器之间的辩证关系。《周易正义》:"道在形之上,形在道之下。故自形外已上者,谓之道也,自形内而下者,谓之器也。"然而试问,在"形而上者"与"形而下者"即道、器之际,还有什么?笔者以为,还存有"象"。"象"处于"形上"、"形下"之际,可以说是"形而中者"。裁,裁制,制约。化而裁之,运化、互变又相制约。《周易集解》引翟元云:"化变刚柔而则之,故谓之变也。"又引崔憬云:"言易道陈阴阳变化之事而制裁之,存乎其变。"

此章要旨,一在阐述中国先秦直至影响于后代的言意之辨、语言哲学;二在言说乾坤两卦作为《易》之缊"的重要意义;三在提出"形而上者谓之道,形而下者谓之器"这一十分深邃的哲学命题。此章所言"圣人有以见天下之赜……是故谓之爻"一段,与该《系辞上》第八章开头一段相重复。是《易传》非一人一时之作的又一佐证。此章最后一句,即"神而明之存乎其人;默而成之,不言而信,存乎德行",从上下文脉看,应指创卦者而非"学易者"。《重定费氏学》:"君子学《易》,贵默成其德行。"似有误。

[小结] 《系辞上》共分十二章。第一章,从言述"天尊地卑,乾坤定矣"之伦理教条,进而总论《易》之本原。将《易》之本原,归于天地、自然、造化。主要内容包括"乾坤"根本之义、阴阳变易之道以及易简之理。第二章,述圣人作《易》之功,君子习《易》之事。圣人观象、设卦、系辞而明吉凶;君子观象、玩占、玩辞而趋吉避凶。第三章,言卦爻之辞的通例,对象、爻、吉凶、悔吝、无咎等易占之辞进行简易的解读。第四章,极言易道广大、无所不包,圣人以易而穷理尽性以至于命。称易与天地准,故"作《易》之圣人也与天地准",集中体现对《易》的无限崇拜意绪。第五章,主旨在述"一阴一阳之谓道"、"阴阳不测之谓神"与"生生之谓易",体现了生命哲学的朴素辩证思想。第六章,重提第四章易与天地准、弥纶天地的思想而称"夫易广矣大矣"、以乾男、坤女的交感言说易理阴阳之原,又与第一章所言"乾坤"相联。第七

章,赞易道乃天下至理,圣人修身,所以"崇德而广业"、"效天"、"法地"而"成性存存"。从这一章开始,《系辞》不断引"孔子"言述以论易筮、易理问题。第八章,首叙圣人拟取物象、象其物宜以喻天下之赜、天下之动,进而引述孔子发挥七则爻辞,说明《易》之喻义。第九章,从"数"的角度,集中地记述《周易》古筮法的占筮操作仪程、方法;以"大衍之数"为逻辑原点,阐明揲筮求卦之道。第十章紧接第九章古筮法的论述,进而称圣人"尚辞"、"尚变"、"尚象"与"尚占"的"四尚"之事,强调《周易》的所谓"实用"功能,其意义与第二章所谓"观象玩辞"、"观占玩变"相合。第十一章,从第九章论述古筮之法,到这里提出"易有太极"之说,虽则其思路依然大致在易筮巫学之中,但已深蕴关于"太极"自巫筮到哲理的哲学生成论思想因素,可以看做是《系辞上》对中国哲学的一大贡献。第十二章,在第十一章说"太极"的基础上,进而提出中国文化史、哲学史与美学史的一大重要命题:"形而上者谓之道,形而下者谓之器"与"书不尽言,言不尽意",标志着由巫学的道器之辨到哲学的道器之辨、言意之辨的思想与思维的提升与进步。

总之,在思想、思维意义上,《系辞上》在论阐易筮的同时,以提出并阐明"易有太极"、"古筮法"、"形上"、"形下"的道、器之论和言、意、象之关系说为最重要。兼述儒家伦理思想。

系辞下:"知几其神"

第一章

八卦成列,象在其中矣。因而重之,爻在其中矣。刚柔相推,变在其中矣。系辞焉而命之,动在其中矣。

[讲解] 八卦构成序列,它们的卦象及其象征意义,就在这序列之中。八卦两两相重而构成一卦六爻的六十四卦,三百八十四爻及其象喻意义,就在这六十四卦之中了。爻符的阴阳、刚柔相互推荡,象喻天地万类变化的原理,就在其中。在每卦、每爻(包括乾用九、坤用六)的后面,系以文辞而令告

吉凶休咎、时运、时机的变动与运化,就在其中了。

八卦成列,指乾坤、震巽、坎离、艮兑即天地、雷风、水火、山泽。先秦时期易学,虽然未有八卦方位之图,但据《易传》有关记述(请参见本教材有关内容),已有先天、后天文王八卦方位思想,所以,这里所谓"八卦成列",兼指先天(伏羲)八卦方位:乾南、坤北、震东北、巽西南、离东、坎西、艮西北、兑东南。指后天(文王)八卦方位:离南、坎北、震东、兑西、巽东南、乾西北、艮东北、坤西南。列,位,空间概念。八卦爻位与八卦方位,实际是以空间之位象示时间运化,因而解读"八卦成列",亦当领悟其时间意义。刚柔,指阳爻、阴爻所象喻的气性。《周易正义》:"刚柔,即阴阳也。论其气,即谓之阴阳;语其体,即谓之刚柔也。"命,令也。因而《尔雅·释诂》引申为"告也"。

吉凶悔吝者,生乎动者也。刚柔者,立本者也。变通者,趣时者也。吉凶者,贞胜者也。天地之道,贞观者也。日月之道,贞明者也。天下之动,贞夫一者也。

[讲解]　所谓吉利、凶险、错悔、憾惜这些易占判辞,是依凭易占爻位说关于时运当位、不当位的变动而产生的判辞。阳刚阴柔的变动,是刚柔之象互变、互化而定立卦体、卦符的根本。所谓变化会通,是指时运、时机的流变、趋势。所谓吉利、凶险,守持正固,就能逢凶化吉而获取胜利。所谓天地之道,只要人格上守持正固,就可以观瞻、领悟。所谓日月之道,惟有守持正固,才能承受其澄明。天下万类的运化、变动,总是归于"一"这一本原。

趣时,趋时。趣,趋之借。贞,《周易集解》引虞翻云:"贞,正也。"此言守正。贞在《周易》本经中,应释为占问。贞胜者也,来知德《周易集注》:"贞者,正也。圣人一部《易经》,皆利于正。""胜者,胜负之胜,言惟正则胜,不论吉凶也。"可见此"贞",是对人而言(下同),并非指"吉凶"、"天地"、"日月"、"天下之动"的品性,当注意。《周易集解》引陆绩称"日月之道,贞明者也",为"言日月明,以明照为道矣"。《周易正义》释"贞夫一者也"为"天下之动,得正在一也",是指"日月之道"与"天下之动"本于"贞",固然可备一说,如此解读,将其人文伦理化了。仅就此"天下之动,贞夫一者也"而言,有比如与"日月之道,贞明者也"之"贞"的不同之处。"贞夫一者也"的"贞",可释为道德人格意义上的"守持正固",可以由此引申为哲理上归属于本原的意思。

《周易集解》引虞翻云："一谓乾元。万物之动,各资天一阳气以生,故'天下之动,贞夫一者也'。"可参。从《系辞上》"是故易有太极,是生两仪……"这一易说分析,既然太极生两仪、两仪生四象、四象生八卦……那么此"太极"为"一"是矣。此"一",实指"天下之动"的本原,即逻辑原点,即"太极"。

夫乾,确然示人易矣。夫坤,陨然示人简矣。爻也者,效此者也。象也者,像此者也。爻、象动乎内,吉凶见乎外。功业见乎变,圣人之情见乎辞。

[讲解]　所谓乾阳之性,坚定、肯确、刚雄但展示于人的,是平易、质朴的面貌。所谓坤阴之性,柔弱、顺从、阴雌但展示于人的是简易、简约的面貌。所谓阳爻、阴爻,就是仿效乾阳、坤阴之性的。所谓阳爻、阴爻之象,就是对乾阳、坤阴之性的象喻。爻与象,在卦体内部发动、隐喻了乾阳、坤阴之性;在卦体外显现出吉或凶的占筮结果。功德、业绩,由趋吉避凶之时运的变动所显示,圣人的情思显现在卦辞爻辞之中。

确,刚。陨,音 tuí,《经典释文》引马融云,"柔貌也"。简,原指战国至魏晋的一种书写材料,先是狭长竹片,然后是狭长木片,以供书写。前者为竹简,如战国简、楚简、汉简等;后者称木牍或札。两者统称为简。诸片竹简编连在一起,称策(册)。引申为简单、简易。如《庄子·人间世》:"其作始也简。"爻、象,指前文"爻也者"的"爻";"象也者"的"象",爻象二字中间应有句逗"顿号"。"效此者也"与"像此者也"的两个"此"字,不是指乾卦、坤卦,而是指乾阳、坤阴之性。《周易本义》:"确然,健貌。陨然,顺貌。"韩康伯《周易》注:"确,刚貌也。陨,柔貌也。乾坤皆恒一其德,物由以成,故简易也。"《周易本义》:"内,谓蓍卦之中;外,谓蓍卦之外。"

天地之大德曰生,圣人之大宝曰位。何以守位曰仁。何以聚人曰财。理财正辞、禁民为非曰义。

[讲解]　天地的根本德性是生命,圣人的根本宝贝是合时的等级地位。怎样守持等级地位?用仁政、仁学。怎样凝聚人心?讲尊卑贵贱、疏理裁定各种等级制度。天尊地卑,伦理级差的规范,疏理、裁制有定,名正言顺,禁止天下百姓为非作歹、扰乱法度,就是合乎时宜。

大德、大宝的"大",音 tài,太之本字,原始、始元、根本之义,此处不能释为弘大或伟大之类。财,通裁,非财物之"财"。义,宜,非道义之"义"。《周易集解》引孔疏:"言天地之盛德,常生万物而不有生,是其大德也。""不有生"者"常生万物",故为原生。故"大德"者原德,根本之德性。又引崔憬云:"宝万乘之天位,谓以道济天下为宝,而不有位,是其大宝也。""大宝"者,原宝,根本之宝,其"不有"具体之位而决定具体的等级之"位"。理财正辞,《周易集解》引荀爽云:"尊卑贵贱,衣食有差,谓之'理财'。名实相应,万事得正,谓之'正辞'。"而"咸得其宜,故谓之'义'也"。此释"禁人为非曰义"一句,深契易理。有的学者,以"财物"释"理财"的"财",欠妥。《周易正义》:"言圣人治理其财,用之有节。"此释亦误。"君子喻于义,小人喻于利"。圣人重义轻利、重仁轻财,何以"治理其财"? 而且从《系辞下》这一节文意、文脉看,专言"生"、"位"以及"守仁"、"聚人"之"仁",非关涉于财利。

第二章

古者包牺氏之王天下也,仰则观象于天,俯则观法于地,观鸟兽之文与地之宜,近取诸身,远取诸物,于是始作八卦,以通神明之德,以类万物之情。

[讲解]　上古时代,伏羲氏治理天下,他仰望日月星辰、苍穹流云的天象,俯看大地万类的形态样式,观察禽鸟、兽类浑身的灿烂文采与在大地上和谐生存的各种生命,近处,取之于人自己的身体;远处,取之于各类事物,从近到远、从远到近而得到灵感与启发,于是创始八卦,用以会通天地万类阴阳消息、健顺动止的德性,推类万事万物的实际。

包牺氏,伏羲氏。包,汉孟喜、京房作伏;牺作羲。或称包羲、庖牺、伏戏、牺皇、皇羲等等,相传为上古中原的神话人物,实际是上古中原氏族首领的一个传奇性共名。王,用作动词,统治、治理。王字在甲骨卜辞中,作 Ⅱ ,为斧钺象形,表示权力。汉人如董仲舒、许慎等,从《周易》的"三才"说释"王",以六十四卦之每卦六爻的初、二像地;三、四像人;五、上像天,是一个天、地、人"三才"合一即天人合一的模式,"王"字上面一画像天,中间一画像人,下面一画像地,垂直一画像天人合一,顶天立地又治人者,王。观,甲骨卜辞作 崙

(罗振玉《殷虚书契前编》四、三九四)或 [字符](罗振玉《殷虚书契前编》八、五)等，繁体从雚从见。卜辞"雚"像鸟隼，作 [字符](孙海波《甲骨文录》七〇八)、[字符](罗振玉《殷虚书契后编》下六、七)等，造字突出鸟隼双目炯炯之状。观的本字为雚，卜辞之雚为祭名，郭沫若主编《甲骨文合集》三八三一〇称，"在六月乙巳示典其雚"，可见以鸟为祭。《系辞下》的这一个"观"字，具有观察、观照、观悟的意思。与地之宜，《周易集解》引《九家易》："谓四正四维八卦之位，山泽高卑五土之宜也。"这是以八卦方位即四正四维与中宫之位释"地之宜"，地土在八卦方位的中位，故为"宜"。宜，合宜，和谐，如八卦方位然。近取诸身，远取诸物，指取象、取法即观象、观法由身及物、由物及身，遍于天地人之万类。诸，介词，之于。神明，古人心目中神秘、神妙的自然力。类，此用作动词，推类、比类。《易传》"类"字出现多次，从思维方式看，推类、类比，是《周易》文化思维的基本方式，值得注意。情，此非"情感"之"情"，可释为"情形"、"实际"。《周易本义》："神明之德，如健顺动止之性；万物之情，如雷风山泽之象。"可参。

作结绳而为罔罟，以佃以渔，盖取诸离。包牺氏没，神农氏作，斵木为耜，揉木为耒，耒耨之利，以教天下，盖取诸益。日中为市，致天下之民，聚天下之货，交易而退，各得其所，盖取诸噬嗑。神农氏没，黄帝尧舜氏作，通其变，使民不倦；神而化之，使民宜之。易穷则变，变则通，通则久，是以"自天祐之，吉无不利"。黄帝尧舜垂衣裳而天下治，盖取诸乾坤。刳木为舟，剡木为楫，舟楫之利以济不通，致远以利天下，盖取诸涣。服牛乘马，引重致远，以利天下，盖取诸随。重门击柝，以待暴客，盖取诸豫。断木为杵，掘地为臼，臼杵之利，万民以济，盖取诸小过。弦木为弧，剡木为矢，弧矢之利，以威天下，盖取诸睽。上古穴居而野处，后世圣人易之以宫室，上栋下宇，以待风雨，盖取诸大壮。古之葬者，厚衣之以薪，葬之中野，不封不树，丧期无数，后世圣人易之以棺椁，盖取诸大过。上古结绳而治，后世圣人易之以书契，百官以治，万民以察，盖取诸夬。

[讲解]　伏羲氏创造了绳子编结的方法，从而发明捕鸟的网与捕鱼的网，用以田猎渔鱼。这是从离卦得到的灵感、启发与思路。伏羲氏的时代过去，神农氏创造了农具，他砍树削木，制作耒耜这类农具的犁头(以备掘土之

用),使木材弯曲,做成耒耜的曲柄(以便手的把握),教导天下农夫耕耘而获五谷之利。这是从益卦获得的灵感、启发与思路。划定中午时分为集市交易的时间,吸引天下百姓,聚集天下商品,交易成功然后离散而归,各自获得他所需要的。这是从噬嗑卦所获取的灵感、启发与思路。神农氏的时代过去,黄帝、尧、舜先后进行了创造。他们懂得天地万类会通、变化的道理,使老百姓学会制作,不知疲倦。他们的创造出神入化,使老百姓的日常器用各得其宜。关于《易》的道理是说,万事万物发展到穷极之境,就会变化,变化然后通达,通达走向穷极,又导致新的变化,以致事物在恒变之中永久地发展。因而,正如大有卦上九爻辞所说,"这是来自上天的佑助,吉祥如意,没有什么不吉利"。黄帝、尧、舜发明了衣裳、服饰,用服饰文化垂范于天下,从而达到天下大治。这是取之于乾坤两卦的灵感与教益。他们剜空粗大的树干,制造木船,削制木材做成桨楫,行船的便利,在于济渡原来不相交通的江河,可以到达远方而有利于天下。这种创造的灵感、启迪与思路,来自于涣卦。他们驾驭牛马,载引重物直达远方,因而使天下受益。这是从随卦所取得的灵悟与思路。他们教诲天下创设两重城门,击打更梆巡夜,为的是防备盗贼抢劫。这种灵思与创造,来自于豫卦。他们斩断木干制成木杵,掘地夯实成为泥臼,用捣杵在泥臼里捣去谷物外壳,这种器用的方便,使天下百姓得以舂米为食。这种灵启与创构,取之于小过卦。他们用兽皮做成细绳,成为弓弦,同时用弦绳加于木条两端,使木弯曲而弦绳绷直,将木条削尖作成箭矢,制作弓箭,就能威慑天下,使百姓臣服。这种创构的灵思异想,来自于睽卦。上古时代,原始初民暂居在地穴之中,在野外居无定所,后代圣人发明了宫室(地面建筑),将这种穴居野处的方式改变,梁栋高高在上,人字形的屋宇下垂,用以遮风挡雨。这种创设,取之于大壮卦。上古时代的丧葬制度,用野草厚厚地遮盖遗体,埋葬死者在荒野之中,不封土为高出地面的坟,不种植树木作为墓的标志,没有规定的居丧限期,哀尽即止。后代圣人改变了这种葬制,他们制作棺、椁两重,装殓死者。这是取之于大过卦。上古时代,用绳索打结的方法记事,后代圣人改变这种"结绳而治"的方式,他们发明了刀刻竹简、木牍,用来记事而治理天下,设立种种官僚制度,用以统治天下百姓、四方疆域,普天之下的万民得到监察。这取之于夬卦。

这一段原文较长,内容在先说伏羲"始作八卦"之后,又以六十四卦的十三个卦例,言述圣人从有关卦象获得灵感、启发与思路,观象制器,铺陈易卦神奇与圣人智慧。整段文字,从言"结绳"始,到称"结绳"终,相当完整。

作,这一段文字中的"作"字,承前文"始作八卦"而来,有始创的意思。罔,網(网)的本字。罟,音 gǔ,网。两者区别,《经典释文》:"取兽曰网,取鱼曰罟。"佃,田,《周易集解》"佃"本作田,田猎。诸,之于,介词,下同。《周易集解》引虞翻云:"离为目,巽为绳。目之重者唯罟,故'结绳为罟'。"离卦的本卦为乾卦,乾卦二、五同时爻变,为离卦,因而《集解》又说,"坤(引者注:这里指阴爻)二五之乾成离"。"巽为鱼,坤二称田,以罟取兽曰田,故'取诸离'也"。离卦卦象为☲。

这里值得注意的,是"盖"字的意义(下同)。此字除作名词、动词之外,有时作发语词,置于句首。有时作传疑之词,如《史记·屈原贾生列传》:"屈平之作《离骚》,盖自怨生也。"《周易口义》:"盖者,疑之之辞也。"因而,诸多注家释"盖"为"大概"。笔者以为,虽说这十三例器用、制度的发明、践行,未必都"取诸"十三卦例,因而有拟疑的意思,然而在《系辞下》作者的心目中,必定出于对易卦、对圣人的崇拜,不会怀疑凡此器用、制度出于圣人对易卦的启悟这一点,因而,释"盖"为"大概"之义,反失易理之蕴(下同)。

没,殁,死。引申为结束、过去。神农氏,古代神话传说中人物,相传为农业、医药的发明者,一说即是炎帝。斲,音 zhuó,《说文解字》:"斫也",砍削之义。耜,音 sì,上古木末的下端,指掘土的犁头。《说文解字》:"手耕曲木也。"益卦卦象为☴(震下巽上),震为动,巽为木,又为入,二、三、四互体为坤、为土,因而,象木末之具入土。《周易浅述》卷七:"二体皆木,中互坤土,木入土中,上入下动,风雷之象也。粒食之利自此而始,益之义也。"

日中,中午。市,市贸。货,货财。噬嗑卦象为☲(震下离上),震为动,离为明,上明下动,火雷之象。二、三、四互体为艮,艮为山;三、四、五互体为坎,坎为水,《周易浅述》卷七:"坎水艮山,群珍所出,聚货之象。"而"艮止,退而得所之象"。"货不同皆合于市,借噬为市,嗑为合,噬嗑之义"。噬嗑卦上卦为离,离为日。

黄帝,中华"人文初祖"。按"五德终始"说,为土德,在夏之先。姬姓,号轩辕氏，《史记》有《黄帝本纪》。尧，陶唐氏，舜，有虞氏。尧舜，史称唐尧虞舜，相传为上古明主。《周易集解》引陆绩云："阴穷则变为阳，阳穷则变为阴，天之道也。""与天终始，故可久。民得其用，故无所不利也。"衣裳，古时人之衣着，上为衣，下为裳，上衣深长在外，下裳为上衣所遮，因而坤卦六五爻辞称"黄裳"，喻裳在衣之内。"取诸乾坤"，乾卦穷极而变坤卦；坤卦穷极而变乾卦，其中介，分别为"用九"、"用六"，以致无穷。"易穷则变，变则通，通则久。"《周易集解》引《九家易》："黄帝以上，羽皮革木，以御寒暑。至于黄帝，始制衣裳，垂示天下。衣取象乾，居上覆物。裳取象坤，在下含物也。"又引虞翻云："乾为治，在上为衣。坤下为裳。乾坤，万物之缊，故以象衣裳。乾为明君，坤为顺臣，百官以治，万民以察，故'天下治'。"衣裳的发明以及衣裳作为人文符号，是文明、天下治的象征。垂衣裳的垂，有垂范、垂示之义，非"垂长"之义。《周易正义》："以前衣皮，其制短小；今衣丝麻布帛所作衣裳，其制长大，故云'垂衣裳'也。"此说牵强。

刳，音 kū，《说文解字》释为"判"，《玉篇》释为"剖"，两说互应，有析木而剖使其内空之义。剡，音 yǎn，《说文解字》："剡，锐利也。"用作动词，使其锐利。济，从此岸到对岸，渡。涣卦卦象☴(坎下巽上)，坎为水，巽为木，木在水上。《周易浅述》卷七："刳木使中虚，剡木使末锐。木在水上，故涣，有利涉大川之占。"服牛，《周易尚氏学》："服牛即驾牛。"乘马，《周易尚氏学》："以鞍装马也。"此共指驾驭牛马。随卦卦象☱(震下兑上)，二、三、四互体为艮，艮为牛，震为马，艮又为引，巽为利，因而取象于随，利济天下。《周易集解》引《九家易》："木在水上，流行若风，舟楫之象也。"

重门，吴澄《易纂言》："郭门、城门为重门。"柝，音 tuò，《经典释文》："马(融)云，'两木相击以行夜'。"指打更的木片。豫卦卦象☳(坤下震上)，二、三、四互体为艮，上卦震倒置为艮，艮为门阙，故艮有"重门"之象。《周易集解》引《九家易》，"艮为手，为小木，为止持。震为足，又为木、为行。坤为夜。即手持柝木夜行、击木之象也"。三、四、五互体为坎，坎为盗，故有"暴客"之象。

杵，音 chǔ，捣物的棒槌。臼，《说文解字》："舂也。"济，此为益之义，《尔雅·释言》："济，益也。"小过卦卦象☶(艮下震上)，艮为止、为手、为小木；震为雷、为动、为木。因而,《周易集解》引虞翻云:"艮止于下,臼之象也。震动而上,杵之象也。震出巽入(引者注:二、三、四互体为巽),艮手持杵,出入臼中,舂之象也。"下卦九三爻变,变艮为坤,艮为山,山归属于大地,艮山的本体是坤地,故有掘地为臼之象。

弦木,弦作动词用,弯曲木条而两端系弦。弧,此言弓,《说文解字》:"木弓也。"睽卦卦象☲(兑下离上),《周易集解》引虞翻云:"无妄五之二也。巽为绳、为木,坎为弧,离为矢,故'弦木为弧'。乾为金,艮为小木。五之二,以金刻艮,故'剡木为矢'。乾为威,五之二,故'以威天下'。"这里的关键是"五之二"说。所谓"五之二",指睽卦六五、九二同时爻变,为无妄卦☳(震下乾上)。无妄卦三、四、五互体为巽,"巽为绳、为木"。睽卦三、四、五互体为坎,上卦为离,故"坎为弧,离为矢",有"弦木为弧"之象。无妄卦上卦为乾,二、三、四互体为艮,故"乾为金,艮为小木"是也。有"剡木为矢"之象。无妄上卦为乾,乾为天,故"乾为威"是也。故"以威天下"。韩康伯《周易》注:"睽,乖也。物乖则争兴;弧矢之用,所以威乖争也。"可从。

栋,梁栋。《说文解字》:"宇,屋边也。"屋边,指屋檐。上栋下宇,有的易注云,"上有栋梁下有檐宇",误。宇指中华古代宫室特有的大屋顶,主脊在上,有垂脊或戗脊。垂脊或戗脊呈斜向下垂(或檐口反翘)趋势,此之谓"下宇"。当然,大屋顶的形制有多种,其基本有五种,即庑殿顶、歇山顶、悬山顶、硬山顶与攒山顶,造型不同,都具"下宇"趋势。大壮卦卦象☱(乾下震上),《周易集解》引虞翻云,大壮卦与无妄卦为"两象易"。《周易集解》引虞翻又云:"无妄乾在上,故称'上古'。艮为穴居,乾为野,巽为处,无妄乾人在路,故'穴居而野处'。"又:"艮为待,巽为风,兑为雨(泽)。乾为高,巽为长木,反在上,为栋。震阳动起,故'上栋'。下宇,谓屋边也。"这是说,无妄卦上卦为乾,二、三、四互体为艮,三、四、五互体为巽而大壮卦三、四、五互体为兑,因而有此解读。从大壮卦卦形看,易学界也有以下四阳爻象墙壁、上二阴爻象屋宇的解说。大壮卦下卦为乾天,上卦为雷动,有雷在天上之象,震雷、风雨之中,宫室安然,大壮之象。《周易正义》:"震雷为威动,乾天主刚健,雷在天上,是'刚以动',所以为'大壮'。"

衣,被,有包裹之义。薪,柴草,以薪,用柴草覆盖、包裹。中野,野地之中。不封不树，上古葬制，墓地不堆土起坟，不植树为标志。墓者，没也，不高于地面，没于地下。后起坟。墓、坟有别。相传孔子葬母，"封之，崇四尺"。先秦古制，一尺约为现制二十三厘米，四尺之崇，不到一米之高。丧期无数，《周易正义》："哀除则止，无日月限数也。"棺椁，古时入殓之具，内层为棺，外层为椁。大过卦卦象☱（巽下兑上），巽为木，为薪；二、三、四、三、四、五均互体为乾，乾为衣、为野，乾象在中，因而说"厚衣之以薪，葬之中野"。大过卦无坎离、日月与坤象，故"丧期无数"。又，巽为木、为入，有棺椁、入殓之象。而兑为说（悦），《周易折中》云："棺椁者，取木在泽（兑为泽）中也。又死者以土为安，故入而后说（悦）之。"

结绳，相传上古结绳以记事、记数。《周易集解》引《九家易》："古者无文字，其有约誓之事，事大，大其绳；事小，小其绳。结之多少，随物众寡，各执以相考，亦足以相治也。"故称"结绳而治"。书契，两字均作动词，书写、契刻。夬卦卦象☱（乾下兑上），《周易集解》引虞翻云，夬卦是"履上下象易也"，即夬为乾下兑上而履为兑下乾上之象。虞翻云："乾象在上，故复言'上古'。巽为绳，离为网罟，乾为治，故'结绳以治'。'后世圣人'，谓黄帝尧舜也。夬旁通剥（引者注：剥卦☶），剥坤为书，兑为契，故'易之以书契'。"履卦上卦为乾，三、四、五互体为巽，二、三、四互体为离，因而，圣人从夬卦受到启迪而创构书契。

第三章

是故易者，象也。象也者，像也。彖者，材也。爻也者，效天下之动者也。是故吉凶生而悔吝著也。

[讲解]　因此，所谓易理，其本蕴是象（引者注：象不离数）。所谓象，它的功用在于象征。所谓彖辞，在于裁决、判定一卦的意义。所谓一卦六爻，仿效天地万类时运、时机的变化。吉祥、凶险从这里产生而错悔、遗憾得以显明。

这一章文字尤短，在前一章言述圣人取象、制器、定礼的基础上加以概括，提出"象"的定义。指出易理本蕴是象（数）。象的功用在于象喻。"彖者，材也"的"材"，韩康伯《周易》注："材，才德也。彖言成卦之材，以统卦义也。"可备一说。所谓"彖辞",断辞也。材,释为裁断,似更合语境。《周易正义》:"彖者,断也。"此是。悔吝著,《周易本义》:"悔吝本微,因此而著。"悔,错悔;吝,遗憾,意义没有吉凶那般强烈。《周易正义》云:"动有得失,故吉凶生也。动有细小疵病,故悔吝著也。"

第四章

　　阳卦多阴,阴卦多阳。其故何也? 阳卦奇,阴卦耦。其德行何也? 阳一君而二民,君子之道也。阴二君而一民,小人之道也。

　　[讲解]　阳性卦是阴爻多于阳爻的卦;阴性卦是阳爻多于阴爻的卦。为什么? 阳卦以一阳爻为奇;阴卦以二阳爻为偶。它们各自象征什么样的道德操行? 阳卦象喻一个君主统率众民,推行君子之道;阴卦象喻两个君主争霸而百姓拥戴者孤,天下推行小人之道。

　　阳卦,指八卦中的震☳、坎☵、艮☶,都由一个阳爻、两个阴爻所构成。阴卦,指八卦中的巽☴、离☲、兑☱,都由一个阴爻、两个阳爻所构成。《周易集解》引崔憬云:"此明卦象阴阳与德行也。"又引虞翻云:"阳卦一阳,故奇。阴卦二阳,故耦。"又引韩注:"以一为君,君之德也。二居君位,非常道也。故阳卦曰'君子之道也',阴卦曰'小人之道也'。"

第五章

　　《易》曰:"憧憧往来,朋从尔思。"子曰:"天下何思何虑? 天下同归而殊涂,一致而百虑。天下何思何虑? 日往则月来,月往则日来,日月相推而明生焉;寒往则暑来,暑往则寒来,寒暑相推而岁成焉。往者屈也,来者信也,屈信相感而利生焉。

　　[讲解]　《周易》咸卦九四爻辞说:"心心相印,情投意合,以友朋(我)的思念为你的思念。"孔子说:"天下的事情有什么值得过于思念、忧虑的呢? 天地万类之间感应的方式可以不同,但感应本身都是存在的。思念、忧虑的方式可以有无数种,而思念、忧虑本身是自然发生的。所以说,天下的事情有什么值得过于思念、忧虑的呢? 比方说,太阳西下,月亮就会东升;月亮西

落,太阳就会升起。太阳、月亮相推相移,光明常驻人间。冬天过去,夏天就会到来;夏季过去,冬季就会到来。寒暑交替、春秋代序,一年又一年,就这样成就了年岁。成为过去了的东西,则意味着还会回归;如期到来的东西,是自然的伸展与发展。回归与生发互为感应,是自然而然的,从而有利于生命万类的推移。

屈,《周易集解》作"诎",《荀子·劝学》:"诎五指而顿之。"屈曲之义。"往者屈之",可释为"前往而回归"。信,《经典释文》:"古伸字。"这一段记孔子之言,主题是一个"感"字,感,自然感应。《易经蒙引》云,"天下感应之理,本同归也","天下感应之理,本一致也","一皆出于自然而然,而不必少容心于其间者。吾之应事接物,一惟顺其自然之理而已矣,天下何思何虑"?《周易本义》:"言往来屈信(伸),皆感应自然之常理。"

尺蠖之屈,以求信也。龙蛇之蛰,以存身也。精义入神,以致用也。利用安身,以崇德也。过此以往,未之或知也。穷神知化,德之盛也。"

[讲解]　一种北方称为'步曲'、南方称为'造桥虫'的昆虫,当它向前爬行时,是先屈曲身子,为的是向前伸展。龙与蛇的蛰伏冬眠,为的是保存自己的生命。精深地研习易理以至于达到出神入化的境地,为的是学以致用。有利于功用,安全地保存自己的境界,从这种至理的境地再向前生发,那就到了妙不可知的地步。自然感应的道理出神入化、穷微知深,这是美德善行的盛大无比。"

尺蠖,亦称蠖,一种靠着身子屈伸向前行进的昆虫。北方称"步曲",南地称"造桥虫"。蠖,音 huò。《说文解字》:"蠖,尺蠖,屈申虫也。"蛰,音 zhé,动物、昆虫的冬眠状态。精义入神,以致用也,指研习《易经》所能达到的一种境界。《周易集解》:"韩康伯曰:精义,物理之微也。神,寂然不动、感而遂通者也。理入寂一,则精义斯得,乃用无极也。干宝曰:能精义理之微,以得未然之事,是以涉于神道,而逆祸福也。"此所言"祸福",指《周易》巫术占筮以决命运吉凶。

《易》曰:"困于石,据于蒺藜,入于其宫,不见其妻,凶。"子曰:"非所困而困焉,名必辱。非所据而据焉,身必危。既辱且危,死期将至,妻其可得见邪?"

[讲解]　《周易》困卦六三爻辞说："筮得此爻,被巨石所困穷,为蒺藜荆棘所纠绕、据缠,筮得的结果是,走进自己的家门,见不到自己的妻子,凶险。"孔子说："不应该被困挠的时候与地方却被困挠,必然名誉扫地。不应该被纠据的时候与地方却被纠据,他的身家性命必遭危险。既受辱又临危,遭遇灭顶之灾的那一天就要到了,还能谈得上见自己的妻子吗?"

《周易正义》："上章(引者注:应为上节)先言'利用安身',可以'崇德'。若身危辱,何崇之有? 此章(节)引困之六三,履非其位,欲上于四,四自应初,不纳于己,是困于九四之石也。三又乘二(引者注:九二),二是刚物,非己所乘,是据于九二之蒺藜也。又有'入于其宫,不见其妻,凶'之象也。"九二以刚居阴,失位,所以"非所据而据焉"。九二爻变,困卦下卦坎体变坤,坤为地,坤为身也,而困卦九二已折坤体,因而"身必危"也。《周易集解》引陆绩云:困卦"六三从困辱之家,变之大过(引者注:困六三爻变,使困卦变为大过卦,卦象䷛),为棺椁死丧之象,故曰'死其将至',妻不可得见"。

《易》曰:"公用射隼于高墉之上,获之,无不利。"子曰:"隼者,禽也。弓矢者,器也。射之者,人也。君子藏器于身,待时而动,何不利之有? 动而不括,是以出而有获。语成器而动者也。"

[讲解]　《周易》解卦上六爻辞说:"筮得此爻,王公用箭射击停留在高高城墙上的猛禽恶鸟,一举而射中,没有不吉利的。"孔子说:"所谓隼,猛禽恶鸟也。所谓弓箭,武器。所谓射箭者,人。君子之所以是君子,好比他的身上时刻带着武器,一遇时机,就搭箭射击,有什么不吉利的呢? 君子体仁怀德,一遇时机成熟就行道而无所滞累固结,所以一旦出手就必有收获。这是说,君子体道而器用必备,从而一旦行动,必有收获。"

藏器,以射隼"藏器"于身,喻君子体仁怀德,而必臻于器用。括,姚配中《周易姚氏学》:"闭也。"韩康伯《周易》注:"结也。"二说相通。这一节孔子所言主题,是"待时而动"。

子曰:"小人不耻不仁,不畏不义,不见利不劝,不威不惩。小惩而大戒,此小人之福也。《易》曰,'屦校灭趾,无咎',此之谓也。"

[讲解]　孔子说:"小人不懂羞耻,不讲仁德,不怕不义,不见到私利就不肯勤勉努力,不受刑威苛法就不懂惩罚是怎么一回事。给他来一点惩罚,

就是警告他不要犯大错误,这是赐福于小人。《周易》噬嗑卦初九爻辞说,'脚上戴了木制刑具以致遮没脚趾,没有咎害',所象喻的,就是这个道理。"

姚配中《周易姚氏学》:"耻,辱。畏,惧。劝,勉。"戒,诫。

"善不积不足以成名,恶不积不足以灭身。小人以小善为无益而弗为也,以小恶为无伤而弗去也。故恶积而不可掩,罪大而不可解。《易》曰,'何校灭耳,凶'。"

[讲解]　(孔子说:)"美德善行不加以积累,不足以美名远扬;恶行坏事不做绝,不足以毁灭自身。小人认为,小小的善行对自己没有好处,从而不屑于去践行;以为小小的坏事无伤大雅,从而不断去做。因而,小恶积成大恶,恶行满贯,从而不可掩藏,人人皆知;小罪积成大罪,罪孽深重,终于不可救药。这便是《周易》噬嗑卦上九爻辞所谓'肩负刑枷,遮住耳朵,凶险'的喻义。"

何,同荷,负。这一节开头缺"子曰"二字。《周易集解》引《九家易》:"噬嗑上九爻辞也。阴自初升五,所在失正,积恶而罪大,故为上所灭。'善不积',斥五阴爻也。'聪不明者,闻善不听,闻戒不改',故凶也。"

子曰:"危者,安其位者也。亡者,保其存者也。乱者,有其治者也。是故君子安而不忘危,存而不忘亡,治而不忘乱,是以身安而国家可保也。《易》曰,'其亡其亡,系于苞桑'。"

[讲解]　孔子说:"危机四伏,正是安逸于高位之时。衰亡渐生,正是它生命力长保之时。败乱已成,正趋于天下大治之时。所以,君子身处安逸之时而不忘危机隐伏;生存长保之时而不忘衰亡渐生;天下大治之时而不忘败乱开始。如果能够这样,那么自身安泰而国运、家道可保长久。这便是《周易》否卦九五爻辞所谓'要断子绝孙了! 要断了绝孙了! 命运吉利还是凶险,全赖于枯萎的桑树根部是否苞生嫩枝绿叶'的喻义。"

这一节孔子言述的主题,实际是一个"时"字。由于时运、时机恒变,因而,危即安、安即危;亡即存,存即亡;乱即治,治即乱。看似诡辩,实为辩证。《周易正义》说:"所以今有倾危者,由往前安乐其位,自以为安,不有畏慎,故致今日危也。""所以今天灭亡者,由往前保有其存,恒以为存,不有忧惧,故今致灭亡也。""所以今有祸乱者,由往前自恃有其治理也,谓恒以为治,不有忧虑,故今致祸乱也。"此解深契有关时运、时机的易理,应当深思。

子曰:"德薄而位尊,知小而谋大,力小而任重,鲜不及矣!《易》曰:'鼎折足,覆公悚,其形渥,凶'。言不胜其任也。"

[讲解] 孔子说:"性德浅薄而居位高显,智见短小而谋略空疏,力量微弱而负任累累,很少不涉及灾变的,正如《周易》鼎卦九四爻辞所说,'祭祖时鼎器的足折断了,王公的祭品美食倾倒在地,它的形状粘粘糊糊,一片狼藉,筮得此爻,凶险',这说的是力不胜任、必遭凶险的道理。"

知,智。鲜,《周易集解》作"尟",引虞翻云:"少也。"悚、渥等,见本书前释鼎卦九四爻辞内容。《周易集解》:"鼎四也。则离九四凶恶小人,故'德薄'。四在乾位,故'位尊'。""兑为小知,乾为大谋,四在乾体,故'谋大'矣。""五至初体大过,'木末弱',故'力少'也。乾为仁,故'任重'。"注:"力小",《周易集解》作"力少"。

子曰:"知几其神乎。君子上交不谄,下交不渎,其知几乎。几者,动之微,吉之先见者也。君子见几而作,不俟终日。《易》曰,'介于石,不终日,贞吉'。介如石焉,宁用终日? 断可识矣。君子知微知彰,知柔知刚,万夫之望。"

[讲解] 孔子说:"从易筮可以知晓算卦征兆的神秘、神妙。君子为人处世,与上交往不献媚佞上;与下交往不傲慢凌下,他懂得事物变化出现先兆、起于几微的道理。所谓变化的先兆,是事物变动、时运转递的蛛丝马迹,是吉或凶首先显现出来的兆头。君子发现兆象有变就赶快见机而行,不会一天到晚苦等,以至于岁月蹉跎而错失良机。《周易》豫卦六二爻辞说,'兆象是以坚石作为界标,不待终日识别而一目了然,筮得此爻,吉祥',这正如界石中正那般一目了然,难道用得着终日去识别它吗? 当下就可以识别。君子见微而知著,见著而悟微,懂得阴柔、阳刚相推、相济的道理,所以君子的人格,万人景仰。"

几,繁体幾,从丝,有幽微之义,机之本字。这里指巫术文化的所谓先兆,即《系辞下》所言"动之微,吉之先见者也"。"吉之先见者",按文义应为"吉凶之先见者"。《周易本义》引《汉书》认为,"'吉之'之间有凶字"。谄,谗,佞。渎,亵渎。断,断然,当下就决定、判断。韩康伯《周易》注:"几者,去无入有,理而未形者。不可以名寻,不可以形睹也。唯神也,不疾而速,感而遂通,故能玄照,鉴于未形也。合抱之木,起于毫末,吉凶之彰,始于征兆,故言'吉之先见'。《周易集解》引崔憬云:"此爻得位居中,于豫之时,能'顺以动'而防于豫。如石之耿介,守志不移,虽暂豫乐,以其见微,而不终日,则能'贞吉',断可知矣。"

子曰:"颜氏之子,其殆庶几乎。有不善未尝不知,知之未尝复行也。《易》曰,'不远复,无祇悔,元吉'。

[讲解] 孔子说:"颜回作为我的弟子,他的为人,大概近乎见微知著了。一有错失的先兆出现,他未尝不知;一旦知道,未尝不改,不会重蹈覆辙。如《周易》复卦初九爻辞说,'出门不远就回家,无所错悔,十分吉祥'。"这是说一旦感到出门不吉利,赶快回头,就十分吉利。

颜氏之子,指颜回作为弟子,之,不能释为"的"。殆,《周易玩辞》:"将也。"大概。庶几,几乎。祇,大。

天地缊缊,万物化醇。男女构精,万物化生。《易》曰,'三人行,则损一人;一人行,则得其友'。言致一也。"

[讲解] "乾天、坤地、阳刚、阴柔之气相互交感化生,天地万类凝聚而成形。男女、雌雄、牝牡的精气互为构合,天地万类运化而生生不息。《周易》损卦六三爻辞说,'三个人结伴出行,走失了一人;一个人独自出行,却得到同路友朋的帮助'。这说的是一阴一阳、阴阳谐调而统归于一体的和谐之道。"

缊缊,即氤氲,音 yīn yùn,指阴阳之气的交感过程、状态与结果。《周易本义》:"缊缊,交密之状;醇,谓厚而凝也,言气化者也。"这是明在的逻辑,似乎气化的过程是天地—万物—男女—万物。其实隐在的逻辑是,从天人合一的理念出发,以"男女构精"来比类天地万物的"化生"。天地有如男女,男女有如天地,因而来知德《周易集注》云:"男女,乃万物之男女。雌雄牝牡,不独人之男女也。"

子曰:"君子安其身而后动,易其心而后语,定其交而后求。君子修此三者,故全也。危以动,则民不与也。惧以语,则民不应也。无交而求,则民不与也。莫之与,则伤之者至矣。《易》曰,'莫益之,或击之,立心勿恒,凶'。"

　　[讲解]　孔子说:"君子先安定、修持自身而后齐家、治国、平天下;平易自心、使内心宁和而后开口说话就不会有错;决定与友朋交往、建立友谊而后可能有所求助。君子修持、践行这三大性德,因而达到人格的完善。自身未安、处境危乱而盲目行动,那么百姓就不会伸出援手。内心不平和、疑惧重重而胡乱地发表意见,那么,百姓就不会起而响应。与人没有交往与友谊却期待别人帮助,那么,人们就不会施与。没有别人施与,那么,伤害、灾变就会来临。《周易》益卦上九爻辞说,'没有人助益而遭人攻击,这是自己内心不平和、志向不长久的缘故,凶险'。"

　　易其心,平易、宁和其心。以,连词。与,《周易玩辞》:"'危以动,则民不与','党与'之'与'也;'无交而求则民不与','取与'之'与'也。"此文中前后两个"与"字,意义有所区别。立心,立自心之义,此"心",是平和、宁静之心。

　　此章内容较多,引述"孔子"阐释《周易》十一条爻辞以明易理,哲学、人文意义丰富而深邃。

第六章

　　子曰:"乾坤,其易之门邪? 乾,阳物也。坤,阴物也。阴阳合德而刚柔有体,以体天地之撰,以通神明之德。

　　[讲解]　孔子说:"乾卦、坤卦,可以说是《周易》也是理解易理的门径吧? 乾阳之气,是阳性的元物;坤阴之气,是阴性的元物。阴性、阳性相交合、感应而阳刚、阴柔之气化生为形体,由此体现天地的本然作为,用以通晓事物神秘、神妙运化的德性。

　　其易之门,《周易集解》引荀爽云:"阴阳相易,出于乾坤,故曰'门'。"天地之撰,《周易集解》引《九家易》:"撰,数也。万物形体,皆受天地之数也。谓九,天数;六,地数也。刚柔得以为体矣。"神明,幽隐者,神;著见者,明。言神秘莫测之变。《俞氏易辑说》:"以,用也。撰,为也。"

　　其称名也,杂而不越。于稽其类,其衰世之意邪? 夫易,彰往而察来,而微显阐幽。开而当名,辨物,正言断辞,则备矣。其称名也小,其取类也大。其旨远,其辞文,其言曲而中,其事肆而隐。因贰以济民行,以明失得之报。"

[讲解] 易卦六十四所称引、指述的物类名称既多又杂,喻义多出,但是都不逾越"天地之撰"、"神明之德"。推考、稽察易卦所象喻的事类、事理,大概是表露《周易》作者生当衰世的情思吧? 所谓易卦,有彰显过去时、正视现在时、察知未来时的功用,从而显明幽微之理、阐发深邃之道。六十四卦恰当地列布种种卦名,从卦名辨识各种事类、物类,用言中肯、周正,判断果决,包罗万象。易卦所称述的物名虽小,而所类比的易理广大而深刻。它的主旨深远,它的修辞文雅。它的卦爻辞并不直言所论事、理,所说的,能随物屈曲、循理宛转,却是一言道破、一语中的。它叙事之时,用词恣肆无拘而喻理幽隐。阴、阳之理两两并在而神秘莫测,从而道济天下、助民日用,可以由此明了吉凶、得失的应验与报应。

称名,称呼其名,取名。稽,考、校。取类,《周易》逻辑的主要方式,有归纳的性质。类有类比的意思。其旨远,其辞文,其言曲而中,《周易正义》:"近道此事,远明彼事,是其旨意深远","不直言所论之事,乃以义理明之,是其辞文饰也","变化无恒,不可为体例,其言随物屈曲,而各中其理也。"所谓"不直言",象喻之法。此"曲",有屈曲、委曲之义。贰,《周易集解》引虞翻云:"二,谓乾与坤也。"《周易本义》释为"疑",亦通。报,《俞氏易辑说》:"应也",报应,应验。

第七章

《易》之兴也,其于中古乎? 作《易》者,其有忧患乎?

[讲解] 《周易》本经的成书,大约在被称为中古的殷代末年吧? 演易、算卦的人,大约伤时忧国、心系天下吧?

易学史通常以伏羲时代为上古;文王时代为中古;孔子时代为下古,称"人更三圣,世历三古"。《系辞下》第十一章说:《易》之兴也,其当殷之末世,周之盛德邪?"与此"《易》之兴也,其于中古乎?"可以对参。

忧患,即前文所言"其衰世之意邪"的"意"。《周易浅述》卷七:"自文王拘于羑里,身经患难而系象辞,教人反身修德,故曰:'其有忧患乎?'"文王为商纣所囚,心忧天下而演易,陈梦雷此言文王"系象辞",为推测之辞。此"忧患"意识与情思,属于伤时忧国类型,不等于哲学、美学意义上的悲剧意识与情思。

是故履，德之基也。谦，德之柄也。复，德之本也。恒，德之固也。损，德之修也。益，德之裕也。困，德之辨也。井，德之地也。巽，德之制也。

[讲解] 所以，履卦象喻道德的基础；谦卦象喻道德的执持；复卦象喻道德的根本；恒卦象喻道德的正固；损卦象喻道德的修为；益卦象喻道德的光大；困卦象喻道德的固守；井卦象喻道德的源泉；巽卦象喻道德的规范。

这里以《周易》九卦象示忧患之意与守持忧患之道，其主题为"德"，体现了一种以德治天下、淳教化的思想。

履，礼也。《周易集解》引虞翻云："履礼蹈礼不倦，德之基也。"谦，自守以尊人。柄，执持也。道德以谦退为柄，《周易正义》："若行德不用谦，则行不施用，是谦为德之柄。"复为反善之义，人性本善，故言复为德之本。恒，守持而久，以游移不恒为不德，恒德者，正固之德。损，自损未善之德、修为之道。益，迁善改过，善行光扬。困，能困而守拙，穷而守持，德之高下自有分辨。井，井养而不穷，德之源地。巽，为资斧、斩制之象，德之规矩。

履，和而至。谦，尊而光。复，小而辨于物。恒，杂而不厌。损，先难而后易。益，长裕而不设。困，穷而通。井，居其所而迁。巽，称而隐。

[讲解] 履卦，象征和而不争为道德的极致。谦卦，象征谦逊而不自卑为道德的光辉。复，象征践礼以复归人性之善从小我做起，而能分辨是非、善恶。恒卦，象征正邪相杂而行德不知厌倦。损卦，损有余而补不足，象征修德难在减损恶欲，而损之余必后易无穷。益卦，象征美德善行持久修为、其本蕴充裕而不虚伪造作。困卦，象征身处困境而美德通达于天下人心。井卦，象征美善之德如水井居得其所而井泉润泽、施惠于人。巽卦，象征教人行德顺理而因时、称扬天下而内守其底蕴本涵。

履，《序卦》："履者，礼也。"《论语》："礼之用，和为贵。"谦，自甘居于下而不自卑，因而为"尊"。复，复卦一阳来复，故言"小"。恒，《象辞》："君子以立不易方。"损，《象辞》："君子以征忿窒欲。"损其不善者，难；损其不善之后，其道平易。《周易正义》："先自减损，是先难也；后乃无患，是后易也。"益，因美德不断增益、培本固末，故"长裕"。设，虚设，造作。困，穷也。《周易正义》：

"言困卦于困穷之时而能守节，使道通行而不屈也。"井，掘地出泉以成水井，井址未能搬迁，而井泉可普施于人。韩康伯《周易》注："所居不移而能迁其施。"巽，风，顺，入也。故有顺理因时而行德之喻。称，扬。《周易浅述》卷七："称物之宜，而性入而伏、形迹不露。犹风之动，物不见其形，所谓隐也。"

履以和行。谦以制礼。复以自知。恒以一德。损以远害。益以兴利。困以寡怨。井以辨义。巽以行权。

[讲解]　履卦象示美德畅行，和而不争。谦卦象示谦恭自退，制裁伦理。复卦象示美德良知，不为欲惑。恒卦象示守持操行，始终如一。损卦象示自损其欲，自远它害。益卦象示增益其善，人己两利。困卦象示处困之时不怨天尤人。井卦井静而生明，象示立基在道德之源，从而明辨善恶、美丑。巽卦象示顺随物理、伦理，可权衡利弊。

《周易浅述》卷七："人之所行，不由礼则乖，故履所以和其行也。谦主卑下(引者注：非自卑之义)，礼以谦为主，所以制乎礼也。复则良知不为欲蔽，以自知也。恒则有始有终，所以一德也。损以远忿欲之害，益以兴迁改之利。知守其困，处之有道，则少有所怨尤。迁徙于义，非辨安能迁？而井静而生明，故其义能辨之。巽则义精仁熟，精微委曲，无所不入，所谓可与权也。"辨，此具权衡义。

此章三陈九卦，反复申说修德之要，以明忧患之旨。

第八章

《易》之为书也不可远。为道也屡迁，变动不居，周流六虚，上下无常，刚柔相易，不可为典要，唯变所适。其出入以度，外内使知惧。又明于忧患与故，无有师保，如临父母。初率其辞，而揆其方，既有典常。苟非其人，道不虚行。

[讲解]　《周易》作为占筮之书及其所阐扬的易理，人生日用不可须臾远离、遗忘。该书所阐明的道理，在于言说天地万类一阴一阳变动不居，屡屡推移，无有穷时。它以每卦六爻象喻时空转换，刚柔往来。遵循自然上上下下的运化，不遵守人为定则，不执求人间的典常要领。只有运化变易是它本然的趋向。它教人为人处世，不管出入、内外，都必须循纲常法度，使人悉

知戒惧。它明示什么是人生忧患,察往昔而知未来。虽无实际上的师长指点迷津,却好比在父母面前聆听教诲。初学《周易》,依循卦爻辞而揣度它所象喻的意蕴与方向,学到终了,才能体会它的无穷变化之中有恒常不变的根本之理。要不是贤达之人身体力行,易理也只是虚而不实、难以践行。

远,离也,忘也。《周易本义》:"远,犹言忘也。"六虚,一卦六爻。《周易集解》引虞翻云:"六虚,六位也。"周流六虚,《周易本义》:"谓阴阳流行于卦之六位。"故,事故。《周易集解》引虞翻云:"神以知来,故明忧患;知以藏往,故知事故。"师保,师指师长;保指父母。清黎世存《河上易注》,保者,"父母之保抱扶持也"。临,莅临,亲见。率,吴澄《易纂言》:"循也。"揆,"度也"。方,"向也"。既,既成,终了。《周易集解》引崔憬云:"言易道深远,若非其圣人,则不能明其道。故知易道不虚而自行。必文王然后能弘也。"

第九章

《易》之为书也,原始要终,以为质也。六爻相杂,唯其时物也。其初难知,其上易知,本末也。初辞拟之,卒成之终。若夫杂物撰德,辨是与非,则非其中爻不备。

[讲解]《周易》作为占筮之书,它推究事物元始、要旨与终了,以此为它的本体。一卦六爻阴阳错居,只是象喻时运、时机、时宜在物迁之中的变化。事物本质之变幽微,因而难以知晓;事物现象之变彰显,因而容易感知,这是关系到事物的本原、本体与现象的缘故。初爻象喻事物变化的起始,所以如此拟议爻辞;上爻代表事物变化的终而复始,所以上爻爻辞象示事物所终。要是全面地推原事物的阴阳、刚柔错杂的德性,辨别是非曲直,那么除了初、上两爻,其中间二、三、四、五这四个爻的意义,也是要完备地理解的。

原,作动词,推原、推究。始,元始;要,要旨;终,终了。《周易集解》:"原穷事物之初","是'原始'也";"又要会其事之末","是'要终'也"。可备一解。质,《周易集解》引虞翻云:"本也";又引崔憬云:"体也"。时物,指乾坤及其阴阳。《系辞下》:"乾,阳物也;坤,阴物也。"表示时运、时机、时宜。初,指初爻;上,指上爻。其初难知,其上易知,本末也,《周易集解》引侯果云:"本、末,初、上也。初则事微,故难知。上则事彰,故易知。"拟,拟议。卒,最后。

撰,撰作,有象喻之义。德,性。辨,别。中爻,指二、三、四、五中间四爻。

噫! 亦要存亡吉凶,则居可知矣。知者观其彖辞,则思过半矣。二与四同功而异位,其善不同。二多誉,四多惧,近也。柔之为道,不利远者。其要无咎,其用柔中也。三与五同功而异位。三多凶,五多功,贵贱之等也。其柔危,其刚胜邪。

[讲解] 噢! 每卦中间四爻存亡、吉凶之喻也是有一定之规的,只要抓住要害,那么一切就洞然可知。智者观卦而断辞,那么,基本卦义就会被思虑掌握。二爻、四爻因同居于阴位,所以具阴柔功能,但位序不同,所以,两爻所象征的善、恶之义不同。第二爻居下卦中位,多具美誉褒义;第四爻居上卦下位,多有戒惧之义,这是靠近五爻之位即君位的缘故。阴柔作为易道,不利于象喻志向远大,它的主旨是没有咎害,它的功用来自阴柔中和。三爻、五爻因同居于阳位,所以具阳刚功能,但位序不同。第三爻居下卦上位,多主凶险;第五爻居上卦中位,多主功德圆满,这是高贵、卑贱的等级所致。大概柔爻居于第三、第五阳位,占筮结果往往为危殆、凶险;刚爻居于第三、第五阳位,就能趋吉避凶啊。

噫,感叹词。要,作动词用,有抓住要害之义。《周易集解》引崔憬,释为"要定"。知者,智者。彖辞,断辞。亦可指对卦辞的发挥。《彖辞》专释六十四条卦辞,故有此义。善,这里指善恶。胜,克,与"五行相胜"的胜同义。

第十章

《易》之为书也,广大悉备。有天道焉,有人道焉,有地道焉。兼三才而两之,故六。六者,非它也,三才之道也。道有变动,故曰爻。爻有等,故曰物。物相杂,故曰文。文不当,故吉凶生焉。

[讲解] 《周易》作为占筮之书,它由巫筮文化而生发的易道,广大而周备。易道包括天道、人道与地道。每卦同时兼有天、地、人三极之道。五、上象征天道;初、二象征地道;三、四象征人道。上、下两卦相重,因此每卦六爻。六爻的喻义没有其他含义,象征天地人三道。凡是道,其性在于运变化动,所以称为爻。六个爻各有等级,所以象喻物象、物理。物象、物理的阴阳、刚柔、吉凶、善恶、是非、尊卑相互错综复杂,所以称为天文、人文。天文、

人文居位不当而时运不济,所以吉凶就显现了。

　　两之,非指五、上象天,初、二象地,三、四象人而各为二爻,而是指每卦六爻上下两卦(两个八卦)相重。《周易集解》引崔憬云:"言重卦六爻。"《周易浅述》卷七:"天地人各有阴阳,然后其道全而不偏。"以"阴阳"释"两",可参。文,一般释为文理、文采、文饰等义,自无不可。然而《周易》所谓"文",不仅指人为之过程,而且自然天成。《彖辞》释贲卦卦义有"天文"、"人文"之说,此释"文"义尤切。

第十一章

　　《易》之兴也,其当殷之末世、周之盛德邪? 当文王与纣之事邪? 是故其辞危。危者使平,易者使倾。其道甚大,百物不废。惧以终始,其要无咎。此之谓易之道也。

　　[讲解]　《周易》本经的起始、创构,大约正当殷代末年、周代初始之时吧? 大约正处于周文王臣服商纣、为纣王所囚的历史时期吧? 这就是为什么卦爻辞中多有危亡、忧患之辞的缘故。常怀危惧之心,能致平安;慢待轻忽,必遭倾颓之厄运。教人警惧而不使轻慢的易道发扬光大,天下事物就不会废而不立。忧惧之心贯彻于始终,立人行事的关键,在于没有咎害。这就是易道的妙用。

　　易者使倾的易,有随意义。文王(西伯)被囚羑里,危惧警惕,故"危者使平"。商纣安乐其位,自谓平易,而反倾覆。人只有惧以始终,才得无咎。

第十二章

　　夫乾,天下之至健也,德行恒易以知险。夫坤,天下之至顺也,德行恒简以知阻。能说诸心,能研诸侯之虑,定天下之吉凶,成天下之亹亹者。

　　[讲解]　乾阳之气,天下最为刚健,它的德性永远是平易的,知运化之则能知艰险。坤阴之气,天下最为柔顺者,它的德性永远是简约的,能知阻碍。乾坤知险、知阻的德行,令人愉悦,能够锻研思虑,依此判定天地万类的吉凶,促成天地万类勤勉努力。

　　诸,之于,介词。"能研诸侯之虑"一句,"侯之"二字为衍文。王弼《周易略例》："'能研诸虑'，则'侯之'衍字也。"《周易本义》亦认为"'侯之'二字衍"。亹亹，勤勉。《周易本义》："说诸心者，心与理会，乾之事也。研诸虑者，理因虑审，坤之事也。说诸心，故有以定吉凶。研诸虑，故有以成亹亹。"

是故变化云为，吉事有祥。象事知器，占事知来。天地设位，圣人成能。人谋鬼谋，百姓与能。八卦以象告，爻象以情言。刚柔杂居，而吉凶可见矣。变动以利言，吉凶以情迁。是故爱恶相攻而吉凶生，远近相取而悔吝生，情伪相感而利害生。

[讲解]　所以运用《周易》所揭示的变化之道而有所作为，趋吉避凶，使吉事呈祥。便是象拟易理，知晓器用；占断人事、物象以推知未来。天地本自设定天尊地卑的等级位次，圣人按此创构易筮成其所能。易筮既重视人为的谋虑，又重视鬼神的谋虑，人、鬼共谋，百姓庶民也能与圣人一起参与占筮以把握命运。八卦以卦爻之象来启告人的吉凶、得失，卦爻之辞言述事物的实际。每卦六爻刚、柔错杂居位，从而呈现吉、凶的占验结果。爻变可以用吉利、不吉利的判辞来表述，吉利、凶险依据占验的实际情形而推移。因此，阴阳相遇、相敌，事物相亲、相恶，从而吉利、凶险的结果，发生在这关系的变动、运化之中。远近相取、相夺，相应、相逆，从而错悔、憾惜由此产生。情实相感滋生吉利的结果；情虚相感滋生咎害的结果。

云为，犹言有为，《尔雅·释诂》："云，有也。"变化云为，《俞氏易辑说》："变化谓易之阴阳；云为谓人之言动。"祥，几微之祥瑞，即前文所言"吉之先见者也"。象事知器，占事知来：即《易传》所言，"以制器者尚其象"、"以卜筮者尚其占"。《周易集解》引虞翻云："'象事'谓坤，坤为器"，"故象事知器也"。而"占事谓乾以知来"，此有些勉强。韩康伯《周易》注："观其象事则知制器之方，玩其占事则覩方来之验也。"成能，成其所能，成功。与能，与其所能。人谋鬼谋，百姓与能：《周易浅述》卷七："圣人作《易》，以成其功，使明则谋诸人，幽则谋诸鬼。而至愚(引者注："至愚"一词，采自《周易本义》"百姓之愚"之说，源自孔子"上知与下愚不移")之百姓亦因卜筮知所趋避，是百姓亦与其能也。"韩康伯《周易》注指出，"人谋，况议于众以定失得也；鬼谋，况寄卜筮以考吉凶也"。情，实。情伪，虚实。

凡《易》之情，近而不相得则凶。或害之，悔且吝。将叛者其辞惭，中

心疑者其辞枝,吉人之辞寡,躁人之辞多,诬善之人其辞游,失其守者其
辞屈。

[讲解] 大凡《周易》所说的种种爻位、卦时的实际,应当构成亲比、相
应关系的却未有比、应,那么,占筮结果便不是凶险就是咎害;不是错悔就是
遗憾。将要凡是背实失信的,躲躲闪闪,闪烁其词;心中疑贰有鬼的,说话无
所适从,不得要领;逢凶化吉而有善德的人,因内心笃实而少言寡语;内心浮
躁烦急,就喋喋不休;妄称有善美性德的,内心虚伪,他的话虚夸不实;丧失
操守的,持理不真,便不能做到言正辞严。

近,此指每卦六爻之间的爻位、卦时的应、比等关系。近而不相得则凶,
《周易集解》:"《易》之情,刚柔相摩,变动相逼者也。近而不相得,必有乖违
之患也。或有相违而无患者,得其应也。相须而偕凶,乖于时也。"将叛者其
辞惭:《周易集解》引侯果云:"凡心不相得,将怀叛逆者,辞必惭恶。"又引侯
果之说,以"中心疑贰,则失得无从,故枝分不一也"释"中心疑者其辞枝"。
又称,"躁人烦急,故'辞多'"。引崔憬云:"妄称有善,故自叙其美,而辞必浮
游不实。"又云:"失守则沮辱而不申,故'其辞诎(屈)'也。"《周易浅述》卷七
从项安世《周易玩辞》:"'叛'非叛逆,背实失信皆是,言与实背故惭。"惭,惭
恶。枝,《周易正义》:"其辞分散若间枝也。"焦循释为"歧",亦通。吉,《说文
解字》:"善也。"屈,《周易正义》:"其辞屈挠不能申也。""其辞屈",《周易集
解》作"其辞诎"。

这里,所论主题为前文所述"吉凶以情迁"。情,情实,实际。

[小结] 依朱熹之见,《系辞下》也分十二章。第一章,言说卦爻吉凶的
造化功用。时变的思想,是卦爻吉凶之说的主旨,所谓"变通者,趣(趋)时者
也"。同时,与时义相关,在于宣说"天地之大德曰生,圣人之大宝曰位"。第
二章,宣述圣人仰观俯察而制器尚象的作为。先说伏羲氏"始作八卦",进而
举六十四卦中的十三个卦例,逐一推论圣人由取象而立种种制度、器用。第
三章,由第二章论"观象制器"进而归纳为"易者,象也。象也者,像也"的关
于"象"的经典性定义。第四章,称述阴卦、阳卦,象喻君子、小人之道。第五
章,引述"孔子"所言,发挥十一爻义,阐说"穷神知化"、"君子安而不忘危,存

而不忘亡,治而不忘乱",尤其"知几其神"以及"天地絪缊,万物化醇;男女构精,万物化生"的《周易》根本之义。第六章,主题是"乾坤,其易之门邪",其《易》之大用,在于断吉凶以决疑。阐明"其称名也小,其取类也大"的"类"的推理思想。第七章,三陈九卦以宣说"忧患"之道。先述作《易》始于"忧患";继而以"忧患"为主题,反复阐明道德修为。第八章,续说"忧患"之道,提出学《易》、悟《易》不可拘泥、"不可为典要,唯变所适"的"适"的思想,此类于《庄子》所言"适"。第九章,专论六爻之爻位的"时"的动态联系,简明扼要地解读初、上两爻与中间四爻的象喻意义。第十章,论述一卦六爻悉备天地人三才之道。而文者,阴阳错杂。第十一章,称述作《易》"当殷之末世、周之盛德"、"当文王与纣之事"。易道之功用,在于"危者使平,易者使倾"而教人"惧以终始,其要无咎",其"要"在于警惧。第十二章,归纳《系辞》上下的总体思想,从重提"乾坤易简"之德到总括作《系辞》之大略,最后以"情"(实际)立言之不同,明述《系辞》之差异。

　　《系辞》上下,是《易传》的重要篇章,内容丰富,思想深邃,影响深巨。从总体结构分析,正如《朱子语类》所说,"或言造化以及易;或言易以及造化"。此"易",首先指易理而非指《周易》。当然,无《周易》则易理无以言述。易理有彼此相联系的两项大义,一是"太极"思想;二是"几"的思想。"太极"与"几",都关系到《周易》的象、数、占、理;生、变、时、气。本教材释《系辞上》以"易有太极"、释《系辞下》以"知几其神"为标题。《系辞》上下,是两篇重要的易学概论,其中充满了深刻而富于中国文化特色的哲学思想及其思辨。然而笔者以为,《系辞》上下不是中国哲学的专论,如果仅从哲学角度加以解读,显然有背于《系辞》大义。平实地说,《系辞》上下的主要内容,一是哲学,二是伦理学,三是巫学遗存。其阐言,尤宗象数学之爻位说与变爻说。其巫学思想,是哲学、伦理学的人文、历史基石。《系辞》上下还关涉于文字学、文学与美学等思想因素;同时值得注意的,是关于"类"的逻辑思想。

《说卦》精读

第一章

昔者圣人之作《易》也，幽赞于神明而生蓍，参天两地而倚数，观变于阴阳而立卦，发挥于刚柔而生爻，和顺于道德而理于义，穷理尽性以至于命。

[讲解]　古时候圣人创构《周易》，得到幽微、神秘之神灵的佑助，从而发明蓍筮的方法，依靠生数一、三、五这三个奇数与二、四这两个偶数来建立天地之数，成为"大衍之数"的揲蓍文化，仰观俯察天地阴阳的运变，从而创立筮卦的符号，从观象立卦，发挥它的刚柔德性，生发爻符的运化意义。使道德伦理和悦而顺畅，依凭时宜治理天下，穷尽物理、人性以至于把握人的命运。

幽，隐。赞，助。神明，神灵。非指圣人"精深的智慧"或"神妙而明显的变化"。蓍，蓍草，占筮之具，此泛指揲蓍方法。参天两地而倚数，指演卦的"大衍之数"，自一至十的十个自然数均参与演卦。以一、三、五、七、九为奇；二、四、六、八、十为偶。以一二三四五为生数，其中一、三、五为奇（天）数，其和称九；二、四为偶（地）数其和称六，故言"参（三）天两地"。五为生数之终。又以六七八九十为成数。一加五为六、二加五为七、三加五为八、四加五为九、五加五为十，因而称"倚数"。以上据马融、王肃之说。古人以筮算"七八九六"之数解读，《周易正义》："七、九为奇，天数也；六、八为偶，地数也。""何以'参两'为目'奇偶'者？盖古之'奇偶'亦以'三两'言之，且以'两'为偶数之始，'三'为奇数之初故也。不以'一'目'奇'者，张氏云'以三中含两'，有一以包两之义，明天有包地之德，阳有包阴之道，故天举其多，地举其少也。"可备一解，究竟有些牵强。理于义，理，治理，本指玉石纹路。义，宜，指时宜。《周易本义》："和顺从容，无所乖逆。统言之也。理，谓随事得其条理，析言之也，穷天下之理，尽人物之性，而合于天道，此圣人作《易》之极功也。"

第二章

昔者圣人之作《易》也,将以顺性命之理。是以立天之道曰阴与阳;立地之道曰柔与刚;立人之道曰仁与义。兼三才而两之,故《易》六画而成卦。分阴分阳,迭用柔刚,故《易》六位而成章。

[讲解]　古时候圣人创构《周易》,为的是用来顺随、成就人性、天命运化之常理。所以,用阴阳这两大概念,来体现天道存在与运化的对立统一;用柔刚这两大概念,来体现地道存在与运化的对立统一;用仁义这两大概念,来体现人道存在与运化的对立统一。一卦六爻,上两爻象喻天道;下两爻象喻地道,中两爻象喻人道。因而,《周易》六十四卦以六个爻符为一卦。六个爻符居在六个爻位上,分出阴位与阳位,交替运用柔爻、刚爻,因此,《周易》六十四卦每卦具有六个爻位,从而使得巫筮与人生顺理成章。

顺,顺从、成就。性命,与前文所言"各正性命"的"性命"同义。人性、物命之谓。立,对立,因对立而互补。吴澄《易纂言》:"立者,两相对之谓。天地人之道无独而有对。"

这里,并非阴阳仅对于天道,柔刚仅对于地道,仁义仅对于人道而言。《说卦》这样表述,仅为修辞所需。从天人合一角度分析,无论天道、地道、人道,都是阴阳、刚柔、仁义同时兼具的。

第三章

天地定位,山泽通气,雷风相薄,水火不相射,八卦相错。数往者顺,知来者逆,是故《易》,逆数也。

[讲解]　伏羲八卦方位,乾南、坤北设定了卦位;艮西北、兑东南互通气息;震东北、巽西南相应亲近;坎西、离东不相厌离。这便是伏羲八卦方位图八个卦符错综的方位。顺着推算,可以知道往昔的命运;逆着推算,可以知道未来的前程。但是《周易》算卦重点是预测未来,所以,《周易》的数算是逆推。

乾为天,坤为地,艮为山,兑为泽,震为雷,巽为风,坎为水,离为火,这是八卦的象喻。薄,接近,与"日薄西山"的"薄"同义。《周易姚氏学》释为"迫",亦通。《周易集解》:"谓震巽。同声相应,故相薄。"射,音 yì,厌。水火相通,故"不相射"。数往者顺,知来者逆,《周易本义》称,先天方位,"起震而历离兑以至于乾,数已生之卦也。自巽而历坎艮以至于坤,推未生之卦也。易之生卦,则以乾兑离震巽坎艮坤为次,故皆逆数也"。可参。

第四章

雷以动之,风以散之。雨以润之,日以烜之。艮以止之,兑以说之。乾以君之,坤以藏之。

[讲解]　震雷以振奋使万物萌动,巽风以播撒使万物舒起。坎雨以滋润使万物含育,离日以阳华使万物生长。艮山以静止使万物节制,兑泽以和悦使万物成熟。乾天以主宰使万物生机勃发,坤地以含藏使万物蓄养。

之,代词,这里可指天地万物。烜,音 xuān,《经典释文》:"乾也",日照而使水分蒸发。说,悦。君,引申为主。藏,含藏。来知德《周易集注》:"坤则为养物之府,而于物无所不容。"

第五章

帝出乎震,齐乎巽,相见乎离,致役乎坤,说言乎兑,战乎乾,劳乎坎,成言乎艮。万物出乎震,震东方也。齐乎巽,巽东南也。齐也者,言万物之絜齐也。离也者,明也,万物皆相见,南方之卦也。圣人南面而听天下,嚮明而治,盖取诸此也。坤也者,地也。万物皆致养焉,故曰"致役乎坤"。兑,正秋也,万物之所说也,故曰"说言乎兑"。战乎乾,乾,西北之卦也,言阴阳相薄也。坎者,水也,正北方之卦也,劳卦也,万物之所归也,故曰"劳乎坎"。艮,东北之卦也,万物之所成终,而所成始也,故曰"成言乎艮"。

[讲解]　天地万类的生命主宰,震卦象喻其始萌。生命元气,与巽卦所象喻的生命齐长,同离卦所象喻的生命共现,致养于坤卦的生命趋于成熟,兑卦象喻成熟的喜悦,乾卦象喻阳刚之气的交合功能,坎卦象喻劳倦、衰颓,艮卦象喻生命的终止又重新孕育新的生命因素。天地万类生于震,震卦象征东方,齐长共荣于巽,巽卦象征东南方。所谓齐长共荣,是说一切生命都合于时宜而长势整齐一致。离卦象征明丽,天地万类的美相互映对,一片辉

煌灿烂,它是位于南方的卦,圣人朝南而坐,理政于天下,象丽日朗照,以清明之仁智治理天下,都是因为取之于离卦的喻义。坤卦象征大地,万物生命都孕育于大地,因此说,万物生命都从大地取得了充足的生命养分。兑卦,象征生命正逢正秋这一大好时机,万物成熟所以令人喜悦。因此说兑卦象喻成熟的喜悦。乾卦象征阳刚之气的交合功能。乾卦,是位于西北方位的卦,这说的是乾阳与坤阴阴阳交合亲近。坎卦象征水,它是位于正北方的卦,又是象喻生命劳倦、衰颓的卦,象喻万物闭藏回归,所以说,万物经过春生、夏长、秋熟而必走向冬藏,万物劳倦、衰颓于坎卦。艮卦,是位于东北方位的卦,象征万物的终了,然而终了之中又孕育生机的种子,因此说,万物生命完成了一个周期而初始于艮卦。

出,此具生义。虞翻:"出,生也。"帝,蒂之本字。《周易正义》:"帝者,生物之主,兴益之宗。"乎,于,介词。役,使。言,助词。战,《说文解字》:"战者,接也。"朱骏声《六十四卦经解》:"战之为言接也。阴阳交接和会,大生广生。"与坤卦上六爻辞"龙战于野"的"战"同义。劳,劳累,吴澄《易纂言》:"劳动之余而休息曰老。"成,完成,完全,成熟。絜,郑玄注,"犹新也"。嚮,《周易本义》:"读作向。"薄,近。"阴阳相薄"与"战乎乾"两句义相联系,均指阴阳、乾坤交合。

这一章内容,言述文王(后天)八卦方位及其人文意识。它以东方为逻辑原点。依次为震东、巽东南、离南、坤西南、兑西、乾西北、坎北、艮东北。后人据此画出文王(后天)八卦方位图。此方位图配以时令,正如《周易集解》所言:"帝者,天之王气也。至春分则震王,而万物出生。""立夏则巽王,而万物絜齐。""夏至则离王,万物皆相见也。""立秋则坤王,而万物致养也。""秋分则兑王,而万物所说(悦)。""立冬则乾王,而阴阳相薄。""冬至则坎王,而万物之所归也。""立春则艮王,而万物之所成终成始也。以其周王天下故谓之'帝'。"

第六章

神也者,妙万物而为言者也。动万物者,莫疾乎雷。桡万物者,莫疾乎风。燥万物者,莫熯乎火。说万物者,莫说乎泽。润万物者,莫润乎水。终万物始万物者,莫盛乎艮。故水火相逮,雷风不相悖,山泽通气,然后能变化,既成万物也。

[讲解]　乾坤即阴阳不测的神妙,妙育天地万类;能够用言语表述的,只是它们的功用。使万物振奋、发动的,没有比雷震更迅烈;吹拂而使万物长养的,没有比巽风更迅疾;使万物过多水气蒸发不使潮腐的,没有比离火更炎热;使万物和悦地生长的,没有比兑泽更愉快;使万物滋润兴盛的,没有比坎水更润湿;使万物终而复始的,没有比艮山在静止之中寓发动。因此,水性润下而火性炎上,相互滋养而为功用;雷震与巽风互为迫急而不相背悖、违逆;艮山与兑泽一高一下,气息交通。乾坤为体,坎离、震巽、艮兑为用,八卦才能象喻天地万类的生成、运化。

神,韩康伯《周易》注:“于此言‘神’者,明八卦运动变化推移,莫有使之然者。”李道平《周易集解纂疏》:“‘阴阳不测之谓神’,阴阳谓乾坤也。”言,此指言说,指乾坤为变化之体,其功难言,而坎离、震巽、艮兑六子为用,而能言。乾坤为体而难言,此即“妙万物”之“妙”。妙,微也。桡,挠字之借。吴澄《易纂言》:“桡者,吹拂长养。”《周易集解》引崔憬云:“言风能鼓桡万物。”此指春风吹拂而草木舒长。熯,音 hàn,同暵,日照炎热而使水气蒸发。终万物始万物者,此句与前文“成言乎艮”同义。指居于东北方位的艮卦象喻“万物以之始而为今岁首,以之终而为去岁末”。东北艮,时令正值大寒、立春之际,在去岁、今岁交替之际。逮,及。《周易集解》以为,“水火相逮”者,“明性虽不入,而气相逮及”。悖,背反、违逆。《周易正义》:“上言‘雷风相薄’,此言‘不相悖’者,二象俱动。”山泽通气,《周易集解》引崔憬云:“言山泽虽相县(悬)远,而气交通。”变化,此指乾变而坤化。

第七章

乾,健也。坤,顺也。震,动也。巽,入也。坎,陷也。离,丽也。艮,止也。兑,说也。

[讲解]　乾卦象征刚健。坤卦象征顺从。震卦象征震动。巽卦象征隐入。坎卦象征坎陷。离卦象征附丽。艮卦象征静止。兑卦象征和悦。

这一章言说八卦主要的象征意义。《周易浅述》卷八云,此“言八卦之性情”。“性者,其本体;情者,其作用也。”“乾纯阳刚故健,坤纯阴柔故顺,震一阳生二阴之下,刚而进故动,坎一阳在二阴之中,刚为阴所掩故陷,艮一阳出于二阴之上,无所往矣故止。巽一阴藏于二阳之下,顺而伏故入,离一阴在二阳之中,顺而附故丽,兑一阴在二阳之上,顺而见故说。"又指出,"然乾健坤顺,震坎艮三阳卦皆从健;巽离兑三阴卦皆从顺"。体现乾坤为体、六子为用的人文思维模式。

第八章

乾为马,坤为牛,震为龙,巽为鸡,坎为豕,离为雉,艮为狗,兑为羊。

[讲解]　乾卦取象于马,坤卦取象于牛,震卦取象于龙,巽卦取象于鸡,坎卦取象于小猪,离卦取象于野雉,艮卦取象于狗,兑卦取象于羊。

这里从"远取诸物"角度说八卦的喻义。马健行不息,故"乾为马";牛负重而脚踏实地,故"坤为牛";龙潜于渊却具有见于田、飞于天的动势,故"震为龙";鸡司晨而善鸣,与风相应,故"巽为鸡";小猪沾湿其性,其性刚躁喜陷于污泥,故"坎为豕";野雉文章灿烂,故"离为雉";狗性外刚而内媚,止随于人,故"艮为狗";羊者,祥也。羊外柔而悦群,故"兑为羊"。

第九章

乾为首,坤为腹,震为足,巽为股,坎为耳,离为目,艮为手,兑为口。

[讲解]　乾卦取象于人的头,坤卦取象于人的腹,震卦取象于人的脚,巽卦取象于人的大腿,坎卦取象于人的耳朵,离卦取象于人的眼睛,艮卦取象于人的手,兑卦取象于人的嘴。

这里从"近取诸身"角度说八卦的喻义。《周易浅述》卷八云,"首会诸阳,尊而在上",故乾;"腹藏诸阴,大而容物",故坤;"足在下而动",故震;"股两垂而下",故巽;"耳轮内陷,阳在内而聪",故坎;"目睛附外,阳在外而明",故离;"手动在前",而手持能使物止,故艮;"口开于上",主言语而能悦物也,故兑。

第十章

乾,天也,故称乎父。坤,地也,故称乎母。震一索而得男,故谓之长男。巽一索而得女,故谓之长女。坎再索而得男,故谓之中男。离再索而得女,故谓之中女。艮三索而得男,故谓之少男。兑三索而得女,故谓之少女。

[讲解] 乾为天,因此称为父;坤为地,因此称为母。乾卦一阳来交于坤卦初爻,成为三男之一的长男;坤卦一阴来就于乾卦初爻,成为三女之一的长女。乾卦一阳来交于坤卦第二爻,成为三男之一的中男;坤卦一阴来就于乾卦第二爻,成为三女之一的中女。乾卦一阳来交于坤卦第三爻,成为三男之一的少男;坤卦一阴来就于乾卦第三爻,成为三女之一的少女。

这里从"远取诸物"的八卦取象比喻,言家庭伦理。索,《周易正义》:"求也。"

第十一章

乾为天,为圜。为君,为父。为玉,为金。为寒,为冰。为大赤。为良马,为老马,为瘠马,为驳马。为木果。

[讲解] 乾卦象征天,象圆。象君主,象父亲。象美玉,象金属。象寒冷,象冻冰。象大红之色。象良马,象老马,象瘦马,象毛色驳杂的马。象树木的果实。

这里以乾卦纯阳明十四喻义,这些喻象,都具有阳刚之性。《周易集解》引宋衷云,"乾动作不解(懈),天亦转运",乾,"动作转运,非圜不能,故'为圜'"。引虞翻云,乾"贵而严也"、"成三男,其取类大",故"为君"、"为父"也。引崔憬云:"天体清明而刚,故'为玉,为金'。""乾(引者注:居于西北)主立冬已(以)后,冬至已前,故'为寒,为冰'也。"乾"纯阳之卦,故取盛阳色为大赤"。又引虞翻云,"乾善,故良也",喻"良马"。乾老气衰而息至,故喻"老马"。乾纯阳之卦,喻"骨多",故喻"瘠马"。引宋衷云,"天有五行之色",故喻"驳马"。"群星著天,似果实著木",故喻"木果"。

坤为地。为母。为布。为釜。为吝啬。为均。为子母牛。为大舆。为文。为众。为柄。其于地也,为黑。

[讲解] 坤卦象征大地。象母亲。象遍布,象锅釜。象吝啬、小气。象均平。象子牛的母牛。象大车。象文采章美。象众庶。象万物之本。象大地的黑土。

这里以坤卦纯阴明十二喻义,这些喻象都归于阴柔之性。布,《周易集解》引崔憬云:"遍布万物于致养,故'坤为布'。"可从。有的易解,以"布"为货币,亦可备一说。釜,供烧煮食物的锅。取其化生而成熟之义。吝啬,《周易尚氏学》:"坤闭,故吝啬",此解与坤卦象喻"坤厚载物"、"地势坤,君子以厚德载物"有背悖之处。可见,此《说卦》与前文所解《彖辞》、《象辞》的思想有不类之处。证明这是不同时期、不同作者的作品。均,均平。《周易正义》释为"以其地道平均也"。子母牛,牛性驯顺,《周易正义》:"取其多蕃育而顺之也"。舆,车,大地载物与车子载物类同,故有此喻。文,"物相杂,故曰文"。文采丰繁。柄,《周易集解》引崔憬云:"万物依之为本。"柄,本也。黑,赤为天之正色,黑(玄)为地之正色。

震为雷。为龙。为玄黄。为旉。为大途。为长子。为决躁。为苍筤竹。为萑苇。其于马也,为善鸣,为馵足,为作足,为的颡。其于稼也,为反生。其究为健,为蕃鲜。

[讲解] 震卦象征雷。象龙,象青黄杂色。象花朵。象通衢大路。象大儿子。象刚决躁急。象根坚而枝干青嫩的幼竹。象根茎丛生的芦苇。就象喻马来说,象马善于嘶鸣,象其左后足长着白毛,奋双蹄而奔驰,马面额白色。就象喻庄稼而言,象其根系下生。震卦象征雷动而极为刚健。象草木逢春,蕃育鲜茂。

旉,音 fū,花朵之通称。姚配中《周易姚氏学》:"仲春之月,桃始华。华,旉也。"大涂,大路,涂,即途。苍筤竹,筤,音 láng,《周易集解》引《九家易》:"苍筤,青也。震阳在下,根长坚刚,阴爻在上,使外苍筤也。"这是从震卦卦象释义。萑苇,蒹葭,芦类植物。《周易集解》引《九家易》:"萑苇,蒹葭也。根茎丛生,蔓衍相连,有似雷行也。"馵足,左后长白毛的马足。《说文》云,"马后左足白也"。馵,音 zhù。作足,奔腾的马蹄。作,此为起之义。的颡,《周易集解》:"的,白。颡(音 sǎng),额也。"《说卦》另有"其于人也,为寡发,为广颡"之言。反生,从震卦卦象看,阳爻初在下,二阴爻在上,喻:"反生"。究,究竟、终了。《易纬·乾凿度》,"物有始,有壮,有究"。蕃鲜,《周易浅述》卷七:"蕃,生;鲜,美。春生之草,下一根而开叶于上也。"

巽为木。为风。为长女。为绳直。为工。为白。为长，为高。为进退。为不果。为臭。其于人也，为寡发，为广颡，为多白眼。为近利市三倍。其究为躁卦。

[讲解]　巽卦象征木。象风。象长女。象准绳绷直。象巫祝。象白色。象物之长、物之高。象有进有退。象不果断。象气味、嗅觉。对于人而言，象头发白多黑少、黑白相杂，象额头广宽，象白眼傲视。象获利近于三倍。巽卦发展至极，风势极盛，为躁急之卦。

工，巫祝。巫从工。巫，甲骨文写作田（一期合二六八），有"壬午卜巫帝"（人三二二一）与"癸酉卜巫宁风"（后下四二、四）等卜辞。"工之本义，指古代卜筮活动之执掌者与祭祀者。"①《说文》释"工"为"巧饰"，当是"工"的引申义。臭，《周易集解》引虞翻云："臭，气也。风至知气，巽二入艮鼻，故'为臭'。"《系辞》有"其臭如兰"之言。寡发，《周易集解》作"宣发"。并解云："为白，故'宣发'。马（融）君以宣为寡发，非也。"可参。《经典释义》云，"寡又作宣"。王引之注，"黑白杂为宣发"。《周易正义》作"寡发"。《周易尚氏学》："巽陨落，故寡发。震为发，反巽故寡发。"又云："广颡取上二阳象。多白眼，按离为目，中爻阴，黑睛，上下阳目中之白，今二阳皆在上，睛伏在下，故多白眼。"为近利市三倍，《周易正义》："取其木（巽为木）生蕃盛，于市则三倍之利也。"其究为躁卦，孔疏，"取以风之势极于躁急也"。《周易浅述》卷八："三爻皆变，则为震之决躁卦也。"

坎为水。为沟渎。为隐伏。为矫輮，为弓轮。其于人也，为加忧，为心病，为耳痛。为血卦。为赤。其于马也，为美脊，为亟心，为下首，为薄蹄，为曳。其于舆也，为多眚。为通。为月。为盗。其于木也，为坚多心。

[讲解]　坎卦象征水。象沟渠。象水的隐伏。象曲者直、直者曲。象曲弓与圆轮。对于人而言，象忧心忡忡，象情志有病，象耳有疼痛。是象征沟洫险陷的卦。象红色。对于马来说，象美丽的马的脊背，象马躁急的脾性，象马的低头，象马的踢地，象马因疲劳而腿足拖地而行。对于车辆而言，象大车载重而损坏。象抵达。象月色。象隐匿的盗贼。对于木植而言，象

①　参见王振复《中国美学的文脉历程》第一章第一节"巫的文字学考释"。

刚质、柔皮、内坚外软。

矫揉，《周易正义》："使曲者直为矫；使直者曲为揉。"加忧，忧上又忧，《周易集解》："两阴失心为多眚，为加忧。"心病，坎为心，而坎二爻变为坤，喻心病。耳痛，孔疏，"坎，劳卦也。又主听，听劳则耳痛"。血卦，卦为水，水为陷下。血，洫，沟洫也。故坎为洫卦，喻陷险之义。美脊，坎卦阳爻在中，喻马脊。亟心，急心，内心躁急。下首，指马头下垂。薄蹄，薄者为近义。《周易正义》："其于马也为美脊，取其阳在中也。为亟心，亟，急也，取其中坚内动也。为下首，取其水流向下也。"眚，灾变。舆，大车，大地。《周易集解》引虞翻释"其于舆也，为多眚"云："眚，败也。坤为大车，坎折坤体，故为车'多眚'也。"为月，月为水之精，坎为水，故喻月。为盗，水性坎陷，盗贼隐伏，故喻盗。坚多心，坎卦中为阳，象"心"在"中"，故有此喻。

离为火。为日，为电。为中女。为甲胄，为戈兵。其于人也，为大腹。为干卦。为鳖，为蟹，为蠃，为蚌，为龟。其于木也，为科上槁。

[讲解]　离卦象征火。象太阳，象闪电。象中女，象盔甲，象兵器。对于人而言，象妇人怀孕。象干燥之卦义。象鳖，象蟹，象螺，象蚌，象龟。对于木植来说，象枝干中空而从其上端开始枯萎。

干卦，诸本均作"乾卦"，但此"乾"非"乾坤"之"乾"。如释离卦象喻六十四卦之第一的乾卦，于义无通。此"乾"，实为繁体"干"字。大腹，《周易集解》："如妊身妇。"蠃，音 luǒ，《经典释义》释为"空"。

艮为山。为径路。为小石。为门阙。为果蓏。为阍寺。为指。为狗，为鼠，为黔喙之属。其于木也，为坚多节。

[讲解]　艮卦象征山。象小路。象小石。象宫殿、坛庙的高门崇阙。象草木果实。象禁止出入的阍人、寺人。象手指。象狗、象鼠，象具有黑色坚利嘴喙的禽类。对于木植而言，象木老、坚硬而多生枝节。

阙，中国古代的纪念类建筑样式，往往建造在宫殿、坛庙或陵寝之前，人文意义丰富。以汉代为其盛期，称汉阙。果蓏，《经典释文》引应劭云："木实曰果，果实曰蓏。"蓏，音 luǒ。阍，音 hūn，指宫门或守持的人。阍寺，《周易集解》引宋衷云："阍人主门，寺人主巷。艮为止，此职皆掌禁止者也。"黔喙，《周易集解》引马融云："肉食之兽，谓豺狼之属。黔，黑也。阳元在前也。"而喙为鸟喙之义,故未宜取马氏之解。《周易尚氏学》:"马、郑皆为虎豹之属,实虎豹无黔喙者。"此指猛禽,"鸟之刚在喙,艮刚在上(前),故为黔喙"。是。坚多节,《周易正义》:"取其山之所生,其坚劲,故多节也。"李道平《周易集解纂疏》:"艮为木之终,故多节。"此"木之终"即"木之老",木老而必多节。

兑为泽。为少女。为巫。为口舌。为毁折。为附决。其于地也,为刚卤。为妾。为羊。

[讲解]　兑卦象征泽水。象少女。象巫师。象能言善辩。象损毁、挫折。象附丽而果实脱落。对于大地而言,象田土坚硬、多碱而植物不生。象小妾。象羊。

为巫,前文有"为工",意义相连。《说文解字》:"巫,祝也。"毁折、附决,《周易姚氏学》:"折,断也;附,丽也。"《周易正义》:"兑,西方之卦(指文王八卦方位图中兑卦居于西),取秋物成熟(西配秋),槁杆之属则毁折也。果蓏之属则附决也。"《周易浅述》卷七:"泽者水之聚。二阳沉于下,一阴见于上,坎壅成泽也。巫,以言语说神者。兑上折,口象,故为巫。为口舌,金气始杀,条枯实落,故为毁折。柔丽于刚,乃决柔,故为附决。"又说:"阳在下为刚,阴在上为卤,则卤之地不生物。卤者,水之死气也。""少女从姊(姐)故为妾。内狠外说(悦)故为羊。"

这一章,总说八卦各别的喻义。以乾为天,震为雷,巽为木,坎为水,离为火,艮为山,兑为泽之各别本喻,分说每一卦象喻之义。其人文思路,为类比。

[小结]　依《周易本义》,《说卦》分十一章。其每章主题:一、从圣人作易,总说圣人因象数之本然而立揲蓍求卦之法,指明"生蓍"、"倚数"、"立卦"、"生爻"与"穷理尽性以至于命"的意义。二、从六十四卦每卦六爻,说天地人"三才"(三极)之寓义,承接第一章,阐"性命之理",指明每卦六爻为两个八卦上下相重。三、说八卦结构,天地、雷风、水火、山泽两相映对。《周易浅述》卷七云,此"就伏羲先天圆图而言其对待之体,复即卦气之流而分其左右之顺逆也"。四、以乾坤为体,六子为用,续说先天八卦方位、六子之用统于乾坤之体,称述造化流行具生长收藏之功。五、详述文王后天八卦方位理

念,以八卦配八方,又配四时,将万物的生成、运化,纳入八卦方位这一人文思维模式。六、暂舍乾坤两卦而专述震巽、坎离、艮兑六子的功用。吴澄《易纂言》:"言六卦之用而不言乾坤者,乾坤主宰万物之帝,行乎六子之中。所谓神也者,妙万物而为言者也。万物有迹可见,而神在其中无际可见,然神不离乎物也。"此章以"物迹"说"神妙"。七、正如《周易本义》所言,此章简述"八卦之性情",指明其基本喻义。八、从"远取诸物",明八卦的基本取象。九、从"近取诸身",言八卦的基本取象。十、以八卦比拟家庭血亲伦理。十一、详述八卦之每一卦的象喻之义。以乾天、坤地、震雷、巽木、坎水、离火、艮山、兑泽为本喻,逐一解说各别属类的分喻。其解说之序,先乾坤,后六子。且三男居前,三女随后。

总之,正如《周易正义》所说:"《说卦》者,陈说八卦之德业变化及法象所为也。"《周易浅述》卷八说:"《说卦传》十一章,备言卦象卦位。"

《序卦》精读

上经三十次序:以乾坤、坎离为上经之始终,主言"天道"

有天地,然后万物生焉。

[讲解] 先有天与地,然后万物才得以产生。

《序卦》述通行本《周易》六十四卦次序,揭示卦序前后相承、相应的意义,指明六十四卦次序何以如此排列的理由。《序卦》依通行本分上经、下经体例而亦分为两部分。第一部分始于乾坤终于坎离;第二部分始于咸恒终于既济未济。《周易正义》:"六十四卦分为上下二篇,其先后之次,其理不见,故孔子就上下二经,各序其相次之义,故谓之《序卦》焉。"孔颖达以为《序卦》为孔子所撰,今人多未持此说。《序卦》文字简洁,概述卦与卦之间的排序意义。

这里,天地,兼指乾坤两卦。乾为天,坤为地。以乾坤、天地为万物发生的本因,是《序卦》的人文思维与理念。《序卦》第二部分开头也说"有天地然后有万物",取自同一思维、理念与逻辑。《系辞》云:"是故易有太极,是生两仪……"虽然这"太极"本指古筮法"大衍之数五十,其用四十有九"之留下不用的那一策,然后该"太极"在《系辞》万物生成论中已具有本因、本原的意义因素,其"两仪",实指天地(阴阳)。因此,这里以"天地"称说"万物"的本因,在哲学思想与思维上是与《系辞》不同的,它的生成论可能比《系辞》更古朴。《易纬·乾凿度》:"乾坤者,阴阳之根本,万物之宗祖也。"此"阴阳之根本",是说乾天、坤地,是"大阴"、"大阳"即"原阴"、"原阳"之谓。

盈天地之间者唯万物,故受之以屯。屯者,盈也;屯者,物之始生也。物生必蒙,故受之以蒙。蒙者,蒙也,物之稺也。

[讲解] 充满、运化于天地之间的,是除天地之外的万事万物,使天地充盈的,是纲缊之气。因此,在乾卦、坤卦之后,紧接的,便是象喻事物初生于屯难的屯卦。屯的意思,阴阳二气交合,天造草昧,充满了生命之力。屯象喻万物始萌。万物初始,必然蒙稚。因此,紧接的便是蒙卦。蒙卦象喻蒙

昧、蒙暗、蒙稚,指万物幼稚。

盈,充盈,气息充满、运化于天地之状。受,《广雅·释诂》:"继也。"项安世《周易玩辞》:"天地细缊,雷雨(引者注:屯卦震下坎上,震为雷,坎为水,故有雷雨之象)动荡,见其气之充塞也,是故谓之盈尔。故谓之盈者,其气也。谓之物之始生者,其时也。谓之难者,其事也。"稺,《经典释文》释作"稚"。郑玄:"蒙,幼小之貌。"蒙者,萌也,愚也,开蒙以筮,筮者指迷也。

物稺不可不养也,故受之以需。需者,饮食之道也。饮食必有讼,故受之以讼。

[讲解] 人与万物幼稚蒙昧,不可以不去养育,因此,紧接的是需卦。需是需待的意思,需待于饮食是蒙养的根本道理。饮食决定生存,吃饭问题所以必然引起争讼,因此,紧接的便是讼卦。

需,需待于饮食。《象辞》:"云上于天,需。君子以饮食宴乐。"韩康伯《周易》注:"夫有生则有资,有资则争兴也。"

讼必有众起,故受之以师。师者,众也。众必有所比,故受之以比。比者,比也。

[讲解] 争讼必然群起,因此,紧接的是师卦。师的意思,象喻兵众。聚众在一起,必然有所亲比,因此,紧接的是比卦。比的意思,亲比,比辅。

《象辞》:"师者,众也。"师卦坎下坤上,坎险坤众,故兴师而克伐。比卦坤下坎上,《象辞》:"地上有水,比。"《程氏易传》:"物相亲、比而无间者,莫如水在地上。"韩康伯《周易》注:"众起而不比,则争无由息。必相亲比,而后得宁也。"

比必有所畜,故受之以小畜。物畜然后有礼,故受之以履。

[讲解] 亲比必然有所蓄养、蓄聚,因此紧接的是小畜卦。人与人、物与物相蓄养、蓄聚,一定有等级、序次,然后才有礼制、规范,因此紧接的是履卦。

《周易浅述》卷二:"比必有所畜,故受之以小畜。物相比附则为畜聚,又相亲比则志相畜,小畜所以次比也。""物既蓄聚,则有大小之别、高下之等、美善之差,而礼起,履所以次小畜也。"履,礼。

履而泰,然后安。故受之以泰。泰者,通也。物不可以终通,故受之

以否。

　　〔讲解〕　以礼制践行,此乃人生通泰之途,然后天下平安。因此紧接的是泰卦。泰的意思,天地相交,万物亨通。万事万物不可能永远、绝对的通泰,因此紧接的是否卦。

　　泰次于履,正如《周易浅述》卷二所云:"盖履得其所,乃得安舒。"而否次于泰,因"通极必塞,气化之常"。

　　物不可以终否,故受之以同人。与人同者,物必归焉,故受之以大有。

　　〔讲解〕　人与物不可能永远、绝对地否闭、倒运。因此紧接的是同人卦。与人志同道合,做事、物境便顺遂人心。因此紧接的是大有卦。

　　归,言做事、物境皆遂人愿。同人,《程氏易传》:"天地不交则否,上下相通则同人。"《周易浅述》卷二:"众物所归,所有乃大。大有所以次同人也。"大有卦乾下离上,火在天上,其光明普照,盛大丰有之喻。

　　有大者不可以盈,故受之以谦。有大而能谦必豫,故受之以豫。

　　〔讲解〕　盛大丰有之时,不可以自满,因此紧接的是谦卦。盛大丰有却能谦虚,必然愉悦,因此紧接的是豫卦。

　　《周易浅述》卷二:"大则易于满盈,道在谦损,谦所以次大有也。""大而能谦,则有豫乐,豫所以次谦也。"

　　豫必有随,故受之以随。以喜随人者必有事,故受之以蛊。

　　〔讲解〕　太自鸣得意,必然随心所欲,因此紧接的是随卦。喜欢随从于人,一定遭遇令人倒运的事,因此紧接的是象喻蛊坏的蛊卦。

　　《汉上易传》:"臣事君,子事父,妇事夫,弟子事师,非乐于所事者,其肯随乎?"此可备一说。然而蛊卦有蛊坏之象喻。《左传》释蛊卦,有"风落山,女惑男"之说,以长女下于少男,惑乱其情,蛊坏之喻。《周易浅述》卷二:"喜悦随人,过中失正,则蛊惑坏乱之事自此起,蛊所以次随也。"

　　蛊者,事也。有事而后可大,故受之以临。临者,大也。物大然后可观,故受之以观。

　　〔讲解〕　蛊卦的另一喻义是治蛊之事。治蛊则临事业盛大,因此紧接的是临卦。临的意思,居高临下,目光远大。物事宏大,然后可以观瞻,因此紧接的是观卦。

项安世《周易玩辞》:"临者,以上临下,以大临小。凡称临者,皆大之者也。"

可观而后有所合,故受之以噬嗑。嗑者,合也。物不可以苟合而已,故受之以贲。

[讲解] 可以观瞻然后法度修明,刑罚普施而上下应合。因此紧接的是噬嗑卦。嗑的意思,由啮合而引申为应合。事物之间不可能老是苟且相合,因此紧接的是有文饰之喻的贲卦。

噬嗑,口颐之中有物。噬,啮;嗑,合。苟合,苟且、随意地相合。《周易集解》引崔憬云:"言可观政于人,则有所合于刑矣。故曰'可观而有所合'。"又云:"言物不可苟合于刑,当须以文饰之,故'受之以贲'。"相合有刑罚与文饰两途。如仅以"刑"而强而为合,称"苟合";以"文"为"饰"(贲),才是真正的应合。因而《周易浅述》卷三云:"人物合聚,必有次序行列,威仪上下,而文饰生焉。贲所以次噬嗑也。"

贲者,饰也。致饰然后亨则尽矣,故受之以剥。剥者,剥也。物不可以终尽,剥穷上反下,故受之以复。

[讲解] 贲的意思指文饰。文饰恰到好处然后事物亨通,文饰过度则事物亨通就会终止。因此紧接的是剥卦。剥的意思,剥落穷尽而复起。事物不可能永远、绝对地处于穷尽之时,剥尽之极就回复于初,因此紧接的是复卦。

《周易集解》引崔憬云:"以文致饰,则上下情通,故曰'致饰然后通'也。文者致理,极而无救则尽矣。尽犹剥也。"又云:"夫易穷则有变,物极则反于初,故剥之为道,不可终尽,而受之于复也。"

复则不妄矣,故受之以无妄。有无妄然后可畜,故受之以大畜。

[讲解] 回复于正道,那就是人格与践行真实而不虚妄,因此紧接的是无妄卦。道德行为真实而不虚妄,然后崇高人格可以蓄聚、蓄止,"刚健笃实辉光,日新其德",因此紧接的是大畜卦。

妄,虚、失真之谓。无妄,本然,真实。畜,《经典释文》,"又作蓄"。项安世《周易玩辞》:"大畜者,畜之终天地之间物莫不备,故养之道足。"《周易集解》引崔憬云:"物复其本",本者,无妄,即本然,真实。故言"'有无妄然后可畜'。"

物畜然后可养,故受之以颐。颐者,养也。不养则不可动,故受之以大过。

[讲解]　事物大为蓄聚、蓄止,那就可供滋养,因此紧接的是颐卦。颐的意思,颐养口腹,象喻颐养德性。如果不颐养口腹与德性,那就不可能强健振作,因此紧接的是大过卦。

《周易折中》:"无所养则其体不立,不可举动以应大事。惟养充而动,动必有大过人者矣。"《周易浅述》卷三:"凡物养成,而后所动者大。非常之事,大过于人。由于所养者大,大过所以次颐也。"

物不可以终过,故受之以坎。坎者,陷也。陷必有所丽,故受之以离。离者,丽也。

[讲解]　事物不可能永远、绝对地超过极限而必有坎缺,因此紧接的是坎卦。坎的意思是险陷。坎陷发展到极端必然变而为附丽。离卦,象喻附丽。

大过,刚而过甚,不可终久。如过甚则"过涉灭顶",因而坎陷。而穷极必变,坎极离来。坎一阳陷于二阴,离一阴附丽于二阳,坎陷之极则反化变为离,本然也。

下经三十四次序:以咸恒为始,而终之以既济未济,概述"人事"

有天地然后有万物,有万物然后有男女。有男女然后有夫妇,有夫妇然后有父子。有父子然后有君臣,有君臣然后有上下。有上下然后礼义有所错。

[讲解]　先有天地然后万物产生;万物产生然后有男女两性。有男女两性,然后配成夫妇,建立家庭。有夫妇家庭,然后生儿育女、产生父子人伦。有父子人伦,然后构成社会家国,出现君臣关系。有君臣关系,然后分尊卑上下。有尊卑上下,然后有礼义、等级,于是名分有所错落。

下经三十四。这里概述三十四卦次序。《周易浅述》卷四:"天地,万物之本;夫妇,人伦之始。所以,上经首乾坤,下经首咸,继以恒也。"《系辞》云:"天地定位,山泽通气。"此位对待而立,故而上经首乾而继坤。阴阳二气欲其流行而合,因而山泽合为咸卦(艮下兑上)。然而,这里不明言咸卦,而仅说天地、万物、男女、父子、君臣、礼义之关系。其体例同于上经次序。《序卦》开头仅说"天地"不言乾坤两卦。吴澄《易纂言》云:"先言天地万物男女者,有夫妇之所由也。后言君臣上下者,有夫妇之所致也。"韩康伯《周易》注,"言咸卦之义也","夫妇之象,莫美乎斯","人伦之道,莫大乎夫妇。故夫子殷勤深述其义,以崇人伦之始,而不系之离也。先儒以乾至离为上经,天道也;咸至未济为下经,人事也"。而上下经:"错综天人,以效变化。"

夫妇之道,不可以不久也,故受之以恒。恒者,久也。

[讲解]　由咸卦所象喻的男女交感而成的夫妇之道,不能不恒久,因此紧接咸卦之后的是恒卦。恒的意思,人伦恒久。

恒卦所以次于咸卦,是因为,一旦男女相感,成为夫妇。而夫妇人伦,终身不变。这是表达了严肃、严正的先秦儒家伦理观念。

物不可以久居其所,故受之以遯。遯者,退也。物不可以终遯,故受之以大壮。

[讲解]　事物不可能恒久地安处在一个地方,因此紧接的是遯卦。遯的意思,指退隐远避。事物不可能老是退隐远避,因此紧接的是大壮卦。

《周易集解》引韩注:"夫妇之道,以恒为贵,而物之所居,不可以不恒,宜与世(时)升降,有时而遁者也。"《杂卦》:"大壮则止。"壮有止义。《周易玩辞》:"壮与遁相反。遁之义为退,则大壮似于进矣。然而大壮不得为进,而《杂卦》又曰'大壮则止',何也?盖大壮之义,似进而未进,似止而非止,蓄材待事(时),养锐积力以止为进者也。"

物不可以终壮,故受之以晋。晋者,进也。进必有所伤,故受之以明夷。夷者,伤也。

[讲解]　事物不可能老是处在健壮之时,因此紧接的是晋卦。晋的意思,指旭日高升、上进。高升、上进不止必然有所毁伤,因此紧接的是明夷卦。夷的意思,指毁伤。

伤于外者,必反其家,故受之以家人。家道穷必乖,故受之以睽。睽者,乖也。

[讲解]　人在外受到伤害,必然返家以求身心的庇护,因此紧接的是家

人卦。家人之间不讲亲情规矩,治家不严,必然相互乖离、背睽,因此紧接的是睽卦。睽的意思,指乖违。

《周易集解》引韩注:"伤于外者,必反诸内也。"反,返。诸,之于,介词。内,家庭。又引崔憬云:"妇子嘻嘻,过在失节。失节则穷,穷则乖,故曰'家道穷必乖'。"

乖必有难,故受之以蹇。蹇者,难也。物不可以终难,故受之以解。解者,缓也。

[讲解]　家道穷乖,必然招致灾难,因此紧接的是蹇卦。蹇的意思,指苦难困顿。事物不可能老是处在困难之时,因此紧接的是解卦。解的意思,指舒解、缓和。

《彖辞》:"蹇,难也,险在前也。"蹇卦艮下坎上,艮为止而坎为险,象险止于此,故处境危难。解卦坎下震上,坎险而震动,象坎险得以缓解。

缓必有所失,故受之以损。损而不已必益,故受之以益。

[讲解]　缓解之时,必然有所懈怠失误,因此紧接的是损卦。损卦象征减损,不断减损自己以助益于人,必然使他人受益,因此紧接的是益卦。

《周易浅述》卷四:"损卦下兑上艮。取损下益上之义。其说有四:山体高泽体深,下深而上益高,一也。泽在山下其气上通,润及草木,二也。下为兑说,三爻皆上应,说以奉上,三也。损下乾刚而益柔,益上坤柔而成刚,四也。损上益下谓之益;损下益上谓之损。"损卦所以次于解卦,是因为人事懈怠必遭损害。而减损之极,必寓转机,有所增益。

益而不已必决,故受之以夬。夬者,决也。决必有所遇,故受之以姤。姤者,遇也。

[讲解]　增益无休无止,必然导致满盈而溃决,因此紧接的是夬卦。夬的意思,指溃决。事物一旦处于溃决之时与分离之中,必然一转而有遇合。因此紧接的是姤卦,姤的意思,指遇合。

《周易集解》引韩注:"益而不已则盈,故'必决'也"。盈,充盈。韩注以决除邪恶释姤,称"以正决邪,必有喜遇也。"可备一解。

物相遇而后聚,故受之以萃。萃者,聚也。聚而上者谓之升,故受之以升。

[讲解]　天地、阴阳相互遇合,万物生息,然后精华会聚在一起,因此紧接的是萃卦。萃的意思,指精华会聚。精华会聚而有主宰,称为事物之上升,因此紧接的是升卦。

《周易集解》引崔憬云:"天地相遇,品物咸章,故言物相遇而后聚。"所谓遇合、会聚,指阴阳之气生之"萃"。又以"故顺天子而升为王矣"释"升"义,可参。

升而不已必困,故受之以困。困乎上者必反下,故受之以井。

[讲解]　事物上升不止,必然陷入穷困之时,因此紧接的是困卦。困穷在上而处境危厉的,必然要返归于下,以求平安,因此紧接的是象喻润下的井卦。

升卦巽下坤上,象木生地中,长而益高,上升之时。困卦坎下兑上,有陷落于泥泽之象,故困。井卦巽下坎上,风生于水下,下为源泉,有水井之象。困、井两卦互综。困时已寓源泉之象。值得注意的是,在《周易》本经中,井卦所说的井,实兼为井田,有所谓"改邑不改井"为证。可见于本教材前文的有关分析。但在《易传》中,凡是说到井卦的意义,都仅说井卦象喻水井、井泉,且进而引申为人格意义上的"井养"、"井德"。

井道不可不革,故受之以革。革物者莫若鼎,故受之以鼎。

[讲解]　人格意义上的"井德"、"井养",不可能不除浊秽而重革新,因此紧接的是革卦。革变事物,就像鼎器煮食那般化生为熟、去故取新,因此紧接的是鼎卦。

井道,指道德人格意义上的"井德"、"井养"。《周易集解》引韩注:"井久则浊秽,宜革易其故也。"又云:"革去故,鼎取新。既以去故,则宜制器立法以治新也。鼎,所以和齐生物成新之器也,故取象焉。"

主器者莫若长子,故受之以震。震者,动也。物不可以终动,止也。故受之以艮。艮者,止也。

[讲解]　用鼎器祭祖的人,没有比长子作为祭主更合适的。因此紧接的是震卦。震的意思,指雷动。事物的发展不可能绝对地奋动而无静止,它有终止之时。因此紧接的是艮卦。艮的意思,指静止。

《周易集解》引崔憬云:"鼎所以烹饪,享(祭)于上帝。主此器者,莫若冢嫡,以其为祭主也。"震、艮互综,动、止互应。因而,释震动义应不忘动中有止;释艮止义应不忘止而有动。

物不可以终止,故受之以渐。渐者,进也。进必有所归,故受之以归妹。

[讲解]　事物不可能老是处在静止之时,它是静中有动、有变的,因此紧接的是渐卦。渐的意思,指渐变、渐进。渐变、渐进,必然有所归宿之时,因此紧接的是归妹卦。

《彖辞》:"渐之进也,女归吉也。"《周易浅述》卷五:"渐者,进也。止必有进,消、长自然之理,渐所以次艮也。"又说,"进必有所归"、"渐有女归之义"。"女归"喻事物渐变之极而必突变之理。

得其所归者必大,故受之以丰。丰者,大也。穷大者必失其居,故受之以旅。

[讲解]　事物发展到突变之时,必然丰大。因此紧接的是丰卦。丰的意思,指丰大而明动。事物发展到丰大、明动之极,必然丧失其平安而静居的处境,因此紧接的是旅卦。

《彖辞》:"丰,大也。明以动(引者注:指丰卦离下震上,离为明,震为动),故丰。"旅卦喻人生漂泊,居无定所。

旅而无所容,故受之以巽。巽者,入也。入而后说之,故受之以兑。兑者,说也。

[讲解]　人生漂泊,无处容身,因此紧接的是巽卦。巽的意思,指随顺、进入。随顺、进入令人喜悦。因此紧接的是兑卦。兑的意思,指愉悦。

巽卦全卦喻风、喻顺从。《周易集解》引崔憬云:"旅寄于外而无所容,则必入矣。"《周易浅述》卷六:"羁旅亲寡,非巽顺无以取容,巽所以次旅也。""物相入则相说,兑所以次巽也。"

说而合散之,故受之以涣。涣者,离也。物不可以终离,故受之以节。

[讲解]　人生有令人喜悦的结合与相会,就会有令人感伤的离散。因此紧接的是涣卦。涣的意思,涣散。事物不可能老是处于离散之时,因此紧接的是象喻以节制为中和的节卦。

《周易浅述》卷六:"人心忧则结聚,说则舒散,涣所以次兑也。"《周易集解》引崔憬云：“离散之道，不可终行，当宜节止之。”

节而信之，故受之以中孚。有其信者必行之，故受之以小过。

［讲解］　节卦所象喻的节制，指守持诚信之道。因此紧接的是中孚卦。守持诚信的人必然身体力行，而有时守持过甚，因此紧接的是小过卦。

韩康伯《周易》注：“自恃其信者，其行必果，而过于中。”因而中孚卦之后是小过卦。

有过物者必济，故受之以既济。物不可穷也，故受之以未济。终焉。

［讲解］　做事稍有过越，愈加努力，必获成功。因此紧接的是象征事业有成的既济卦。但事物的发展不可穷尽。因此在既济卦之后，紧接的是象征事物没有穷尽、终了的未济卦。未济是六十四卦的最后一卦。

济，《尔雅·释言》释为“成”。《彖辞》释“终”为“不续终也”，即终而不终之义。

［小结］　《序卦》是关于《周易》六十四卦次序的一篇专论，阐明卦与卦之间相继、相承的文脉联系。这联系，是“逻辑”意义上的。全篇以卦名释义，有的切合全卦主旨，有的以偏概全。由于《序卦》成篇较晚，易学界关于该篇的重要意义，自古有所争论。韩康伯《周易》注认为，“此非圣人之蕴也”。程颐称“非圣人之书”。朱熹以为，该篇“事事夹杂，无所不有，虽非圣人之精，不可谓非圣人之蕴也”。《周易浅述》卷八引双湖胡氏云：“文王序卦，大抵本先天图。以东西南北四正卦乾坤坎离为上经之始终。以西北隅艮、东南隅兑合而为咸；西南隅巽、东北隅震合而为恒。四隅反卦为下经之始，而终之以既、未济，则亦坎离之交、不交也。故乾坤坎离四纯卦皆居上经；震巽艮兑四纯卦皆居下经，又以反对为次，虽非伏羲之旧，而先天之图大旨则备见焉。”此说不无道理。但所言“文王序卦”云云，未确。

《杂卦》精读

乾刚坤柔。比乐师忧。临、观之义，或与或求。屯见而不失其居。蒙杂而著。震，起也。艮，止也。损、益盛、衰之始也。大畜，时也。无妄，灾也。萃聚而升不来也。谦轻而豫怠也。噬嗑，食也。贲，无色也。兑见而巽伏也。随，无故也。蛊则饬也。剥，烂也。复，反也。晋，昼也。明夷，诛也。井通而困，相遇也。咸，速也。恒，久也。涣，离也。节，止也。解，缓也。蹇，难也。睽，外也。家人，内也。否、泰，反其类也。大壮则止。遁则退也。大有，众也。同人，亲也。革，去故也。鼎，取新也。小过，过也。中孚，信也。丰，多故也。亲寡，旅也。离上而坎下也。小畜，寡也。履，不处也。需，不进也。讼，不亲也。大过，颠也。姤，遇也，柔遇刚也。渐，女归待男行也。颐，养正也。既济，定也。归妹，女之终也。未济，男之穷也。夬，决也，刚决柔也，君子道长，小人道忧也。

[讲解] 乾卦象喻天道阳刚，坤卦象喻地道阴柔。比卦的喻义是因亲比而快乐，师卦之义为兴师动众而令人忧患。临卦、观卦的意义，或是赐予，或是诉求。屯卦体现了屯难之时、事物初始的生机，而不丧失它的时位。蒙卦以爻性、爻位错杂，喻蒙昧童智因启蒙而开明。震卦奋起。艮卦静止。损卦、益卦，损极而益始，益极而损始，盛衰互逆互应、互动互转。大畜卦，讲蓄聚的时机。无妄卦说谨防飞来横祸。萃卦喻积聚精华，升卦象人格提升而不堕落。谦卦谦退，先人而后己。豫卦自我满足而精神懈怠。噬嗑卦，象征饮食之道。贲卦，喻示无色之美。兑卦显现愉悦，而巽卦卑退隐伏。随卦随机应变，不滞累于事物。蛊卦，则是整治弊乱的意思。剥卦指事物如果实一般自然剥落而其种子隐伏生机。复卦是生机的回返。晋卦象喻旭日东升、白天到来。明夷卦象示太阳下山，是光明的毁灭。井卦喻道德有源、情志亨通，而困卦象喻时遇不利、处境困穷，这两卦的意义，所谓"井养而不穷"与时境困穷两相抵遇。咸卦指少男、少女相感神速无比。恒卦称夫妇伦理关系恒固。涣卦象喻离散。节卦象喻节制。解卦的意思是缓解。蹇卦象征险

难。睽卦,因两相乖离而必疏远。家人卦,因血亲至情而内部和同。否卦与泰卦,前者天地不交,后者天地交;前者闭塞,后者亨通,在事类上是背反的。大壮卦因壮盛易受戕害而应该止时则止。遁卦的意蕴,在于因时机不利而隐遁。大有卦上下相应,和众之象。同人卦,同人于宗,所以象喻亲和。革卦,去故旧而革新变。鼎卦,家国鼎盛、气象更新。小过卦,稍稍过越中和之时。中孚卦,守中正而喻诚信。丰卦,因事物丰大而万事忧心。旅卦,旅居在外,亲人寡少。离卦象征火性炎上。坎卦象征水性陷下。小畜卦稍有积蓄、寡少而不能兼济。履卦的喻义是遵循中道而践履,不尚道德空谈。需卦险难在前,不使冒进,须待时机。讼卦相互争讼,不相亲和。大过卦大有过越,颠覆正道。姤卦,相遇的喻义,一柔爻相遇五阳爻。渐卦渐进的意思,好比女子待嫁而趋归、等待男子迎娶。颐卦,由口颐饮食,喻人格的守中养正之道。既济卦,六爻均为得位之爻,象人生与事业有成、有定。归妹卦,女子出嫁,有了归宿。未济卦,六爻都是失位之爻,而三阳爻尤当痛失其位,象喻男子处在困穷之时。夬卦,果断从事,从卦象看,是五阳爻夬一阴爻,象喻君子之道生生不息,小人之道因困穷而令人忧虑。

乾刚坤柔:《杂卦》开篇,先说乾、坤两卦的刚柔之性。一是因为乾坤为天地;二是刚柔为万物之德性;三则《周易》全部六十四卦除乾坤两卦,都由刚爻、柔爻相杂而成。总之,《杂卦》虽总体不依六十四卦序讲述卦义,然而其开篇之首,还是先说乾坤刚柔,这有冠表全篇的意义。黄寿祺、张善文《周易译注》引《郭氏传家易说》说:"卦中之刚柔,皆乾之刚、坤之柔也。是以独乾、坤为刚柔。"[1]此言有当。注:《周易译注》一书,凡言六十四卦每个卦名,均在卦名上用书名号,比如此"乾刚坤柔",写成"《乾》刚《坤》柔",未妥。刘大钧《周易概论》等亦然。当注意。或与或求:《周易浅述》卷八,"以我临物曰与;物来观我曰求"。与,赐予。屯见而不失其居,蒙杂而著:屯卦,震下坎上。震动在下而坎险在上,所以"居"也。居者,不行。初爻阳刚,为二阴所覆,象物之难生,"居"也。九五阳爻在"天"位,故称"见"(现)。蒙卦,坎下艮上。九二阳爻在下卦中位却位阴而幽,蒙暗而杂也。上九一阳在坎险之外,喻光明、昭著也。《周易尚氏学》:"屯(卦)二阳皆当位,故不失其居。蒙(卦)

---

① 黄寿祺、张善文《周易译注》第 658—659 页。

二阳皆失位,故曰杂。物相杂则文生,故曰著。"可供参考。损、益盛衰之始
也:《序卦》:"损而不已必益。"损之又损,必有补益,因而损、益者,反蕴事物
盛始之机;《序卦》又云:"益而不已必决。"补益不断,必致溃决,所以补益者,
反蕴事物衰始之机。韩康伯《周易》注:"极损则益,极益则损。"是两者的辩
证。无妄灾也:《周易浅述》卷八:"无有妄而得灾,灾自外至者也,意外之祸
也。"谦轻而豫怠也:来知德《周易集注》:"谦心虚,故自轻;豫志满,故自肆。"
噬嗑,食也。贲,无色也:《周易浅述》卷八:"颐中有物,故曰食。贲以'白贲,
无咎',无色而天下之贲莫尚焉。"随,无故也。蛊则饬也:故,《广雅·释诂》
解读为"事",可从。饬,韩注为"整治",可从。《周易浅述》卷八:"随时行止,
前无故也;蛊坏已极,后当饬也。"剥,烂也:成熟之极而剥落以至于烂。复,
反也:反,返。"七日来复",故曰"反"。在十二消息卦中,从一阳始生于下,
到一阳消尽,凡"七"。晋,昼也:晋卦坤下离上,坤为地而离为日,旭日东升
之象,白昼之象。明夷,诛也:诛,伤。明夷卦离下坤上,所谓"明入地中",光
明毁伤也。井通而困,相遇也:《彖辞》:"井养而不穷也。"故"井通"。困卦坎
下兑上,《彖辞》:"泽无水,困。"指泽上无水、水反在下之象,故象"困"。《经
典释文》:"困,穷也,穷悴掩蔽之义。"因而,此言"通"与"困"相抵遇。咸,速
也:《周易集解》引虞翻云:"相感者,'不行而至',故'速'也。"暌,外也。家
人,内也:《周易集解》引虞翻云:"离女在上,故'外'也。家人,女正位乎内,
故'内'者也。"否泰,反其类也:《彖辞》称否卦"大往小来","则是天地不交而
万物不通也";泰卦"小往大来","则是天地交而万物通也",故"反其类"。大
壮则止,遁则退也:《周易浅述》卷八,大壮卦四阳爻在下,二阴在上,有"恃
壮"而"不欲九四之进而欲其止"之象;遁卦四阳爻在上二阴爻在下,有"前阳
之不及,故不欲六二之进欲其退也"。"阳进而消,阴者慎之;阴进而消,阳者
抑之也。"丰,多故:故,犹言事也。《彖辞》:"丰,大也。"韩康伯《周易》注:"丰
大者多忧故也。"亲寡,旅也:旅居在外,必亲人寡少也。韩注:"亲寡,故寄旅
也。"小畜,寡也。履,不处也:小畜卦乾下巽上,一阴畜五阳,一阴爻象"寡";
履卦兑下乾上,兑下象和悦,乾上象刚健。《周易尚氏学》:"小畜巽为寡。履
者,行也,故不处。"需不进也:《周易集解》引虞翻云:"险在前(引者注:需卦
乾上坎下,乾性刚进而遇坎险)也,故'不进'。"讼,不亲也:讼卦坎下乾上,坎

水乾天，《周易集解》云："天水违行，故'不亲'也。"大过，颠也：颠，殒。大过卦巽下兑上，全卦初、上为阴，中间四爻为阳，为本末柔弱之象。《周易浅述》卷八："大过，本末弱，故颠。"渐，女归待男行也：《周易尚氏学》："渐，阴皆居阳后，故待男行。"颐，养正也：颐卦象口食。人之本欲，食色也。渐卦重男女礼制，而颐卦崇人性本欲，所以称"养正"。既济，定也，《周易集解》："济成（注：既济之义），六爻得位，定也。"未济，男之穷也：未济卦六爻皆失位，以初、三、五阳位居阴爻，阳之"失"也；以二、四、上阴位反居阳爻，又是另一意义的阳之"失"，阳喻男，失喻穷，故"男之穷"。夬，决也，刚决柔也：《周易集解》云，"以乾决坤，故'刚决柔也'"。夬卦乾下兑上，五刚决一柔。

[小结]   此篇阐说卦义，不依六十四卦序，故云"杂"。韩康伯《周易》注："杂糅众卦，错综其义。"然而并非随意编排，杂乱无序。全篇六十四卦的组合，为两卦一组，共三十二对。一般而言，前后两卦，比如乾坤、比师等等，有错、综卦关系。其两卦一组的前、后喻义，亦为相反。《周易浅述》卷八云："《序卦》所以言易道之常，《杂卦》所以言易道之变。《杂卦》但要取反对之义。反复其卦，则吉凶、祸福、动静、刚柔皆相反也。《序卦》自乾坤而下三十卦、咸恒而下三十四卦，《杂卦》亦然。《序卦》反对，《杂卦》亦多反对。此其所同也。《序卦》以乾、坤、颐、大过、坎、离在上篇，中孚、小过在下篇，故二篇反对，皆成二十八卦。《杂卦》但以乾、坤在上篇，余尽在下篇，又自大过以下，不复反对，此其所异也。以其序次错综，故谓之杂。然自乾至困，当上经三十卦，实杂下经十二卦于其中。咸至夬，当下经三十四卦，又杂上经十二卦于其中。则杂之中又有不杂者存焉。又卦以乾为首而终之以夬，盖夬以五阳决一阴，决去则又为纯乾矣。故曰'君子道长，小人道消'，是又圣人扶阳抑阴之意也。"这里，陈梦雷比较了《杂卦》与《序卦》体例上的不同，所言是。此处所言"反对"，出自三国易学家虞翻，即指"综卦"。晋韩康伯《周易》注指为"以同相类"的对立卦关系，即指互为颠倒的两卦，如屯、蒙卦。除乾、坤、离、坎、小过、中孚、大过与颐等八个卦不相综以及泰否与既济未济四卦为错综卦，《周易》六十四卦中，有五十二卦凡二十六对相综。亦称"倒象"、"反易"。《杂卦》自大过卦以下八卦，确实"不复反对"。朱熹《周易本义》云：

"自大过以下，卦不反对。或疑其错简。今以韵协之，又似非误。未详何义。"高亨引宋人蔡渊之说（元人吴澄《易纂言》、明人何楷《古周易订诂》从之）有云："'大过，颠也。'（颠与上文亲协韵）'颐，养正也。''既济，定也。'（正、定协韵）'未济，男之穷也。''归妹，女之终也。'（穷、终协韵）'渐，女归待男行也。''姤，遇也，柔遇刚也。'（行、刚协韵）'夬，决也，刚决柔也，君子道长，小人道忧也。'（柔、忧协韵）。"高亨说："如此改定，既合偶卦相连作解之例，又不失其韵，盖是也。"①按：《杂卦》"大过，颠也"以下，其八卦的排列是：大过、姤、渐、颐、既济、归妹、未济与夬。宋儒蔡渊依"协韵"重新编排，证明其"杂中不杂"之义，可备一说。《周易尚氏学》指出，该八卦"虽不对举，而义仍反对"。亦可参阅。而且，《杂卦》全篇的编排，从乾卦、坤卦始，到困卦终，正好是三十卦，这与通行本《周易》"上经三十"相合；从咸卦、恒卦始，到夬卦终，又正好是三十四卦，这与"下经三十四"相合。项安世《周易玩辞》云，《杂卦》"自乾、坤至此三十卦，正与上经之数相当；而下经亦以咸、恒为始。以此见卦虽以'杂'名，而乾、坤、咸、恒，上下经之首，则未尝杂也"。当然，正如《周易浅述》卷八所言，《杂卦》上部分所解读的三十卦中，有十二卦原属通行本《周易》下经部分；《杂卦》下部分所解读的三十四卦，有十二卦原属其上经部分，此当注意。

---

① 高亨《周易大传今注》第 663 页。

主要引用与参考书目

1.《京氏易传》,(汉)京房撰,《四库全书》本。

2.《易纬》(汉)郑玄注,《四库全书》本。

3.《周易注》,(三国魏)王弼、(晋)韩康伯注,《四部丛刊》影印本。

4.《周易略例》,(三国魏)王弼撰,《四部丛刊》影印本。

5.《经典释文》卷二《周易音义》,(唐)陆德明撰,《抱经堂丛书》本。

6.《周易正义》,(三国魏)王弼、(晋)韩康伯注,(唐)孔颖达疏,《四库全书》本。

7.《周易集解》,(唐)李鼎祚撰,《四库全书》本。

8.《太极图说》,(宋)周敦颐撰,《四库全书》本。

9.《汉上易传》,(宋)朱震撰,《四库全书》本。

10.《易数钩隐图》,(宋)刘牧撰,《通志堂经解》本。

11.《周易本义》,(宋)朱熹撰,清乾隆怡府藏板。

12.《易学启蒙》,(宋)朱熹撰,西京清麓丛书正编本。

13.《周易玩辞》,(宋)项安世撰,《四库全书》本。

14.《易纂言》,(元)吴澄撰,《四库全书》本。

15.《大易缉说》,(元)王申子撰,《通志堂经解》本。

16.《周易集注》,(明)来知德撰,《四库全书》本。

17.《古周易订诂》,(明)何楷撰,《四库全书》本。

18.《周易内传》,(清)王夫之撰,《四库全书》本。

19.《周易折中》,(清)李光地撰,《四库全书》本。

20.《易图明辨》,(清)胡渭撰,《四库全书》本。

21.《周易述》,(清)惠栋撰,《四库全书》本。

22.《周易浅述》,(清)陈梦雷撰,《四库全书》本。

23.《六十四卦经解》,(清)朱骏声撰,《四库全书》本。

24.《周易姚氏学》,(清)姚配中撰,清经解续编本。

25.《周易尚氏学》,尚秉和撰,中华书局,1980年。

26.《周易大传今注》,高亨撰,齐鲁书局,1979年。

27.《周易探源》,李镜池撰,中华书局,1978年。

28.《马王堆帛书周易六十四卦释文》,马王堆汉墓帛书整理小组整理,《文物》1984年第3期。

29.《上海博物馆藏楚竹书·周易》,马承源主编,上海古籍出版社,2003年。

30.《周易大传新注》,徐志锐撰,齐鲁书社,1986年。

31.《周易译注》,黄寿祺、张善文撰,上海古籍出版社,1989年。

32.《周易经传十五讲》,廖名春撰,北京大学出版社,2004年。

33.《易学源流与现代阐释》,林忠军撰,上海古籍出版社,2012年。

34.《易辨》,张政烺撰,《中国哲学》第十四辑,人民出版社,1988年。

35.《巫术——周易的文化智慧》,王振复撰,浙江古籍出版社,1990年。

36.《周易的美学智慧》,王振复撰,湖南出版社,1991年。

37.《周易文化百问》,王振复撰,香港三联书店,2012年。

38.《风水圣经——宅经·葬书》,王振复导读、白话解释,台北恩楷出版有限公司,2003年。

39.《上博馆藏楚竹书周易初析》,王振复撰,《周易研究》2005年第1期。

40.《周易时间问题的现象学探问》,王振复撰,《学术月刊》2007年第1期。

41.《周易文化思维问题探讨——与杨振宁院士对话》,王振复撰,上海《文化》2005年第6期。

42.《当代易学与文化保守主义》,王振复撰,《人民政协报》1998年7月3日;《王振复自选集》,复旦大学出版社,2015年。

43.《新编诸子集成》,中华书局,1992 年。

44.《四库术数类丛书》,上海古籍出版社,1991 年。

45.《朱子语类》,(宋)朱熹撰,黎靖德编,中华书局,1994 年。

46.《周子通书》,(宋)周敦颐撰,上海古籍出版社,2000 年。

47.《文字学概要》,裘锡圭撰,商务印书馆,1988 年。

48.《甲骨文字典》,徐中舒主编,四川辞书出版社,1990 年。

49.《说文解字注》,(汉)许慎撰,(清)段玉裁注,经韵楼藏版,上海古籍出版社,1981 年。

50.《纬书集成》全三卷,[日]安居香山编纂,中村璋八辑,河北人民出版社,1994 年。

修订后记

作为复旦大学中文系原典精读系列之一,本书逐一解读通行本《周易》全文,初成于 2006 年 3 月底,初版于 2008 年 2 月,2009 年 1 月第二次印刷。

借此修订之际,再度强调梁启超《清代学术概论》"以复古为解放"这一治学之则,甚为必要。

梁氏有云,对于"清学"而言,"第一步,复宋之古,对于王学而得解放。第二步,复汉唐之古,对于程朱而得解放。第三步,复西汉之古,对于许、郑而得解放。第四步,复先秦之古,对于一切传注而得解放"。

此言大善。古往今来,先哲、时贤笺注、阐发通行本《周易》者难计其数,"探赜索隐,钩深致远"。而其间甚多篇章,以《易传》伦理教化之言、或从哲学角度识读本经,罔顾《周易》本经为"占筮之书"这一点,有违"以复古为解放"之宗要。

明来知德《周易集注·系辞下》曰:"舍象不可以言易矣。"象数乃易理之根因根性。易本于巫。本书试以文化学关于巫学的治学理念方法治易,努力运用巫之象数学尤其有关爻位与变爻诸说,讲解本经卦爻辞与《易传》精义,进而阐说其哲理、伦理等。恐津路之迷失,有轻忽之憾,祈识者指教。

本修订本体例,一循其昨。为方便读者,依"上经三十精读"、"下经三十四精读"与《系辞》(上下)、《说卦》、《序卦》、《杂辞》"精读"次序解释。《易传》的彖辞、象辞与文言之解读,仍依通行本体例,分别系于其相应的卦辞、爻辞之下。六十四卦之解,依次注明如"卦一"、"卦二"至"卦六十三"、"卦六十四"字样。每卦前,点出此卦《易传》意义之主题,如卦一乾"天行健,君子以自强不息"、卦六十四未济"刚柔不正而未当,大功未成,'君子以慎辨物居方'，'物不可穷也'"然。全书六十四卦之相邻两卦，或互为错卦、综卦、错综卦关系，如乾坤互为错卦；屯蒙、需讼互为综卦；既济未济互为错综卦。为在对比、对应间明其易义易理，以两卦一组或四卦一组设一"小结"，以示其要。为免过于琐碎，除乾坤、既济未济各设一"小结"，其余六十卦每四卦有一"小结"。《系辞》上下、《说卦》、《序卦》与《杂卦》释义之后，亦具"小结"，未必允当。

易学乃中华"第一国学"。学易之门径，首在研习象、数、占、理；要在了悟气、时、生与阴阳。是为记。

王振复　乙未岁末于复旦

图书在版编目(CIP)数据

周易精读/王振复著. —2版. —上海：复旦大学出版社，2016.8(2024.1重印)
(汉语言文学原典精读系列)
ISBN 978-7-309-12370-8

Ⅰ. 周… Ⅱ. 王… Ⅲ.《周易》-研究 Ⅳ. B221.5

中国版本图书馆 CIP 数据核字(2016)第 141085 号

周易精读
王振复 著
责任编辑/宋文涛

复旦大学出版社有限公司出版发行
上海市国权路 579 号 邮编：200433
网址：fupnet@ fudanpress.com http://www.fudanpress.com
门市零售：86-21-65102580 团体订购：86-21-65104505
出版部电话：86-21-65642845
常熟市华顺印刷有限公司

开本 787 毫米×1092 毫米 1/16 印张 24.5 字数 345 千字
2024 年 1 月第 2 版第 3 次印刷

ISBN 978-7-309-12370-8/B·583
定价：68.00 元